“十四五”职业教育国家规划教材
高等职业教育城市轨道交通工程技术专业“十三五”规划教材

土力学与路基

（第三版）

李文英　朱艳峰　主　编
温晓鹏　贾连刚　主　审

中国铁道出版社有限公司
2025年·北京

内容简介

本书系统地介绍了土力学与路基的基本知识。项目1～6为土力学部分，内容包括土的物理性质及工程分类，土的渗透性，土中应力，土的压缩与地基变形计算，土的抗剪强度，地基承载力等。项目7～13为路基部分，内容包括路基构造，路基排水，路基防护，路基支挡建筑物，路基养护与维修，路基防洪与抢修，路基施工，土石方机械化施工等。

本书为高职高专学校铁道工程技术、城市轨道交通工程技术、高速铁路工程技术等专业的教学用书，也可供中等专业学校和职工培训使用。

图书在版编目(CIP)数据

土力学与路基/李文英，朱艳峰主编. —3版. —北京：中国铁道出版社有限公司，2020.1(2025.6重印)
"十二五"职业教育国家规划教材经全国职业教育教材审定委员会审定　全国铁道职业教育教学指导委员会规划教材　高等职业教育城市轨道交通工程技术专业"十三五"规划教材

ISBN 978-7-113-26463-5

Ⅰ.①土… Ⅱ.①李…②朱… Ⅲ.①土力学-高等职业教育-教材②铁路路基-高等职业教育-教材 Ⅳ.①TU43 ②U213.1

中国版本图书馆CIP数据核字(2019)第257379号

书　　名：土力学与路基
作　　者：李文英　朱艳峰

责任编辑：李露露　　编辑部电话：(010)51873240　　电子邮箱：790970739@qq.com
封面设计：高博越
责任校对：王　杰
责任印制：高春晓

出版发行：中国铁道出版社有限公司(100054，北京市西城区右安门西街8号)
网　　址：https://www.tdpress.com
印　　刷：北京铭成印刷有限公司
版　　次：2008年1月第1版　2020年1月第3版　2025年6月第3次印刷
开　　本：787 mm×1 092 mm　1/16　印张：18.25　字数：531千
书　　号：ISBN 978-7-113-26463-5
定　　价：56.00元

QIAN YAN 第三版前言

本教材是在“十二五”职业教育国家规划教材《土力学与路基》(高职)基础上修订的。“土力学与路基”课程是轨道交通工程技术专业的一门专业核心课程，也是三年制铁道工程技术、高速铁路工程技术等土木工程类专业的一门必修专业课程。

本次教材修订充分考虑高职轨道交通工程及相关专业教学特点，在“校企合作，工学结合”人才培养模式大背景下，为提高轨道交通工程技术及相关专业人才培养质量，满足学生毕业后与职业岗位零对接的要求，同时考虑学生应具备的技能和相关知识点，强化学生职业能力培养的要求，根据“土力学与路基”课程培养目标，以适度、够用，提升学生实际操作能力为原则。与原教材相比，本次修订主要有以下几方面的改进：

1. 以真实工程案例为载体设计教学内容，注重考虑从事轨道交通路基施工与维修人员应具备的有关路基施工与维修、工程质量检测等方面的基本知识和基本技能要求，同时考虑学生应具备的技能和相关知识点，以路基施工与维修的工作顺序组织安排教学内容，每一个工作任务按照其完成顺序实行“教学做”一体的教学模式并特别配备项目训练内容。为了更好的培养学生动手能力，扩展学生就业岗位，拓展学生知识面、相关技能并培养创新能力，教材以项目教学为主线，每一项目都有明确的知识、技能和素质培养目标，并配有相关案例、拓展知识、项目小结等，并在适当位置以二维码形式提供重要知识点、相关行业规范要求、土工试验操作过程、试验资料整理方法、路基施工与维修案例和相关视频、安全施工内容及工程检查验收相关标准等。

2. 按新规范的标准修订路基工程相关内容。依据《轨道交通工程设计规范》(DB 11/995—2013)、《市域铁路设计规范》(T/CRS C0101—2017)、《铁路路基设计规范》(TB 10001—2016)及路基修理规则相关内容，修改铁路路基、城轨、市域铁路路基设计标准、施工技术与维修相关内容。土力学部分依据相关新规范对有变化的内容做了修改。

3. 教材内容的设计主要考虑满足学生毕业后在轨道交通、铁路行业及相关路基工程施工、维修或设计等单位相应岗位作为施工员、检测员、路基维修工、试验员、监理员的要求。教材主要内容分为两部分，第一部分为土力学内容，主要叙述与路基、桥涵有关的土的物理力学性质、地基土的承载力和沉降计算；第二部分为路基工程内容，系统地介绍了轨道交通工程路基构造、排水、防护、支挡结构施工与维护、土石方机械化施工、路基施工、路基病害防治、防洪与抢修等主要内容。

4. 针对课程特点,为使学生更加直观地理解教学内容,也方便教师教学讲解,本教材开发了配套的 APP 客户端,除了虚拟现实的三维模型外,各模块最后的复习思考题也在 APP 中进行了扩展,读者可以进行自我检测和练习。

本书为高职院校轨道交通工程技术专业及相关专业“土力学与路基”课程教材,教材内容以轨道交通行业所需内容为主,兼顾市域铁路路基相关规范要求,也可供从事轨道交通路基施工与维修的工作人员使用。

本书由天津铁道职业技术学院李文英、广州番禺职业技术学院朱艳峰任主编,哈尔滨铁道职业技术学院陈凤英、天津铁道职业技术学院任晓军任副主编。中国铁路设计集团有限公司地质勘察设计研究院温晓鹏、中铁六局集团有限公司贾连刚任主审。参加编写的有李文英(项目 1～4),朱艳峰 (项目 5～6),湖南高速铁路职业技术学院柏江源(项目 7),天津铁道职业技术学院任晓军 (项目 8～9),天津铁道职业技术学院张全良(项目 10～11),石家庄铁路职业技术学院邢焕兰(项目 12),哈尔滨铁道职业技术学院陈凤英(项目 13)。

在本书编写过程中,得到了有关院校及企业的大力支持,在此一并表示感谢。

由于编者水平所限,书中不免存在不足之处,请读者批评指正。

编　者

2019 年 10 月

QIAN YAN

第二版前言

本教材是在普通高等教育“十一五”国家级规划教材《土力学与路基》(高职)的基础上修订的。修订过程中以真实工程项目为载体设计教学内容,以路基施工与维修的工作顺序和学生认知规律两条主线组织安排教学内容,每一个工作任务按照其完成顺序实施“教学做”一体的教学模式。

在理论深度上,修订教材充分考虑高职铁道工程及相关专业教学特点,以适度、够用为原则。与原教材相比,修订教材主要有以下两方面的改进:

1. 按新规范的标准进行修订,增加高速铁路路基内容。依据《高速铁路设计规范》(试行)相关内容,增加高速和重载铁路路基施工技术与维修内容。高速铁路的快速发展,促使了很多路基施工、边坡加固与维修的新工艺、新材料和新技术的产生,因此,在修订教材中增加了这部分内容。土力学部分依据新规范对有变化的内容做了修改,增加的附录部分按《铁路工程土工试验规程》(TB10102—2010)进行编写,并在土工试验指导书中加入试验报告格式和内容。

2. 每一项目中增加项目描述、相关案例及具体项目训练内容。

本书分两部分内容,第一部分为土力学,扼要叙述了土力学的基础知识;第二部分为路基工程,系统地介绍了路基构造、排水、防护、支挡结构、施工、病害防治、防洪抢修和高速、重载铁路路基主要技术标准、施工与维护新技术,以及土工合成材料在路基工程方面的应用等主要内容。同时本书还密切联系现场实际,编写时加强了基本知识,特别是基本技能方面的内容,适用性较强。为便于现场有关工程技术人员学习和参考,根据教学需要编写了必要的算例。为帮助读者掌握各项目内容,每个项目后均附有复习思考题。

本书由天津铁道职业技术学院李文英、张全良主编,石家庄铁道大学杨广庆、中铁六局集团有限公司贾连刚主审。参加编写的有李文英(项目1～4及附录),张全良(项目7～12、项目14、15),广州番禺职业技术学院朱艳峰(项目5、6),石家庄铁路职业技术学院邢焕兰(项目13)。在本书编写过程中,铁道工务工程专业教学指导委员会提出了许多宝贵意见,同时也得到了各铁路施工及维修部门的大力支持,在此一并表示感谢。

由于编者水平所限,书中不免存在不足之处,敬请读者批评指正。

编　者

2014年05月

QIAN YAN

第一版前言

本书是根据铁道部高职高专建筑工程专业教学指导委员会建议，按照新的教学大纲编写的。

本教材编写时注重考虑了铁路施工及养护专业人员应具备的有关土的工程性质和路基设计与养护方面的专业知识、基本技能的要求。

本书分两部分内容，第一部分为土力学，扼要叙述了土力学的基础知识；第二部分为路基工程，系统地介绍了路基构造、排水、防护、支挡结构、施工、病害防治、防洪抢修等主要内容。同时，根据目前铁路发展趋势，本书还介绍了高速、重载铁路路基的特点、主要技术标准，以及土工合成材料在路基工程方面的应用。本书密切联系现场实际，编写时加强了基本知识，特别是基本技能方面的内容，适用性强。为便于现场有关工程技术人员学习和参考，同时根据教学需要编写了必要的算例。为帮助读者掌握各章内容，每章后均附有复习思考题。

本书可作为铁路施工与养护及相关专业高职、中专学生土力学和路基工程课程的教材，也可供从事路基施工及养护工作的人员自学或参考。

本书由天津铁道职业技术学院李文英、张全良主编，石家庄铁道学院杨广庆主审。参加编写的有李文英(第一至六章及附录一、附录二)，张全良(第七至十二和第十四、十五章)，石家庄铁路职业技术学院邢焕兰(第十三章)。在本书编写过程中，铁道部建筑工程专业教学指导委员会提出了许多宝贵意见，同时也得到了各有关部门的大力支持，在此一并表示感谢。

由于编者水平所限，书中不免存在不足之处，敬请读者批评指正。

编　者

2007年11月

MU LU

目录

项目1　土的物理性质与工程分类

项目描述

在进行相关工程建筑物的设计时，需要综合考虑地基、基础和上部结构之间的相互关系，要保证工程建筑物的稳定和正常使用，其地基土必须满足要求。由于土的成因、形成环境不同及其物质组成的复杂性，同时其上作用的建筑物的结构特点、使用要求不同，因而对地基土的要求也不同。工程技术人员应掌握与工程设计及施工有关的土的组成、土中各组成部分的工程特性、土的物理性质指标和物理状态指标等内容。

教学目标

1. 能力目标

(1)了解土的成因对土的工程性质的影响。

(2)掌握土的三相组成对土的工程性质的影响。

(3)掌握与铁路工程有关的土的物理性质，能够对地基土进行初步分类和鉴别。

2. 知识目标

(1)掌握土的物理性质及物理状态指标的含义，能进行各相关指标之间的换算。

(2)能够熟练进行土的取样及土的密度、含水率、液限、塑限及颗粒分析试验，并对试验结果进行初步判定。

(3)能够根据相关规范熟练进行土的工程分类。

3. 素质目标

(1)具有良好的职业道德和较高的政治思想品德。

(2)养成严谨求实的工作作风。

(3)具备团队合作意识，具备一定的协调、组织能力。

相关案例——沈阳地铁一号线概况

1. 基本概况

沈阳城市轨道建设共规划五条地铁线路。2005年9月沈阳地铁一号线获得批准，并于2005年11月18日开工。全长约28 km，全部为地下线。全线设22座车站。

2. 工程地质概况

沈阳城区坐落在辽河平原与东部山区的衔接地带，地势东北高、西南低。地铁沿线地层上部为第四系全新统人工堆积层和沉积层,一般为黏性土、粉土、中砂、粗砂、砾砂和圆砾土;下覆第三系砂砾岩,局部地段部分地层缺失。

3. 水文地质特征

地下水主要为孔隙潜水,部分地区存在有承压水,局部有上层滞水。补给来源主要为大气降水与地表径流,水位随季节影响而有所变化,变幅 1.0～2.0 m。地下水的稳定水位埋深 4.3～12.0 m,大部分埋深 8.0 m 左右,主要含水层为中粗砂、砾砂、圆砾层,渗水系数在 34.0～81.4 m/d之间。水文地质特征呈现为颗粒粗、水量大、渗透快、含水层厚度大。

4. 地铁车站和区间的主要施工方法和围护结构方案

沈阳地铁车站采用的施工方法为明挖法、盖挖顺作法、暗挖法。围护结构主要有型钢水泥土复合搅拌桩、钻孔桩加截水帷幕、地下连续墙三种形式;区间主要采用明挖法、盾构法、暗挖法三种施工方法。

由以上案例可以看出,相关施工方案的选择除了与施工工期及施工单位所具备的技术、设备条件有关外,起决定性作用的还是工程所在位置的工程地质及水文地质条件,因此需要对工程中所涉及的土的工程性质有所了解,如土的成因、沉积环境,掌握不同土的物理力学性质指标及测试方法,掌握土的工程分类方法及工程施工过程中需要检测的指标及检测方法。

任务 1.1　土的成因认知

土木建筑工程所称的土,有狭义和广义两种概念。狭义概念所指的土,是岩石风化后的产物,即指覆盖在地表上松散的、没有胶结或胶结很弱的颗粒堆积物。广义的概念则将整体岩石也视为土。

地壳表层的岩石暴露在大气中,受到温度和湿度变化的影响,体积经常膨胀和收缩,不均匀的膨胀和收缩使岩石产生裂缝,岩石还长期经受风、霜、雨、雪的侵蚀和动植物活动的破坏,逐渐由大块崩解为形状和大小不同的碎块,这个产生裂缝和逐渐崩解的过程,称为物理风化。物理风化只改变颗粒的大小和形状,不改变颗粒的成分。物理风化后所形成的碎块与水、氧气、二氧化碳和某些由生物分泌出的有机酸溶液等接触,发生化学变化,产生更细的并与原来的岩石成分不同的颗粒,这个过程称为化学风化。经过这些风化作用所形成的矿物颗粒(有时还有有机物质)堆积在一起,中间贯串着孔隙,孔隙中还有水和空气,这种松散的固体颗粒、水和气体的集合体就称为土。

物理风化不改变土的矿物成分,产生了像碎石和砂等颗粒较粗的土,这类土的颗粒之间没有黏结作用,呈松散状态,称为无黏性土。化学风化产生颗粒很细的土,这类土的颗粒之间因为有黏结力而相互黏结,干时结成硬块,湿时有黏性,称为黏性土。这两类土由于成因不同,因而物理性质和工程特性也不一样,对这点要特别注意。

风化作用生成的土,如果没有经过搬运,堆积在原来的地方,称为残积土。残积土一般分布在山坡或山顶。土受到各种自然力(如重力、水流、风力、冰川等)的作用,搬运到别的地方再沉积下来,就成为沉积土。沉积土是一种最常见的土。

实践经验表明,土的工程特性一方面取决于其原始堆积条件,使组成土的结构构造、矿物成分、粒度成分、孔隙中水溶液的性质不同,另一方面也取决于堆积以后的经历。在沉积过程中,由于颗粒大小、沉积环境和沉积后所受的力等不同,所形成土的类型和性质就不同。一般地说,在大致相同的地质年代及相似的沉积条件下形成的土,其成分和性质是相近的。沉积年代愈长，上覆土层重量愈大，土压得愈密实，由孔隙水中析出的化学胶结物也愈多。因此，老土层的强度和变形模量比新土层的要高，甚至由散粒体经过成岩作用又变成整体岩石，如砂类土成为砂岩，黏土变成页岩等。目前常见的土大都是第四纪沉积层，这个沉积层还正处于成岩过程中，因此一般都呈松散状态。但第四纪是由距今约一百万年开始的相当长的时期，早期沉积的土，在性质上就与近期沉积的土有相当大的差别。这种沉积年代长短对土的性质的影响，对黏性土尤为明显。不同的自然地理环境对土的性质也有很大影响。我国沿海地区的软土、严寒地区的多年冻土、西北地区的湿陷性黄土和西南亚热带的红黏土等，除了具有一般土的共性外，还各具有自己的特点。

《铁路桥涵地基和基础设计规范》(TB 10093—2017)(以下简称《桥涵地基规范》)将狭义的土分为碎石类土、砂类土、粉土及黏性土，此外，还有软土，冻土和黄土等特殊土。碎石类土和砂类土都是无黏性土。

任务1.2　土的三相组成分析

如前所述，土是由固体颗粒、水和气体三部分所组成的三相体系。固体部分一般由矿物质所组成，有时含有有机质(半腐烂和全腐烂的植物质和动物残骸等)，这一部分构成土的骨架，称为土骨架。土骨架间布满相互贯通的孔隙，这些孔隙有时完全被水充满，称为饱和土；有时一部分被水占据，另一部分被气体占据，称为非饱和土；有时也可能完全充满气体，就称为干土。水和溶解于水的物质构成土的液体部分。空气及其他一些气体构成土的气体部分。这三部分本身的性质以及它们之间的比例关系和相互作用决定着土的物理力学性质。因此，研究土的性质，首先必须研究土的三相组成。

1.2.1　固体颗粒

固体颗粒构成土骨架，它对土的物理力学性质起决定性的作用。研究固体颗粒就要分析粒径的大小及其在土中所占的百分比，称为土的粒径级配。另外，还要研究固体颗粒的矿物成分以及颗粒的形状。这三者之间又是密切相关的。

1. 颗粒的矿物成分和颗粒分组

土的颗粒一般由各种矿物组成，也含有少量有机质。土粒的矿物成分可分为两类：

(1)原生矿物。即物理风化所产生的粗颗粒矿物，它们就是原来岩石的矿物成分。常见的有长石、石英、角闪石和云母等。

(2)次生矿物。是化学风化后产生的矿物，如颗粒极细的黏土矿物。常见的有高岭土、伊里土和蒙脱土等，矿物成分对黏性土的性质影响很大，例如，黏性土中含有大量蒙脱土时，这种土就具有强烈的膨胀性，它的收缩性和压缩性也大。

颗粒的粗细对土的性质影响也很大。颗粒愈细，单位体积内颗粒的表面积就愈大，与水接触的面积就愈多，颗粒相互作用的能力就愈强。

颗粒具有不同的形状，如块状、片状等，这和土的矿物成分有关，也和土粒所经历的风化搬运过程有关。

颗粒粒径的大小称为粒度，把粒度相近的颗粒合为一组，称为粒组。粒组的划分应能反映粒径大小变化引起土的物理性质变化这一客观规律。一般地说，同一粒组的土，其物理性质大致相同，不同粒组的土，其物理性质则有较大差别。《桥涵地基规范》对粒组的划分见表1.1。

表 1.1 土的颗粒分组

颗粒名称	粒径 d/mm	
漂石(浑圆、圆棱)或块石(尖棱)	大	$d>800$
	中	$400<d\leqslant 800$
	小	$200<d\leqslant 400$
卵石(浑圆、圆棱)或碎石(尖棱)	大	$100<d\leqslant 200$
	小	$60<d\leqslant 100$
粗圆砾(浑圆、圆棱)或粗角砾(尖棱)	大	$40<d\leqslant 60$
	小	$20<d\leqslant 40$
细圆砾(浑圆、圆棱)或细角砾	大	$10<d\leqslant 20$
	中	$5<d\leqslant 10$
	小	$2<d\leqslant 5$
砂 粒	粗	$0.5<d\leqslant 2$
	中	$0.25<d\leqslant 0.5$
	细	$0.075<d\leqslant 0.25$
粉 粒		$0.005\leqslant d\leqslant 0.075$
黏 粒		$d<0.005$

2. 用筛析法作土的颗粒大小分析

天然土是粒径大小不同的土粒的混合体,它包含着若干粒组的土粒。各粒组的质量占干土土样总质量的百分数叫作颗粒级配。颗粒大小分析的目的就是确定土的颗粒级配,也就是确定土中各粒组颗粒的相对含量。颗粒级配是影响土(特别是无黏性土)的工程性质的主要因素,因此常被用来作为土的分类和定名的标准。根据《铁路工程土工试验规程》(TB 10102—2010)的规定,颗粒大小分析可采用筛析法、密度计法和移液管法。筛析法适用于粒径大于0.075 mm但不大于200 mm的土,密度计法和移液管法适用于粒径小于0.075 mm的土。本书只介绍与路基和混凝土施工关系密切的筛析法。

用筛析法作土的颗粒大小分析,其主要设备是一套分析筛。这套筛子中的各筛按筛孔孔径大小的不同由上至下排列(最上层筛子的筛孔最大,往下的筛子其筛孔依次减小),上加顶盖,下加底盘,叠在一起。分析筛有粗筛和细筛两种。粗筛的孔径(圆孔)为 200 mm、150 mm、100 mm、75 mm、60 mm、40 mm、20 mm、10 mm、5 mm 和 2 mm,细筛的孔径为 2 mm、1 mm、0.5 mm、0.25 mm 和 0.075 mm。试样的用量为:最大颗粒粒径小于2 mm的土,用 100～300 g,最大颗粒粒径大于2 mm但小于 10 mm、20 mm、40 mm的土,分别用300～1 000 g、1 000～2 000 g、2 000～4 000 g,最大颗粒粒径大于40 mm小于60 mm,者,用5 000 g以上。试验时,对于无黏性土,将烘干或风干的土样放入筛孔孔径为2 mm的筛进行筛析,分别称出筛上和筛下土的质量。取筛上的土样倒入依次叠好的粗筛最上层筛中筛析,又将筛下粒径小于2 mm的土样倒入依次叠好的细筛最上层筛筛析(细筛可放在筛析机上摇筛,摇筛时间一般为10～15 min),使细土分别通过各级筛孔漏下。称出存留在每层筛子和底盘内的土粒质量,就可以计算出粒径小于(或大于)某一数值的土粒质量占土样总质量的百分数,表 1.2 是某土样颗粒大小分析试验的筛析成果记录。

对于含有黏土粒的砂类土的筛析方法,《铁路工程土工试验规程》中另有规定,本书从略。

对土的颗粒大小分析试验结果,可用下列两种方式表达:

1)表 格 法

列表说明土样中各粒组的土质量占土样总质量的百分数。表 1.3 就是根据表 1.2 列出的该土样的颗粒级配表。

2)颗粒级配曲线法

筛分试验

表 1.2 筛析法颗粒分析记录

试样编号：

风干土质量=1 000 g		小于 0.075 mm 的试样占总试样质量的百分数=1.8%			
2 mm 筛上试样质量=403 g		小于 2 mm 的试样占总试样质量的百分数=59.7%			
2 mm 筛下试样质量=597 g		细筛分析时所取试样质量=100 g			
筛号	孔 径 /mm	累计留筛试样质量 /g	小于该孔径试样的质量 /g	小于该孔径试样的质量百分数/%	小于该孔径试样占总试样的质量百分数/%
4	10	100	900	90	90
5	5	280	720	72	72
6	2	403	597	59.7	59.7
7	1	28.3	71.7	71.7	42.8
8	0.5	60.7	39.3	39.3	23.5
9	0.25	92.3	7.7	7.7	4.6
10	0.075	97	3.0	3.0	1.8
底盘总计		3			

复核： 试验： 计算： 2006 年 11 月 5 日

表 1.3 颗 粒 级 配

粒径/mm	>10	5～10	2～5	1～2	0.5～1	0.25～0.5	0.075～0.25	<0.075
百分数/%	10.0	18.0	12.3	16.9	19.3	18.9	2.8	1.8

用曲线表示土样的颗粒级配。图 1.1 中的曲线 1，就是按筛析法做试验后绘出的颗粒级配曲线。图中横坐标表示粒径，用对数比例尺，纵坐标表示小于某粒径的土质量百分数，用普通比例尺。若颗粒级配曲线平缓，表示土中各种粒径的土粒都有，颗粒不均匀，级配良好；若曲线陡峻，则表示土粒较均匀，级配不好。在颗粒级配曲线上，可以找到对应于颗粒含量小于10%、30%和 60%的粒径 d_{10}、d_{30} 和 d_{60}，这三个粒径组成级配指标：

不均匀系数 $$C_u=\frac{d_{60}}{d_{10}}$$

曲率系数 $$C_c=\frac{d_{30}^2}{d_{10}\times d_{60}}$$

不均匀系数 C_u 愈大，表示级配曲线愈平缓，级配良好。曲率系数 C_c 用以描述颗粒大小分布的范围。路基压实标准中认为，当 $C_u\geqslant10$ 且 $C_c=1\sim3$ 时，可认为级配是良好的；当$C_u<10$ 或 $C_c\neq1\sim3$ 时，则认为级配是不良的。

前已介绍，筛析法适用于粒径小于或等于 200 mm，大于0.075 mm的土。对于粒径小于0.075 mm的土，应采用密度计法或移液管法。根据密度计法或移液管法的试验结果，同样可绘制颗粒级配曲线。图 1.1 中的曲线 3 是根据密度计法的试验结果绘制的。

当土样中含有粒径大于和小于0.075 mm的颗粒各超过土样总质量的10%时，应采用筛析法和密度计法(或筛析法和移液管法)联合试验。图1.1中的曲线2是根据筛析法和密度计法联合试验的结果绘制的，其中AB段用筛析法，BC段用密度计法，两段应连成一条光滑的曲线。

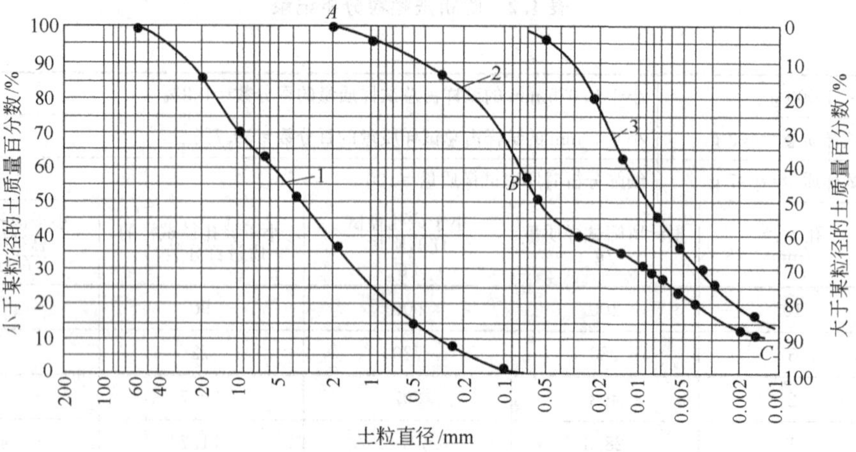

图1.1　颗粒级配曲线

1.2.2　土中的水

在天然土的孔隙中通常含有一定量的水，它可以处于各种不同的状态。土中的细颗粒越多，土的分散度越大，水对土的性质影响越大。例如，含水率很大的黏性土比较干的黏性土软的多，土中的固体颗粒与水接触就相互起作用。试验证明，土颗粒的表面带有负电荷。水分子(H_2O)是极性分子，就是说带正电荷的H^+和带负电荷的OH^-各位于水分子的两端，如图1.2(a)所示。这样的分子会被颗粒表面的负电荷吸引而定向地排列在颗粒的四周，如图1.2(b)和(c)所示，离颗粒表面愈近，吸引力愈大。土中水按其所受土粒的吸引力大小可分为下列几种形态。

1. 结 合 水

这部分水是借土粒的电分子引力吸引在土粒表面的水，对土的工程性质影响极大。它又可分为如下几种。

1)吸着水(强结合水)

吸着水是被颗粒表面负电荷紧紧吸附在土粒周围很薄的一层水。这种水的性质接近于固体，不冻结；不因重力影响而转移，不传递静水压力，不导电，具有极大的黏滞性、弹性和抗剪强度，其剪切弹性模量达20 MPa，只有在105 ℃以上的温度烘烤时才能全部蒸发。这种水对土的性质影响较小。土粒可以从潮湿空气中吸附这种水。仅含吸着水的黏土呈干硬状态或半干硬状态，碾碎则成粉末。砂类土也可能有极少量吸着水，仅含吸着水的砂类土成散粒状。

2)薄膜水(弱结合水)

在吸着水外面一定范围内的水分子，仍会受到颗粒表面负电荷的吸引力作用而吸附在颗粒的四周，这种水称为薄膜水。显然，离颗粒表面愈远，分子所受的电分子力就愈小，因而薄膜水的性质随着离开颗粒表面距离的变化而变化，从接近于吸着水至变为自由水。薄膜水从整体来说呈黏滞状态，但其黏滞性是从内向外逐渐降低的。它仍不能传递静水压力，但较厚的薄膜水能向邻近较薄的水膜缓慢转移；砂类土可认为不含薄膜水，黏性土的薄膜水较厚，且薄膜水的含量随黏粒增多而增大。薄膜水的多少对黏性土的性质影响很大，黏性土的一系列特性(黏性、塑性——土可以捏成各种形状而不破裂也不流动的特性、压实性等)都和薄膜水有关。

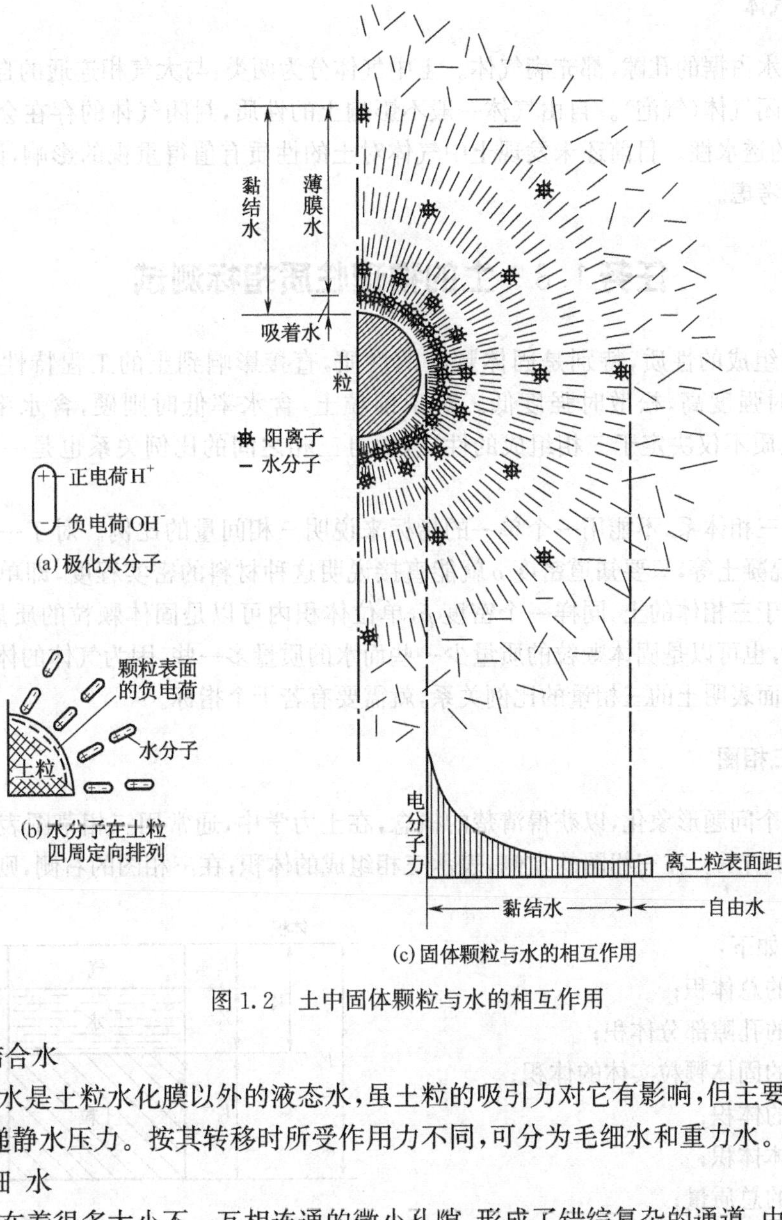

图1.2　土中固体颗粒与水的相互作用

2. 非结合水

非结合水是土粒水化膜以外的液态水，虽土粒的吸引力对它有影响，但主要是受重力作用的控制，传递静水压力。按其转移时所受作用力不同，可分为毛细水和重力水。

1)毛 细 水

土中存在着很多大小不一互相连通的微小孔隙，形成了错综复杂的通道，由于毛细表面张力的作用，形成了毛细水。毛细作用使毛细水从土的微细通道上升到高出自由水面以上。上升高度介于0(砾石、卵石)到5～6 m(黏土)之间。粒径2 mm以上的土颗粒间，一般认为不会出现毛细现象。由于毛细水高出自由水面，可以在地下水位以上一定高度内形成毛细饱水区，好像将地下水位抬高了一样。由于毛细水的上升可能引起道路翻浆、盐渍化、冻害等，导致路基失稳，因此，了解和认识土的毛细性，对土木工程的勘测、设计有重要意义。

2)重 力 水

在自由水位以下，土粒吸附力范围以外的水。它在本身重力作用下，可在土中自由移动，故称重力水。重力水在土中能产生和传递静水压力,对土产生浮力。在开挖基坑和修筑地下结构物时,由于重力水的存在,应采取排水、防水措施,土中应力的大小与重力水也有关系。

1.2.3　土中气体

土中未被水占据的孔隙,都充满气体。土中气体分为两类:与大气相连通的自由气体和与大气隔绝的封闭气体(气泡)。自由气体一般不影响土的性质,封闭气体的存在会增加土体的弹性,减小土的透水性。目前还未发现土中气体对土的性质有值得重视的影响,因此,在工程上一般都不予考虑。

任务 1.3　土的物理性质指标测试

土的三相组成的性质,特别是固体颗粒的性质,直接影响到土的工程特性。但是同样一种土,密实时强度高,松散时强度低。对于细粒土,含水率低时则硬,含水率高时则软。这说明土的性质不仅决定于三相组成的性质,而且三相之间的比例关系也是一个很重要的影响因素。

因为土是三相体系,不能用一个单一的指标来说明三相间量的比例。对于一般连续性材料,例如钢或混凝土等,只要知道密度 ρ 就能直接说明这种材料的密实程度,即单位体积内固体的质量。对于三相体的土,同样一个密度 ρ,单位体积内可以是固体颗粒的质量多一些,水的质量少一些,也可以是固体颗粒的质量少一些而水的质量多一些,因为气体的体积可以不相同。因此要全面表明土的三相量的比例关系,就需要有若干个指标。

1.3.1　土的三相图

为了使这个问题形象化,以获得清楚的概念,在土力学中,通常用三相草图表示土的三相组成,如图 1.3 所示。在三相图的左侧,表示三相组成的体积;在三相图的右侧,则表示三相组成的质量。

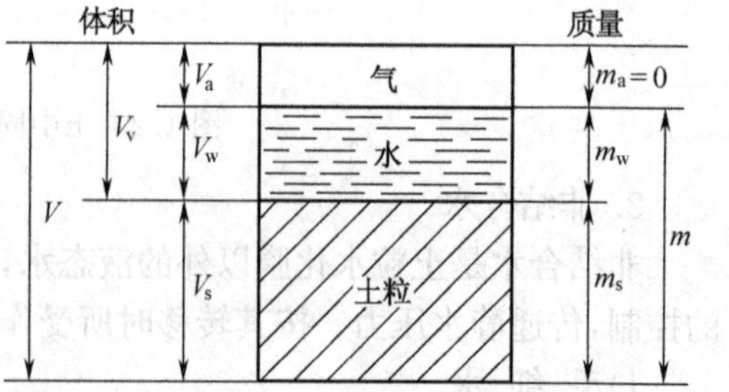

图 1.3　土的三相示意

图中符号如下:

V——土的总体积;

V_v——土的孔隙部分体积;

V_s——土的固体颗粒实体的体积;

V_w——水的体积;

V_a——气体体积;

m——土的总质量;

m_w——水的质量;

m_a——气体的质量;

m_s——固体颗粒质量。

在上述的这些量中,独立的有 V_s、V_w、V_a、m_w、m_s 五个量。1 cm^3 水的质量等于1 g,故在数值上 $V_w=m_w$。此外,当我们研究这些量的相对比例关系时,总是取某一定数量的土体来分析。例如取 $V=1\ cm^3$ 或 $m=1$ g,或 $V_s=1\ cm^3$ 等等,因此又可以消去一个未知量。这样,对于这一定数量的三相土体,只要知道其中三个独立的量,其他各量就可以从图中直接算出。所以,三相草图是土力学中用以计算三相量比例关系的一种简单而又很有用的工具。

1.3.2　确定三相比例关系的基本试验指标

为了确定三相草图各量中的三个指标：密度、相对密度和含水率，就必须通过实验室的试验测定。通常做三个基本物理性质试验。它们是：土的密度试验、土粒相对密度试验和土的含水率试验。有关试验方法参见土工试验规程或附录2《土工试验指导书》。

1. 土的密度 ρ

土的密度定义为土在天然状态下单位体积的质量，用下式表示：

$$\rho=\frac{m}{V}=\frac{m_s+m_w}{V_s+V_v}\quad (g/cm^3) \tag{1.1}$$

在天然状态下，单位体积土所受的重力，称为土的天然重度，简称重度，用下式表示：

$$\gamma=\frac{W_T}{V}=\frac{mg}{V}=\frac{(m_s+m_w)g}{V}\quad (kN/m^3) \tag{1.2}$$

式中　g——重力加速度（$g=9.81\ m/s^2$，工程上有时为了计算方便，取 $g=10\ m/s^2$）；

W_T——土样的总重力；

其他符号意义同前。

应该明确，重度并不是实测指标。通常是实测土的密度 ρ 再算出重度 γ。根据牛顿第二定律，可知 $m=\frac{W_T}{g}$，用体积 V 分别去除此式的左右两侧，得土的密度和重度的关系式为

$$\rho=\frac{\gamma}{g}\quad 或\quad \gamma=\rho\times g \tag{1.3}$$

土的重度与土的含水率和密实度有关，一般土的重度为 16～22 kN/m^3。

2. 土粒相对密度（或比密度）G_s

土粒相对密度定义为土粒的质量与同体积纯蒸馏水在 4 ℃时的质量之比，即

$$G_s=\frac{m_s}{V_s\times\rho_w}=\frac{\rho_s}{\rho_w} \tag{1.4}$$

式中　ρ_s——土粒的密度，即单位体积土粒的质量，$\rho_s=\frac{m_s}{V_s}$；

ρ_w——4 ℃时纯蒸馏水的密度（g/cm^3）。

因为 $\rho_w=1\ g/cm^3$，故实用上，土粒相对密度在数值上即等于土粒的密度，即 $G_s=\rho_s$，是无量纲数。

天然土颗粒由不同的矿物所组成，这些矿物的相对密度各不相同。试验测定的是土粒的平均相对密度。土粒的相对密度变化范围不大。细粒土（黏性土）一般在 2.70～2.75；砂土的相对密度为 2.65 左右。土中有机质含量增加时，土的相对密度减小。

单位体积土粒的重量称为土粒重度。土粒重度不是实测指标，通常是通过实测土粒相对密度 G_s 再算出土粒重度 γ_s，由土粒重度的定义，可得出 G_s 与 γ_s 的关系式，即

$$\gamma_s=\frac{W_s}{V_s}=\frac{m_s g}{V_s}=G_s\times g\quad (kN/m^3) \tag{1.5}$$

式中　W_s——土样内土粒重力。

密度、含水率试验

3. 土的含水率 w

土的含水率定义为土中水的质量与土粒质量之比，以百分数表示，即

$$w=\frac{m_w}{m_s}\times 100\%=\frac{m-m_s}{m_s}\times 100\%=\left(\frac{m}{m_s}-1\right)\times 100\% \tag{1.6}$$

式中 w——土的含水率。

土的天然含水率变化很大。干的砂类土,含水率为 0～3%,饱和软黏土的含水率可达 70%～80%。一般情况下,对同一类土,当含水率增大时,其强度就降低。

1.3.3 确定三相量比例关系的其他常用指标

测出土的密度 ρ,土粒的相对密度 G_s 和土的含水率 w 后,就可以根据图 1.3 所示的三相草图,计算出三相组成各自在体积和重量上的数值。工程上为了便于表示三相含量的某些特征,定义如下几种指标。下面几个指标是根据其定义和三个实测指标换算得出,故称为导出指标。

1. 表示土中孔隙含量的指标

工程上常用孔隙比 e 或孔隙度 n 表示土中孔隙的含量。其定义为

孔隙比 e 指孔隙体积与固体颗粒实体体积之比,表示为

$$e=\frac{V_v}{V_s} \tag{1.7}$$

孔隙比用小数表示。对同一类土,孔隙比越小,土越密实;孔隙比越大,土越松散。它是表示土的密实程度的重要物理性质指标。

由定义可知,孔隙比可能大于 1。

孔隙度 n 指孔隙体积与土体总体积之比,用百分数表示,亦即

$$n=\frac{V_v}{V}\times 100\% \tag{1.8}$$

由定义知,孔隙度恒小于 1。

下面根据孔隙比的定义和三个实测指标来推导孔隙比的换算关系式。

从三个实测指标的定义及其表达式可知,物理性质指标的计算结果与所取土样的体积(或质量)大小无关。因此,可假设土样的土粒体积 $V_s=1$ 个单位体积,土样其余部分的体积和质量可用其他物理性质指标来表示。如图 1.4(a)所示。现对图 1.4(a)各部分的体积和质量的关系说明如下:假设 $V_s=1$,根据式(1.4)可得土粒质量 $m_s=G_s$,再根据式(1.6),可得水的质量 $m_w=m-m_s=wm_s=wG_s$;故土的总质量 $m=m_s+m_w=G_s(1+w)$。根据式(1.1),得土的总体积 $V=\frac{m}{\rho}=\frac{G_s(1+w)}{\rho}$;而孔隙体积 $V_v=V-V_s=\frac{G_s}{\rho}(1+w)-1$;水的体积可根据水的密度 1 导出,即 $V_w=\frac{m_w}{1}=m_w=wG_s$;另根据孔隙比的定义,还可得出 $V_v=e$、$V=1+e$ 和 $m=\rho V=\rho(1+e)$。

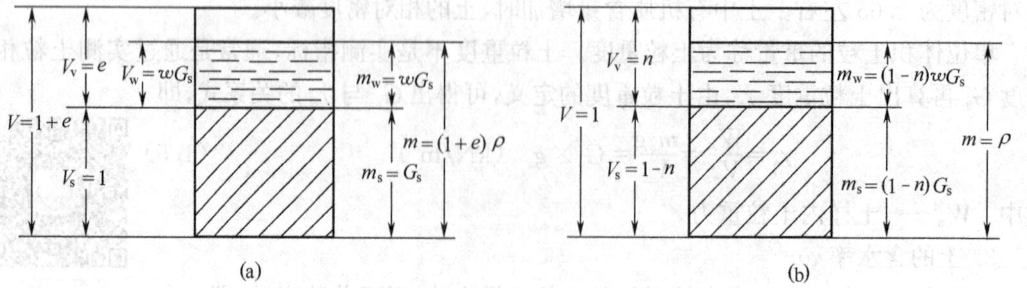

图 1.4 土的三相换算

在作以上说明以后,即可根据图 1.4(a)推导孔隙比和三个实测指标的换算关系式。

$$m=m_s+m_w=G_s(1+w)=\rho(1+e)$$

由 $G_s(1+w)=\rho(1+e)$ 可得

$$e=\frac{G_s}{\rho}(1+w)-1=\frac{\gamma_s}{\gamma}(1+w)-1 \tag{1.9}$$

需要说明的是，推导式(1.9)时是以土粒体积 $V_s=1$ 作为计算的出发点。但是，由于各物理性质指标都是三相间量的比例关系，而不是量的绝对值，因此，取其他量(例如设土的体积 $V=1$)作为计算的出发点，也可以得出相同的换算关系式。图1.4(b)是假设 $V=1$ 个单位体积所得出的三相换算图，现根据图1.4(b)推导孔隙度的换算关系式，即

$$\rho=\frac{m}{V}=\frac{m_s+m_w}{V}=(1-n)G_s+(1-n)G_sw=(1-n)G_s(1+w)$$

所以

$$n=1-\frac{\rho}{G_s(1+w)}=1-\frac{\gamma}{\gamma_s(1+w)} \tag{1.10}$$

在土力学和地基的计算中，孔隙比 e 的应用较为广泛。因此，如采用三相换算图计算土的物理性质指标，常采用图1.4(a)所示，即假定 $V_s=1$。

孔隙比和孔隙度都是用以表示孔隙体积含量的概念。两者之间可以用下式互换，得

$$n=\frac{e}{1+e}\times 100\% \tag{1.11}$$

或

$$e=\frac{n}{1-n} \tag{1.12}$$

土的孔隙比或孔隙度都可用来表示同一种土的松、密程度。它随土形成过程中所受的压力、粒径级配和颗粒排列的状况而变化。一般来说，粗粒土的孔隙度小，细粒土的孔隙度大。例如砂类土的孔隙度一般是28%～35%；黏性土的孔隙度有时可高达70%。这种情况下，单位体积内孔隙的体积比土颗粒的体积大很多。

2. 表示土中含水程度的指标

含水率是表示土中含水程度的一个重要指标。此外，工程上往往需要知道孔隙中充满水的程度，这就是土的饱和度 S_r。定义饱和度为

$$S_r=\frac{V_w}{V_v}\times 100\% \tag{1.13}$$

饱和度的换算关系式可根据定义和图1.4求得。

由图1.4(a)，得

$$S_r=\frac{V_w}{V_v}=\frac{wG_s}{e} \tag{1.14}$$

由图1.4(b)，得

$$S_r=\frac{V_w}{V_v}=\frac{m_w}{V_w}=\frac{(1-n)wG_s}{n} \tag{1.15}$$

显然，干土的饱和度 $S_r=0$，而饱和土的饱和度 $S_r=1$。

3. 表示土的密度和重度的几种指标

土的密度除了用上述 ρ 表示以外，在工程计算中，还常用到饱和密度和干密度。而 ρ 称为天然密度或湿密度。相应的定义分别为：

(1)饱和密度 ρ_{sat} 和饱和重度 γ_{sat}

饱和密度为孔隙完全被水充满时土的密度，表示为

$$\rho_{sat}=\frac{m_s+V_v\rho_w}{V}=\frac{m_s+V_v}{V} \tag{1.16}$$

上式中的 ρ_w 为水的密度，即 4 ℃时单位体积土的质量，$\rho_w=1\ g/cm^3$。孔隙中完全充满水时土的重度称为饱和重度，用下式表示

$$\gamma_{sat}=\frac{m_sg+V_v\gamma_w}{V}=\frac{m_sg+V_v\rho_wg}{V}=\frac{(m_s+V_v)g}{V}\quad (kN/m^3) \tag{1.16a}$$

上式中的 γ_w 为水的重度，即 4 ℃时单位体积土的重力，土工计算中取 $\gamma_w=10\ kN/m^3$。

比较式(1.16)和式(1.16a)，可知 $\gamma_{sat}=\rho_{sat}\cdot g$。

饱和重度的换算关系式可根据饱和重度的定义和图 1.4 得出。由图 1.4(a)可得

$$\gamma_{sat}=\frac{m_sg+V_v\gamma_w}{V}=\frac{\gamma_s+e\gamma_w}{1+e} \tag{1.17}$$

由图 1.4(b)可得

$$\gamma_{sat}=\frac{m_sg+V_v\gamma_w}{V}=(1-n)\gamma_s+n\gamma_w \tag{1.18}$$

(2) 干密度 ρ_d 与干重度 γ_d

单位体积土体中的土粒质量称为土的干密度，用下式表示：

$$\rho_d=\frac{m_s}{V}=\frac{m-m_w}{V}=\rho-\frac{wm_s}{V}=\rho-\rho_dw$$

$$\rho_d=\frac{\rho}{1+w} \tag{1.19}$$

单位体积土体中的土粒重力称为土的干重度，用下式表示：

$$\gamma_d=\frac{m_sg}{V}=\rho_dg\quad (kN/m^3) \tag{1.19a}$$

干重度的换算关系式可根据干重度的定义和图 1.4 得出，即

$$\gamma_d=\frac{m_sg}{V}=\frac{G_sg}{1+e}=\frac{\gamma_s}{1+e}=(1-n)\gamma_d \tag{1.20}$$

由式(1.19)和式(1.19a)得

$$\gamma_d=\frac{\gamma}{1+w} \tag{1.21}$$

干重度愈大，表示土愈密实。在路基工程中，常以干重度作为土的密实程度的指标。

(3) 土的浮重度 γ'

在水下的土体，因受到水的浮力作用，其重力会减轻。浮力的大小等于土粒排开的水重。因此，土的浮重度等于单位体积土体中的土粒重力减去与土粒体积相同的水的重力，其定义式为

$$\gamma'=\frac{m_sg-V_s\rho_wg}{V}=\frac{m_sg-V_s\gamma_w}{V}$$

$$=\frac{m_sg+V_v\gamma_w-V\gamma_w}{V}=\gamma_{sat}-\gamma_w \tag{1.22}$$

浮重度的换算关系式可根据浮重度的定义和图 1.4 得出。由图 1.4(a)可得

$$\gamma'=\frac{m_s g-V_s\gamma_w}{V}=\frac{\gamma_s-\gamma_w}{1+e} \tag{1.23}$$

由图 1.4(b)可得

$$\gamma'=\frac{m_s g-V_s\gamma_w}{V}=(1-n)\gamma_s-(1-n)\gamma_w=(1-n)(\gamma_s-\gamma_w) \tag{1.24}$$

为了便于应用，将上述土的物理性质指标的类别、名称、符号、定义表达式、常用换算关系式和单位列于表 1.4 中。

表 1.4　土的物理性质指标

类别		名称	符号	定义表达式	常用换算关系式	单位
实测指标		密度	ρ	$\rho=\frac{m}{V}=\frac{m_s+m_w}{V_s+V_v}$	$\rho=\frac{G_s+S_r\cdot e}{1+e}$	g/cm^3
		重度	γ	$\gamma=\frac{m\cdot g}{V}=\frac{(m_s+m_w)g}{V}=\rho\cdot g$	$\gamma=\gamma_d(1+w)$，$\gamma=\frac{\gamma_s+S_r e\gamma_w}{1+e}$	kN/m^3
		含水率	w	$w=\frac{m-m_s}{m_s}\times 100\%$	$w=\frac{\gamma}{\gamma_d}-1$，$w=\frac{S_r e}{G_s}$	
		土粒相对密度	G_s	$G_s=\frac{m_s}{V_s}$	$G_s=\frac{S_r\cdot e}{w}$	—
		土粒重度	γ_s	$\gamma_s=\frac{m_s\cdot g}{V_s}=G_s\cdot g$	$\gamma_s=\frac{S_r e\gamma_w}{w}$	kN/m^3
导出指标	反映土体中孔隙体积的相对大小	孔隙比	e	$e=\frac{V_v}{V_s}$	$e=\frac{G_s}{\rho}(1+w)-1=\frac{\gamma_s}{\gamma}(1+w)-1$ $e=\frac{n}{1-n}$，$e=\frac{\gamma_s}{\gamma_d}-1$	—
		孔隙度	n	$n=\frac{V_v}{V}$	$n=1-\frac{\rho}{G_s(1+w)}=1-\frac{\gamma}{\gamma_s(1+w)}$ $n=\frac{e}{1+e}$，$n=1-\frac{\gamma_d}{\gamma_s}$	—
	反映土体中的湿度	饱和度	S_r	$S_r=\frac{V_w}{V_v}$	$S_r=\frac{\gamma_s w}{e\gamma_w}$，$S_r=\frac{\gamma_d w}{n\gamma_w}$ $S_r=\frac{(1-n)\gamma_s w}{n\gamma_w}$	—
	反映土的单位体积的质量或单位体积的重量	干密度	ρ_d	$\rho_d=\frac{m_s}{V}$	$\rho_d=\frac{\rho}{1+w}$	g/cm^3
		干重度	γ_d	$\gamma_d=\frac{m_s\cdot g}{V}=\rho_d\cdot g$	$\gamma_d=\frac{\gamma_s}{1+e}$，$\gamma_d=\frac{\gamma}{1+w}$	kN/m^3
		饱和密度	ρ_{sat}	$\rho_{sat}=\frac{m_s+V_v\rho_w}{V}$	$\rho_{sat}=\frac{G_s+e}{1+e}$	g/cm^3
		饱和重度	γ_{sat}	$\gamma_{sat}=\frac{m_s g+V_v\gamma_w}{V}$ $=\frac{(m_s+V_v)g}{V}=\rho_{sat}\cdot g$	$\gamma_{sat}=\frac{\gamma_s+e\gamma_w}{1+e}$ $\gamma_{sat}=(1-n)\gamma_s+n\gamma_w$	kN/m^3
		浮重度	γ'	$\gamma'=\frac{m_s g-V_s\gamma_w}{V}=\gamma_{sat}-\gamma_w$	$\gamma'=\frac{\gamma_s-\gamma_w}{1+e}$，$\gamma'=(1-n)(\gamma_s-\gamma_w)$	kN/m^3

注：重度 γ 和土粒重度 γ_s 并不是实测指标。为了查阅方便，本表将其列入实测指标栏内。

【例 1.1】 土样总质量为132.0 g,总体积为80.0 cm^3,此土样烘干后质量为108.0 g,土粒相对密度 G_s=2.65。试求此土样的含水率、孔隙比、孔隙度、饱和度和干重度。

【解】 由题设条件,给出此土样的三相简图如图 1.5 所示。

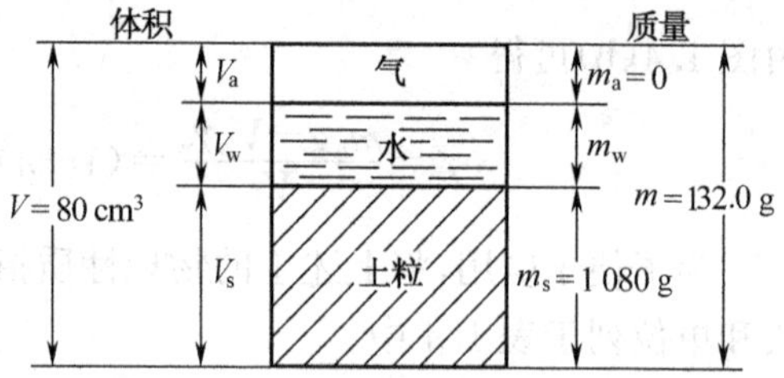

图 1.5　例 1.1 图

由于已知土样的质量、体积和土粒相对密度,故可以直接计算。土中水的质量为

$$m_w=m-m_s=132.0-108.0=24.0\ (g)$$

土粒体积　$V_s=\dfrac{m_s}{G_s}=\dfrac{108.0}{2.65}=40.8\ (cm^3)$

土中水的体积　$V_w=\dfrac{m_w}{1}=\dfrac{24.0}{1}=24.0\ (cm^3)$

土中气体体积　$V_a=V-V_s-V_w=80.0-40.8-24.0=15.2\ (cm^3)$

按定义可求得:

含水率　$w=\left(\dfrac{m}{m_s}-1\right)\times100\%=\left(\dfrac{132.0}{108.0}-1\right)\times100\%=22.2\%$

孔隙比　$e=\dfrac{V_v}{V_s}=\dfrac{V_a+V_w}{V_s}=\dfrac{24.0+15.2}{40.8}=0.96$

孔隙度　$n=\dfrac{V_v}{V}=\dfrac{24.0+15.2}{80.0}=0.49$

饱和度　$S_r=\dfrac{V_w}{V_v}\times100\%=\dfrac{24.0}{24.0+15.2}\times100\%=61.2\%$

干重度　$\gamma_d=\dfrac{m_s g}{V}=\dfrac{0.108\times10}{80}=0.013\ 5\ N/cm^3=13.5\ (kN/m^3)$

【例 1.2】 原状土样经试验测得 $\rho=1.8\ g/cm^3$,$w=25\%$,土粒相对密度 $G_s=2.7$。试求土的孔隙比 e、饱和度 S_r、饱和重度 γ_{sat}、浮重度 γ' 和干重度 γ_d。

【解】 (1)直接用表 1.4 所列的定义表达式或换算关系式计算

土的重度　$\gamma=\rho g=1.8\times10=18\ (kN/m^3)$

土粒重度　$\gamma_s=G_s g=2.7\times10=27\ (kN/m^3)$

孔隙比　$e=\dfrac{\gamma_s}{\gamma}(1+w)-1=\dfrac{27}{18}(1+0.25)-1=0.875$

饱和度　$S_r=\dfrac{\gamma_s w}{e\gamma_w}=\dfrac{27\times0.25}{0.875\times10}\times100\%=77.1\%$

饱和重度　$\gamma_{sat}=\dfrac{\gamma_s+e\gamma_w}{1+e}=\dfrac{27+0.875\times10}{1+0.875}=19.1\ (kN/m^3)$

浮重度　$\gamma'=\gamma_{sat}-\gamma_w=19.1-10=9.1\ (kN/m^3)$

干重度　$\gamma_d=\dfrac{\gamma}{1+w}=\dfrac{18}{1+0.25}=14.4\ (kN/m^3)$

(2)根据所求各物理性质指标的定义和三相换算图计算

设 $V=1\ cm^3$,已知 $\rho=1.8\ g/cm^3$,则 $m=\rho V=1.8\times1=1.8\ (g)$。

已知 $w=\dfrac{m-m_s}{m_s}=\dfrac{m_w}{m_s}=0.25$,所以 $m_w=0.25m_s$;又 $m=m_s+m_w=1.8$ g,即,$m_s+0.25m_s=1.8$,得 $m_s=1.44$ g,$m_w=0.25m_s=0.36$ g。

已知 $G_s=2.7$，则 $V_s=\frac{m_s}{G_s}=\frac{1.44}{2.7}=0.533\ (cm^3)$。

已知 $\gamma_w=10\ kN/m^3$，则 $V_w=\frac{m_w g}{\gamma_w}=\frac{0.36\times10}{10}=0.36\ (cm^3)$。

已知 $V_v+V_s=V$，所以 $V_v=1-V_s=1-0.533=0.467\ (cm^3)$。

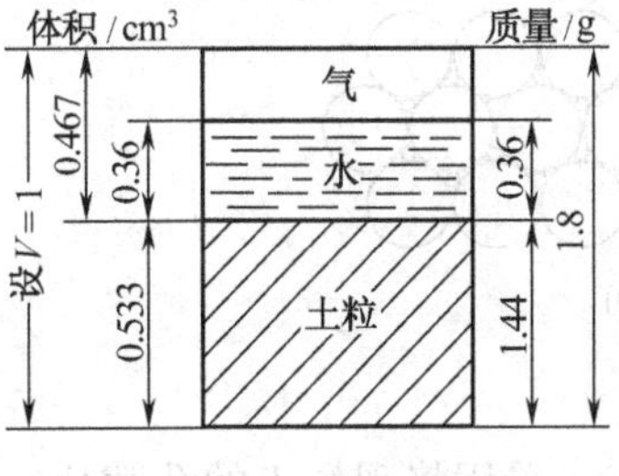

图1.6　例1.2图

将根据 $V=1$ 求出的 m、m_s、m_w、V_s、V_w 和 V_v 填入三相简图，得图1.6。

绘出三相简图后，即可根据图中的已知数据求各项物理性质指标。

孔隙比　$e=\frac{V_v}{V_s}=\frac{0.467}{0.533}=0.876$

饱和度　$S_r=\frac{V_w}{V_v}\times100\%=\frac{0.36}{0.467}\times100\%=77.1\%$

饱和重度　$\gamma_{sat}=\frac{m_s g+V_v\gamma_w}{V}=\frac{1.44\times10+0.467\times10}{1}=19.1\ (kN/m^3)$

浮重度　$\gamma'=\gamma_{sat}-\gamma_w=19.1-10=9.1\ (kN/m^3)$

干重度　$\gamma_d=\frac{m_s g}{V}=\frac{1.44\times10}{1}=14.4\ (kN/m^3)$

从例题1.2的求解过程可看出，利用表1.4所列的定义表达式和换算关系式求解，比填绘三相简图后再求解要简便、迅速得多。但是，对于初学者来说，用填绘三相简图的方法计算，便于掌握和熟悉土的物理性质指标的概念。再者，用这种方法，也较容易解决某些复杂问题。

任务1.4　土的物理状态指标测试

所谓土的物理状态，对于粗粒(无黏性)土，是指土的密实程度，对于黏性土则是指土的软硬程度或称为黏性土的稠度。

无黏性土的密实程度对其工程性质有重大影响。密实的无黏性土结构稳定，压缩性小，强度较大，可作为良好的天然地基。松散的无黏性土常有超过土粒粒径的较大孔隙，特别是饱和的细砂和粉砂，结构稳定性差，强度较小，压缩性较大，还容易发生流砂等现象，是一种软弱地基。因此，密实程度是无黏性土最重要的物理状态指标。

1.4.1　粗粒土(无黏性土)的物理状态指标

1. 粗粒土(无黏性土)的密实度

土的密实度通常指单位体积中固体颗粒的含量。土颗粒含量多，土就密实；土颗粒含量少，土就疏松。从这一角度分析，在上述三相比例指标中，干重度 γ_d 和孔隙比 e(或孔隙度 n)是表示土的密实度的指标。但是这种用固体含量或孔隙含量表示密实度的方法有其明显的缺点，主要是这种表示方法没有考虑到粒径级配这一重要因素的影响。为说明这个问题，取两种不同级配的砂土进行分析。假定第一种砂是理想的均匀圆球，不均匀系数 $C_u=1.0$。这种砂最密实时的排列，如图1.7(a)所示。可以算出这时的孔隙比 $e=0.35$，如果砂粒的相对密度 $G_s=2.65$，则最密实时的干密度 $\rho_d=1.96\ g/cm^3$。第二种砂同样是理想的圆球。但其级配中除大的圆球外，还有小的圆球可以充填于孔隙中，即不均匀系数 $C_u>1.0$，如图1.7(b)所示。

显然,这种砂最密实时的孔隙比 $e<0.35$。就是说这两种砂若都具有同样的孔隙比 $e=0.35$,对于第一种砂,已处于最密实的状态,而对于第二种砂则不是最密实。实践中,往往可以碰到不均匀系数很大的砂砾混合料,孔隙比 $e\leqslant0.35$,干密度 $\rho_d\geqslant2.05\ g/cm^3$ 时,仍然只处于中等密实度,有时还需要采取工程措施再予以加密,而这种密度对于均匀砂则已经是十分密实了。

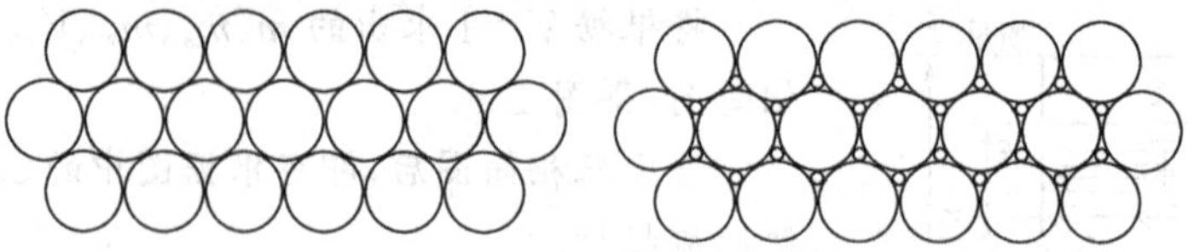

(a) (b)

图 1.7 土颗粒排列方式

工程上为了更好地表明粗粒土(无黏性土)所处的密实状态。采用将现场土的孔隙比 e 与该种土所能达到最密实的孔隙比 e_{min} 和最松时的孔隙比 e_{max} 相对比的办法,来表示孔隙比为 e 时土的密实度。这种度量密实度的指标称为相对密实度 D_r,即

$$D_r=\frac{e_{max}-e}{e_{max}-e_{min}} \tag{1.25}$$

式中 e——现场粗粒土的天然孔隙比;

e_{max}——土的最大孔隙比,测定的方法是将松散的风干土样通过长颈漏斗轻轻地倒入容器,避免重力冲击,求得土的最小干密度再经换算得到 e_{max}(详见《铁路工程土工试验规程》);

e_{min}——土的最小孔隙比,测定的方法是将松散的风干土装在金属容器内,按规定方法振动和锤击,直至密度不再提高,求得最大干重度后经换算得到 e_{min}(详见《铁路工程土工试验规程》)。

当 $D_r=0$ 时,$e=e_{max}$,表示土处于最松状态。当 $D_r=1$ 时,$e=e_{min}$,表示土处于最密实状态。用相对密实度 D_r 判定粗粒土的密实度标准见表 1.5。

表 1.5 砂类土密实程度的划分

密实程度	标准贯入锤击数 N	相对密度 D_r	密实程度	标准贯入锤击数 N	相对密度 D_r
密实	$N>30$	$D_r>0.67$	稍密	$10<N\leqslant15$	$0.33<D_r\leqslant0.4$
中密	$15<N\leqslant30$	$0.4<D_r\leqslant0.67$	松散	$N\leqslant10$	$D_r\leqslant0.33$

将表 1.4 中孔隙比与干重度的关系式 $e=\frac{\rho_s}{\rho_d}-1$ 代入式(1.25)整理后,可以得到用干密度表示的相对密实度的表达式为

$$D_r=\frac{(\rho_d-\rho_{dmin})\cdot\rho_{dmax}}{(\rho_{dmax}-\rho_{dmin})\cdot\rho_d} \tag{1.26}$$

式中 ρ_d——对应于天然孔隙比为 e 时土的干密度;

ρ_{dmin}——相当于孔隙比为 e_{max} 时土的干密度,即最松干密度;

ρ_{dmax}——相当于孔隙比为 e_{min} 时土的干密度,即最密干密度。

应当指出,目前虽然已有一套测定最大孔隙比和最小孔隙比的试验方法,但是要在实验室条件下测得各种土理论上的 e_{max} 和 e_{min} 却十分困难。在静水中很缓慢沉积形成的土,孔隙比有

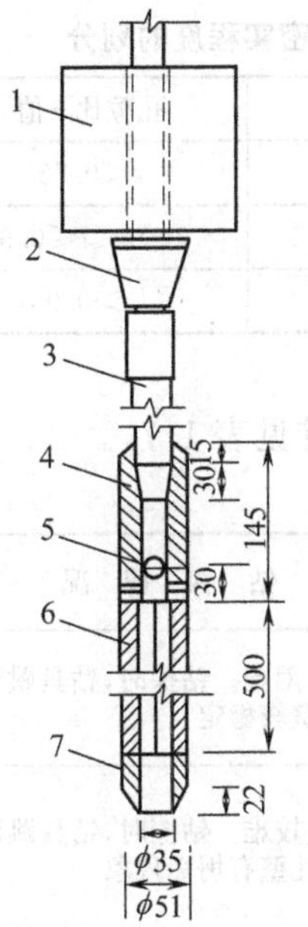

1—穿心锤；2—锤垫；3—触探杆；4—贯入器头；5—出水孔；6—由两个半圆形管合成的贯入器身；7—贯入器靴。

图 1.8 标准贯入试验设备(单位:mm)

时可能比实验室能测得的 e_{max} 还大。同样，在漫长地质年代中，受各种自然力作用下堆积形成的土，其孔隙比有时比实验室能测得的 e_{min} 还小。此外，埋藏在地下深处，特别是地下水位以下的无黏性土的天然孔隙比很难准确测定。因此，这一指标理论上虽然能够更合理地用以确定土的密实状态，但由于上述原因，通常多用于填方的质量控制中，对于天然土尚难以应用。

因为 e_{min} 和 e_{max} 都难以准确测定，天然砂土的密实度只能在现场进行原位标准贯入试验，根据锤击数 N，按表 1.5 的标准间接判定。

图 1.8 为标贯试验的主要设备。做标贯试验时，先用钻具钻入地基中至预定的高程，然后将标准贯入器换装到钻杆端部，用质量为63.5 kg的穿心锤以760 mm的落距把标准贯入器竖直打入土中150 mm(此时不计锤击数)，以后再打入土中300 mm，并记录贯入此300 mm所需的锤击数 N，根据 N 即可从表 1.5 中查出砂类土的密实程度。从表 1.5 中可看出：锤击数 N 大时土较密实，N 较小时土较松散。

应该说明，标准贯入试验所得的锤击数 N，不仅可用于划分砂类土的密实程度，而且在高烈度地震区，可作为判断砂类土是否会振动液化的计算指标。

【例 1.3】 一砂样的天然重度 $\gamma=18.4\ \text{kN/m}^3$，含水率 $w=19.5\%$，土粒相对密度 $G_s=2.65$，最大干重度 $\gamma_{dmax}=15.8\ \text{kN/m}^3$，最小重度 $\gamma_{dmin}=14.4\ \text{kN/m}^3$。试求其相对密实度 D_r，并判定其密实程度。

【解】 按式(1.21)，砂样的干重度为

$$\gamma_d=\frac{\gamma}{1+w}=\frac{18.4}{1+0.195}=15.4\ (\text{kN/m}^3)$$

按式(1.9)求砂样的孔隙比 e

$$e=\frac{\gamma_s(1+w)}{\gamma}-1=\frac{\gamma_s}{\gamma_d}-1=\frac{2.65\times9.81}{15.4}-1=0.688$$

相应于最大干重度的孔隙比是砂样的最小孔隙比 e_{min}，相应于最小干重度的孔隙比是砂样的最大孔隙比 e_{max}。e_{min} 和 e_{max} 同样可按上式求出：

$$e_{max}=\frac{\gamma_s}{\gamma_{dmin}}-1=\frac{2.65\times9.81}{14.4}-1=0.805$$

$$e_{min}=\frac{\gamma_s}{\gamma_{dmax}}-1=\frac{2.65\times9.81}{15.8}-1=0.645$$

由式(1.25)，得

$$D_r=\frac{e_{max}-e}{e_{max}-e_{min}}=\frac{0.805-0.688}{0.805-0.645}=0.73$$

根据 $D_r=0.73$ 查表 1.5，可判定此砂类土处于密实状态。

从理论上说，相对密实度 D_r 能比较确切地反映砂类土的密实程度。测定 e_{max} 和 e_{min} 的操作误差很大，对于原状砂样(特别是在地下水位以下的砂)难以取得，天然孔隙比 e 也不是经常可以求出的，因此，在一些地点既做标贯试验又钻探取样，并测定土的 e、e_{max} 和 e_{min}，取得实测锤击数与相对密实度 D_r 的对应数据，并反映在《桥涵地基规范》的有关表 (即本书表 1.5)中，

以便于应用。

粉土的密实程度用天然孔隙比大小划分，见表1.6。

表1.6　粉土密实程度的划分

密实程度	孔隙比 e 值
密　实	$e<0.75$
中　密	$0.75\leqslant e\leqslant 0.9$
稍　密	$e>0.9$

碎石类土的密实程度划分还没有一个较科学的标准，因为对这类土很难做标贯试验和孔隙比试验，目前仅凭经验在野外鉴别，即根据土骨架的结构特征、孔隙中充填物的充实程度、边坡稳定情况和钻进的难易程度来判断。《桥涵地基规范》规定的碎石类土密实程度划分标准见表1.7。

表1.7　碎石类土密实程度的划分

密实程度	结构特征	天然坡和开挖情况	钻探情况
密　实	骨架颗粒交错紧贴连续接触，孔隙填满、密实	天然陡坡稳定，坎下堆积物较少。镐挖较困难，用撬棍方能松动，坑壁稳定。在坑壁取出大颗粒处，能保持凹面形状	钻进困难。钻探时，钻具跳动剧烈，孔壁较稳定
中　密	骨架颗粒排列疏密不匀，部分颗粒不接触，孔隙填满，但不密实	天然坡不易陡立或陡坎下堆积物较多。天然坡大于粗颗粒的安息角。镐可挖掘，坑壁有掉块现象。充填物为砂类土时，坑壁取出大颗粒处，不易保持凹面形状	钻进较难。钻探时，钻具跳动不剧烈，孔壁有坍塌现象
稍密	多数骨架颗粒不接触，孔隙基本填满，但较松散	不易形成陡坎，天然坡略大于粗颗粒的安息角。镐较易挖掘。坑壁易掉块，从坑壁取出大颗粒后易塌落	钻进较难。钻探时，钻具有跳动，孔壁较易坍塌
松　散	骨架颗粒有较大孔隙，充填物少，且松散	锹可以挖掘。天然坡多为主要颗粒的安息角。坑壁易坍塌	钻进较容易，钻进中孔壁易坍塌

2. 无黏性土的潮湿程度

除密实程度以外，潮湿程度对碎石类土和砂类土及粉土的工程性质也有一定影响。《桥涵地基规范》规定碎石类土和砂类土的潮湿程度按饱和度的大小来划分，见表1.8。从表1.8可看出，当饱和度 $S_r>80\%$ 时，即可视为饱和的，这是因为当 $S_r>80\%$ 时，土中虽仍有少量气体，但大都是封闭气体，故可按表1.8的规定视为饱和土。

粉土潮湿程度按其天然含水率 w 划分，见表1.9。

表1.8　碎石类土和砂类土潮湿程度的划分

分　级	饱和度 S_r/%
稍　湿	$S_r\leqslant 50$
潮　湿	$50<S_r\leqslant 80$
饱　和	$S_r>80$

注：$S_r=\frac{V_w}{V_v}\times 100\%$，$V_w$ 为水所占的体积；V_v 为孔隙(包括水及气体)部分的体积。

表1.9　粉土潮湿程度划分

分　级	天然含水率 w/%
稍　湿	$w<20$
潮　湿	$20\leqslant w\leqslant 30$
饱　和	$w>30$

1.4.2　黏性土(细粒土)的物理状态指标

1. 黏性土(细粒土)的稠度

黏性土最主要的物理状态特征是它的稠度，稠度是指土的软硬程度或土对外力引起变形或破坏的抵抗能力。土中含水率很低时，水都被颗粒表面的电荷紧紧吸着于颗粒表面，成为强结合水。强结合水的性质接近于固态。因此，当土粒之间只有强结合水时[图1.9(a)]，按水膜厚薄不同，土表现为固态或半固态。

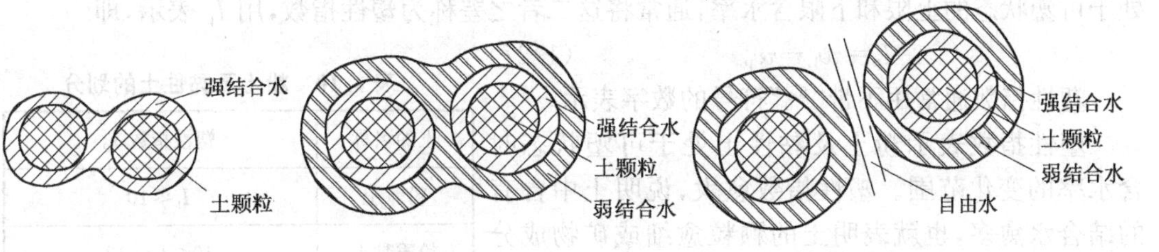

(a) 固态和半固态　(b) 可塑状态　(c) 流动状态

图 1.9　土中水与稠度状态

当含水率增加，被吸附在颗粒周围的水膜加厚时，土粒周围除强结合水外还有弱结合水图[1.9(b)]，弱结合水呈黏滞状态，不能传递静水压力，不能自由流动，但受力时可以变形，能从水膜较厚处向邻近较薄处移动。在这种含水率情况下，土体受外力作用可以被捏成任何形状而不破裂，外力取消后仍然保持改变后的形状，这种状态称为塑态。弱结合水的存在是土具有可塑状态的原因。土处在可塑状态的含水率变化范围，大体上相当于土粒所能够吸附的弱结合水的含量。这一含量的大小主要决定于土的比表面积和矿物成分。黏性大的土必定是比表面积大、矿物亲水能力强的土(例如蒙脱土)，自然也是能吸附较多结合水的土，因而它的塑态含水率的变化范围也必定大。

当含水率继续增加，土中除结合水外，已有相当数量的水处于电场引力影响范围以外，成为自由水。这时土粒之间被自由水所隔开[图 1.9(c)]，土体不能承受任何剪应力，而呈流动状态。可见，从物理概念分析，土的稠度实际上是反应土中水的形态。

2. 稠度界限

土从某种状态进入另外一种状态的分界含水率称为土的特征含水率或称为稠度界限。工程上常用的稠度界限有液限含水率 w_L 和塑限含水率 w_p。

液限含水率(w_L)简称液限，相当于土从塑性状态转变为液性状态时的分界含水率。这时，土中水的形态除结合水外，已有相当数量的自由水。

土的液塑性试验

塑限含水率(w_p)简称塑限，相当于土从半固体状态转变为塑性状态时的含水率。这时，土中水的形态大约是强结合水达到最大时的含水率。

在实验室中，液限 w_L 用液限仪测定，塑限 w_p 则用搓条法测定。目前可用联合测定仪一起测定液限和塑限(详见《铁路工程土工试验规程》)。但是，所有这些测定方法仍然是根据表象观察土在某种含水率下是否“流动”或者是否“可塑”，而不是真正根据土中水的形态来划分的。实际上，土中水的形态，定性区分比较容易，定量划分则颇为困难。目前尚不能够定量地以结合水膜的厚度来确定液限或塑限。从这个意义上说，液限和塑限与其说是一种理论标准，不如说是一种人为确定的标准。尽管如此，并不妨碍人们去认识细粒土随着含水率的增加，可以从固态或半固态变为塑态再变为液态，而实测的塑限和液限则是一种近似的定量分界含水率。

图 1.10 表示了土的含水率与其所呈现的物理状态的关系。

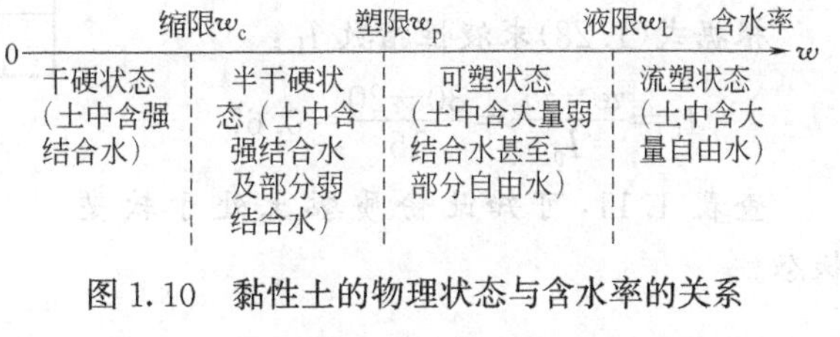

图 1.10　黏性土的物理状态与含水率的关系

3. 塑性指数和液性指数

(1)塑性指数

从图 1.10 可看出，液限和塑限是土

处于可塑状态的上限和下限含水率,通常将这二者之差称为塑性指数,用 I_p 表示,即

$$I_p = w_L - w_p \tag{1.27}$$

塑性指数通常用不带"%"符号的数字表示。

塑性指数表示粉土及黏性土处于可塑状态时含水率的变化范围。塑性指数愈大,说明土中含有的结合水愈多,也就表明土的颗粒愈细或矿物成分吸附水的能力大。因此,塑性指数是一个能比较全面反映土的组成情况(包括颗粒级配、矿物成分等等)的物理状态指标。塑性指数愈大,表明土的塑性愈大。

生成条件相似(即土的结构和状态相似)、塑性指数相近的黏性土,一般均有相近的物理性质,同时,塑性指数的测定方法也较简便,因此,《桥涵地基规范》采用塑性指数作为粉土及黏性土的分类指标,见表 1.10。

表 1.10 粉土及黏性土的划分

土的名称	塑性指数 I_p
粉　土	$I_p \leqslant 10$
粉质黏土	$10 < I_p \leqslant 17$
黏　土	$I_p > 17$

注:1. 塑性指数等于土的液限含水率与塑限含水率之差;
2. 液限含水率试验采用圆锥仪法,圆锥仪总质量为 76 g,入土深度 10 mm;
3. 塑限含水率试验采用搓条法;
4. 粉土为 $I_p \leqslant 10$,且粒径大于 0.075 mm 的颗粒少于全重 50%的土。

(2)液性指数

土的比表面积和矿物成分不同,吸附结合水的能力也不一样。因此,同样的含水率对于黏性高的土,水的形态可能全是结合水,而对于黏性低的土,则可能相当部分已经是自由水。换句话说,仅仅知道含水率的绝对值,并不能说明土处于什么状态。要说明细粒土的稠度状态,需要有一个表征土的天然含水率与分界含水率之间相对关系的指标,这就是液性指数 I_L。液性指数定义为

$$I_L = \frac{w - w_p}{w_L - w_p} \tag{1.28}$$

式中 w 为土的天然含水率。w_L、w_p 意义同前。

液性指数通常用不带"%"的数字表示。

《桥涵地基规范》对黏性土的潮湿(软硬)程度按液性指数划分见表 1.11。

从图 1.10 可以看出:当 $w < w_p$ 时,天然土处于半干硬状态;当 $w \geqslant w_L$ 时,土处于流动状态;当 w 在 w_p 和 w_L 之间时,土处于可塑状态。可见图 1.10 和表 1.11 是一致的。

【例 1.4】 一土样的天然含水率 w=30%,液限 w_L=35%,塑限 w_p=20%,试确定该土样的名称并判断其处于何种状态。

【解】 根据式(1.27)求塑性指数 I_p:

$$I_p = w_L - w_p = 35 - 20 = 15$$

查表 1.10 可知此土样为粉质黏土。

根据式(1.28)求液性指数 I_L:

$$I_L = \frac{w - w_p}{I_p} = \frac{30 - 20}{15} = 0.67$$

查表 1.11,可知此粉质黏土处于软塑状态。

表 1.11 黏性土塑性状态的划分

塑性状态	液性指数 I_L
坚　硬	$I_L \leqslant 0$
硬　塑	$0 < I_L \leqslant 0.5$
软　塑	$0.5 < I_L \leqslant 1$
流　塑	$I_L > 1$

注:$I_L = \frac{w - w_p}{I_p}$。$w$ 为天然含水率;w_p 为塑限含水率;I_p 为塑性指数。

任务1.5　土的结构与构造分析

1.5.1　土的结构

很多实验资料表明，同一种土，原状土样和重塑土样（将原状土样破碎，在实验室内重新制备的土样）的力学性质有很大差别。甚至用不同方法制备的重塑土样，尽管组成一样，密度控制也相同，性质仍有所差别。也就是说，土的组成和物理状态尚不是决定土的性质的全部因素。另一种对土的性质有很大影响的因素就是土的结构。土粒或土粒集合体的大小、形状、相互排列与联结等综合特征，称为土的结构。土的天然结构是在其沉积和存在的整个历史过程中形成的。土因其组成、沉积环境和沉积年代不同形成各种很复杂的结构。通常土的结构可分为三种基本类型：单粒结构、蜂窝结构和絮状结构。

1. 单粒结构（图1.11）

这种结构由较大土粒在自重作用下，于水或空气中下落堆积而成。碎石类土和砂类土就是单粒结构的土。因土粒较大，土粒之间的分子引力远小于土粒自重，土粒之间几乎没有相互联结作用，是典型的散粒状物体。这种结构的土，其强度主要来源于土粒之间的内摩擦力。

由于生成条件不同，单粒结构可能是紧密的，也可能是松散的。在松散的砂类土中，砂粒处于较不稳定状态，并可能具有超过土粒尺寸的较大孔隙，在静力荷载作用下，压缩不大，但在动力荷载或其他震动荷载作用下，土粒易于变位压密，孔隙度降低，导致地基突然沉陷，建筑物破坏。密实砂土则相反。从工程地质观点来看，紧密结构是最理想的结构。具有紧密结构的土层，在建筑物的静力荷重下不会压缩沉陷，在动力荷重或振动的情况下，孔隙度的变化也很小，不致造成破坏。紧密结构的砂土只有在侧向松动，如开挖基坑后才会变成流砂状态。

2. 蜂窝结构（图1.12）

较细的土粒在自重作用下于水中下沉时，由于其颗粒细、重量轻，碰到已沉稳的土粒时（如两土粒间接触点处的分子引力大于下沉土粒的重量），土粒便被吸引而不再下沉。如此继续不已，逐渐形成链环状单元。很多这样的链环联结起来，就形成疏松的蜂窝结构。蜂窝结构的土中单个孔隙体积一般远大于土粒本身的尺寸，孔隙体积也较大。如沉积后没有受过比较大的上覆压力，则在建筑物上覆荷载作用下，可能产生较大沉降。这种结构常见于黏性土中。

图1.11　单粒结构

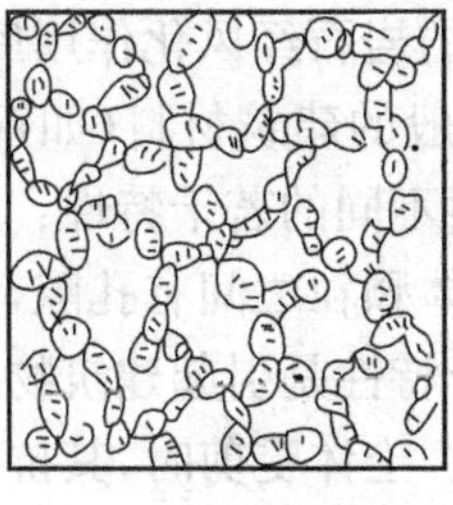

图1.12　蜂窝结构

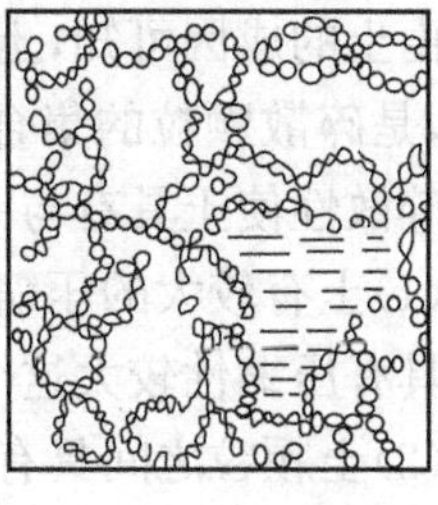

图1.13　絮状结构

3. 絮状结构（图1.13）

絮状结构是颗粒最细小的黏性土的特有结构形式。最细小的黏粒大都呈针状或片状，它在水中呈现胶体特性。这主要是由于电分子力的作用，使土粒表面附有一层极薄的水膜。这种带有水膜的土粒在水中运动时，与其他土粒碰撞而凝聚成小链环状的土粒集合，然后沉积成大的链环,形成不稳定的复杂的絮状结构。这种结构在海相沉积黏土中常见。

土的以上三种结构,密实的单粒结构强度大,压缩性小,工程性质最好,蜂窝结构其次,絮状结构最差。尤其是絮状结构在其天然结构遭到破坏时,强度极低,压缩性极大,不能作为天然地基。

还应说明,土的结构受扰动后,其原有的物理力学性质会变化。因此,在取土样做试验时,应尽量减少扰动,避免破坏土的原状结构。

1.5.2 土的构造

土的构造是指同一土层中物质成分和颗粒大小等相近的各部分之间的相互位置与充填空隙间的特征。其主要构造类型为层状构造,另外,还包括分散构造、裂隙构造和结核状构造等几种常见的土的构造类型。

1. 层状构造

土粒在沉积过程中,由于不同的地质作用和沉积环境条件,大体相同的物质成分和土粒大小在水平方向沉积成一定厚度,呈现出成层特征。第四纪冲积层具有明显的层状构造(又称层理)。因沉积环境条件的变化,常又会出现夹层、尖灭和透镜体等交错层理。砂、砾石等沉积物,当沉积厚度较大时,往往无明显的层理而呈分散状,又称为分散构造。

2. 裂隙构造

裂隙构造是指土层中存在的各种裂隙,如黄土层中常分布的柱状裂隙。坚硬或硬塑黏土层中的不连续裂隙,破坏了土的整体性。裂隙面是土中的软弱结构面,沿裂隙面的抗剪强度很低而渗透性却很高,浸水后裂隙张开,工程性质更差。

3. 结核构造

在细粒土中明显掺有大颗粒或聚集的铁质、钙质等结合体,贝壳等杂物时称为结核构造。如含结核黄土中的结合体,含砾石的冰积黏土等均属此类。由于大颗粒或结核往往分散,故此类土的性质取决于细颗粒部分。

当把土层作为地基时,应认真研究土层的构造情况,特别是尖灭层和透镜体的存在会影响土层的受力和不均匀性压缩,常会引起地基的不均匀变形。

1.5.3 土的特性

由土的成因可知,土是地壳表层的岩石经风化作用后,在不同条件下所形成的堆积物和沉积物,是碎散颗粒的集合体。这与一般的建筑材料(如钢材、混凝土、石料等)有根本的区别。这种碎散性使土具有与一般建筑材料不同的若干特性:

(1)土有较大的压缩性。土的固体颗粒之间有孔隙,当受外力作用时,这些孔隙大大缩小,使土具有压缩性较大这个特性。这个特性是引起建筑物沉降的内因。

(2)土颗粒之间具有相对移动性。土体受剪时,其抗剪强度是由土颗粒之间表面的摩擦力和内聚力组成的。而一般建筑材料受剪时,其抗剪强度则由材料本身的抗剪能力而产生。土颗粒之间的联结(表面摩擦力和内聚力)比颗粒本身的强度低得多,因此,土的抗剪强度就比一般建筑材料低得多。土颗粒之间这种相对移动性是引起地基丧失稳定,产生滑动破坏的内因。

(3)土具有较大的透水性。土的固体颗粒之间有大的孔隙,水可以在孔隙中流动而透水。而一般建筑材料的透水性往往是很小的。

任务 1.6　土的工程分类及野外鉴别方法

1.6.1　土的工程分类

自然界存在着种类繁多的土，各种土的组成、所处状态都不相同，因而其工程性质（如强度、压缩性和透水性等）也有很大差别。为了工程实践和研究工作的需要，应把各种土按其组成、生成年代、生成条件等进行分类和定名，以便根据分类或定名大致判断其工程特性。

土、石分类在铁路工程中基本上采取了统一的方法。即以能反映土的工程特性的主要因素作为分类的依据。如无黏性土的分类以土粒大小及其在土中所占的质量百分率为依据，黏性土的分类以塑性指数为依据等。对于作为地基的黏性土，除按塑性指数分类外，还应按其工程地质特性分类。《桥涵地基规范》（TB 10093—2017）对土、石分为岩石、碎石类土、砂类土及粉土和黏性土。此外，还有软土、冻土和黄土等特殊土。每一类土又进一步细分为若干土名。现将《桥涵地基规范》对土、石的工程分类作简要介绍。

1. 岩　石

岩石是指土粒间具有牢固联结，呈整体或具节理和裂隙的岩块。在铁路工程中，岩石应按其坚硬程度、软化性和抗风化能力进行分类。当岩石所含的特殊成分影响岩石的工程地质特性时，应定为特殊岩石。

《桥涵地基规范》根据岩石的单轴饱和抗压强度进行分类见表 1.12。

表 1.12　R_c 与定性划分岩石坚硬程度的对应关系

岩石单轴饱和抗压强度 R_c/MPa	$R_c>60$	$60\geqslant R_c>30$	$30\geqslant R_c>15$	$15\geqslant R_c>5$	$R_c\leqslant 5$
坚硬程度	极硬岩	硬岩	较软岩	软岩	极软岩

2. 碎石类土

碎石类土是指粒径大于2 mm的颗粒含量超过全部质量 50%的非黏性土。

《桥涵地基规范》根据碎石类土的粒径大小和含量进行分类，如表 1.13 所示。在分类定名时，应先按照表 1.13 的粒径将颗粒分组，再按表中排列次序由上至下核对，最先符合条件者，即为这种土的名称。

表 1.13　碎石类土的划分

土的名称	颗粒形状	土的颗粒级配
漂石土	浑圆或圆棱状为主	粒径大于 200 mm 的颗粒超过总质量的 50%
块石土	尖棱状为主	
卵石土	浑圆或圆棱状为主	粒径大于 60 mm 的颗粒超过总质量的 50%
碎石土	尖棱状为主	
粗圆砾土	浑圆或圆棱状为主	粒径大于 20 mm 的颗粒超过总质量的 50%
粗角砾土	尖棱状为主	
细圆砾土	浑圆或圆棱状为主	粒径大于 2 mm 的颗粒超过总质量的 50%
细角砾土	尖棱状为主	

3. 砂 类 土

砂类土是指干燥时呈松散状态，粒径大于2 mm的颗粒含量不超过全部土质量的 50%且粒径大于 0.075 mm 的颗粒超过全重 50%的土。

《桥涵地基规范》根据砂类土的粒径大小和含量进行分类，如表 1.14 所示。在分类定名时，如同碎石类土的分类定名一样，先按照表 1.14 的粒径将颗粒分组，再按表中排列次序由上至下核对，最先符合条件者，即为这种土的名称。

表 1.14 砂 类 土

土的名称	土的颗粒级配
砾　砂	粒径大于 2 mm 的颗粒为全部质量的 25%～50%
粗　砂	粒径大于 0.5 mm 的颗粒超过全部质量的 50%
中　砂	粒径大于 0.25 mm 的颗粒超过全部质量的 50%
细　砂	粒径大于 0.075 mm 的颗粒超过全部质量的 85%
粉　砂	粒径大于 0.075 mm 的颗粒超过全部质量的 50%

【例 1.5】 设取烘干后的1.0 kg土样筛析，其结果列于表 1.15，试确定此土样的名称。

表 1.15 筛 析 结 果 表

筛孔直径 /mm	2	0.5	0.25	0.075	<0.075（底盘）	总计
留在每层筛上土粒质量/kg	0.06	0.17	0.30	0.31	0.16	1.00
留在筛上土粒重占全部土质量的百分数/%	6	17	30	31	16	100
大于某粒径土粒重占全部土质量的百分数/%	6	23	53	84	100	/

【解】 根据筛析结果，粒径大于2 mm的土粒重占全部土重的 6%，小于 50%，所以该土样是砂类土。查表 1.14，按表从上至下核对，该土样不能定为砾砂和粗砂，而其粒径大于0.25 mm的土粒重占全部土重的 53%，大于表 1.14 中规定的 50%，且最先符合条件，所以该土样应定名为中砂。

4. 粉　土

塑性指数 $I_P \leqslant 10$ 且粒径大于 0.075 mm 的颗粒含量不超过全重 50%的土称为粉土。粉土的性质介于砂土与黏性土之间，单列为一大类，见表 1.10。密实的粉土为良好地基。饱和稍密的粉土，地震时易产生液化，为不良地基。

5. 黏 性 土

1)黏性土按工程地质特征分类

(1) 老黏性土。指第四纪晚更新世(Q_3) 及以前年代沉积的黏性土，这种土沉积的年代很久，过去受过自重或其他荷载压密以及化学作用，因此土密实而坚硬，强度高，压缩性小，透水性也很小，压缩模量一般都大于15 MPa。

(2) 一般黏性土。指第四纪全新世(Q_4^1) 沉积的黏性土，这种土分布很广，工程上经常遇到，压缩模量一般在 4～15 MPa之间，透水性较小或很小。

在一般黏性土中，有一种由出露的碳酸盐类岩石经风化后残积形成的褐红色(也有棕红、黄褐色) 黏性土，这种土与冲(洪) 积的一般黏性土相比，具有较高的强度和较低的压缩性。因此，《桥涵地基规范》在提供各类地基土的承载力数据时，将这种土与冲(洪) 积的一般黏性土分列，见项目 6。

(3) 新近沉积的黏性土。指在人类文化期(Q_4^2)以来沉积的黏性土，沉积年代一般不超过 4 000～5 000年。这种土的工程性质较差。

2)黏性土按塑性指数分类

黏性土按塑性指数分类见表 1.10。

1.6.2 特殊土

特殊土是指某些具有特殊物质成分和结构而工程地质特征也较特殊的土。特殊土在我国具有一定的分布面积，又有明显的地域性，如西北、华北地区的黄土，沿海地区的一些盆地、洼地的软土，东北及青藏高原的多年冻土等。《桥涵地基规范》提及的特殊土主要有软土、冻土和黄土等，见项目 10 路基病害及防治。

1.6.3 土的野外鉴别与描述

在铁路勘测及施工中，工程技术人员都经常要在野外直接观察并鉴别土的名称和状态。为了便于学习土的野外鉴别方法，特列表 1.16 至表 1.21，供使用参考。

表 1.16 土的野外描述

分类	描述内容
碎石类土	名称，颜色，颗粒成分，粒径组成，颗粒风化程度，磨圆度，充填物的成分、性质及含量，密实程度，潮湿程度等
砂类土	名称，颜色，结构，颗粒成分，粒径组成，颗粒形状，密实程度，潮湿程度等
黏性土	名称，颜色，结构，夹杂物性质及含量，潮湿（软硬）程度等

表 1.17 碎石类土及砂类土的野外鉴别

鉴别方法	碎石类土		砂类土				
	卵（碎）石	圆（角）砾	砾砂	粗砂	中砂	细砂	粉砂
颗粒粗细	一半以上颗粒接近或超过蚕豆大小	一半以上颗粒接近或超过绿豆大小	约有 1/4 以上颗粒接近或超过绿豆大小	约有一半以上颗粒接近或超过细小米粒大小	约有一半以上颗粒接近或超过砂糖粒大小	颗粒粗细程度较精制食盐稍粗，与粗玉米粉近似	颗粒粗细程度较精制食盐稍细，与小米粉近似
干燥时状态	颗粒完全分散	颗粒完全分散	颗粒完全分散	颗粒完全分散，有个别黏结	颗粒基本分散，有局部黏结（黏结部分一碰即散）	颗粒大部分分散，少量黏结（黏结部分稍加碰撞即散）	颗粒小部分分散，大部分黏结（稍加压力亦可分散）
湿润时用手拍击	表面无变化	表面无变化	表面无变化	表面无变化	表面偶有水印	表面有水印	表面有显著水印
黏着感	无黏着感	无黏着感	无黏着感	无黏着感	无黏着感	偶有轻微黏着感	有轻微黏着感

注：所列分类标准适用于较纯净的碎石类土和砂类土。

表 1.18 黏性土的野外鉴别

土名	干时土的状况	用手搓时的感觉	湿时土的状态	湿时用手搓的情况	湿时用小刀切削的情况
黏土	坚硬，用锤才能打碎	极细的均质土块	可塑，滑腻，黏着性大	很容易搓成细于 0.5 mm 的长条，易滚成小土球	切面成光滑表面，土面上看不见砂粒
粉质黏土	用锤击或手压，土块可散碎	没有均质的感觉，感到有些砂粒	可塑，滑腻感弱，有黏着性	能搓成比黏土条粗的短土条，能滚成小土球	切面平整，但可以感到有砂粒存在
粉土	土块容易散开，用手压土块即散成粉末	土质不均匀，能清楚地看到砂粒	稍可塑，无滑腻感，黏着性弱	较难于搓成细条，滚成的土球容易裂和散落	切面粗糙

表 1.19 新近沉积黏性土的野外鉴别

沉积环境	颜色	结构性	含有物
河漫滩和山前洪、冲积扇(锥)的表面;古河道;已填塞的湖、塘、沟、谷;河道泛滥区	颜色较深而暗,呈褐、暗黄或灰色,含有机质较多时带灰黑色	结构性差,用手扰动原状土时极易变软,塑性较低的土还有振动液化现象	在完整的剖面中无原生的粒状结核体,但可能含有一定磨圆度的钙质结核体(如姜结石)或贝壳等,在城镇附近可能含有少量碎砖、瓦片、陶瓷、铜币或朽木等人类活动的遗物

表 1.20 砂类土潮湿程度野外鉴别

潮湿程度	稍湿	潮湿	饱和
试验指标	$S_r \leqslant 0.5$	$0.5 < S_r \leqslant 0.8$	$S_r > 0.8$
感性鉴定	呈松散状,手摸时感到潮湿	可以勉强握成团	孔隙中的水可自由渗出

表 1.21 黏性土潮湿(软硬)程度的野外鉴别

土名	试验指标		
	$I_L \leqslant 0$	$0 < I_L \leqslant 1$	$I_L > 1$
	半干硬状态	可塑状态	流塑状态
黏土	扰动后能捏成饼,边上多裂口	扰动后,两手相压土成饼状,粘于手掌,揭掉后掌中有湿痕	扰动后手捏有明显湿痕,并有土粘于手上
粉质黏土	扰动后一般不能捏成饼,易成碎块和粉末	扰动后能捏成饼,手摇数次不见水,但有时可稍见	扰动后手摇表层出水,手上有明显湿印
粉土	扰动后不易握成团,一摇即散	扰动后能握成团,手摇时土表稍出水,手中有湿印,用手捏水即吸回	手摇有水流出,土体塌流成扁圆形

任务 1.7 土的击实性认知

1.7.1 概述

填土受到夯击或碾压等动力作用后,孔隙体积会减小,密度将增大。在工程中,常见的土坝、公路与铁路路堤的填筑土料,都要求击实到一定的密度,其目的是减小填土的压缩性和透水性,提高抗剪强度。软弱地基也可用击实改善其工程性质,如提高强度和减小变形。为了经济有效地将填土击实到符合工程要求的密度,有必要对填土的击实特性进行研究。常用的研究方法有两种:一是在室内用击实仪进行击实试验;另一种方法是在现场用碾压机具进行碾压试验。后者属于施工课的内容,本任务仅介绍击实试验的方法和填土的击实特性等有关方面的一些基本问题。

1.7.2 击实试验

土的击实(或压实)就是使用某种机械挤紧土中的颗粒,增加单位体积内土粒的质量,减小孔隙比,增加密实度。其目的是提高土的强度,降低土的压缩性和透水性。土的压实效果常以干密度 ρ_d 来表示。因为干密度与干重度是密切关联的,所以工程上常以干重度 γ_d 来表示土的密实度。

实践经验表明:在一定的击实能量下,土中的含水率适当时,压实的效果最好。这个适当的含水率称为最佳含水率 w_y,与之相对应的干密度称为最大干密度 ρ_{dmax},相对应的干重度称为最大干重度 γ_{dmax}。

土的最佳含水率与最大干重度可在实验室内通过作击实试验测定。土的击实试验应该在

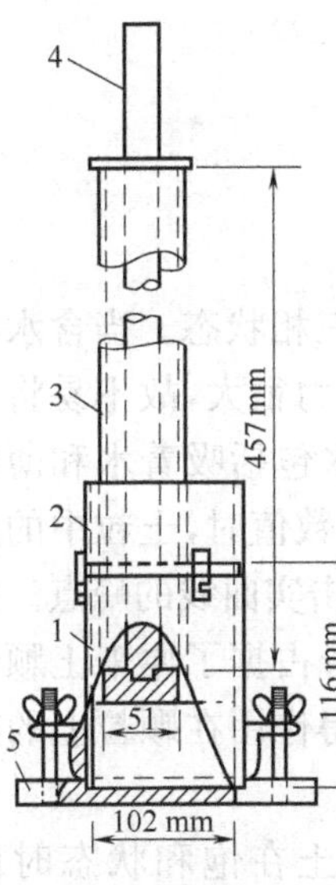

1—击筒；2—套筒；3—导向筒；4—击锤；5—底板。

图1.14　击实仪

比较符合实际施工机械效果的基础上试验才可靠。但实际上，很难定量地确定出施工机械压实功能等现场因素。所以在实验室里，只能人为地规定把某种击实试验方法作为标准击实方法。这里介绍一种导向筒重型手提击实仪，如图1.14所示。该仪器的击锤质量为4.5 kg，击锤落高为457 mm，锤头直径为51 mm，击筒内径为102 mm，击筒高度为116 mm。试验时，一般备用同一土质、不同含水率的数个土样。将每一土样拌和均匀分三层装入击筒内，第一次将虚土装至击筒高约2/3处，以规定锤击次数N（通常为25次）将其击实，再装第二层土至击筒平，以相同方法击实筒内土样，第三层土应装至与套筒口齐平（套筒高为70 mm），击实后的土样高度应稍高于击筒高度（最好不超过10 mm），然后卸下套筒，刮平击筒两端余土后，将土推出，称得质量为m，已知击筒体积为V（$V=948\ \text{cm}^3$），可算得击实后土的重度为γ，然后自土柱中心处取两个试样测定其含水率w，这样，可算得该土样的干重度$\gamma_d=\dfrac{\gamma}{1+w}$。

将上述备用的几个同一土质、不同含水率的土样，依同样方法作击实试验后，可得到几组相对应的干重度和含水率的资料。以含水率w为横坐标，干重度γ_d为纵坐标，绘出如图1.15所示的γ_d-w曲线，称为击实曲线。

1.7.3　影响最大干重度（或最大干密度）的几个因素

1. 含水率的影响

从击实曲线图中可知，当含水率较低时，干重度较小，随着含水率的增大，干重度也逐渐增大，表明击实效果逐步提高，当含水率超过某一限值时，干重度则随含水率的增大而减小，即击实效果下降，这说明土的击实效果随含水率的变化而变化，并在击实曲线上出现一个干重度的高峰值，这个高峰值就是最大干重度γ_{dmax}，相应于这个γ_{dmax}的含水率就是最佳含水率w_y。

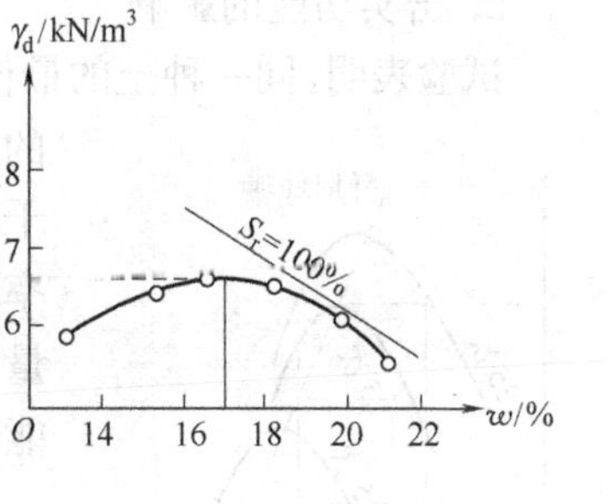

图1.15　击实曲线

【例1.6】　用标准击实试验法（每层25击）测得土样的重度及含水率如表1.22所示，已知土粒相对密度$G_s=2.72$，求最大干重度、最佳含水率及其相应的饱和度。

表1.22　测试数据

试验号	1	2	3	4	5	6
重度/(kN/m³)	17.94	18.93	19.32	19.48	19.28	18.83
含水率/%	13.2	15.5	16.6	18.3	19.9	21.3
干重度/(kN/m³)	15.85	16.39	16.57	16.47	16.08	15.52

【解】　(1) 按式$\gamma_d=\dfrac{\gamma}{1+w}$计算各个土样击实后的干重度数值，列于表1.22中。

(2) 以含水率w为横坐标，干重度γ_d为纵坐标，绘击实曲线，如图1.15所示。

(3) 在击实曲线上，找得最佳含水率$w_y=17.1\%$，最大干重度$\gamma_{dmax}=16.60\ \text{kN/m}^3$，这时

土的孔隙比为

$$e=\frac{\gamma_s}{\gamma_{dmax}}-1=\frac{2.72\times10}{16.6}-1=0.639$$

饱和度为

$$S_r=G_s\frac{w_y}{e}=2.72\times\frac{17.1\%}{0.639}=72.8\%$$

含水率与击实效果有着密切的联系。就填筑土料而言,通常均处于三相状态。当含水率较少,土体较干时,由于颗粒间水膜很薄(主要是吸着水),土粒移动的阻力很大,故不易将土击实。然而随着含水率的增加,使得土粒周围的水膜变厚(这时土中的水包括吸着水和薄膜水),土粒之间的阻力也相应减弱,故较易使土增密。当含水率增至某一数值时,土粒中的摩擦力正好为击实能量所克服,使土的颗粒重新排列而达到最大的密度,即击实曲线的峰点。如果继续增大含水率(土中出现了自由水),使土体达到一定的饱和度,水分占据了原来土颗粒的空间,此时作用在土体上的锤击荷载,更多地为孔隙水所承担,从而使得作用在颗粒上的有效应力减小,故反而会降低土的密度,使击实曲线下降。

在图 1.15 中,击实曲线右上方的一条线,称为饱和曲线,它表示土在饱和状态时的含水率与干重度之间的关系。由于土处于三相状态,当土被击实到最大密度时,土孔隙中的空气不易排出,即使加大击实能量也不能将土中受困气体完全排出,所以击实的土体不可能达到完全饱和的程度。因此,当土的干重度相同时,击实曲线上各点的含水率必然都小于饱和曲线上相应的含水率,所以击实曲线一般都位于饱和曲线的左下侧,而不与饱和曲线相交。

2. 击实功能的影响

试验表明,同一种土的最佳含水率与最大干重度不是一个固定的数值,而是随着击实能量的变化而变化的。从图 1.16 可见,当击实次数增加时,土的最大干重度也随之增加,而最佳含水率却相应减小。另外,在同一含水率时,土的干重度随击实次数的增加而增大,这不仅浪费击实能量,而且这种增加的效果有一定的限度。只有在最佳含水率下,才能以最小的击实能量达到对应的最大干重度。

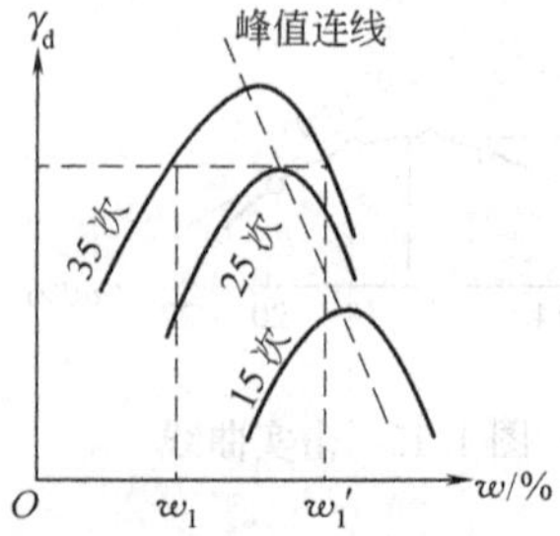

图 1.16　击实功能对击实效果的影响

从图 1.16 还可以看到,某一击实次数下的最大干重度值,可以在其他含水率下用增加击实次数的方法得到,例如 25 次击数下的最大干重度值,可以在含水率为 w_1 或 w_1'时,击 35 次得到。可是,试验研究发现,这两种土的密度虽然相同,但其强度与水稳性却不一样,对应于最佳含水率和最大干重度的土,强度最高,且在浸水后的强度也最大(即水稳性好)。由于土坝、路堤等土工建筑物难免受水浸润,所以,在施工中需控制填土的含水率,使其等于或接近最佳含水率是有其经济合理的现实意义的。

3. 土的种类和级配的影响

土中黏粒愈多,在同一含水率下,黏粒周围的结合水膜则愈薄,土的移动阻力就愈大,击实也愈困难。所以最佳含水率的数值,随土中黏粒含量的增加而增大,而最大干重度却随土中黏粒含量的增加而减小。我国一般黏性土的最大干重度和最佳含水率的经验值见表 1.23。

表 1.23　最大干重度和最佳含水率

塑性指数 I_p	最大干重度 γ_{dmax}/(kN/m³)	最佳含水率 w_y/%	塑性指数 I_p	最大干重度 γ_{dmax}/(kN/m³)	最佳含水率 w_y/%
<10	>18.2	<13	17～20	16.2～16.7	17～19
10～14	17.2～18.2	13～15	20～22	15.7～16.2	19～21
14～17	16.7～17.2	15～17			

颗粒大小不均匀、级配良好的土，在击实荷载作用下，容易挤紧。所以同类型的土，由于颗粒级配不同，最佳含水率和最大干重度也并不一样。

对一些中小型工程，当没有试验资料时，可用下列经验公式估算最大干重度：

$$\gamma_{dmax}=\eta\frac{\gamma_w G_s}{1+w_y G_s}$$

式中　G_s——土粒相对密度；

γ_w——水的重度(kN/m³)；

η——经验系数，黏土为 0.95，粉质黏土为 0.96，粉土为 0.97；

w_y——最佳含水率，按当地经验或取 $w_p+2\%$，其中 w_p 为塑限。

1.7.4　填土的含水率和碾压标准的控制

由于黏性填土存在着最佳含水率，因此在填土施工时应将土料的含水率控制在最佳含水率左右，以期用较小的能量获得最好的密度。当含水率控制在最佳含水率的干侧时(即小于最佳含水率)，击实土的结构常具有凝聚结构的特征。这种土比较均匀，强度较高，较脆硬，不易压密，但浸水时容易产生附加沉降。当含水率控制在最佳含水率的湿侧时(即大于最佳含水率)，土具有分散结构的特征。这种土的可塑性大，适应变形的能力强，但强度较低，且具有不等向性。所以，含水率比最佳含水率偏高或偏低，填土的性质各有优缺点，在设计土料时要根据对填土提出的要求和当地土料的天然含水率，选定合适的含水率。

1.7.5　粗粒土的压实性

砂和砂砾等粗粒土的压实性也与含水率有关，不过不存在着一个最优含水率。一般在完全干燥或者充分洒水饱和的情况下容易压实到较大的干密度。潮湿状态，由于毛细压力增加了粒间阻力，压实干密度显著降低。粗砂在含水率为 4%～5%，中砂在含水率为 7%左右时，压实干密度最小，如图 1.17 所示。所以，在压实砂砾时要充分洒水使土料饱和。

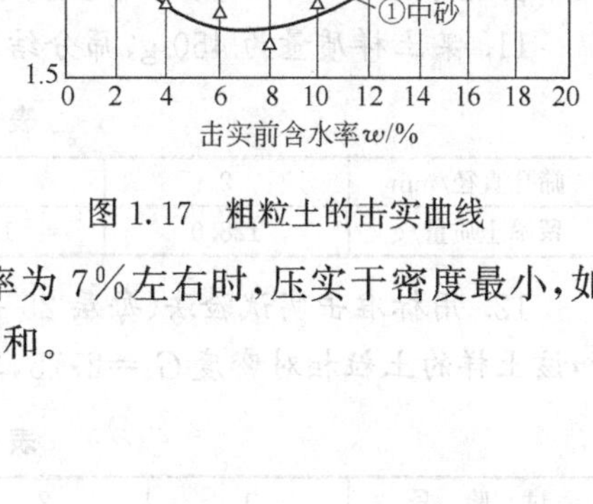

图 1.17　粗粒土的击实曲线

项目小结

土层是自然界的产物，因其形成条件、所处环境不同，土的工程性质差异很大。本项目主要介绍土的物理性质分析与工程分类。主要内容涉及土的形成条件、土的三相组成、土的物理性质及物理状态指标的含义；土的工程分类方法。通过本项目的学习，掌握土的物理性质及物理状态指标的含义及测试方法,根据土的各项指标能够大概判断土的工程特性并对土进行工程分类。

项目训练

1. 掌握土的三相组成。
2. 正确测试和计算土的物理性质指标和物理状态指标。
3. 根据试验和实测指标正确进行土的工程分类。
4. 正确测试土的最大干密度和最佳含水率。

复习思考题

1. 土是怎样形成的?按成因不同,有哪几种主要类型?
2. 土由哪几部分所组成?
3. 为什么无黏性土的密实程度不能用天然孔隙比来表示,而要用土的相对密实度来评价?
4. 塑性指数和液性指数有什么物理意义?
5. 对土进行分类,有什么实际意义?
6. 有一块体积$V=54\ cm^3$的原状土样,质量为97 g,烘干后质量为78 g,已知土粒的重度$\gamma_s=26.6\ kN/m^3$。求其天然重度γ,天然含水率w,干重度γ_d,饱和重度γ_{sat},浮重度γ',孔隙比e及饱和度S_r。
7. 有湿土一块,质量为22 g,烘干后质量为14 g,并测得土样的液限为40%,塑限为24%。求土样的塑性指数和液性指数,并对该土样的地基进行评价。
8. 已知饱和软土的塑限为27%,液限为57%,液性指数为1.2,土粒重度为$26.6\ kN/m^3$,求孔隙比e。
9. 测得砂土的天然重度为$18.0\ kN/m^3$,含水率为9.59%,土粒重度为$26.7\ kN/m^3$,最大孔隙比e_{max}为0.655,最小孔隙比e_{min}为0.475。试求砂土的天然孔隙比e及其相对密实度D_r,并判定该土的密实程度。
10. 已知中砂土样的重度为$17.5\ kN/m^3$,土粒重度为$26.6\ kN/m^3$,含水率为18%,土样的最大干重度为$18.4\ kN/m^3$,最小干重度为$13.2\ kN/m^3$。试评价砂土的密实程度和潮湿程度。
11. 某土样质量为450 g,筛分结果见表1.24。试确定该土样之名称。

表1.24 思考题11数据表

筛孔直径/mm	2	0.5	0.25	0.075	<0.075
留筛土质量/g	128.0	118.0	83.0	67.0	54.0

12. 用标准击实试验法(每层25击)测得土样的重度和含水率的数据如表1.25所列。已知该土样的土粒相对密度$G_s=2.75$,求最佳含水率、最大干重度及其相应的饱和度。

表1.25 思考题12数据表

试验号	1	2	3	4	5	6
重度/(kN/m³)	17.80	18.66	19.33	19.74	19.79	19.62
含水率/%	14.7	17.0	18.8	20.6	21.7	23.5
干重度/(kN/m³)						

项目 2　土的渗透性分析

项目描述

水在重力作用下通过土中的孔隙发生流动的现象称为渗透。土具有使水渗透的性质叫作土的渗透性。和压缩性一样，渗透性是土的重要力学性质之一。它对工程设计、施工都具有重要意义。地基由于不同类型的土的渗流而出现不同形式的变形和破坏。因此，需要了解和掌握水在不同土体中的渗透速度和渗透规律的差异，从而了解渗流作用影响。在进行相关工程设计、施工时，应综合考虑地基土、水和建筑物的相互关系。本项目主要论述与工程设计、施工有关的水的渗流问题及土体产生渗透变形的规律，从而制定有效的防治渗透变形的措施。

教学目标

1. 能力目标

(1)理解土体渗透变形的概念。

(2)了解土渗透系数的测定方法。

(3)掌握土体渗透变形的类型、产生的原因，能够对地基土的渗透变形提出相应的防治方法。

2. 知识目标

(1)掌握土体的层流渗透定律——达西定律，了解土渗透系数的测定方法。

(2)认识土体渗透变形的类型及产生的原因。

(3)认识土体渗透变形对工程产生的危害，掌握其防治方法。

3. 素质目标

(1)养成查阅资料、自主学习的习惯。

(2)具备分工协作意识 。

(3)具备一定的协调、组织工作能力。

相关案例——某基础施工中流砂现象的处理

1. 工程简况

某石油公司液硫贮罐区改造工程，需把原罐区基础、管墩、地坪及装车台基础拆除后，向西平移 7.0 m 易地重建罐基，贮罐直径 12.4 m，基础为 ϕ1.2 m 人工挖孔桩 19 根，在桩承台上浇灌钢筋混凝土基础梁及桩台板(0.8 m 厚)。

2. 工程地质条件

经工程地质勘察,场地基岩稳定,砂土不液化,没有发现不良地质现象,场地为Ⅱ级。上部为填土及淤泥质黏土,结构性差,承载力特征值低;下伏粉质黏土、粗砂、残积土及砾砂岩,承载力较高。

3. 流砂处治措施

工程地质条件表明,在距地表 10 m 以下有约 2 m 深的流砂层存在,且有一定的地下水,在土体开挖时,易出现流砂和管涌现象,对附近建筑物的稳定和施工极为不利。因此,工程中必须采取处治措施。

人工挖孔桩虽经采取加固护壁等措施,仍不能控制地下水,无法继续进行挖孔作业。抽水挖桩后,发现相距 50 m 处的装油台的油漏入挖孔现场。为防意外,综合各方意见,决定未施工的挖孔桩改为钻孔灌注桩。

本案例中,人工挖孔桩施工过程中出现大面积流砂现象时,改用了钻孔灌注桩才使工程得以顺利完成。通过大量工程实例也得出结论:管涌和流砂是深基础施工中常见的两大危害。因此,对于工程技术人员来说需要了解土体渗透系数在工程中的实际应用,掌握土体渗透变形的类型、产生的原因及相应的防治方法。本项目对土体的渗透性进行相关分析。

任务 2.1 达西定律认知

2.1.1 达西定律

饱和土地基在建筑物荷载作用下产生压缩(固结)变形需经过一定时间才能稳定,而经历时间的长短与土的渗透性直接有关,粗粒土(如砂土)渗透性好、排水快,压缩变形在短时间内就可以完成,细粒土(如黏土)渗透性差、排水慢,其压缩变形需要很长时间才能结束,有的需要几年、十几年甚至几十年,因此,在分析饱和土地基的沉降和时间关系时,需要知道土的渗透性。此外,桥梁墩台基础施工中,若开挖基坑时遇到地下水,则需要根据土的渗透性估算涌水量,以配置排水设备,修筑渗水路堤时,需要考虑填料的渗透性对边坡稳定的影响。所有这些都离不开土的渗透性。

地下水流动有层流和紊流两种基本形式。流速较小,流线互相平行(成层状)的水流称为层流。当流速较大时,水的质点运动轨迹不规则,流线互相交错,产生局部漩涡的水流称为紊流。由于土的孔隙很小,大多数情况下水在黏性土、粉砂及细砂的孔隙中流动,其流速缓慢,属于层流。

早在 1856 年,法国水力学家达西根据对砂土进行渗透试验的结果,发现当水流在层流状态时,水的渗透速度与水力坡降成正比,如图 2.1 所示。根据达西的研究,则

$$v \propto i$$

$$i=\frac{h}{L}=\frac{H_1-H_2}{L}$$

$$v=ki \tag{2.1}$$

或

$$q=kiA \tag{2.2}$$

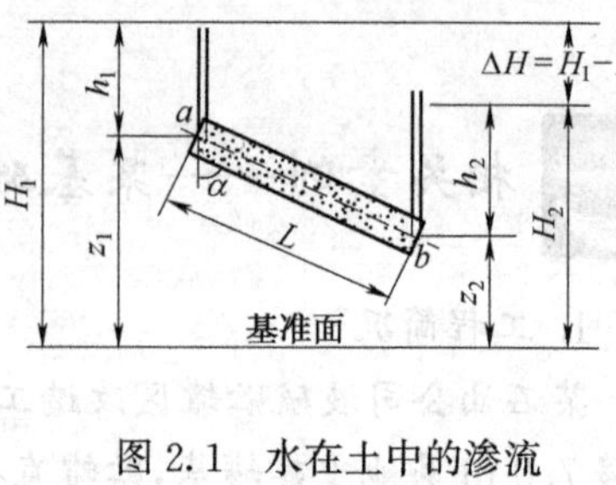

图 2.1 水在土中的渗流

式中　v——渗透速度(cm/s)；

q——渗透流量(cm^3/s)；

i——水力坡度；

A——垂直于渗透方向的土的截面积(cm^2)；

H_1，H_2——a、b 两点的总水头；

k——比例系数，称为土的渗透系数。

当 $i=1$ 时，则 $v=k$，表明渗透系数 k 是单位水力坡降时的渗透速度。它是表示土的透水性强弱的指标，单位为 cm/s，与水的渗透速度单位相同，其数值大小主要决定于土的种类和透水性质。

上述水流呈层流状态时，水的渗透速度与水力坡降的一次方成正比的关系，已为大量试验资料所证实。这是水在土体中渗透的基本规律，常称为渗透定律或达西定律。

必须指出，由于水在土体中的渗透不是经过整个土体的截面积，而仅仅是通过该截面积内土体的孔隙面积，因此，水在土体孔隙中渗透的实际速度要大于按式(2.1)计算出的渗透速度。为了简便起见，在工程计算中，除特殊需要外，一般只计算水的渗透速度，而不计算其实际速度。

达西定律是土力学中的重要定律之一。在有关工程建设中，如桥基、渠道和水库的渗漏计算，基坑排水计算，井孔的涌水量计算等，都是以达西定律为基础计算的。同时达西定律也是研究地下水运动的基本定律。

2.1.2　达西定律的适用范围

由于土体中的孔隙通道很小且很曲折，所以在绝大多数情况下，水在土体中的渗透流速都很小，地下水的渗流都属于层流范围。但研究结果表明，在大卵石、砾石地基或填石坝体中，渗透速度很大。如图 2.2 所示，当渗透速度超过某一临界流速 v_{cr} 时，渗透速度 v 与水力坡降 i 的关系就表现为非线性的紊流规律，此时达西定律便不再适用。

水在砂性土和较疏松的黏性土中的渗流，一般都符合达西定律，如图 2.3 中通过原点的直线 a 所表示的情况。水在密实黏土中的渗流，由于受到水薄膜的阻碍，其渗流情况便偏离达西定律，如图 2.3 中的 b 曲线。当水力坡降较小时，渗透速度与水力坡降不成线性关系，甚至不发生渗流。只有当水力坡降达到某一较大数值，克服了薄膜水的阻力后，水才开始渗流。一般可把黏性土这一渗流特性简化为图 2.3 中的 c 所示的直线关系，i_b 称为黏性土的起始水力坡降。

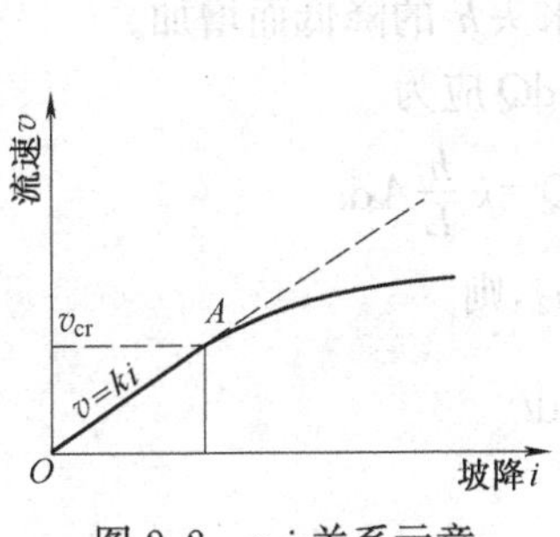

图 2.2　v-i 关系示意

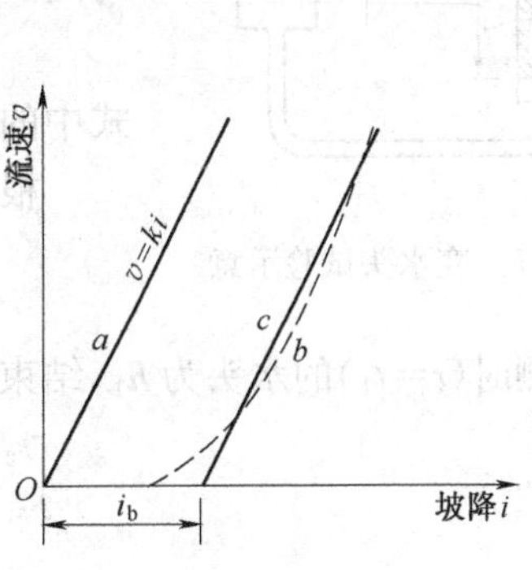

图 2.3　黏性土的渗透规律

任务 2.2　渗透系数与渗透力测试

2.2.1　渗透系数

土的渗透系数是渗流计算中必不可少的一个基本参数。它的正确与否,直接影响到渗流计算的成果正确与否,通常应根据试验来确定。

1. 试验方法

土的渗透系数可通过现场和室内试验确定。前者是在现场进行注水、抽水试验,详细内容见《工程地质手册》。现仅介绍室内测定渗透系数的方法。室内渗透试验使用的仪器较多,但根据其原理,可分为常水头试验与变水头试验两种方法。前者适用于透水性大($k>10^{-3}$ m/s)的土,例如砂土。后者适用于透水性小($k<10^{-3}$ cm/s)的土,例如粉土和一般黏性土。

1)常水头试验

常水头试验就是在试验过程中,水头始终保持不变。如图 2.4 所示,L 为土样长度,A 为土样的截面积,h 为作用于土样上的水头,这三者都可以直接测定。

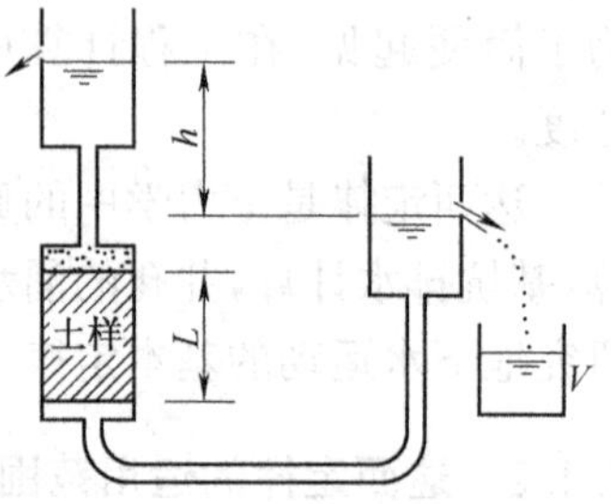

图 2.4　常水头试验示意

试验时测出某时间间隔 t 内流过土样的总水量 Q,即可根据达西定律求出土的渗透系数 k 值。因为

$$Q=qt=kiAt=k\frac{h}{L}At$$

则
$$k=\frac{QL}{Aht} \tag{2.3}$$

2)变水头试验

由于黏性土的透水性很小,流过土样的水量也很小,不易测准,或者由于需要的时间很长,会因蒸发而影响试验的精度,故常用变水头试验方法,所谓变水头试验,就是在整个试验过程中,水头随时间变化的一种试验方法,如图 2.5 所示。土样上端设置一根有刻度的竖直玻璃管,便于在试验过程中观测水位的变化数值,其横截面积为 a。

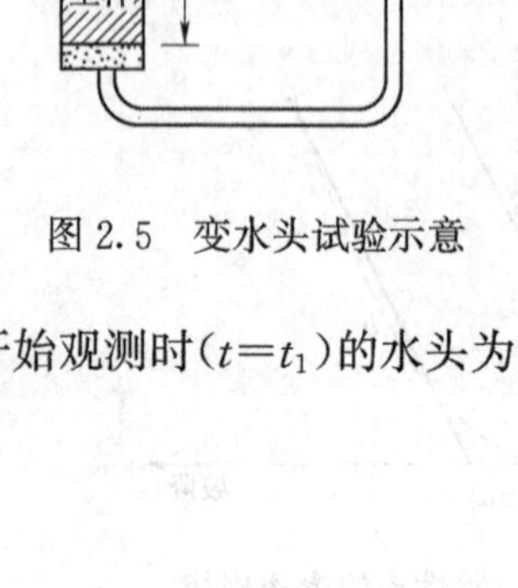

图 2.5　变水头试验示意

设某一时间的水头为 h_1,经过时间 dt 后,水位下降 dh,则从时间 t 至 $t+\mathrm{d}t$ 时间内流经土样的水量 dQ 为

$$\mathrm{d}Q=-a\mathrm{d}h$$

式中的负号表示水量 Q 随水头 h 的降低而增加。

根据达西定律,其水量 dQ 应为

$$\mathrm{d}Q=k\frac{h}{L}A\mathrm{d}t$$

开始观测时($t=t_1$)的水头为 h_1,结束时($t=t_2$)的水头为 h_2,则

$$\int_{h_1}^{h_2}\frac{1}{h}\mathrm{d}h=-\frac{k}{L}\cdot\frac{A}{a}\int_{t_1}^{t_2}\mathrm{d}t$$

$$\ln\frac{h_2}{h_1}=-\frac{k}{L}\cdot\frac{A}{a}(t_2-t_1)$$

$$k=\frac{aL}{A(t_2-t_1)}\ln\frac{h_1}{h_2} \tag{2.4}$$

用常用对数表示为

$$k=2.3\frac{aL}{A(t_2-t_1)}\lg\frac{h_1}{h_2} \tag{2.5}$$

关于渗透试验的具体操作方法见《铁路工程土工试验规程》(TB 10102—2010)。各种土的渗透系数参考值见表 2.1。

表 2.1　土 的 渗 透 系 数

土的类别	渗透系数 k		土的类别	渗透系数 k	
	cm/s	m/d		cm/s	m/d
黏　土	$<6\times10^{-6}$	<0.005	细　砂	$1\times10^{-2}\sim6\times10^{-3}$	1.0～5.0
粉质黏土	$6\times10^{-6}\sim1\times10^{-4}$	0.005～0.1	中　砂	$6\times10^{-2}\sim6\times10^{-2}$	5.0～20.0
粉　土	$1\times10^{-4}\sim6\times10^{-4}$	0.1～0.5	粗　砂	$2\times10^{-2}\sim6\times10^{-2}$	20.0～50.0
黄　土	$3\times10^{-4}\sim6\times10^{-4}$	0.25～0.5	圆　砾	$6\times10^{-2}\sim1\times10^{-1}$	50.0～100.0
粉　砂	$6\times10^{-4}\sim1\times10^{-3}$	0.5～1.0	卵　石	$1\times10^{-1}\sim6\times10^{-1}$	100.0～500.0

土的渗透系数不仅用于渗透计算，还可用来评定土层透水性的强弱，作为选择坝体、路堤等土工填料的依据。当 $k>10^{-2}$ cm/s时，称为强透水层；当 $k=10^{-3}\sim10^{-5}$ cm/s时，称为中等透水层；当 $k<10^{-6}$ cm/s时，称为相对不透水层。又如筑坝土料的选择，常将渗透系数较小的土用于坝体的防渗部位，将渗透系数大的土用于坝体的其他部位。

2. 渗透系数的影响因素

由于渗透系数 k 综合反映了水在土孔隙中运动的难易程度，因而其值必然要受到土的性质和水的性质的影响。下面分别就这两方面的影响因素进行讨论。

1)土的性质对 k 的影响

土粒大小和土粒级配对土的渗透系数影响极大。如对于砾石土和砂土，土粒级配对渗透系数影响最大，因为土粒级配在很大程度上决定了土的孔隙大小、形状及孔隙特征。颗粒愈大、愈均匀、愈浑圆，土的渗透系数愈大。如砂土中粉粒和黏粒的含量增多时，砂土的渗透系数就会减小。

黏性土的渗透系数在很大程度上取决于矿物成分及黏粒含量。如含蒙脱石(土)较多的黏性土，其透水性就很小。土粒愈小，黏粒含量愈高的土，其渗透系数就愈小。

土的结构也是影响渗透系数 k 值的重要因素之一，特别是对黏性土其影响更为突出。例如在微观结构上，当孔隙比相同时，凝聚结构将比分散结构具有更大的透水性。在宏观构造上，天然沉积的层状黏性土层，由于扁平状黏土颗粒的水平排列，往往使土层水平方向的透水性远大于垂直层面方向的透水性，水平方向渗透系数 k_x 与竖直方向渗透系数 k_z 之比可大于 10，使土层呈现明显的各向异性。

土体的饱和度反映了土中含气体量的多少。试验证明，土中封闭气泡即使含量很少，也会对渗透性有很大的影响。它不仅使土的有效渗透面积减少，还可以堵塞某些孔隙通道，从而使渗透系数 k 值大为降低。图 2.6 表示某种砂土渗

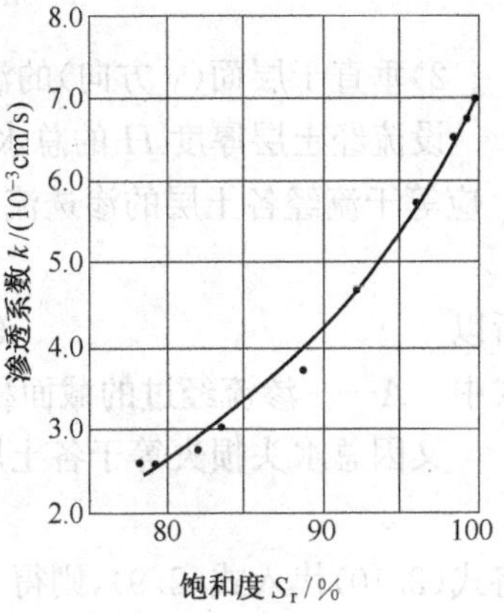

图 2.6　某种砂土饱和度与渗透系数的关系

透系数与饱和度的关系,可见渗透系数几乎随饱和度的增加而直线上升。因此,为了保持测定 k 值时的试验精度,要求试样必须饱和。

2)渗透水的性质对 k 的影响

因为渗透系数与水的动力黏滞系数成反比,而动力黏滞系数又随水温发生明显的变化,故密度相同的土,在不同的温度下,将有不同的渗透系数。为了对试验资料进行比较,工程实践中常采用水温为 10℃时的渗透系数作为标准值。故计算时要把在某一温度 T 时测定的渗透系数 k_{T} 换算为水温 10℃时的渗透系数 k_{10},即

$$k_{10}=k_{\mathrm{T}}\frac{\mu_{\mathrm{T}}}{\mu_{10}} \tag{2.6}$$

或近似表示为

$$k_{10}=\frac{k_{\mathrm{T}}}{0.70+0.03T} \tag{2.7}$$

式中 μ_{T},μ_{10}——水温为 T 和 10℃时水的动力黏滞系数。

3. 成层土的渗透性

天然土层一般都由渗透系数不同的几层土所组成,宏观上具有非均值性。确定成层土的渗透性时,需了解各层土的渗透系数,然后根据水流方向,按下列公式,计算其平均渗透系数。如图 2.7 所示,设土为各向同性,其渗透系数分别为 k_1,k_2,k_3…,厚度分别为 H_1,H_2,H_3…,总厚度为 H。

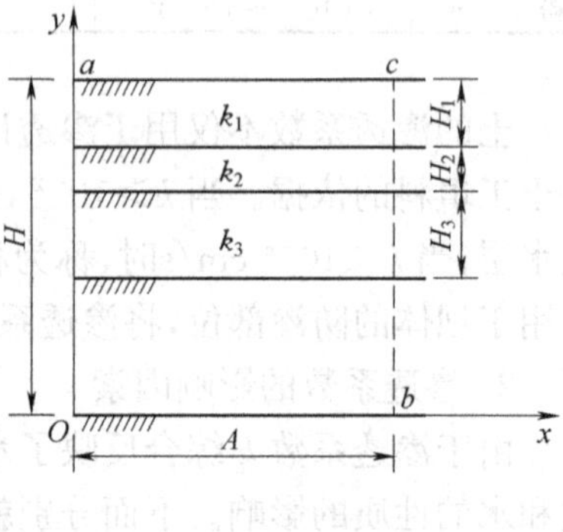

图 2.7 层状沉积土层

1)平行于层面(x 方向)的渗透情况

在 aO 与 cb 间作用的水力坡降为 i,总渗透流量 q_x 等于各层土的渗透流量之和,即

$$q_x=q_1+q_2+q_3+\cdots$$

取垂直于纸面的土层宽度为 1,根据达西定律可得

$$q_x=k_xiH=k_1iH_1+k_2iH_2+k_3iH_3+\cdots$$

约去 i 后,沿 x 方向的平均渗透系数 k_x 为

$$k_x=\frac{1}{H}(k_1H_1+k_2H_2+k_3H_3+\cdots) \tag{2.8}$$

2)垂直于层面(y 方向)的渗透情况

设流经土层厚度 H 的总水力坡降为 i,流经各土层的水力坡降为 i_1,i_2,i_3…。总渗透流量 q_y 应等于流经各土层的渗透流量 q_1,q_2,q_3…,即

$$q_y=q_1=q_2=q_3=\cdots$$

所以

$$k_yiA=k_1i_1A=k_2i_2A=k_3i_3A=\cdots \tag{2.9}$$

式中 A——渗流经过的截面积。

又因总水头损失等于各土层水头损失之和,故

$$Hi=H_1i_1+H_2i_2+H_3i_3+\cdots \tag{2.10}$$

将式(2.10)代入式(2.9),则得

$$k_y\frac{1}{H}(H_1i_1+H_2i_2+H_3i_3+\cdots)=k_1i_1=\cdots$$

所以沿 y 方向的平均渗透系数为

$$k_y=\frac{H}{\dfrac{H_1}{k_1}+\dfrac{H_2}{k_2}+\dfrac{H_3}{k_3}+\cdots} \tag{2.11}$$

由上述可知，成层土的水平渗透系数 k_x 总是大于垂直方向的渗透系数 k_y，有时甚至可大到 10 倍左右。

2.2.2　渗透力与临界水力坡降

1. 渗 透 力

水在渗流过程中将受到土粒的阻力，同时水对土粒也就产生一种反作用力。这种由于水的渗流作用对土粒产生的力，称为渗透力。

如图 2.8 所示，在渗流土体中沿渗流方向取出一个土柱体来研究，土柱长度为 L，横截面积为 A。因 $h_1>h_2$，水从截面 1 流向截面 2。因渗流速度很小，惯性力可忽略不计。这样，渗流时作用于土柱体上的力有：作用于截面 1 上的总水压力为 $\gamma_w h_1 A$，作用于截面 2 上的总水压力为 $\gamma_w h_2 A$，显然引起渗流的力为 $\gamma_w hA$；设 f_s 为单位土体积中土粒对渗流的阻力，则土柱体 AL 对渗流的总阻力应为 $f_s AL$。

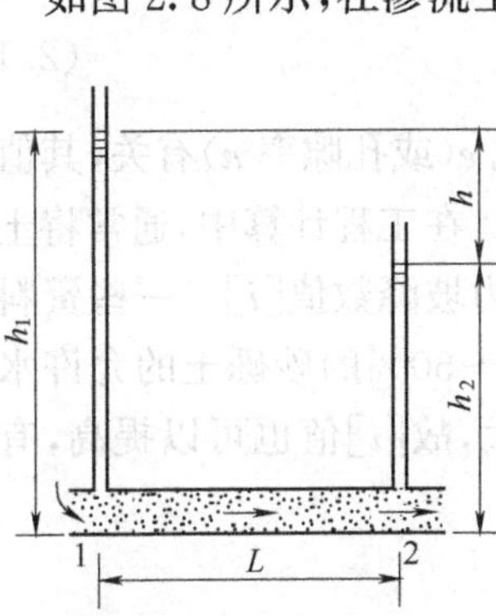

图 2.8　水在土中渗透

根据力的平衡条件，可得出

$$(h_1-h_2)\gamma_w A=f_s AL$$

所以

$$f_s=\frac{h_1-h_2}{L}\gamma_w=\frac{h}{L}\gamma_w=i\gamma_w$$

渗透力的大小应等于 f_s，但方向相反。设渗透力为 j，则

$$j=i\gamma_w \tag{2.12}$$

渗透力是一种体积力，其单位为 kN/m^3，其作用方向与渗透方向一致，其值等于水力坡降与水的重度之乘积。图 2.9 表示渗流对透水基底的作用情况。

如渗流方向自上而下，与土重力方向一致时(图中 M_1 点)时，渗透力起增大土重力的作用，对土体稳定有利；反之，若渗流方向是自下而上，与土重力方向相反(图中 M_4 点)时，渗透力起减轻土重力的作用，不利于土体稳定。这时，若渗透力大于土的浮重度，土粒就会被渗流挟带向上涌出。这就是引起土体渗透变形的根本原因。显然，要了解土体渗透变形的机理，就必须了解渗透力的概念。另外，路堤地基、土坝和基坑的边坡内也常有渗流，在进行稳定分析时也必须考虑渗透力的影响。

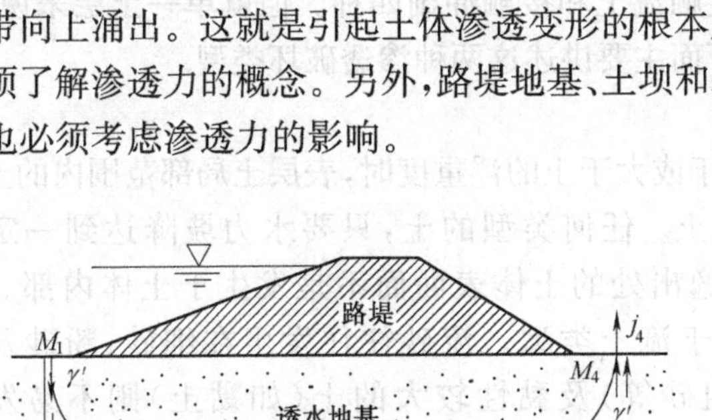

图 2.9　渗流对路基的作用

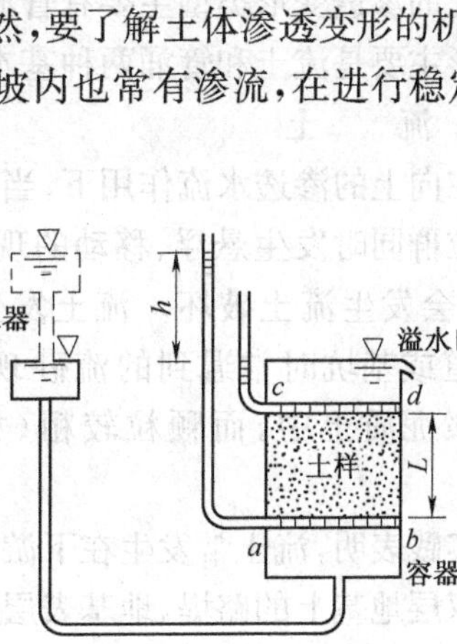

图 2.10　渗透变形试验原理

2. 临界水力坡降

使土体开始发生渗透变形的水力坡降,称为临界水力坡降,它可以用图 2.10 所示的试验方法加以确定。图中 cd 与 ab 两个截面中试样的浮重(向下)为 $W'=AL\gamma'$,而向上的渗透力为 $i\gamma_w AL$。当储水器被提升到某一高度,使 $i\gamma_w AL$ 与 $AL\gamma'$ 相等时,可以得出

$$i\gamma_w=\gamma'$$

即渗透力等于土的浮重度,或写成

$$i\gamma_w=\frac{G_s-1}{1+e}\gamma_w=(1-n)(G_s-1)\gamma_w$$

此时土粒处于被挟带走的临界状态。

以 i_{cr} 表示临界水力坡降,则

$$i_{cr}=\frac{G_s-1}{1+e}=(1-n)(G_s-1) \tag{2.13}$$

由式(2.13)可知,临界水力坡降与土粒相对密度 G_s 及孔隙比 e(或孔隙率 n)有关,其值约为 0.8~1.2。对于 $G_s=2.65$,$e=0.65$ 的中等密实砂土,$i_{cr}=1.0$。在工程计算中,通常将土的临界水力坡降除以安全系数 2~3 后才得出设计上采用的允许水力坡降数值[i]。一些资料指出:均粒砂土的允许水力坡降[i]=0.27~0.44,细粒含量在 30%~50%的砂砾土的允许水力坡降[i]=0.3~0.4。黏土一般不易发生变形,其临界坡降值较大,故[i]值也可以提高,有的资料建议用[i]=4~6,可供设计时参考。

任务 2.3 土的渗透变形分析

在渗流作用下,土体处于被浮动状态。当渗透力大于土的浮重度时,土粒就会被渗流挟带走,土工建筑物及地基由于这种渗流作用而出现的变形或破坏称为渗透变形或渗透破坏,如土层剥落、地面隆起、细颗粒被水带出以及出现集中渗流通道等。至今,渗透变形仍是水工建筑物发生破坏的重要原因之一。

2.3.1 渗透变形的基本形式

土的渗透变形类型主要有管涌、流土、接触流土和接触冲刷四种。但就单一土层来说,渗透变形主要是流土和管涌两种基本形式。下面主要讲述这两种渗透破坏类型。

1. 流　　土

在向上的渗透水流作用下,当渗透力等于或大于土的浮重度时,表层土局部范围内的土体或颗粒群同时发生悬浮、移动的现象称为流土。任何类型的土,只要水力坡降达到一定的值,都会发生流土破坏。流土发生于渗流逸出处的土体表面而不是发生于土体内部。开挖渠道或基坑时常遇到的流砂现象,即属于流土类型。流砂往往发生在细砂、粉砂及粉土和淤泥质土中,而颗粒较粗(如中砂、粗砂等)及黏性较大的土(如黏土)则不易发生流砂。

实践表明,流土常发生在下游路堤渗流逸出处无保护的情况下。例如图 2.11 表示一座建筑在双层地基上的路堤,地基表层为渗透系数较小的黏性土层,且较薄;下层为渗透性较大的无黏性土层,且 $k_1 \ll k_2$。当渗流经过双层地基时,水头将主要损失在上游水流渗入和下游水流渗出薄黏性土层的流程中,在砂层的流程损失很小,因此造成下游逸出处渗透坡降 i 较大。当

$i>i_{cr}$时就会在下游坡脚处出现土表面隆起，裂缝开展，砂粒涌出，以至整块土体被渗透水流抬起的现象，这就是典型的流土破坏。

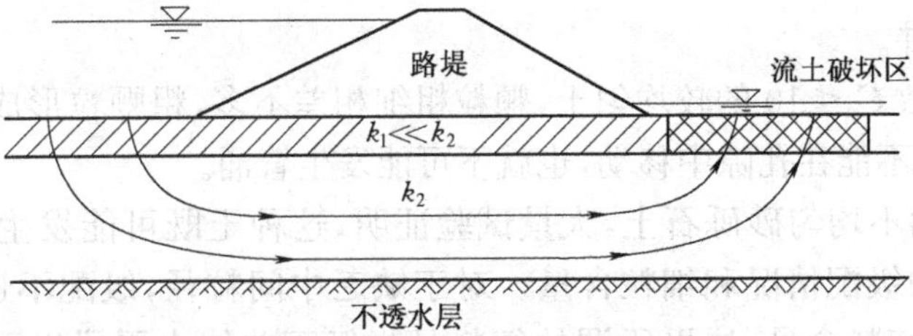

图 2.11　路堤下游逸出处的流土破坏

若地基为比较均匀的砂层(不均匀系数 $C_u<10$)，当水位差较大，渗透途径不够长时，下游渗流逸出处也会有 $i>i_{cr}$，这时地表将普遍出现小泉眼、冒气泡，继而土颗粒群向上鼓起，发生浮动、跳跃，称为砂沸。砂沸也是流土的一种形式。

2. 管　涌

在渗透水流作用下，土中的细颗粒在粗颗粒形成的孔隙中移动，以至流失；随着土的孔隙不断扩大，渗透流速不断增加，较粗的颗粒也相继被水流逐渐带走，最终导致土体内形成贯通的渗流管道，如图 2.12 所示，造成土体塌陷，这种现象称为管涌。可见，管涌破坏一般有一个时间发展过程，是一种渐进性质的破坏。管涌发生在一定级配的无黏性土中，发生的部位可以在渗流逸出处，也可以在土体内部，故也称之为渗流的潜蚀现象。

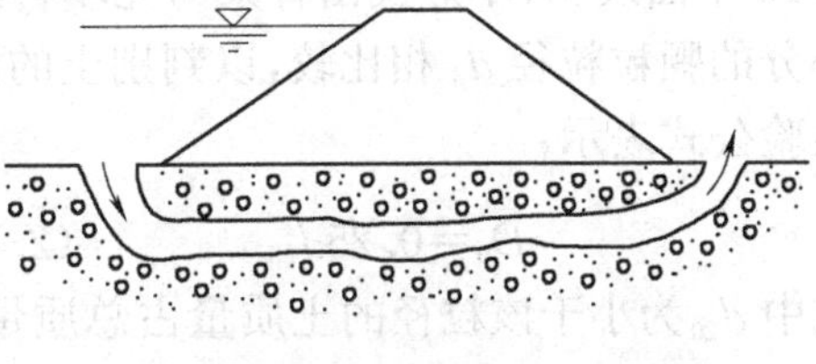

图 2.12　通过路基的管涌示意

2.3.2　渗透破坏类型的判别

土的渗透变形的发生和发展过程有其内因和外因。内因是土的颗粒组成和结构，即常说的几何条件；外因是水力条件，即作用于土体渗透力的大小。

1. 流土可能性的判别

在自下而上的渗流逸出处，任何土，包括黏性土或无黏性土，只要满足渗透坡降大于临界水力坡降这一水力条件，均要发生流土。因此，只要求出渗流逸出处的水力坡降 i，再用式(2.13)求出临界水力坡降 i_{cr} 值后，即可按下列条件，判别流土的可能性：

若 $i<i_{cr}$，土体处于稳定状态；

若 $i>i_{cr}$，土体发生流土破坏；

若 $i=i_{cr}$，土体处于临界状态。

由于流土将造成地基破坏、建筑物倒塌等灾难性事故，工程上是绝对不允许发生的，故设计时要保证有一定的安全系数，把逸出坡降限制在允许坡降[i]以内，即

$$i \leqslant [i] = \frac{i_{cr}}{F_s} \tag{2.14}$$

式中 F_s 为流土安全系数，一般取 $F_s=1.5\sim2.0$。

2. 管涌可能性的判别

土是否发生管涌，首先决定于土的性质。一般黏性土(分散性土例外)，只会发生流土而不

会发生管涌,故属于非管涌土。无黏性土中产生管涌必须具备下列两个条件:

1)几何条件

土中粗颗粒所构成的孔隙直径必须大于细颗粒的直径,才可能让细颗粒在其中移动,这是管涌产生的必要条件。

对于不均匀系数 $C_u<10$ 的较均匀土,颗粒粗细相差不多,粗颗粒形成的孔隙直径不比细颗粒大,因此细颗粒不能在孔隙中移动,也就不可能发生管涌。

对于 $C_u>10$ 的不均匀砂砾石土,大量试验证明,这种土既可能发生管涌也可能发生流土,主要取决于土的级配情况和细粒含量。对于缺乏中间粒径,级配不连续的土,其渗透变形形式主要决定于细料含量,这里所谓的细料是指级配曲线水平段以下的粒径,如图 2.13 曲线①中 b 点以下的粒径。试验结果表明,当细料含量在 25%以下时,细料填不满粗料所形成的孔隙,渗透变形基本上属管涌型;当细料含量在 35%以上时,细料足以填满粗料所形成的孔隙,粗细料形成整体,抗渗能力增强,渗透变形是流土型;当细料含量在 25%~35%之间时,则是过渡型。具体形式还要看土的松密程度。对于级配连续的不均匀土,如图 2.13 中曲线②,不好找出骨架与充填料的分界线。一般可用土的孔隙平均直径 D_0 与最细部分的颗粒粒径 d_s 相比较,以判别土的渗透变形的类型。土的孔隙平均直径 D_0 可以下述经验公式表示:

$$D_0=0.25d_{20} \tag{2.15}$$

式中 d_{20} 为小于该粒径的土质量占总质量的 20%。试验资料证明,当土中有 5%以上的细颗粒小于土的孔隙平均直径时,即 $D_0>d_5$ 时,破坏形式为管涌;而如果土中小于 D_0 的细粒含量小于 3%,即 $D_0<d_3$ 时,可能流失的土颗粒很少,不会发生管涌,则呈流土破坏。综上所述,对于无黏性土是否发生管涌的几何条件可用下列准则判别:

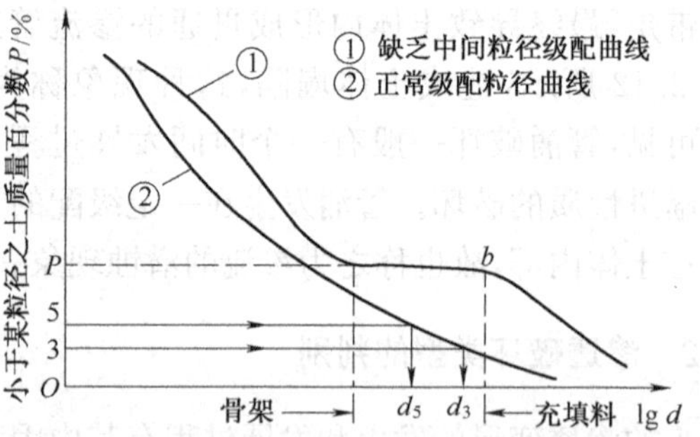

图 2.13 粒径级配曲线

(1) $C_u\leqslant 10$ 的比较均匀的土,非管涌土;

(2) $C_u>10$ 较不均匀的土:

①级配不连续的土。细料含量大于 35%,非管涌土;细料含量小于 25%,管涌土;细料含量为 25%~35%,过渡型土。

②级配连续的土。$D_0<d_3$,非管涌土;$D_0>d_5$,管涌土;$D_0=d_3\sim d_5$,过渡型土。

2)水力条件

渗透力能够带动细颗粒在孔隙间滚动或移动是发生管涌的水力条件,所以渗透力可用管涌的水力坡降来表示。但至今,管涌的临界水力坡降的计算方法尚不成熟,国内外研究者提出的计算方法较多,但算得的结果差异较大,故还没有一个被公认的合适的公式。对于一些重大工程,应尽量由渗透破坏试验确定。在无试验条件的情况下,可参考国内外的一些研究成果。

我国学者在对级配连续与级配不连续的土进行了理论分析与试验研究的基础上,提出了管涌土的破坏坡降与允许坡降的范围值见表 2.2。

表 2.2　管涌的水力坡降范围

水力坡降	级配连续土	级配不连续土
破坏坡降 i_{cr}	0.2～0.4	0.1～0.3
允许坡降[i]	0.1～0.25	0.1～0.2

3. 渗透变形的防治措施

防治流土的关键在于控制逸出处的水力坡降，为了保证实际的逸出坡降不超过允许坡降，水利工程上常采取下列工程措施：

（1）上游做垂直防渗帷幕，如混凝土防渗墙、板桩或灌浆帷幕等。根据实际需要，帷幕可完全切断地基的透水层，彻底解决地基土的渗透变形问题；也可不完全切断透水层，做成悬挂式，起延长渗流途径、降低下游逸出坡降的作用。

（2）上游做水平防渗铺盖，以延长渗流途径，降低下游的逸出坡降。

（3）下游挖减压沟或打减压井，贯穿渗透性小的黏性土层，以降低作用在黏性土层底面的渗透压力。

（4）下游加透水盖，以防止土体被渗透力所悬浮。

这几种工程措施往往是联合使用的，具体设计可根据实际情况而定。

防止管涌一般可从下列两方面采取措施：

（1）改变水力条件，降低土层内部和渗流逸出处的渗透坡降。如上游做防渗铺盖或打板桩等。

（2）改变几何条件，在渗流逸出部位铺设层间关系满足要求的反滤层，是防止管涌破坏的有效措施。反滤层一般是 1～3 层级配较为均匀的砂子和砾石层，用以保护基土不让细颗粒带出，同时应具有较大的透水性，使渗流可以畅通，具体设计方法可以参阅专业技术手册。

项目小结

通过相关工程案例，了解水在土体孔隙中的渗透规律，掌握由于渗流作用影响土体的渗流形式的变化规律以及产生渗透变形的条件和对工程的危害，在进行相关工程设计施工时，应综合考虑地基土、水和建筑物的相互关系，制定有效的防治渗透变形的措施。为此，本项目主要介绍土的渗透性。主要内容涉及达西定律、渗透系数与渗透力测试、土的渗透变形分析。

项目训练

1. 了解土渗透系数的测定方法。
2. 根据土体类型，大致判断在不同水利条件下土体渗透变形发生的可能性。
3. 掌握土体渗透变形的类型及产生的原因。
4. 能够对地基土的渗透变形提出相应的防治方法。

复习思考题

1. 解释渗透性和渗透定律，比较砂土和黏性土的渗透性。

2. 如何判断土体是否处于流砂状态?

3. 土的渗透对工程有哪些不利影响?

4. 一土样长25 cm,截面积为103 cm^2,作用于该试样两端的固定水头差为75 cm。试验时,通过试样渗流出的水量为100 cm^3/min。试求该土样的渗透系数 k 值,并判定其属于何种土?

5. 对某一原状土样作变水头试验。土样的截面积为32.2 cm^2,长度 $L=3$ cm,水管的截面积 $a=1.11$ cm^2,试验开始的作用水头 $h_1=300$ cm,终止水头 $h_2=290$ cm,试验经历时间为40 min,水的温度 T 为 10 ℃。试求该土样的渗透系数 k 值。

项目 3　土体中的应力计算

项目描述

为了计算地基变形、验算地基承载力和进行土坡稳定性分析等，需要知道土中的应力大小与分布规律，因此，土中的应力计算是地基基础设计的重要依据。土中应力按其产生的原因可分为自重应力和附加应力。在附加应力作用下，地基土将产生压缩变形，引起基础沉降和沉降差，若不均匀沉降超过一定限度，将导致建筑物开裂、倾斜甚至破坏。因此，在地基基础设计时必须保证地基沉降、沉降差、承载力等满足要求。

教学目标

1. 能力目标

(1)能够熟练进行土中自重应力和附加应力的计算。

(2)能够熟练进行软弱下卧层顶面应力的计算。

2. 知识目标

(1)了解土中的两种应力形式——自重应力和附加应力。

(2)掌握土的自重应力、基底应力、附加应力计算方法。

(3)掌握地基土中软弱下卧层顶面应力的计算方法。

3. 素质目标

(1)具有良好的职业道德，具有认真负责的工作态度。

(2)具备分工协作意识。

(3)具备一定的协调、组织能力。

相关案例——某水塔产生偏斜

1. 工程概况

某生活区水塔坐落在软土地基上，水塔上部结构采用标准图，水塔高 29 m，基础采用水泥搅拌桩复合地基，桩长 15.0 m，桩径 500 mm。竣工后水塔工作正常。1 年后，距水塔东侧 5 m 处建一 5 层住宅，在该住宅荷载作用下，水塔产生偏斜。

2. 事故原因

(1)该地基为软弱土层。

(2)临近 5 层住宅楼对地层产生的附加应力扩散，增加了水塔地基的附加应力，是水塔产生偏斜的根本原因。

3. 事故处理

采用锚杆静压桩加固及抬升纠偏法进行地基加固和抬升纠偏。先在水塔基础上开设 250 mm×250 mm 的孔 11 个,在每个孔内压入截面为 200 mm×200 mm 的钢筋混凝土预制桩。压桩结束后,沉降较少一侧的 3 根桩孔先封孔。通过安装于沉降较大一侧基础底板上的 6 个桩架,同时压桩施加反力,将水塔沉降大的一侧慢慢抬升,待倾斜纠正后,向基础底部地基注浆,并封好其他桩孔。当浆液达到一定强度后,撤除反力架。

通过上述实例可知,软弱土层的沉降计算对结构的稳定至关重要,而且土中附加应力的扩散对周边已有建筑物的影响也非常明显,近年来由于新建工程的建设对已有工程造成相应危害的案例很多,由此影响了工程建设周期,增加了建设附加费。本项目中主要学习土中应力的计算方法。

任务 3.1 土的自重应力计算

为了计算地基的稳定性及沉降量,必须研究在荷载作用下地基土中的应力。

土中应力可分为自重应力和附加应力。自重应力是上覆土体本身的重量所引起的应力,其值随深度的增加而增大。一般说来,自重应力不会使地基产生变形,这是因为土层形成的年代已久远,在自重作用下,压缩变形早已完成。但对于新沉积的土或新填土,则应考虑在自重作用下的地基变形。附加应力是建筑物的荷载在地基土中产生的应力。它以一定的角度向下扩散传播到地基的深处,其值随深度的增加而减小。附加应力改变了地基土中原有的应力状态,使地基产生变形,并导致建筑物基础产生沉降。

在计算土中应力时,通常使用弹性力学的方法求解,即假设土体为连续的、完全弹性的、均质的和各向同性的半无限直线变形体。研究土中应力与应变关系时,认为土处于弹性变形范围内。实际上,土是不符合理想弹性体的上述含义的,而是弹塑性和各向非均质的异性体。由于一般建筑物荷载引起的土中应力不大,所以应力与应变之间才有近似的直线关系,此时,才可以将土体作为弹性体看待,采用弹性理论计算土中应力。

3.1.1 基本公式

自重应力是由于土的自重产生的应力,竖向自重应力用 σ_{cz} 表示,侧向自重应力用 σ_{cx} 或 σ_{cy} 表示,下面重点介绍 σ_{cz} 的计算。

计算 σ_{cz} 时,把天然地面看作是一个平面,假定地基土为半无限体(又称半空间体),如图3.1所示,以水平地面为界,在 x、y 轴的正负方向和 z 轴的正方向与建筑物的尺寸相比都可以认为是无限的,故称为半无限体。

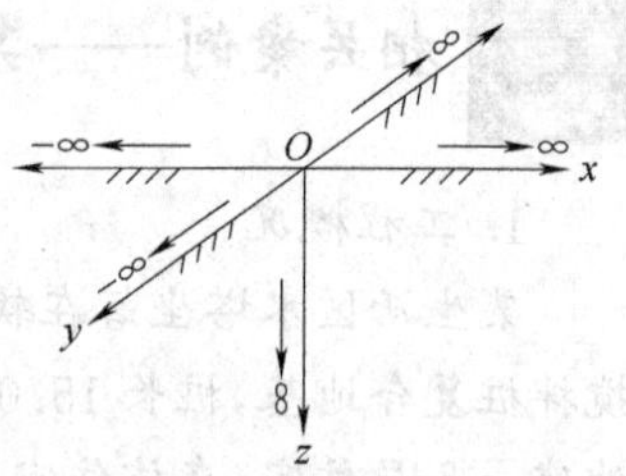

图 3.1 半空间体示意

当土质均匀时,则任一水平面上的竖向自重应力都是均匀无限分布的,在此应力作用下,地基土只能产生竖向变形,不可能产生侧向变形和剪切变形,土体内任一竖直面都是对称面,对称面上的剪应力等于零,根据剪应力互等定理可知,任一水平面上的剪应力也等于零。若在土中切取一个面积为 A 的土柱,如图3.2所示,根据静力平衡条件可知:在 z 深度处的平面,因土柱自重产生的竖向自重应力等于单位面积土柱的重力,即

$$\sigma_{cz}=\frac{G}{A}=\frac{\gamma z A}{A}=\gamma z \tag{3.1}$$

式中　σ_{cz}——土的竖向自重应力(kPa)；

G——土柱的重力(kN)；

γ——土的重度(kN/m^3)；

z——地面至计算点的深度(m)。

由式(3.1)可知，土的自重应力随深度 z 线性增加，当重度不变时，σ_{cz} 与 z 成正比，呈三角形分布，如图 3.2 所示。

天然地层往往由不同厚度、不同重度的土层组成，其自重应力需按式(3.1)分层计算后再叠加，如图 3.3 所示，z 深度处的自重应力为

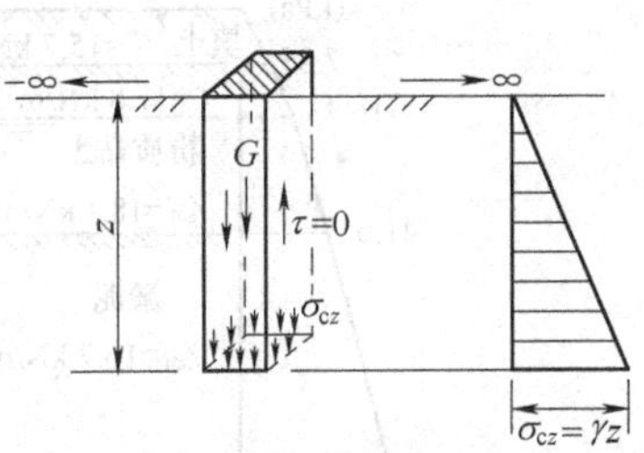

图 3.2　土的自重应力

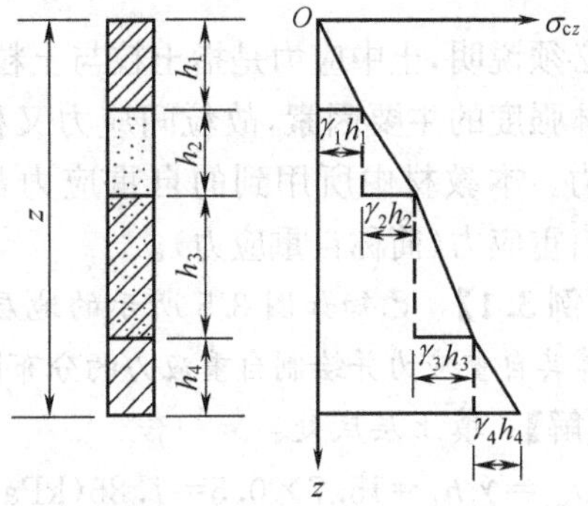

图 3.3　成层土的自重应力

$$\sigma_{cz} = \gamma_1 h_1 + \gamma_2 h_2 + \cdots + \gamma_n h_n = \sum_{i=1}^{n} \gamma_i h_i \tag{3.2a}$$

式中　n——计算范围内的土层数；

γ_i——第 i 层土的重度(kN/m^3)；

h_i——第 i 层土的厚度(m)。

分层土的自重应力沿深度呈折线分布。

3.1.2　地下水与不透水层的影响

1. 地下水的影响

如果土层在水位(地表水或地下水)以下，计算自重应力时，应根据土的透水性质选用符合实际情况的重度。对于透水土(如砂土、粉土等)，孔隙中充满自由水，土颗粒将受到水的浮力作用，应采用浮重度 γ'，如果地下水位出现在同一土层中(如图 3.4 中的细砂层)，地下水位线应视为土层分界线，则细砂层底面处的自重应力为

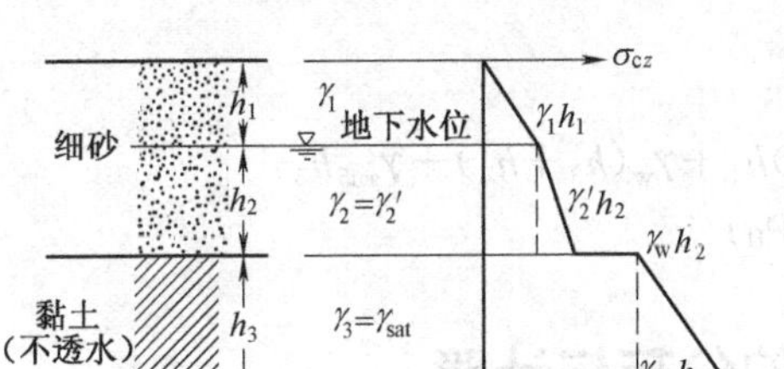

图 3.4　地下水及不透水层影响

$$\sigma_{cz} = \gamma_1 h_1 + \gamma_2' h_2 \tag{3.2b}$$

2. 不透水层的影响

不透水土(如紧密的黏土)长期浸泡在水中，处于饱和状态，土中的孔隙水几乎全部是结合水，这些结合水的物理特性与自由水不同，它不传递静水压力，不起浮力作用，所以土颗粒不受浮力影响，计算自重应力时应采用饱和重度 γ_{sat}，如图 3.4 中的黏土层(不透水)，该层土本身产生的自重应力为 $\gamma_{sat} h_3$，而在不透水层顶面处的

自重应力等于全部上覆土层的自重应力与静水压力之和,即

$$\sigma_{cz}=\gamma_1 h_1+\gamma_2' h_2+\gamma_w h_2 \tag{3.2c}$$

式中　γ_w——水的重度(kN/m³)

黏性土层底面处的自重应力为:

$$\sigma_{cz}=\gamma_1 h_1+\gamma_2' h_2+\gamma_w h_2+\gamma_{sat} h_3 \tag{3.2d}$$

天然土层比较复杂,对于黏性土,很难确切判定其是否透水,一般认为,长期浸在水中的黏性土,若其液性指数 $I_L\leqslant 0$,表明该土处于半干硬状态,可按不透水考虑;若 $I_L>1$,表明该土处于流塑状态,可按透水考虑;若$0<I_L\leqslant 1$,表明该土处于可塑状态,则按两种情况考虑其不利者。

必须说明,土中应力是指土粒与土粒之间接触点传递的粒间应力,它是引起地基变形、影响土体强度的主要因素,故粒间应力又称为有效应力。本教材中所用到的自重应力都是指有效自重应力(简称自重应力)。

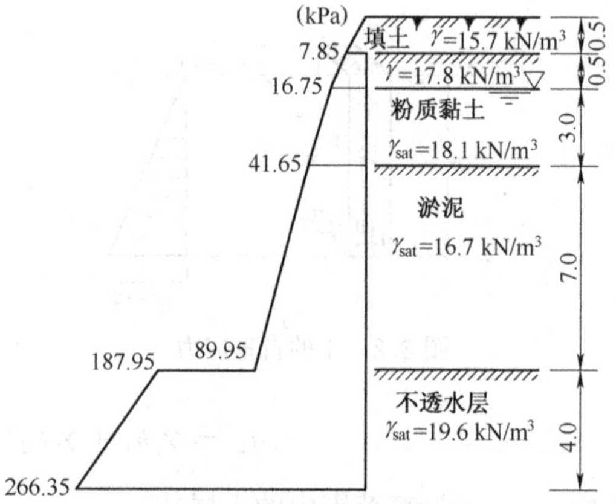

图 3.5　例 3.1 图(应力单位:kPa,深度单位:m)

【例 3.1】 已知如图 3.5 所示的地层剖面,试计算其自重应力并绘制自重应力的分布图。

【解】 填土层底处:

$\sigma_{cz1}=\gamma_1 h_1=15.7\times 0.5=7.85(\text{kPa})$

地下水位处:

$\sigma_{cz2}=\gamma_1 h_1+\gamma_2 h_2=7.85+17.8\times 0.5$
$=16.75(\text{kPa})$

粉质黏土层底处:

$$\sigma_{cz3}=\gamma_1 h_1+\gamma_2 h_2+\gamma_3' h_3$$
$$=15.7\times 0.5+17.8\times 0.5+(18.1-9.8)\times 3$$
$$=41.65(\text{kPa})$$

淤泥层底处:

$$\sigma_{cz4}=\gamma_1 h_1+\gamma_2 h_2+\gamma_3' h_3+(\gamma_{sat4}-\gamma_w)h_4=41.65+(16.7-9.8)\times 7=89.95(\text{kPa})$$

不透水层顶层面处:

$$\sigma_{cz4}'=\gamma_1 h_1+\gamma_2 h_2+\gamma_3' h_3+(\gamma_{sat4}-\gamma_w)h_4+\gamma_w(h_3+h_4)=89.95+9.8\times(3+7)$$
$$=187.95(\text{kPa})$$

钻孔底:

$$\sigma_{cz5}=\gamma_1 h_1+\gamma_2 h_2+\gamma_3' h_3+(\gamma_{sat4}-\gamma_w)h_4+\gamma_w(h_3+h_4)+\gamma_{sat5} h_5$$
$$=187.95+19.6\times 4=266.35(\text{kPa})$$

任务 3.2　基底应力的分布与计算

3.2.1　基底应力的分布

建筑物荷载由基础传给地基,在接触面上存在着接触应力,也称基底压力。它是基础作用于地基表面的力,是计算土中附加应力的依据,地基对于基础的反作用力,是计算净反力的依据,而净反力是基础结构设计中内力计算的荷载条件。精密确定基底压力数

值与形态是个很复杂的问题，这是由于基础与地基不是同一种材料，也不是一个整体，二者的刚度相差很大，变形不能协调的缘故，此外还受基础的平面形状、尺寸、埋深等条件的影响。

在求土中应力或设计基础时，必须先了解基础底面上应力分布情况，但其应力分布情况与基础本身的刚度有很大关系。有些基础允许其变形，除承受压力外还能承担一定量的弯矩，这种基础一般称为柔性基础。用钢筋混凝土做成的基础则属于此类。如用混凝土或砖石筑成的大块整体基础，只要它的高度满足一定要求，就可以认为是接近绝对刚性的，也就是说在外力作用下，它是绝对不变形的，并且只能承受压力而不能承担拉力，这种基础一般称为刚性基础。

当向地基土中传递荷载的是柔性基础时，则可假想基础本身能随地基表面的变形而变形，作用于基础底面上土的反力，其分布情况应和上面荷载分布的情况相一致。如果上部荷载为均匀分布，基础底面上的压应力也是均匀分布，但此时基础各点的沉降量是不同的，呈现出中间大，边缘小的碗状曲线，如图 3.6 所示。土质路堤即相当于柔性基础，因为它本身不传递剪力，路堤填土自重引起的基底压力分布与路堤横断面形状相同，都是梯形，如图 3.7 所示。基底任一点的压力等于该点以上填土的自重压力。

刚性基础是指基础受力后其本身变形很小，下沉后其底面仍保持平面形状，如桥墩、桥台基础。即当基础的刚度大大超过土的刚度，基础底面始终保持平面，底面上的压应力分布就与荷载分布情况不同。不论何种形状的刚性基础，按弹性理论计算，其基底应力都呈鞍状分布，即愈接近边缘，其压应力愈大(如图3.8中的虚线)，在边缘上按公式计算应为无穷大，但因该处地基土只能承受一定限度的荷载，超过此限度时即产生塑性变形，将在基底角点发生应力重分布，如图 3.8 实线所示的马鞍形。

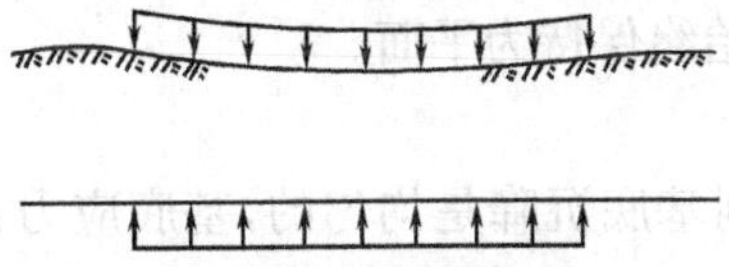

图 3.6　柔性基础均布荷载下的基底应力分布

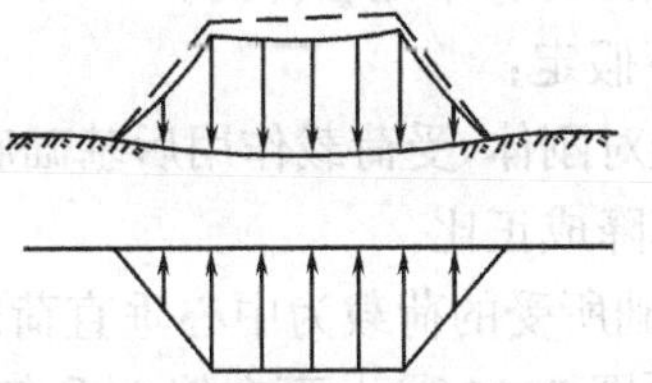

图 3.7　土路堤的基底应力分布

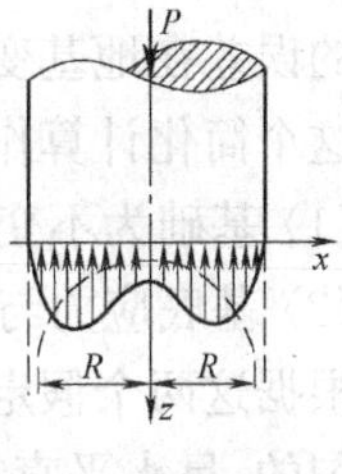

图 3.8　按弹性理论计算基底压应力分布

如用仪器直接测出荷载下或基底下的应力，即可发现在中心荷载作用下的刚性基础，其基底应力的分布形状可能有马鞍形、抛物线形、钟形三种，如图 3.9 所示。图中所标出的平均压力 σ 为

$$\sigma=\frac{P}{A}\quad(\text{kPa})\tag{3.3}$$

式中　P——总荷载(kN)；

A——基底面积(m^2)。

这些基底应力图的形状，主要受平均压力 σ、基底尺寸 b 或 $\sqrt{A}$ (A 为基底面积)、土的压缩性、基础的埋置深度 h 等因素影响。

(1)当其他因素不变，平均压力 σ 较小时，压力图是马鞍形，σ 为中等压力时，为抛物线形，σ 较大时，为钟形。

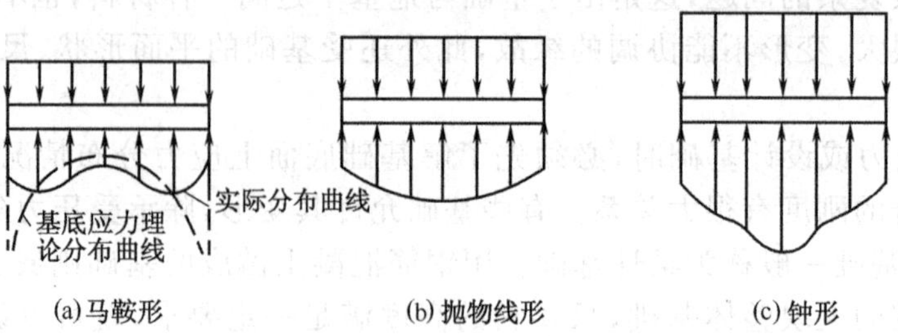

图 3.9　刚性基础基底压应力分布形状

(2)当其他因素不变,基底尺寸较大时,压力图是马鞍形,基底尺寸中等时,为抛物线形,基础尺寸较小时,为钟形。

(3)在同样尺寸,同一埋置深度的基础上,作用有同一大小 σ 值时,坚硬的土,其压力图是马鞍形,中等压缩性的土是抛物线形,松软的土是钟形。

(4)其他因素不变,埋得很深的基础,其压力图是马鞍形,埋得很浅的基础,其压力图是钟形。

综合以上所述情况,可知影响压力图的因素既多又复杂,要从理论上求得作用在基底上的真正应力图是一个很困难的问题,为了简化计算,一般都采用近似公式计算。

3.2.2　基底压力的简化计算

由于基底压力的分布情况对于地基土中的附加应力分布的影响随着深度的增加而减少。根据弹性理论原理,在地基表面以下深度超过基础宽度 1.5 倍时,地基中引起的附加应力分布几乎与基础压力分布情况无关,而主要与基础总荷载大小有关。试验证明:当基础宽度不小于 1.0 m,荷载不大时,刚性基础的基底压力分布可近似按直线变化规律计算,这样简化计算而引起的误差在地基变形的实际计算中是容许的。

这个简化计算作了如下假定:

(1) 基础为不变形的绝对刚体,受荷载作用后基础底面始终保持为平面。

(2) 基底应力与基础沉降成正比。

根据这两个假定,如基础所受的荷载为中心垂直荷载,则基底沉降是均匀的,基底应力也是均匀的,呈水平直线分布[图 3.10(a)],而在偏心垂直荷载下,基底沉降是不均匀的,基底应力呈倾斜直线分布[图 3.10(b)]。于是得出以下基底应力的简化计算方法。

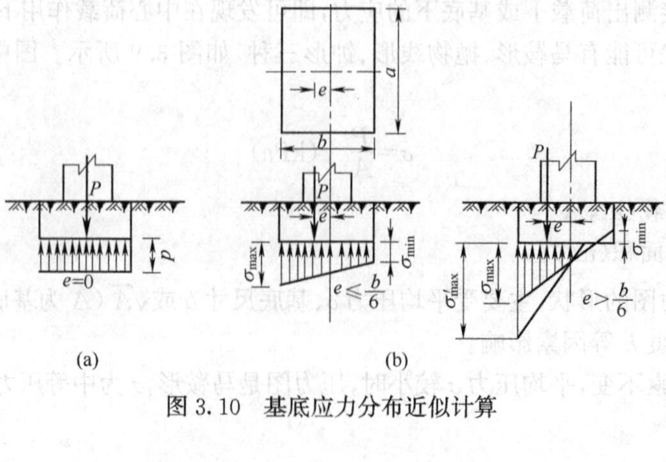

图 3.10　基底应力分布近似计算

1. 中心受压基础

在中心荷载 P(kN)作用下，基底应力为均匀分布，如图 3.10(a)所示。设基础底面积为 $A(m^2)$，则基底应力 σ 为

$$\sigma=\frac{P}{A}\quad(\text{kPa})\tag{3.4}$$

注意，在基础设计中，应力符号的规定以压应力为正号。

对于条形基础，只需取 1 m 长度(叫一延长米)进行计算，此时 P 为一延长米上作用的荷载，A 为一延长米的基底面积，其值等于 $b\times1$，则基底应力为

$$\sigma=\frac{P}{b}\quad(\text{kPa})\tag{3.5}$$

2. 偏心受压基础

偏心受压基础有单向偏心和双向偏心之分，这里只讲述单向偏心受压基础。

当基础荷载 P 作用在某一主形心轴上且对另一主形心轴有一偏心距 e 时，可将偏心荷载 P 的作用看作是在基底形心的中心荷载 P 和它对形心主轴的力矩 $M=P\times e$ 的共同作用。今以铁路桥梁中常见的矩形基础为例，说明其计算方法：

矩形基础边缘的基底应力按材料力学中的公式进行计算，如图 3.11 所示，即

$$\begin{matrix}\sigma_{max}\\\sigma_{min}\end{matrix}=\frac{P}{A}\pm\frac{M}{W}=\frac{P}{A}\pm\frac{P\cdot e}{W}=\frac{P}{A}\left(1\pm\frac{6e}{b}\right)\tag{3.6}$$

式中　P——基底竖向荷载(kN)；

M——竖向荷载 P 对形心主轴偏心距 e 引起的力矩(kN·m)；

W——基底面积对 y 轴的截面抵抗矩(m^3)，即 $W=ab^2/6$。

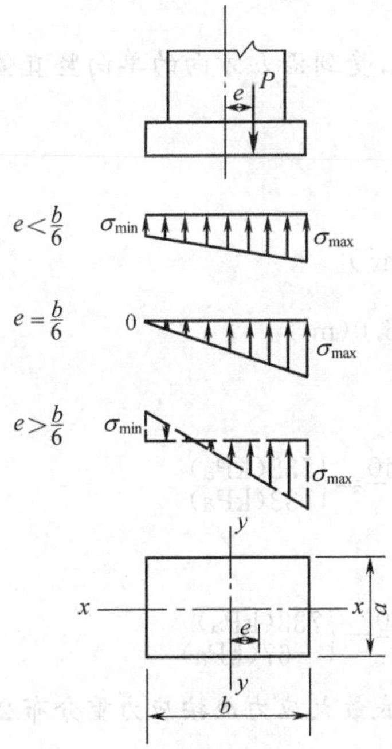

图 3.11　矩形基础单向偏心荷载作用下的基底应力

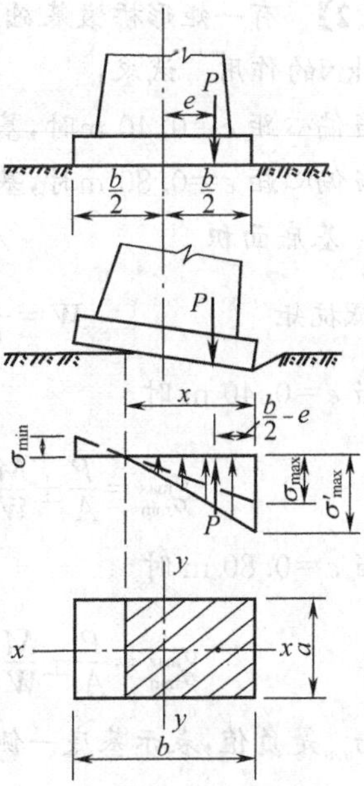

图 3.12　矩形基础单向偏心荷载作用下的基底应力重分布

从式(3.6)及图 3.11 中可以看出,基底应力分布有三种情况:

(1) 当 $e<\frac{b}{6}$ 时,σ_{min} 为正值,基底应力按梯形分布;

(2) 当 $e=\frac{b}{6}$ 时,σ_{min} 为零,基底应力为三角形分布;

(3) 当 $e>\frac{b}{6}$ 时,σ_{min} 为负值,表示基底一侧出现拉应力。实际上,基底与地基之间不能传递拉应力而出现局部分离,受力面积有所减少,因此,基底应力会重新分布,如图 3.12 所示。此时,用式(3.6)计算的基底应力就和实际不符合,须按应力重分布后的情况进行计算。

应力重分布后,假定应力分布图形为三角形,设基底应力分布宽度为 x,从图 3.12 可知,基底反力的合力 $P'=\frac{1}{2}x\sigma'_{max}a$ 的竖向作用线必通过三角形应力图形的形心,按静力平衡条件,基底反力的合力 P' 与荷载 P 的大小相等,方向相反,并作用在同一竖直线上,从而可得

$$\frac{x}{3}=\frac{b}{2}-e \quad 及 \quad P'=\frac{1}{2}x\cdot\sigma'_{max}\cdot a=P$$

解上列两式,得

$$x=3\left(\frac{b}{2}-e\right) \tag{3.7}$$

$$\sigma'_{max}=\frac{2P}{3\left(\frac{b}{2}-e\right)\cdot a} \tag{3.8}$$

【例 3.2】 有一矩形桥墩基础 $a=6.0$ m,$b=4.0$ m,受到沿 b 方向的单向竖直偏心荷载 $P=8\ 000$ kN的作用。试求:

(1) 当偏心距 $e=0.40$ m时,基底最大应力为多少?

(2) 当偏心距 $e=0.80$ m时,基底最大应力为多少?

【解】 基底面积　　$A=ab=6\times4=24.0(\text{m}^2)$

截面抵抗矩　　$W=\frac{1}{6}ab^2=\frac{1}{6}\times6\times4^2=16.0(\text{m}^3)$

(1) 当 $e=0.40$ m 时

$$\begin{matrix}\sigma_{max}\\ \sigma_{min}\end{matrix}=\frac{P}{A}\pm\frac{M}{W}=\frac{8\ 000}{24}\pm\frac{8\ 000\times0.40}{16}=\begin{cases}533(\text{kPa})\\133(\text{kPa})\end{cases}$$

(2) 当 $e=0.80$ m 时

$$\begin{matrix}\sigma_{max}\\ \sigma_{min}\end{matrix}=\frac{P}{A}\pm\frac{M}{W}=\frac{8\ 000}{24}\pm\frac{8\ 000\times0.80}{16}=\begin{cases}733(\text{kPa})\\-67(\text{kPa})\end{cases}$$

由于 σ_{min} 是负值,表示基底一侧出现拉应力,所以基底最大应力应按应力重分布公式重新计算:

$$\sigma'_{max}=\frac{2P}{3\times\left(\frac{b}{2}-e\right)a}=\frac{2\times8\ 000}{3\times\left(\frac{4}{2}-0.8\right)\times6.0}=741(\text{kPa})$$

3.2.3 基底附加压力的计算

建筑物的基础底面总是要埋置在地面以下一定的深度，这个深度称为基础埋置深度，用 h 表示。

如图 3.13 所示，建筑物在建造前，距地面为 h 的基底处，原来就存在自重应力 γh，此自重应力 γh 称为基底处的原存应力，一般说来，原存应力是不会引起地基沉降的。

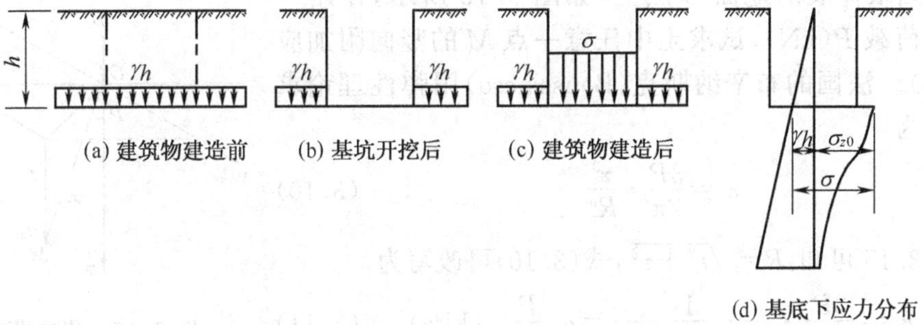

图 3.13 建筑物在建造过程中基底应力的变化

基底附加压力是指建筑物建成后使基础底面净增加的压力，又叫基底净加压力或基底附加应力，以 σ_{z0} 表示。

当建造建筑物时，通常需先开挖基坑，这时，基底就卸除了自重应力 γh。而建筑物建造完成后，全部建筑物荷载就作用在基础底面上，基底应力为 σ。显然，能使建筑物产生沉降的应力，并不是基底应力 σ，而是从其中扣去相应于原存应力 γh 后的那部分应力，即

$$\sigma_{z0}=\sigma-\gamma h \tag{3.9}$$

式中 σ_{z0}——基底附加应力；

σ——基底应力；

γ——基底以上土的天然重度(kN/m^3)，分层土采用加权平均重度；

h——基底埋藏深度(m)，一般由天然地面算起，若受水流冲刷时，由一般冲刷线算起。

任务 3.3 地基附加应力计算

由外荷载在地基中引起的应力称为地基附加应力(或称荷载应力)，用 σ_z 表示。σ_z 是以 σ_{z0} 为荷载按弹性理论求解的，计算附加应力时，假定地基土为均质、连续、各向同性的半无限线性变形体。实际上，地基土往往是分层的，各层土之间的性质差别较大，严格地说，上述假定与实际情况不一定相符。但当荷载不大，地基中的塑性变形区很小时，荷载与变形之间近似于直线关系。实践证明，用弹性理论计算的应力值与实测的结果出入不大，在工程中是允许的。

如果作用于地基面上的荷载是均匀满布的，例如大面积水平填土，则地基附加应力的分布不随深度而变化，即各个深度处的 σ_z 相等，其值等于满布荷载的强度，如图 3.14 所示。

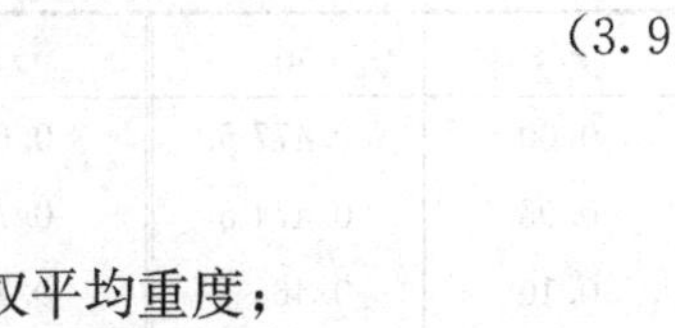

图 3.14 满布荷载时附加应力

由于建筑物的基础总是有限的，并且基底的形状各异，受力情况不同，因此，作用于地基面上的荷载(即基底压力)必然

是具有不同形状和不同分布形式的局部荷载,这种荷载所引起的地基附加应力要比均匀满布荷载的情况复杂得多。下面分别讨论不同面积、不同分布形式的局部荷载作用下,地基附加应力的计算。

3.3.1 竖直集中荷载作用下的地基附加应力计算

1. 计算公式

设在无限伸展的地面 O 点上,如图 3.15 所示,作用一竖向集中荷载 P(kN),试求土中任意一点 M 的竖向附加应力 σ_z(kPa)。法国的布辛纳斯克(Boussinesq)用弹性理论求得其解答为

$$\sigma_z=\frac{3P}{2\pi}\cdot\frac{z^3}{R^5} \tag{3.10}$$

由图 3.15 可知:$R=\sqrt{r^2+z^2}$,式(3.10)可改写为

$$\sigma_z=\frac{3P}{2\pi z^2}\cdot\frac{1}{\left[1+\left(\frac{r}{z}\right)^2\right]^{\frac{5}{2}}}=\alpha_1\frac{P}{z^2}\quad(\text{kPa}) \tag{3.11}$$

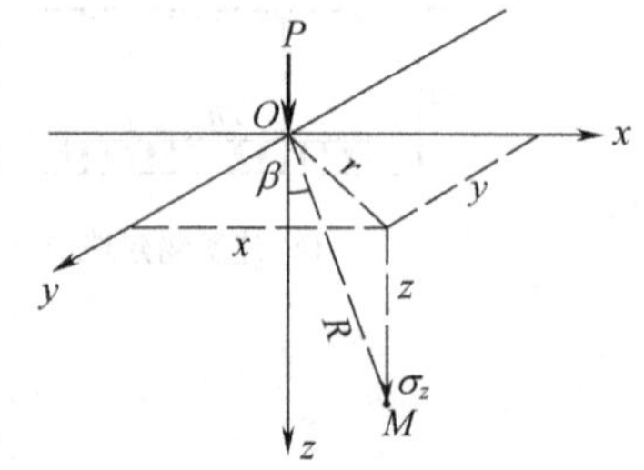

图 3.15 集中荷载 P 作用下土中附加应力

式中 $\alpha_1=\frac{3}{2\pi}\cdot\frac{1}{\left[1+\left(\frac{r}{z}\right)^2\right]^{\frac{5}{2}}}$ 称为集中荷载竖向附加应力系数,其值可按比值 $\frac{r}{z}$ 由表 3.1 查得。

表 3.1 集中荷载作用下的竖向附加应力系数

r/z	α_1	r/z	α_1	r/z	α_1	r/z	α_1
0.00	0.477 5	0.65	0.197 8	1.30	0.040 2	1.95	0.009 5
0.05	0.474 5	0.70	0.176 2	1.35	0.035 7	2.00	0.008 5
0.10	0.465 7	0.75	0.156 5	1.40	0.031 7	2.20	0.005 8
0.15	0.451 6	0.80	0.138 6	1.45	0.028 2	2.40	0.004 0
0.20	0.432 9	0.85	0.122 6	1.50	0.025 1	2.60	0.002 9
0.25	0.410 3	0.90	0.108 3	1.55	0.022 4	2.80	0.002 1
0.30	0.384 9	0.95	0.095 6	1.60	0.020 0	3.00	0.001 5
0.35	0.357 7	1.00	0.084 4	1.65	0.017 9	3.50	0.000 7
0.40	0.329 4	1.05	0.074 1	1.70	0.016 0	4.00	0.000 4
0.45	0.301 1	1.10	0.065 8	1.75	0.014 4	4.50	0.000 2
0.50	0.273 3	1.15	0.058 1	1.80	0.012 9	5.00	0.000 1
0.55	0.246 6	1.20	0.051 3	1.85	0.011 6		
0.60	0.221 4	1.25	0.045 4	1.90	0.010 5		

2. 土中应力的叠加

当地面上有两个及以上相邻的集中荷载作用时(图 3.16),在地面下某深度 M 点处的竖向附加应力,可先按式(3.11)分别计算,然后叠加,即

$$\sigma_z=\alpha_{11}\frac{P_1}{z^2}+\alpha_{12}\frac{P_2}{z^2}+\cdots=\sum_{i=1}^{n}\alpha_{1i}\frac{P_i}{z^2} \tag{3.12}$$

式中　α_{1i}——在集中荷载 P_i 作用下，深度 z 处 M 点上的竖向附加应力系数 α_1。

当荷载在地面上呈不规则分布时，可把荷载分布平面划分成许多小块面积，将每一小块面积上分布的荷载近似地用一集中荷载代替，这个集中荷载作用于该分布荷载的合力作用点处，然后利用式(3.12)进行计算。

应当注意，集中荷载的作用点至土中计算点的距离不宜小于 $3b$(b 为该小块面积的短边尺寸)，否则误差会过大。

3.3.2　面积荷载作用下的土中附加应力

1. 矩形面积受均布荷载作用下的土中竖向附加应力

1)中心点下的应力

如图 3.17 所示，在矩形地面上作用着均布荷载 p(kPa)时，承载面积中心点下深度 z 处 M 点上的竖向附加应力为

$$\sigma_z=\alpha_0 p \quad (\text{kPa}) \tag{3.13}$$

式中 α_0 为矩形均布荷载中点应力系数，可根据比值 a/b、z/b 由表 3.2 查得，其中 a、b 分别为矩形面积的长边和短边，z 为荷载作用面到计算点 M 的深度。

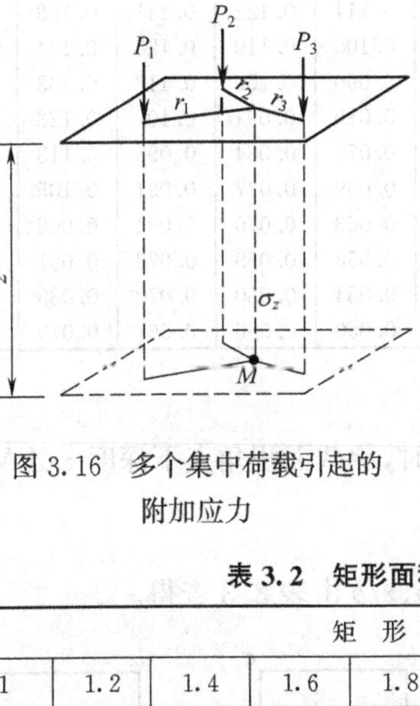

图 3.16　多个集中荷载引起的附加应力

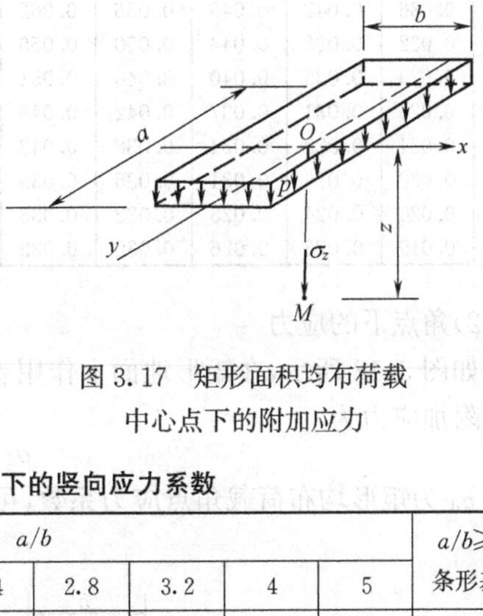

图 3.17　矩形面积均布荷载中心点下的附加应力

表 3.2　矩形面积均布荷载中点下的竖向应力系数

z/b	矩形的长宽比 a/b											a/b≥10 条形基础
	1	1.2	1.4	1.6	1.8	2	2.4	2.8	3.2	4	5	
0	1	1	1	1	1	1	1	1	1	1	1	1
0.1	0.980	0.984	0.986	0.987	0.987	0.988	0.988	0.988	0.989	0.989	0.989	0.989
0.2	0.960	0.968	0.972	0.974	0.975	0.976	0.976	0.977	0.977	0.977	0.977	0.977
0.3	0.880	0.899	0.910	0.917	0.920	0.923	0.925	0.926	0.928	0.929	0.929	0.929
0.4	0.800	0.830	0.848	0.859	0.866	0.870	0.875	0.878	0.879	0.880	0.881	0.881
0.5	0.703	0.741	0.765	0.781	0.791	0.799	0.809	0.812	0.814	0.817	0.818	0.819
0.6	0.606	0.651	0.682	0.703	0.717	0.727	0.740	0.746	0.749	0.753	0.754	0.755
0.7	0.527	0.574	0.607	0.630	0.646	0.660	0.674	0.685	0.690	0.694	0.697	0.698
0.8	0.449	0.496	0.532	0.558	0.579	0.593	0.612	0.623	0.630	0.636	0.639	0.642
0.9	0.932	0.437	0.473	0.499	0.518	0.536	0.559	0.572	0.579	0.588	0.592	0.592
1.0	0.334	0.373	0.414	0.441	0.463	0.481	0.505	0.520	0.529	0.540	0.545	0.550
1.1	0.295	0.335	0.369	0.396	0.418	0.436	0.462	0.479	0.488	0.501	0.508	0.513
1.2	0.257	0.294	0.325	0.352	0.374	0.392	0.419	0.437	0.447	0.462	0.470	0.477
1.3	0.229	0.263	0.292	0.318	0.339	0.357	0.384	0.403	0.426	0.431	0.440	0.448

续上表

z/b	矩形的长宽比 a/b										$a/b\geqslant10$
	1	1.2	1.4	1.6	1.8	2	2.4	2.8	3.2	4	5	条形基础
1.4	0.201	0.232	0.260	0.284	0.304	0.321	0.350	0.369	0.383	0.400	0.410	0.420
1.5	0.180	0.209	0.235	0.258	0.277	0.294	0.322	0.341	0.356	0.374	0.385	0.397
1.6	0.160	0.187	0.210	0.232	0.251	0.267	0.294	0.314	0.329	0.348	0.360	0.374
1.7	0.145	0.170	0.191	0.212	0.230	0.245	0.272	0.292	0.307	0.326	0.340	0.355
1.8	0.130	0.153	0.173	0.192	0.209	0.224	0.250	0.270	0.285	0.305	0.320	0.337
1.9	0.119	0.140	0.159	0.177	0.192	0.207	0.233	0.251	0.263	0.288	0.303	0.320
2.0	0.108	0.127	0.145	0.161	0.176	0.189	0.214	0.233	0.241	0.270	0.285	0.304
2.1	0.099	0.116	0.133	0.148	0.163	0.176	0.199	0.220	0.230	0.255	0.270	0.292
2.2	0.090	0.107	0.122	0.137	0.150	0.163	0.185	0.208	0.218	0.239	0.256	0.280
2.3	0.033	0.099	0.113	0.127	0.139	0.151	0.173	0.193	0.205	0.226	0.243	0.269
2.4	0.077	0.092	0.105	0.118	0.130	0.141	0.161	0.178	0.192	0.213	0.230	0.258
2.5	0.072	0.085	0.097	0.109	0.121	0.131	0.151	0.167	0.181	0.202	0.219	0.249
2.6	0.066	0.079	0.091	0.102	0.112	0.123	0.141	0.157	0.170	0.191	0.208	0.239
2.7	0.062	0.073	0.084	0.095	0.105	0.115	0.132	0.148	0.161	0.182	0.199	0.234
2.8	0.058	0.069	0.079	0.089	0.099	0.108	0.124	0.139	0.152	0.172	0.189	0.228
2.9	0.054	0.064	0.074	0.083	0.093	0.101	0.117	0.132	0.144	0.163	0.180	0.218
3.0	0.051	0.060	0.070	0.078	0.087	0.095	0.110	0.124	0.136	0.155	0.172	0.208
3.2	0.045	0.053	0.062	0.070	0.077	0.085	0.098	0.111	0.122	0.141	0.158	0.190
3.4	0.040	0.048	0.055	0.062	0.069	0.076	0.088	0.100	0.110	0.128	0.144	0.184
3.6	0.036	0.042	0.049	0.056	0.062	0.068	0.080	0.090	0.100	0.117	0.133	0.175
3.8	0.032	0.033	0.044	0.050	0.056	0.062	0.070	0.080	0.091	0.107	0.123	0.166
4.0	0.029	0.035	0.040	0.046	0.051	0.056	0.066	0.075	0.084	0.095	0.113	0.158
4.2	0.026	0.031	0.037	0.042	0.048	0.051	0.060	0.069	0.077	0.091	0.105	0.150
4.4	0.024	0.029	0.034	0.038	0.042	0.047	0.055	0.063	0.070	0.084	0.098	0.144
4.6	0.022	0.026	0.031	0.035	0.039	0.043	0.051	0.058	0.065	0.078	0.091	0.137
4.8	0.020	0.024	0.028	0.032	0.038	0.040	0.047	0.054	0.060	0.070	0.085	0.132
5.0	0.019	0.022	0.026	0.030	0.033	0.037	0.044	0.050	0.056	0.067	0.079	0.126

2)角点下的应力

如图 3.18 所示,在矩形地面上作用着均布荷载 p 时,承载面积角点下深度 z 处 M 点上的竖向附加应力为

$$\sigma_z=\alpha_d p \quad (\text{kPa}) \tag{3.14}$$

式中 α_d 为矩形均布荷载角点应力系数,可根据比值 a/b、z/b 由表 3.3 查得。

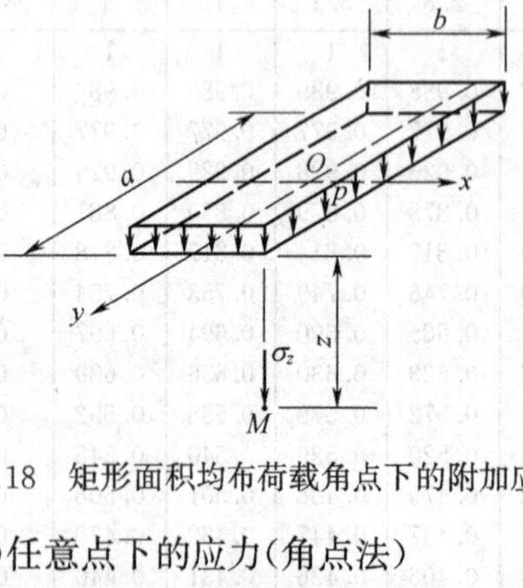

图 3.18 矩形面积均布荷载角点下的附加应力

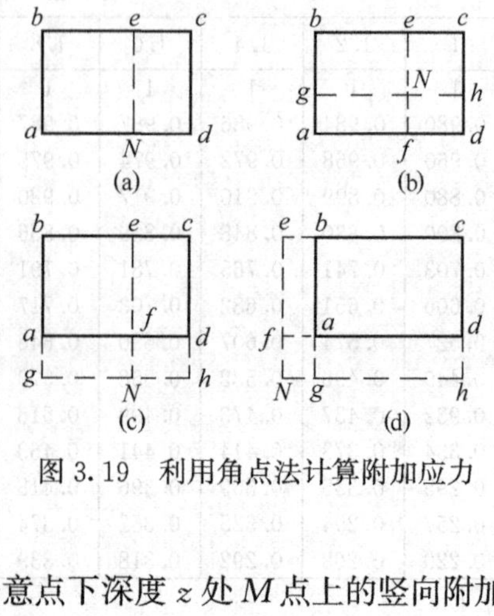

图 3.19 利用角点法计算附加应力

3)任意点下的应力(角点法)

矩形的地面上作用着均布荷载 p 时,承载面积任意点下深度 z 处 M 点上的竖向附加应力

表 3.3　矩形面积均布荷载角点下的竖向应力系数 α_d

$\frac{z}{b}$	矩形基础长宽比 a/b																					
	1.0	1.2	1.4	1.6	1.8	2.0	2.2	2.4	2.6	2.8	3.0	3.2	3.4	3.6	3.8	4.0	5.0	6.0	7.0	8.0	9.0	10.0
0.0	0.2500	0.2500	0.2500	0.2500	0.2500	0.2500	0.2500	0.2500	0.2500	0.2500	0.2500	0.2500	0.2500	0.2500	0.2500	0.2500	0.2500	0.2500	0.2500	0.2500	0.2500	0.2500
0.2	0.2486	0.2489	0.2490	0.2491	0.2491	0.2491	0.2492	0.2492	0.2492	0.2492	0.2492	0.2492	0.2492	0.2492	0.2492	0.2492	0.2492	0.2492	0.2492	0.2492	0.2492	0.2492
0.4	0.2401	0.2420	0.2429	0.2434	0.2439	0.2439	0.2440	0.2441	0.2442	0.2442	0.2442	0.2443	0.2443	0.2443	0.2443	0.2443	0.2443	0.2443	0.2443	0.2443	0.2443	0.2443
0.6	0.2229	0.2275	0.2300	0.2315	0.2324	0.2329	0.2333	0.2335	0.2337	0.2338	0.2339	0.2340	0.2340	0.2341	0.2341	0.2341	0.2342	0.2342	0.2342	0.2342	0.2342	0.2342
0.8	0.1999	0.2075	0.2120	0.2147	0.2165	0.2176	0.2183	0.2188	0.2192	0.2194	0.2196	0.2198	0.2199	0.2199	0.2200	0.2200	0.2202	0.2202	0.2202	0.2202	0.2202	0.2202
1.0	0.1752	0.1851	0.1911	0.1955	0.1981	0.1999	0.2012	0.2020	0.2026	0.2031	0.2034	0.2037	0.2039	0.2040	0.2041	0.2042	0.2044	0.2045	0.2045	0.2046	0.2046	0.2046
1.2	0.1516	0.1626	0.1705	0.1758	0.1793	0.1818	0.1836	0.1849	0.1858	0.1865	0.1870	0.1873	0.1876	0.1878	0.1880	0.1882	0.1885	0.1887	0.1888	0.1888	0.1888	0.1888
1.4	0.1308	0.1423	0.1508	0.1569	0.1613	0.1644	0.1667	0.1685	0.1696	0.1705	0.1712	0.1718	0.1722	0.1725	0.1728	0.1730	0.1735	0.1738	0.1739	0.1739	0.1739	0.1740
1.6	0.1123	0.1241	0.1329	0.1396	0.1445	0.1482	0.1509	0.1530	0.1545	0.1557	0.1567	0.1574	0.1580	0.1584	0.1587	0.1590	0.1598	0.1601	0.1602	0.1603	0.1604	0.1604
1.8	0.0969	0.1083	0.1172	0.1241	0.1294	0.1334	0.1365	0.1389	0.1408	0.1423	0.1434	0.1443	0.1450	0.1455	0.1460	0.1463	0.1474	0.1478	0.1480	0.1481	0.1482	0.1482
2.0	0.0840	0.0947	0.1034	0.1103	0.1158	0.1202	0.1236	0.1263	0.1284	0.1300	0.1314	0.1324	0.1332	0.1339	0.1345	0.1350	0.1363	0.1368	0.1371	0.1372	0.1373	0.1374
2.2	0.0732	0.0832	0.0917	0.0984	0.1039	0.1084	0.1120	0.1149	0.1172	0.1191	0.1205	0.1218	0.1227	0.1235	0.1242	0.1248	0.1264	0.1271	0.1274	0.1276	0.1277	0.1277
2.4	0.0642	0.0734	0.0713	0.0879	0.0934	0.0979	0.1016	0.1047	0.1071	0.1092	0.1108	0.1122	0.1133	0.1142	0.1150	0.1156	0.1175	0.1184	0.1188	0.1190	0.1191	0.1192
2.6	0.0566	0.0651	0.0725	0.0788	0.0842	0.0887	0.0924	0.0955	0.0981	0.1003	0.1020	0.1035	0.1047	0.1058	0.1066	0.1073	0.1095	0.1106	0.1111	0.1113	0.1115	0.1116
2.8	0.0502	0.0580	0.0649	0.0709	0.0761	0.0805	0.0842	0.0875	0.0900	0.0923	0.0942	0.0957	0.0970	0.0982	0.0991	0.0999	0.1024	0.1036	0.1041	0.1045	0.1047	0.1048
3.0	0.0447	0.0519	0.0583	0.0640	0.0690	0.0732	0.0769	0.0801	0.0828	0.0851	0.0870	0.0887	0.0901	0.0913	0.0923	0.0931	0.0959	0.0973	0.0980	0.0983	0.0986	0.0987
3.2	0.0401	0.0467	0.0526	0.0580	0.0627	0.0668	0.0704	0.0735	0.0762	0.0786	0.0806	0.0823	0.0838	0.0850	0.0861	0.0870	0.0900	0.0916	0.0923	0.0928	0.0930	0.0933
3.4	0.0361	0.0421	0.0477	0.0527	0.0571	0.0611	0.0646	0.0677	0.0704	0.0727	0.0747	0.0765	0.0780	0.0793	0.0804	0.0814	0.0847	0.0864	0.0873	0.0877	0.0880	0.0882
3.6	0.0326	0.0382	0.0433	0.0480	0.0523	0.0561	0.0594	0.0624	0.0651	0.0674	0.0694	0.0712	0.0728	0.0741	0.0753	0.0763	0.0799	0.0816	0.0826	0.0832	0.0835	0.0837
3.8	0.0296	0.0348	0.0395	0.0439	0.0479	0.0516	0.0548	0.0577	0.0603	0.0626	0.0646	0.0664	0.0680	0.0694	0.0706	0.0717	0.0753	0.0773	0.0784	0.0790	0.0794	0.0796
4.0	0.0270	0.0318	0.0362	0.0403	0.0441	0.0474	0.0507	0.0535	0.0560	0.0588	0.0603	0.0620	0.0636	0.0650	0.0663	0.0674	0.0712	0.0733	0.0745	0.0752	0.0756	0.0758
4.2	0.0247	0.0291	0.0333	0.0371	0.0407	0.0439	0.0469	0.0496	0.0521	0.0543	0.0563	0.0581	0.0596	0.0610	0.0623	0.0634	0.0674	0.0696	0.0709	0.0716	0.0721	0.0724
4.4	0.0227	0.0268	0.0306	0.0343	0.0376	0.0407	0.0436	0.0462	0.0485	0.0507	0.0527	0.0544	0.0560	0.0574	0.0586	0.0597	0.0639	0.0662	0.0676	0.0684	0.0689	0.0692
4.6	0.0209	0.0247	0.0283	0.0317	0.0348	0.0378	0.0405	0.0430	0.0453	0.0474	0.0493	0.0510	0.0526	0.0540	0.0552	0.0564	0.0606	0.0630	0.0644	0.0654	0.0659	0.0663
4.8	0.0193	0.0229	0.0262	0.0294	0.0324	0.0352	0.0378	0.0402	0.0424	0.0444	0.0463	0.0480	0.0495	0.0509	0.0522	0.0533	0.0576	0.0601	0.0616	0.0626	0.0631	0.0635
5.0	0.0179	0.0122	0.0243	0.0274	0.0302	0.0328	0.0358	0.0376	0.0397	0.0417	0.0435	0.0451	0.0466	0.0480	0.0493	0.0504	0.0547	0.0573	0.0589	0.0599	0.0608	0.0810
6.0	0.0127	0.0151	0.0174	0.0196	0.0128	0.0238	0.0257	0.0276	0.0293	0.0310	0.0325	0.0340	0.0353	0.0366	0.0377	0.0388	0.0431	0.0460	0.0479	0.0491	0.0500	0.0506
7.0	0.0094	0.0112	0.0130	0.0147	0.0164	0.0180	0.0195	0.0210	0.0224	0.0238	0.0251	0.0263	0.0275	0.0286	0.0296	0.0306	0.0346	0.0376	0.0396	0.0411	0.0421	0.0428
8.0	0.0073	0.0087	0.0101	0.0114	0.0127	0.0140	0.0153	0.0165	0.0176	0.0187	0.0198	0.0209	0.0219	0.0228	0.0237	0.0240	0.0283	0.0311	0.0332	0.0348	0.0359	0.0367
9.0	0.0058	0.0069	0.0080	0.0091	0.0102	0.0112	0.0122	0.0132	0.0142	0.0152	0.0161	0.0169	0.0178	0.0186	0.0194	0.0202	0.0235	0.0262	0.0282	0.0298	0.0310	0.0319
10.0	0.0047	0.0056	0.0065	0.0074	0.0083	0.0092	0.0100	0.0109	0.0117	0.0125	0.0132	0.0140	0.0147	0.0154	0.0162	0.0167	0.0198	0.0222	0.0242	0.0258	0.0270	0.0280

σ_z，可以利用上述角点下的应力公式及叠加原理，或利用中点下的应力公式及叠加原理进行计算，前者称为角点法，后者称为中点法，二者原理相同，这里只介绍角点法。

荷载作用面上 N 点下深度 z 处 M 点上的竖向附加应力，依 N 点的不同相对位置，可有下列四种情况：

(1) N 点位于矩形承载面积的边界上，如图 3.19(a)所示。

这时，附加应力 σ_z 为两个矩形面积 $abeN$、$ecdN$ 角点下附加应力之和，即

$$\sigma_z=(\alpha_{d-abeN}+\alpha_{d-ecdN})p \tag{3.15}$$

式中 α_{d-abeN}、α_{d-ecdN} 为小矩形面积 $abeN$、$ecdN$ 的角点应力系数。以下的角点应力系数角标符号注法相同，不再说明。

(2) N 点位于矩形承载面积内，如图 3.19(b)所示。

这时，附加应力为四个小矩形面积角点下附加应力之和，即

$$\sigma_z=(\alpha_{d-fagN}+\alpha_{d-gbeN}+\alpha_{d-echN}+\alpha_{d-hdfN})p \tag{3.16}$$

(3) N 点位于矩形承载面积之外，但在一组对边延长线范围之内，如图 3.19(c)所示。

这时，附加应力为面积 $gbeN$、$echN$ 角点下应力之和，再减去面积 $gafN$、$fdhN$ 角点下的应力，即

$$\sigma_z=(\alpha_{d-gbeN}+\alpha_{d-echN}-\alpha_{d-gafN}-\alpha_{d-fdhN})p \tag{3.17}$$

(4) N 点位于矩形承载面积之外，也不在任一组对边延长线范围之内，如图 3.19(d)所示。

这时，附加应力为面积 $echN$、$fagN$ 角点下应力之和，再减去面积 $ebgN$、$fdhN$ 角点下的应力，即

$$\sigma_z=(\alpha_{d-echN}-\alpha_{d-ebgN}-\alpha_{d-fdhN}+\alpha_{d-fagN})p \tag{3.18}$$

【例 3.3】 地面上一矩形承载面积 $abcd$ 的长边 $l_a=6$ m，短边 $l_b=4$ m，如图 3.20 所示，其上作用的均布荷载 $p=300$ kPa，求矩形面积中心点 o、角点和矩形面积内外的 N、M 点下 4 m 深度处的竖向附加应力。

【解】 (1)中心点 o 下4 m深度处的竖向附加应力

已知：$l_a=6$ m，$l_b=4$ m，$z=4$ m，$p=300$ kPa。按 $\dfrac{l_a}{l_b}=\dfrac{6}{4}=1.5$，$\dfrac{z}{l_b}=\dfrac{4}{4}=1$，查表 3.2，得 $\alpha_0=0.427\,5$，有

$$\sigma_z=\alpha_0 p=0.427\,5\times300=128(\text{kPa})$$

(2) 角点下 4 m 深度处的竖向附加应力

已知：$l_a=6$ m，$l_b=4$ m，$z=4$ m，$p=300$ kPa。按 $\dfrac{l_a}{l_b}=\dfrac{6}{4}=1.5$，$\dfrac{z}{l_b}=\dfrac{4}{4}=1$，查表 3.3，得 $\alpha_d=0.193\,3$，有

$$\sigma_z=\alpha_d p=0.193\,3\times300=58.0(\text{kPa})$$

(3) 矩形承载面积内 N 点下 4 m 深度处的竖向附加应力

将矩形面积 $abcd$ 划分成 4 小块矩形面积，按角点法列表 3.4 计算。

$$\begin{aligned}\sigma_z&=(\alpha_{d-fagN}+\alpha_{d-gbeN}+\alpha_{d-echN}+\alpha_{d-hdfN})p\\&=36.1+36.1+25.2+25.2=122.6(\text{kPa})\end{aligned}$$

(4) 矩形承载面积外 M 点下 4 m 深度处的竖向附加应力

将矩形面积 $abcd$ 按图 3.20 进行划分，再利用角点法列表 3.5 计算。

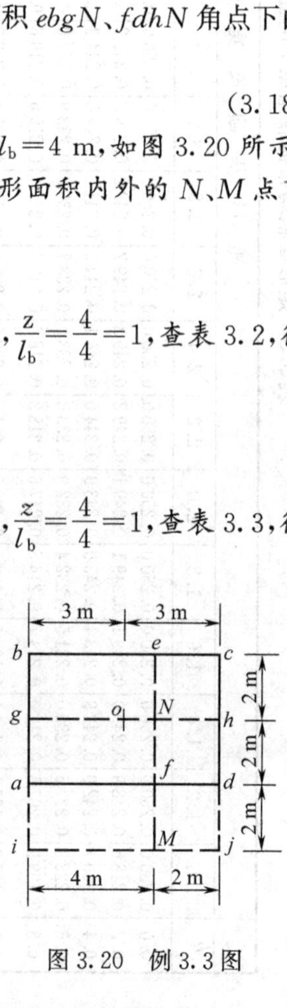

图 3.20　例 3.3 图

$$\sigma_z=(\alpha_{d-ibeM}+\alpha_{d-ecjM}-\alpha_{d-iafM}-\alpha_{d-fdjM})p$$
$$=58.0+39.4-36.1-25.2=36.1(\text{kPa})$$

表 3.4　N 点下 4 m 深度处的竖向附加应力

小矩形面积	l_a/m	l_b/m	z/m	l_a/l_b	z/l_b	α_d	p/kPa	$\alpha_d p$/kPa
fagN	4.0	2.0	4.0	2.0	2.0	0.120 2	300	36.1
gbeN	4.0	2.0	4.0	2.0	2.0	0.120 2	300	36.1
echN	2.0	2.0	4.0	1.0	2.0	0.084 0	300	25.2
hdfN	2.0	2.0	4.0	1.0	2.0	0.084 0	300	25.2

表 3.5　M 点下 4 m 深度处的竖向附加应力

小矩形面积	l_a/m	l_b/m	z/m	l_a/l_b	z/l_b	α_d	p/kPa	$\alpha_d p$/kPa
ibeM	6.0	4.0	4.0	1.5	1.0	0.193 3	300	58.0
ecjM	6.0	2.0	4.0	3.0	2.0	0.131 4	300	39.4
iafM	4.0	2.0	4.0	2.0	2.0	0.120 2	300	36.1
fdjM	2.0	2.0	4.0	1.0	2.0	0.084 0	300	25.2

2. 矩形面积受三角形分布荷载作用下的土中竖向附加应力

(1) 如图 3.21(a)所示，矩形面积的地面上作用着三角形分布荷载时，荷载强度为零的角点 A 下、深度 z 处的 M_1 点上的竖向附加应力为

$$\sigma_z=\alpha_{T_1}p \tag{3.19}$$

荷载强度最大值 p 处角点 B 下、深度 z 处的 M 点上的竖向附加应力为

$$\sigma_z=\alpha_{T_2}p \tag{3.20}$$

上列两式中，α_{T_1}、α_{T_2} 为角点下的应力系数，按比值 a/b 和 z/b 由表 3.6 查得。

应当注意，b 是沿荷载呈三角形分布的边长(不一定是短边)，a 是沿荷载强度为零或最大的边长(不一定是长边)。

(2) 当 M 点位于矩形面积内任一点 N 下深度 z 处时，如图 3.21(b)，可将荷载作用面积分成Ⅰ、Ⅱ、Ⅲ、Ⅳ四个小矩形面积，再将三角形荷载图分成两个小三角形分布荷载(△ADF 和△DCE)和一个小矩形均布荷载(□$DFBE$)，分别作用在相对应的小矩形面积上，再按角点法和叠加原理，算出 M 点上的竖向附加应力，即

$$\sigma_z=\alpha_{T_{2-\text{I}}}\cdot p_2+\alpha_{T_{2-\text{II}}}\cdot p_2+\alpha_{T_{1-\text{III}}}\cdot p_1+\alpha_{T_{1-\text{IV}}}\cdot p_1+\alpha_{d-\text{III}}\cdot p_2+\alpha_{d-\text{IV}}\cdot p_2 \tag{3.21}$$

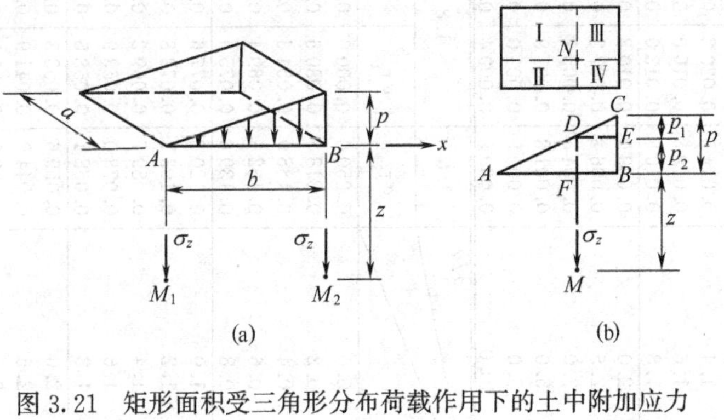

土中竖向附加应力

图 3.21　矩形面积受三角形分布荷载作用下的土中附加应力

当 M 点在荷载面积范围以外时，也可分块应用角点法和叠加原理进行计算。

表 3.6　矩形面积受三角形分布荷载时角点下的竖向应力系数数 α_{T_1} 与 α_{T_2}

z/b \ a/b	0.2		0.4		0.6		0.8		1.0		1.2		1.4		1.6
α_T	α_{T_1}	α_{T_2}	α_{T_1}	α_{T_2}	α_{T_1}	α_{T_2}	α_{T_1}	α_{T_2}	α_{T_1}	α_{T_2}	α_{T_1}	α_{T_2}	α_{T_1}	α_{T_2}	α_{T_1}
0.0	0.0000	0.2500	0.0000	0.2500	0.0000	0.2500	0.0000	0.2500	0.0000	0.2500	0.0000	0.2500	0.0000	0.2500	0.0000
0.2	0.0223	0.1821	0.0280	0.2115	0.0296	0.2165	0.0301	0.2178	0.0304	0.2182	0.0305	0.2184	0.0305	0.2185	0.0306
0.4	0.0269	0.1094	0.0420	0.1604	0.0487	0.1784	0.0517	0.1844	0.0531	0.1870	0.0539	0.1881	0.0543	0.1886	0.0545
0.6	0.0259	0.0700	0.0448	0.1165	0.0560	0.1405	0.0621	0.1520	0.0654	0.1575	0.0673	0.1602	0.0684	0.1616	0.0690
0.8	0.0232	0.0480	0.0421	0.0853	0.0553	0.1093	0.0637	0.1232	0.0688	0.1311	0.0720	0.1355	0.0739	0.1381	0.0751
1.0	0.0201	0.0346	0.0375	0.0638	0.0508	0.0852	0.0602	0.0996	0.0666	0.1086	0.0708	0.1143	0.0735	0.1176	0.0753
1.2	0.0171	0.0260	0.0324	0.0491	0.0460	0.0673	0.0546	0.0807	0.0615	0.0901	0.0664	0.0962	0.0698	0.1007	0.0721
1.4	0.0145	0.0202	0.0278	0.0386	0.0392	0.0540	0.0483	0.0661	0.0554	0.0751	0.0606	0.0817	0.0644	0.0864	0.0672
1.6	0.0123	0.0160	0.0238	0.0310	0.0339	0.0440	0.0424	0.0547	0.0492	0.0628	0.0545	0.0696	0.0586	0.0743	0.0616
1.8	0.0105	0.0130	0.0204	0.0254	0.0294	0.0363	0.0371	0.0457	0.0435	0.0534	0.0487	0.0596	0.0528	0.0644	0.0560
2.0	0.0090	0.0108	0.0176	0.0211	0.0255	0.0304	0.0324	0.0387	0.0384	0.0456	0.0434	0.0513	0.0474	0.0560	0.0507
2.5	0.0063	0.0072	0.0125	0.0140	0.0183	0.0205	0.0236	0.0265	0.0284	0.0318	0.0326	0.0365	0.0362	0.0405	0.0393
3.0	0.0046	0.0051	0.0092	0.0100	0.0135	0.0148	0.0176	0.0192	0.0214	0.0233	0.0249	0.0270	0.0280	0.0303	0.0307
5.0	0.0018	0.0019	0.0036	0.0038	0.0054	0.0055	0.0071	0.0074	0.0088	0.0091	0.0104	0.0108	0.0120	0.0123	0.0135
7.0	0.0009	0.0010	0.0019	0.0019	0.0028	0.0029	0.0038	0.0038	0.0047	0.0047	0.0056	0.0056	0.0064	0.0066	0.0073
10.0	0.0005	0.0004	0.0009	0.0010	0.0014	0.0014	0.0019	0.0019	0.0023	0.0024	0.0028	0.0028	0.0033	0.0032	0.0037

z/b \ a/b	1.6	1.8		2.0		3.0		4.0		6.0		8.0		10.0	
α_T	α_{T_2}	α_{T_1}	α_{T_2}	α_{T_1}	α_{T_2}	α_{T_1}	α_{T_2}	α_{T_1}	α_{T_2}	α_{T_1}	α_{T_2}	α_{T_1}	α_{T_2}	α_{T_1}	α_{T_2}
0.0	0.2500	0.0000	0.2500	0.0000	0.2500	0.0000	0.2500	0.0000	0.2500	0.0000	0.2500	0.0000	0.2500	0.0000	0.2500
0.2	0.2185	0.0306	0.2185	0.0306	0.2185	0.0306	0.2185	0.0306	0.2185	0.0306	0.2185	0.0306	0.2185	0.0306	0.2185
0.4	0.1889	0.0546	0.1891	0.0547	0.1892	0.0548	0.1894	0.0549	0.1894	0.0549	0.1894	0.0549	0.1894	0.0549	0.1894
0.6	0.1625	0.0694	0.1630	0.0696	0.1633	0.0701	0.1638	0.0702	0.1639	0.0702	0.1640	0.0702	0.1640	0.0702	0.1640
0.8	0.1396	0.0759	0.1405	0.0764	0.1412	0.0773	0.1423	0.0776	0.1424	0.0776	0.1426	0.0776	0.1426	0.0776	0.1426
1.0	0.1202	0.0776	0.1215	0.0774	0.1225	0.0790	0.1244	0.0794	0.1248	0.0795	0.1250	0.0796	0.1250	0.0796	0.1250
1.2	0.1037	0.0738	0.1055	0.0749	0.1069	0.0774	0.1096	0.0779	0.1103	0.0782	0.1105	0.0783	0.1105	0.0783	0.1105
1.4	0.0897	0.0692	0.0921	0.0707	0.0937	0.0739	0.0973	0.0748	0.0982	0.0752	0.0986	0.0752	0.0987	0.0753	0.0987
1.6	0.0780	0.0639	0.0806	0.0656	0.0826	0.0697	0.0870	0.0708	0.0882	0.0714	0.0887	0.0715	0.0888	0.0715	0.0889
1.8	0.0681	0.0585	0.0709	0.0604	0.0730	0.0652	0.0782	0.0666	0.0797	0.0673	0.0805	0.0675	0.0806	0.0675	0.0808
2.0	0.0596	0.0533	0.0625	0.0553	0.0649	0.0607	0.0707	0.0624	0.0726	0.0634	0.0734	0.0636	0.0736	0.0636	0.0738
2.5	0.0440	0.0419	0.0469	0.0440	0.0491	0.0504	0.0559	0.0529	0.0585	0.0543	0.0601	0.0547	0.0604	0.0548	0.0605
3.0	0.0333	0.0331	0.0359	0.0352	0.0380	0.0419	0.0451	0.0449	0.0482	0.0469	0.0504	0.0474	0.0509	0.0476	0.0511
5.0	0.0139	0.0148	0.0154	0.0161	0.0167	0.0214	0.0221	0.0248	0.0256	0.0288	0.0290	0.0296	0.0303	0.0301	0.0309
7.0	0.0074	0.0081	0.0083	0.0089	0.0091	0.0124	0.0126	0.0152	0.0154	0.0186	0.0190	0.0204	0.0207	0.0212	0.0216
10.0	0.0037	0.0041	0.0042	0.0046	0.0046	0.0066	0.0066	0.0084	0.0083	0.0111	0.0111	0.0128	0.0130	0.0139	0.0141

3.3.3　软弱下卧层顶面应力的计算

当地基土由不同工程性质的土层组成时，直接承受建筑物基础的土层称为持力层，其下各土层称为下卧层。如果下卧层的强度低于持力层时，则将该下卧层称为软弱下卧层。

对于存在软弱下卧层的地基，在其上设计基础时，除按基底处持力层的强度初步选定基础底面尺寸外，还必须计算软弱下卧层顶面处的应力，要求作用在软弱下卧层顶面处的应力不超过它的容许承载力。

为了简化计算，可根据《铁路桥涵地基和基础设计规范》中 5.2.1 的规定并利用本项目中任务 3.1 及任务 3.3 的方法计算软弱下卧层顶面与基础形心竖向轴线相交处的附加应力及自重应力，叠加后进行检算，如图3.22所示。

$$\sigma_{h+z}=\gamma_{h+z}(h+z)+\alpha(\sigma_h-\gamma_h h)\leqslant[\sigma] \quad (3.22)$$

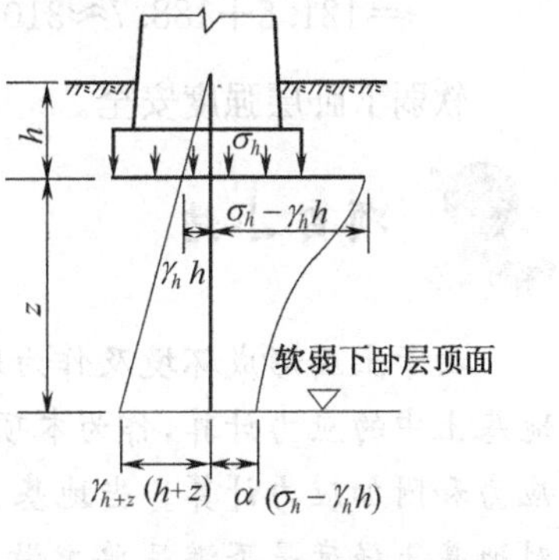

图 3.22　软弱下卧层顶面处的应力

式中　α——附加应力系数，对矩形和条形基础可查表 3.4；

γ_{h+z}——软弱下卧层顶面以上 $h+z$ 深度范围内各层土的换算重度(kN/m^3)；

γ_h——基底以上 h 深度范围内各层土的换算重度(kN/m^3)；

h——基底埋置深度(m)；当基础受水流冲刷时，通常由一般冲刷线算起；当不受水流冲刷时，由天然地面算起；如位于挖方内，则由开挖后的地面算起；

z——自基底至软弱下卧层顶面的距离(m)；

$[\sigma]$——软弱下卧层的地基容许承载力(kPa)，其确定方法在项目 6 中介绍；

σ_h　基底压应力(kPa)。当$\frac{z}{b}>1\left(或\frac{z}{2r}>1\right)$时，$\sigma_h$ 采用基底平均压应力；当$\frac{z}{b}\leqslant1\left(或\frac{z}{2r}\leqslant1\right)$时，$\sigma_h$ 按基底压应力图形采用距最大应力点$\frac{b}{3}\sim\frac{b}{4}$(或$\frac{2r}{3}\sim\frac{r}{2}$)处的压应力。其中 b(m)为基础的宽度，r(m)为圆形基础的半径。

【例 3.4】　有一 4 m×6 m 的矩形基础，基底以上荷载（包括基础自重及基顶土重）$P=8\,000$ kN，$M=1\,600$ kN·m，基础埋深为 3 m，地基土资料见图 3.23。设已知基底持力层处的地基容许承载力$[\sigma]_h=465$ kPa，软弱下卧层顶面处的地基容许承载力$[\sigma]_{h+z}=310$ kPa，试检算基底及软弱下卧层顶面处的强度。

【解】（1）基底强度检算

$$\frac{\sigma_{max}}{\sigma_{min}}=\frac{P}{A}\pm\frac{M}{W}=\frac{8\,000}{6\times4}\pm\frac{1\,600}{\frac{1}{6}\times6\times4^2}$$

$$=333\pm100=\frac{433}{233}\begin{matrix}(kPa)\\(kPa)\end{matrix}$$

$$<[\sigma]_h=465\text{ kPa}$$

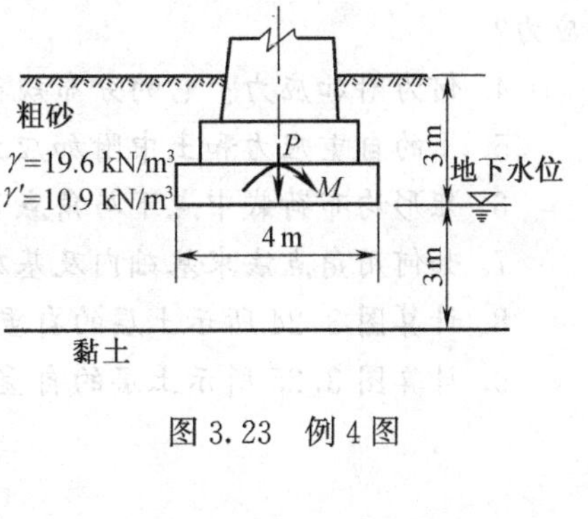

图 3.23　例 4 图

所以基底强度安全。

(2) 软弱下卧层顶面强度检算

矩形基底的尺寸 $a=6$ m, $b=4$ m, $a/b=6/4=1.5$。软弱下卧层在基底以下3 m,即 $z=3$ m, $z/b=3/4=0.75$。查表3.4,得 $\alpha_0=0.582$。因为 $z/b=0.75<1$,所以

$$\sigma_h=233+\frac{3}{4}(433-233)=383(\mathrm{kPa})$$

按公式(3.22)得

$$\begin{aligned}\sigma&=\gamma_{h+z}(h+z)+\alpha(\sigma_h-\gamma_h h)=\gamma h+\gamma' z+\gamma_w z+\alpha_0(\sigma_h-\gamma h)\\&=19.6\times3+10.9\times3+10\times3+0.582(383-19.6\times3)\\&=121.5+188.7\approx310(\mathrm{kPa})\leqslant[\sigma]_{h+z}=310(\mathrm{kPa})\end{aligned}$$

软弱下卧层强度安全。

影响土中应力分布的因素分析

项目小结

由于土层形成环境及作为地基介质其上部荷载的复杂性,因此,每一建筑场地都必须进行地基土中的应力计算,作为本项目的学习重点内容就是能够合理选择相关试验数据进行自重应力和附加应力计算。当地基土中存在软弱下卧层时,能够正确计算软弱下卧层顶面应力并对地基土强度是否满足要求做出正确判断。为此,本项目主要介绍土体中的应力计算方法。内容涉及土的自重应力计算、基底应力的分布与计算和地基附加应力计算。

项目训练

1. 计算不同土层中的自重应力。
2. 计算不同荷载情况下土中附加应力。
3. 软弱下卧层顶面应力计算。

复习思考题

1. 为什么要计算土中应力?土中应力由哪几部分组成?
2. 在工程中计算应力为什么仍可采用线性弹性理论计算?
3. 何为土的自重应力?在不同土质条件的土层情况下,怎样计算任一深度处的自重应力?
4. 何为附加应力?它的分布规律怎样?
5. 土的自重应力和土中附加应力有何共同点?两者沿深度分布有什么特点?
6. 矩形均布荷载中点下与角点下的应力之间有什么关系?
7. 如何用角点法求基础内及基础外任一点下的附加应力。
8. 计算图3.24所示土层的自重应力,并绘出自重应力图。
9. 计算图3.25所示土层的自重应力,并绘出自重应力图。

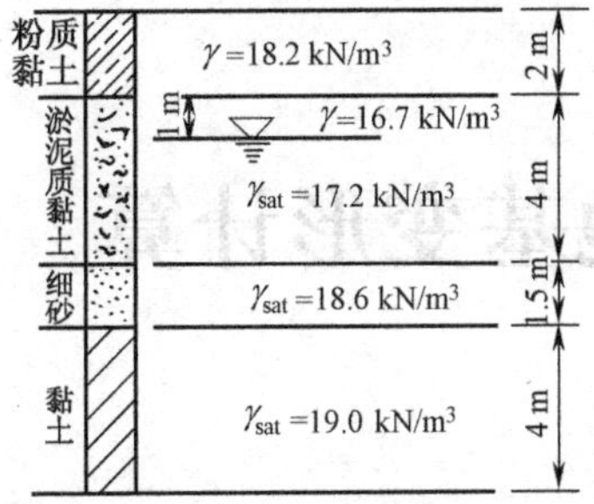

图3.24 思考题8图

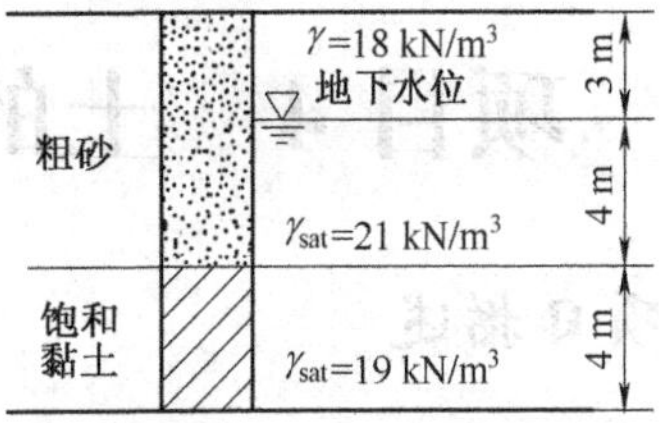

图3.25 思考题9图

10. 求下列均布面积荷载中心下深度 z=6 m处的土中附加应力：

(1) 矩形面积荷载，p=500 kPa，a=8 m，b=6 m；

(2) 圆形面积荷载，p=500 kPa，r=8 m。

11. 设有一矩形桥墩基础，承受中心垂直荷载 P=12 000 kN，基底截面尺寸为4 m×6 m，基础埋深3 m，其他资料如图3.26所示。试计算基底中心下2 m、4 m、6 m、8 m处的附加应力，并绘出附加应力图，8 m处的总应力是多少？

12. 一矩形基础的底面尺寸为5 m×8 m，其上荷载（包括基础自重）P=16 000 kN，基础埋置深度为3.5 m，地质资料见图3.27。已知基底处中砂层的地基容许承载力[σ]=436 kPa，黏土层的地基容许承载力[σ]=340 kPa，试检算基底及软弱下卧层顶面处的强度是否安全。

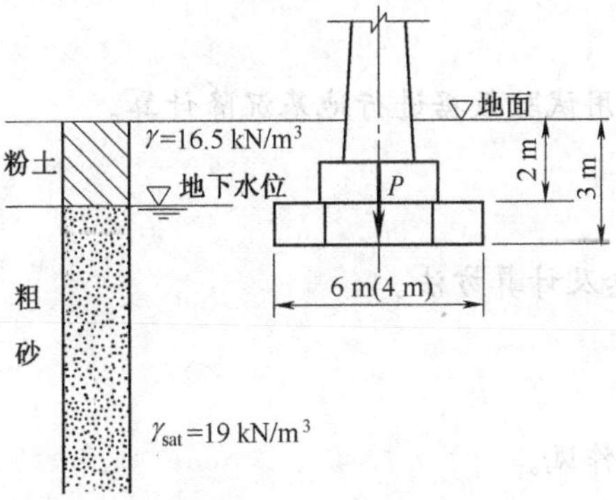

图3.26 思考题11图

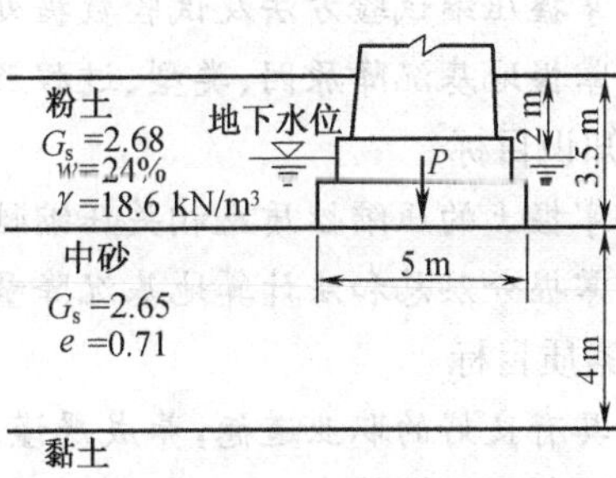

图3.27 思考题12图

项目4　土的压缩及地基变形计算

项目描述

土是由土颗粒、水和气体组成的，在外力作用下土中的水和气体可被挤出，使地基产生变形。根据相关规范，在进行地基基础设计时，要求基础的总沉降量与沉降差应控制在允许范围以内；当沉降过大，特别是沉降差较大时，就会影响建筑物的正常使用，严重时还可使建筑物开裂、倾斜，甚至倒塌。因此，作为工程技术人员，应掌握工程所涉及的土体的压缩变形特性。本项目介绍土的压缩试验、地基沉降量、沉降差和沉降随时间变化的计算方法及减小沉降危害的措施。

教学目标

1. 能力目标

(1)理解渗透固结的含义。

(2)掌握压缩试验方法及试验数据处理，能够利用试验数据进行地基沉降计算。

(3)掌握地基沉降原因、类型、过程及处理方法。

2. 知识目标

(1)掌握土的压缩性质及相关压缩性指标的概念及计算方法。

(2)掌握分层总和法计算地基沉降量的方法。

3. 素质目标

(1)具有良好的职业道德，养成严谨求实的工作作风。

(2)具备协作精神。

(3)具备一定的协调、组织能力。

相关案例——上海地铁建设中的主要工程地质问题

1. 与地铁建设相关的工程地质条件

上海境内除西南部裸露有零星火山岩残丘外，基岩面被厚250～350 m的第四系所覆盖。由于基岩出露面积较少，工程地质条件涉及100 m以内的主要由软土、粉土和黏性土组成的第四系松散土体，其中与地铁隧道工程建设密切相关的主要为浅部砂、粉土层和软土层。

上海为典型的软土地区，地铁工程建设范围内广泛分布着淤泥质黏性土层。其中以淤泥质粉质黏土为主，该土层自东向西由滨海沼泽向湖沼相沉积过渡，岩性上有所变化。西部地区一般黏性土层和淤泥质土层均有分布，含水率较低，压缩性较低，夹粉土薄层少，工程性质较好。而东部地区则属水动力条件更弱的滨海—浅海相沉积，以淤泥质粉质黏土为主，且普遍夹有粉土、粉砂薄层，工程性质差。淤泥质黏土层均为浅海相沉积，以淤泥质黏土为主。软土层一般埋深在1～5 m之间，但在南汇东滩地区以及岛屿地区埋藏较深，层顶高程在－16～－7 m之间。软土层厚度变化不大，岛屿区一般为16 m，其余地区为6～20 m。软土所具有的不良工程地质特性对地铁隧道建设将产生不同程度的不良影响。

2. 与地铁建设相关的水文地质条件

上海地区地下水位埋深浅，地铁等地下工程不但在施工过程中受到地下水的影响，而且建成后还将长期位于地下水位以下，因此，必须重视地下水对地下空间开发的影响问题。上海地区与地下空间开发建设密切相关的地下水有潜水含水层、微承压含水层和第一承压含水层。

潜水水位动态较为稳定，但年内有一定的变化幅度，水位动态变化规律多年基本相似。2009年上海地区中心城区以外水位高程基本保持在3.5 m左右，变化幅度一般为0.5 m；而位于市中心地区的潜水水位总体处于相对低的状态，水位高程在2.4 m左右。

微承压含水层由于分布不连续，根据2009年的监测数据，市中心南部世博会会址区周围黄浦江两岸水位相对较低，高程一般小于－4 m，其他地区高程一般在－3～－1 m之间，而市中心以外地区相对较高，高程一般大于－2 m。

第一承压含水层水位总体稳定，部分时间段变化较大，变化幅度总体在1～2 m之间，但在该含水层与下部含水层沟通区变化幅度较大。2009年位于外环线北部的宝山、杨浦区，浦东新区北部高桥等地区水位相对较高，地下水位高程基本界于2～－0.5 m。普陀—闸北—浦东金桥一线以南的广大地区，地下水位相对低，界于－5～－3 m，最低水位分布于南部塘桥、世博园区等地区，地下水位高程普遍在－5～－4 m。

上海地区软土层具有高含水率、大孔隙比、低强度、高压缩性等性质，在外荷载作用下压缩变形量大，易产生较大的沉降。根据已有的监测资料分析，上海地区区间隧道施工大部分区域涉及软土层，软土层厚度越大，压缩性越高，沉降量越大。而且隧道为线性工程，沿线软土层分布特征的差异将会造成不均匀沉降，致使轨道产生裂缝，严重影响隧道的正常运营。

由此案例可以看出，作为工程建筑物介质的土层，不仅要考虑地基土层的承载力，设计施工中还应进行沉降验算，尤其是场地存在软弱土层时，不仅应计算总沉降，还要计算可能出现的沉降差，同时对于有饱和黏性土的地基，还要考虑地基沉降随时间的变化规律。

任务4.1 土的压缩性认知与测试

土体在外力作用下总会产生变形，主要是竖向的压缩变形。因此，建造在土质地基上的工程建筑物也就会产生沉降。当沉降过大，特别是沉降差较大时，就会影响建筑物的正常使用，严重时还可使建筑物开裂、倾斜，甚至倒塌。工程实践表明，这类工程事故多数与地基基础质量有关，而地基基础又是属于地下隐蔽工程，常不易发现，而发现后又难于加固。因此，通常对位于较软弱土质地基上的建筑物，特别是大型或重要建筑物，在进行地基基础设计时，要根据正确可靠的地质勘测资料，计算工程建筑物基础的沉降量与基础不同部位或基础间的沉降差。如计算值在允许范围内，可认为建筑物是安全的，否则必须采取工程措施来加固地基和调整荷载的分布，或减小荷载，或增大基础埋深与基础底面尺寸，以满足工程建筑物对地基变形的要求。

土质地基在荷载作用下,总是要产生变形的,这是由于土体的压缩性引起的。

地基沉降(变形),一般包括瞬时沉降、固结沉降和次固结沉降。瞬时沉降,是指加荷瞬时仅由土体的形状变化产生的沉降;固结沉降,是由于土体排水压缩产生的沉降;次固结沉降,是由土体骨架蠕变产生的沉降。

计算地基沉降量的目的,在于确定建筑物的最大沉降量、沉降差、倾斜或局部倾斜,判断其是否超出容许的范围,以便为建筑物设计时采取相应的措施提供依据,保证建筑物的安全。地基的变形是在可压缩地基上设计建筑物的最重要控制因素之一。

地基的沉降经过一定的时间才能达到完全稳定。对于砂类土的地基,由于渗透性较好,沉降稳定很快,所以在砂类土地基上的建筑物沉降往往在施工完毕后就近于完成。对一般黏性土地基,总要经过相当长的时间,几年、几十年,甚至更久,其压缩过程才能结束。地基变形完全稳定时,地基表面的最大竖向变形就是基础的最终沉降量。

本项目主要研究土的压缩性质、压缩指标和地基变形计算。最后还简要介绍地基变形随时间变化的计算。

4.1.1　土体压缩的基本概念

1. 土体压缩的形成

土在压力作用下体积减小的性质叫作土的压缩性。土体压缩的原因可能有以下三种:①土粒本身的压缩;②孔隙中水和气体的压缩;③水、空气所占据的孔隙体积的减小。

试验证明,土粒的压缩性极小,它远小于水的压缩性,既然我们可以认为水是不可压缩的,那就更可忽略土粒的压缩了。因此,土的压缩,即其体积的减小,可认为主要是由水、空气所占据的孔隙体积减小所造成的。由于土中孔隙体积由水、空气所占据,因而孔隙体积的减小,必须借土粒的移动和重新排列,水和空气部分地从空隙中被挤出,封闭气体被压缩,才能实现。此外,土粒的移动、靠拢及孔隙水的挤出,需要经历一定的时间才能完成,因而土的压缩变形也需要持续一定时间才能趋于稳定。

2. 渗透固结

对于饱和土,只有挤出孔隙水,孔隙体积才会减小。所以饱和土的压缩量等于孔隙中水被挤出的体积,由于水被挤出,使土变得紧密,这种过程叫作土的渗透固结,或称为主固结。除渗透固结的压缩外,还存在由于骨架(土粒)的蠕变引起的固结压缩,称它为次固结。目前,实用上都用渗透固结理论来研究饱和土的压缩变形过程。所谓"固结"是指土体随着土中孔隙水的消散而逐渐压缩的过程。也就是土体在外加压力作用下,孔隙内的水和空气徐徐排出而使土体受压缩的过程。

3. 两种压力

饱和土体受到外界压力作用时,孔隙中的一部分自由水将随时间而逐渐向外渗流(被挤出);原来全部由孔隙水承担的土中压力逐渐传递给土骨架一部分,剩下的部分仍由孔隙水承受。这种现象叫作骨架和孔隙水的压力分担作用。由骨架承受的压力叫作有效压力,它能使土骨架的形状和体积压密而变形,也能使土粒之间在有滑动趋势时产生摩擦,从而使土体具有一定的抗剪强度。另外,由孔隙水承受的压力叫作孔隙水压力。这种压力只能使每个土粒四周受到相同的压强,所以它既不改变土粒的体积,也不改变土粒的位置;它对土体既不能产生变形,也不能产生抗剪强度,因此孔隙水压力也叫作中性压力。当饱和土体仅受自重作用时,孔隙中的水只产生静水压力。这里所说的孔隙水压力,是指饱和土体在外界压力作用下所引起的、超过静水压力的那部分压力,也叫作超静水压力。下面用图 4.1 所示的渗压模型对土的受力情况再加以说明。

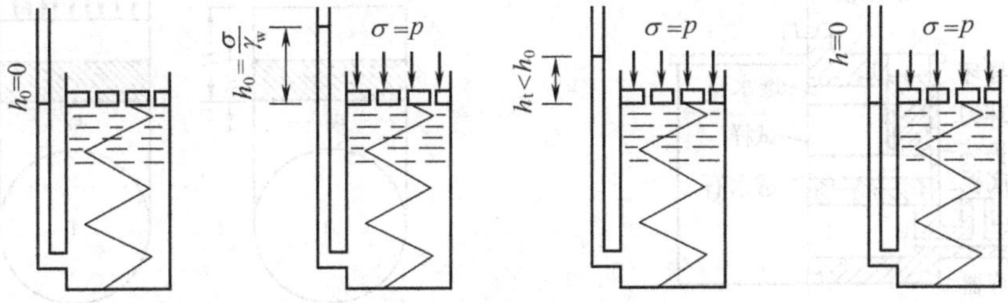

(a) 未加荷　(b) $t=0$　(c) $t=t_1$　(d) $t=\infty$

图 4.1　饱和黏性土渗透固结过程模型

模型是由弹簧和具有小孔的活塞组成的容器，容器中盛满水，容器的侧壁装有测压管，以显示容器内水的压力水头。模型中的带孔活塞、弹簧和水分别代表饱和土的排水通道、土骨架和孔隙水。活塞上无压力作用时（略去活塞重量），水和弹簧均未受力，测压管显示静水压力而无压力水头，如图 4.1(a)所示。试验开始，在活塞上刚加上均布压力 σ 的一瞬间（$t=0$），容器中的水来不及从活塞小孔中排出，活塞未下降，弹簧无变形。测压管中显示出有超出静水位的压力水头 h_0，如图 4.1(b)所示，同时 h_0 与水的重度 γ_w 的乘积等于外加压力 σ，这说明加上的压力 σ 完全由活塞下面的水承担，即孔隙水承受的超静水压力 $u=\sigma$，而弹簧还未来得及受力，此时弹簧所受的压应力$\bar{\sigma}=0$。随着受压时间的延续，容器中的水在超静水压力作用下，开始通过活塞上的小孔向外排出，从而活塞下降并促使弹簧压缩而受力，这时（$t=t_1$），测压管显示的压力水头也逐渐下降，如图 4.1(c)所示。说明水所承担的压力 u 在逐渐减少，而弹簧承担了水所减少的那部分压力。随着水不断排出，活塞继续下降，测压管的压力水头愈来愈小，而弹簧承受的压力则愈来愈大。当时间足够长（$t=\infty$）时，测压管水头完全消失，如图4.1(d)所示，外加压力全部转移到弹簧上时，水便停止流动，活塞不再下降，弹簧也停止压缩，这时 $u=0$，$\bar{\sigma}=\sigma$，压缩过程也就完成，压缩变形达到该外加压力的最终数值。

由前面的原理及上述模型可以得出，饱和土中任一点的总压应力 σ 是该点有效压力$\bar{\sigma}$和超静水压力 u 之和，即

$$\sigma=\bar{\sigma}+u \tag{4.1}$$

4.1.2　压密定律及压缩模量

1. 压缩试验

(1)过　　程

上面提到，土的压缩主要是由于在荷载作用下土中孔隙体积的减少。压缩试验的目的，在于确定荷载与土中孔隙体积改变量之间的关系。现将过程简述如下：

用环刀切取原状土样，将土样连同环刀放入图 4.2 所示的压缩仪（固结仪）中，土样上下应各垫一块透水石，使土样受压后孔隙水可自由排出。土样上的压力是通过加荷装置和活塞板施加的，加荷的顺序一般为使单位面积土样产生的压力 $p=0.05$ MPa、0.1 MPa、0.2 MPa、0.3 MPa、0.4 MPa。每次加载后，待土样变形停止，用测微计（百分表）测出已稳定的压缩变形量 ΔH_i，这时土样高度由原来的 H 缩小为 $h_i=H-\Delta H_i$，孔隙比也由原来的 e_0 变为 e_i，如图 4.3 所示。然后再加下一级荷载，重复进行试验，测得各级压力作用下土样的压缩变形量和计算出相应的孔隙比。

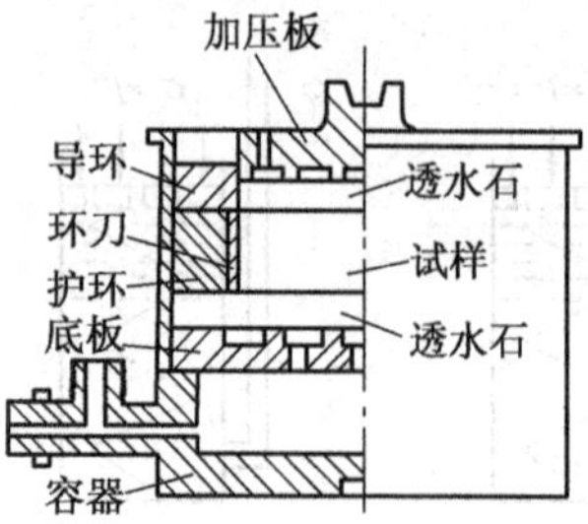

图 4.2　压缩仪

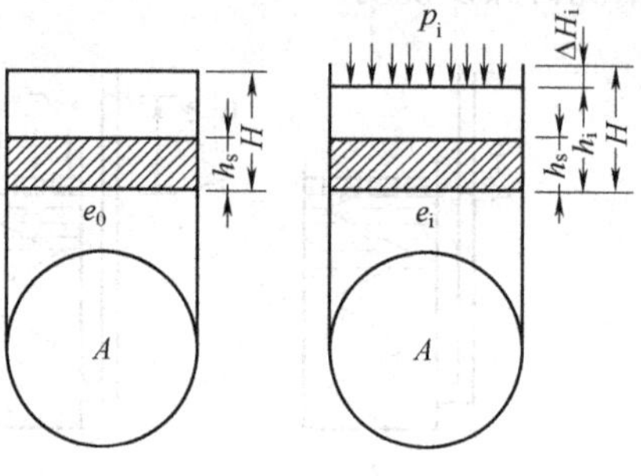

图 4.3　土样在压缩仪中的变形

(2)孔隙比计算

由前述可知,在各级压力作用下,可得到一系列的压缩变形量,其相应孔隙比的计算原理和方法如下:

在试验过程中,由于土样受环刀及压缩仪刚劲的侧壁限制,压缩时不可能产生侧向膨胀,这种试验也叫作有侧限压缩试验。在这种情况下,压缩前后土样的横截面面积 A 是不变的,土样的压缩表现为高度的减少。又因压缩过程中假定土粒体积不变,故在压缩前后,土样中的土粒部分高度 h_s 也不改变,它可由土粒质量 m_s(将压缩试验后的土样烘干即可称得)及土粒重度 γ_s 算出,即 $h_s=\dfrac{m_s \cdot g}{A\gamma_s}$,当土样在 p_i 作用下,压缩变形稳定后,土样的高度由原来的 H 缩小为 $h_i=H-\Delta H_i$,土样的孔隙比也由原来的 e_0 变成与 p_i 作用下相应的孔隙比 e_i。

$$e_0=\frac{V_v}{V_s}=\frac{AH-Ah_s}{Ah_s}=\frac{H-h_s}{h_s} \tag{4.2}$$

$$e_i=\frac{h_i-h_s}{h_s}=\frac{h_i}{h_s}-1 \tag{4.3}$$

(3)压缩曲线

根据压缩试验的结果,以横坐标表示压力 p,以纵坐标表示孔隙比 e,绘制压力和孔隙比的关系曲线,称压缩曲线或 e-p 曲线,如图 4.4 所示。

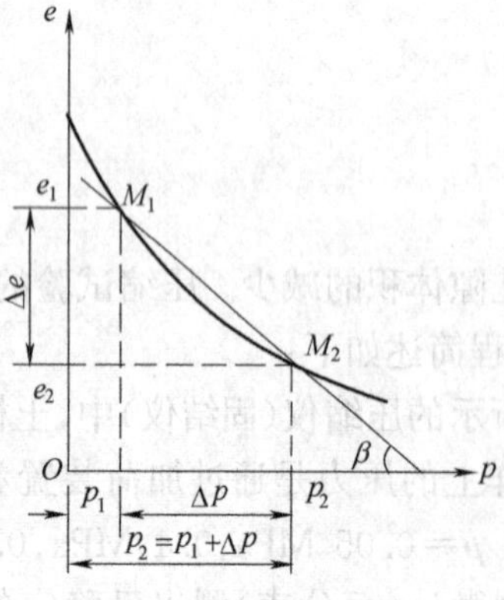

图 4.4　土的压缩曲线

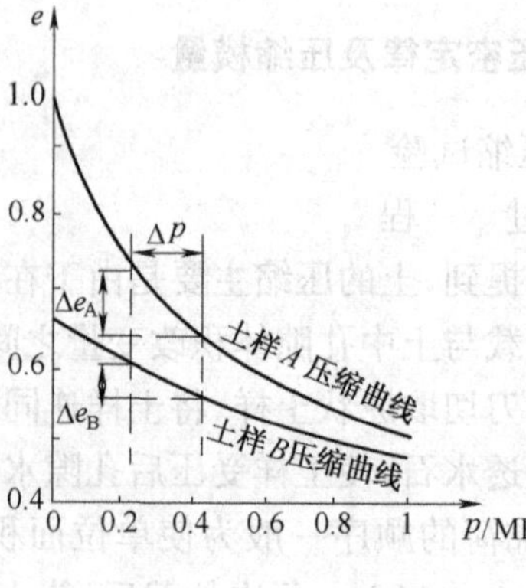

图 4.5　压缩曲线比较

土的压缩曲线可以反映土的压缩性质。图 4.5 表示两种土样 A 和 B 的压缩曲线,土样 A

的压缩曲线较陡，土样 B 的压缩曲线较平缓，在同一压力增量 Δp 的作用下，土样 A 的 Δe_A 变化较大，而土样 B 的 Δe_B 变化较小；所以土样 A 就比土样 B 的压缩变形大，土也较软，这说明压缩曲线的陡缓可表示土的压缩性的高低。

在图 4.4 所示的压缩曲线中，当压力由 p_1 至 p_2 的变化范围不大时，可将压缩曲线上相应的一小段 M_1M_2 近似地用直线来代替。若 M_1 点的压力为 p_1，相应的孔隙比为 e_1，M_2 点的压力为 p_2，相应的孔隙比为 e_2，M_1M_2 段直线的坡度可用下式表示：

$$\alpha=\tan\beta=\frac{\Delta e}{\Delta p}=\frac{e_1-e_2}{p_2-p_1} \tag{4.4}$$

上式称为土的压密定律，它表示在压力变化不大时，土中孔隙比的变化与所加压力的变化成正比。其比例系数用符号 α 表示，称为压缩系数，单位是 MPa^{-1}。

(4)压缩系数

压缩系数表明在从 p_1 到 p_2 的压力段内，单位压力的增加所引起的土样孔隙比的减少，是反映土压缩性质的一个重要指标，其值愈大，土愈易压缩。

从图 4.4 可见，同一种土的压缩系数是随所取压力变化范围的不同而改变的。为了便于应用和比较，一般取 $p_1=0.1$ MPa到 $p_2=0.2$ MPa的压力范围确定土的压缩系数，用 $\alpha_{0.1\sim0.2}$ 表示。根据压缩系数 $\alpha_{0.1\sim0.2}$ 的大小，作为评价地基土压缩性的指标，见表 4.1。

表 4.1　土的压缩性

土的压缩性分类	压缩系数 $\alpha_{0.1\sim0.2}$/MPa^{-1}	压缩模量 $E_{s(0.1\sim0.2)}$/MPa
高压缩性土	$\alpha_{0.1\sim0.2}\geqslant0.5$	$E_{s(0.1\sim0.2)}<4$
中压缩性土	$0.1\leqslant\alpha_{0.1\sim0.2}<0.5$	$4\leqslant E_{s(0.1\sim0.2)}\leqslant15$
低压缩性土	$\alpha_{0.1\sim0.2}<0.1$	$E_{s(0.1\sim0.2)}>15$

高压缩性的地基土，在压力作用下的变形较大，必须注意检查地基的沉降是否满足容许值的要求。

【例 4.1】 某土样的原始高度 $H=20$ mm，直径 $D=6.4$ cm，土粒重度 $\gamma_s=27$ kN/m³，试验后测得干土样质量 $m_s=91.2$ g，压缩试验结果如表 4.2 所示。试计算压缩曲线资料，确定该土样的压缩系数并评定该土样的压缩性。

表 4.2　某土样压力和变形的关系

压力 P_i/MPa	0	0.05	0.1	0.2	0.3	0.4
土样压缩变形 ΔH_i/mm	0	0.924	1.308	1.884	2.284	2.562

【解】 土样面积

$$A=\frac{\pi D^2}{4}=\frac{3.14\times6.4^2}{4}=32.2(\text{cm}^2)=32.2\times10^{-4}(\text{m}^2)$$

土粒部分高度　$$h_s=\frac{W_s}{A\gamma_s}=\frac{91.2\times10\times10^{-3}}{32.2\times10^{-4}\times27}=10.49\times10^{-3}\text{ m}=10.49(\text{mm})$$

天然孔隙比　$$e_0=\frac{H-h_s}{h_s}=\frac{20-10.49}{10.49}=0.907$$

其余计算见表 4.3。

表 4.3　各级压力下的相应孔隙比

压力 P_i /MPa	压缩变形 ΔH/mm	土样高度 $h_i=H-\Delta H$/mm	孔隙比 $e_i=\frac{h_i}{h_s}-1$
0	0	20	0.907
0.05	0.924	20−0.924=19.08	$\frac{19.08}{10.49}-1=0.819$
0.1	1.308	20−1.308=18.69	$\frac{18.69}{10.49}-1=0.782$
0.2	1.884	20−1.884=18.12	$\frac{18.12}{10.49}-1=0.727$
0.3	2.284	20−2.284=17.72	$\frac{17.72}{10.49}-1=0.689$
0.4	2.562	20−2.562=17.44	$\frac{17.44}{10.49}-1=0.663$

根据计算结果可绘制压缩曲线。

土的压缩系数　$\alpha_{0.1\sim0.2}=\frac{e_1-e_2}{p_1-p_2}=\frac{0.782-0.727}{0.2-0.1}=0.55(\text{MPa}^{-1})>0.5(\text{MPa}^{-1})$

由表 4.1 可知该土属于高压缩性土。

2. 土体压缩量的计算

压缩曲线不仅可确定土的压缩系数，且可用来计算无侧向膨胀土层的压缩量。

设土样在均布压力 p_1 作用下的厚度为 h_1，体积为 V_1，孔隙比为 e_1；均布压力增加到 p_2 时，厚度压缩到 h_2，体积为 V_2，孔隙比为 e_2。根据图 4.6，土样的压缩量 Δs 可按以下关系式推出：

$$e_1=\frac{V_v}{V_s}=\frac{V_1-V_s}{V_s}=\frac{V_1}{V_s}-1$$

$$1+e_1=\frac{V_1}{V_s}$$

$$V_s=\frac{V_1}{1+e_1}=\frac{Ah_1}{1+e_1} \tag{4.5}$$

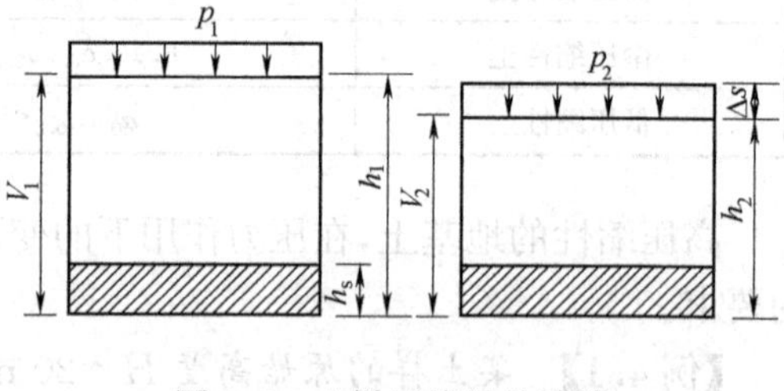

图 4.6　土样压缩量的计算

A 为土样的截面积，因无侧向膨胀，在压缩过程中，A 是不变的。同样可以得到

$$e_2=\frac{V_2}{V_s}-1$$

$$V_s=\frac{V_2}{1+e_2}=\frac{Ah_2}{1+e_2}$$

$$\frac{Ah_1}{1+e_1}=\frac{Ah_2}{1+e_2}$$

$$h_2=h_1\frac{1+e_2}{1+e_1}$$

$$\Delta s=h_1-h_2=h_1-h_1\frac{1+e_2}{1+e_1}=h_1\left(1-\frac{1+e_2}{1+e_1}\right)$$

$$\Delta s=h_1\frac{e_1-e_2}{1+e_1} \tag{4.6}$$

通常在压缩曲线上按 p_1、p_2 可查出 e_1、e_2，又已知原来土样厚度 h_1，所以按式(4.6)可求出压缩量 Δs。

式(4.6)是求地基沉降量的基本公式，该式还可写成

$$\frac{\Delta s}{h_1}=\frac{e_1-e_2}{1+e_1}$$

$$e_1-e_2=\frac{\Delta s}{h_1}(1+e_1)$$

$$e_2=e_1-\frac{\Delta s}{h_1}(1+e_1) \tag{4.7}$$

若已知土样的天然含水率 w、天然重度 γ 及土粒重度 γ_s，可求得原始孔隙比 e_0，从而式(4.7)可改写成

$$e=e_0-\frac{s}{H}(1+e_0) \tag{4.8}$$

已知土样原始高度 H，又测得在压力 p 作用下的总变形量(压缩量) s，根据式(4.8)可求得相应的孔隙比 e，这样也可作出 e-p 曲线。另外，式(4.8)在具体计算中也常用到。

【例 4.2】 已知粉质黏土的原始孔隙比 $e_0=0.92$，压缩试验前测得试样原始高度为 $H=20$ mm，在压力 $p_1=0.1$ MPa时，试样的总变形量为 $s=0.904$ mm，在压力 $p_2=0.2$ MPa时，试样的总变形量为 $s=1.504$ mm。试求压缩系数 $\alpha_{0.1\sim0.2}$，并判定土的压缩性。

【解】 在式(4.8)中，$H=20$ mm，有

$$e_{0.1}=e_0-\frac{s}{H}(1+e_0)=0.92-\frac{0.904}{20}\times(1+0.92)=0.833$$

$$e_{0.2}=0.92-\frac{1.504}{20}\times(1+0.92)=0.776$$

用公式(4.4)求压缩系数

$$\alpha_{0.1\sim0.2}=\frac{e_{0.1}-e_{0.2}}{p_2-p_1}=\frac{0.833-0.776}{0.2-0.1}=0.57(\text{MPa}^{-1})>0.5(\text{MPa}^{-1})$$

查表4.1，可知土样为高压缩性的。

3. 压缩模量

在有侧限(无侧向膨胀)的条件下，土所受的压应力 σ_z 与相应的竖向应变 ε_z 的比值，叫作土的压缩模量 E_s，即

$$E_s=\frac{\sigma_z}{\varepsilon_z} \tag{4.9}$$

在压缩试验中，试件高度为 h_1，当压力由 p_1 增至 p_2，相应的孔隙比就由 e_1 变为 e_2，沉降量为 Δs，这时 $\sigma_z=p_2-p_1$，$\varepsilon_z=\frac{\Delta s}{h_1}$，由公式(4.8)可知，$\frac{\Delta s}{h_1}=\frac{e_1-e_2}{1+e_1}$，将这些关系式代入公式(4.9)中，得

$$E_s=\frac{\sigma_z}{\varepsilon_z}=\frac{p_2-p_1}{\frac{\Delta s}{h_1}}=\frac{p_2-p_1}{\frac{e_1-e_2}{1+e_1}}=\frac{1+e_1}{\alpha} \tag{4.10}$$

式中，$\alpha=\frac{e_1-e_2}{p_2-p_1}$为压缩系数。

由公式(4.9)可知，压缩模量 E_s 是在无侧向膨胀条件下产生单位竖向应变所需的压应力增加值。E_s 值愈大，则产生单位竖向应变的压应力增加值就愈大，就是说土愈不易压缩，E_s 愈小，则土就愈容易压缩。所以，E_s 也可用以表示土的压缩性，为了便于应用和比较，通常规定用 $p_1=0.1$ MPa，$p_2=0.2$ MPa时所得的 $E_{s(0.1\sim0.2)}$ 作为判断土的压缩性的另一指标。

$$E_{s(0.1\sim0.2)}=\frac{1+e_1}{\alpha_{0.1\sim0.2}} \tag{4.11}$$

实际上：$E_{s(0.1\sim0.2)}>15$ MPa，为低压缩性土；15 MPa$\geqslant E_{s(0.1\sim0.2)}\geqslant 4$ MPa，为中压缩性土；$E_{s(0.1\sim0.2)}<4$ MPa，为高压缩性土。

4. 回弹曲线与再加荷曲线

在压缩试验时，如果逐级加载后再逐级卸载，可以得到卸载过程中各级荷载和其对应的土样孔隙比的数据，并可绘出回弹曲线(膨胀曲线)，如图 4.7 所示。压缩曲线 a 与卸荷时的回弹曲线 b 并不重合，这说明土并不是理想弹性体，在卸荷时，变形虽有部分恢复，但不能全部恢复，能恢复的部分称弹性变形，不能恢复的部分称为残余变形，一般说来，残余变形比弹性变形大。如果再重新加载，则又得再加荷曲线 c，再加荷曲线 c 与原来的压缩曲线 a 有连续的趋势。

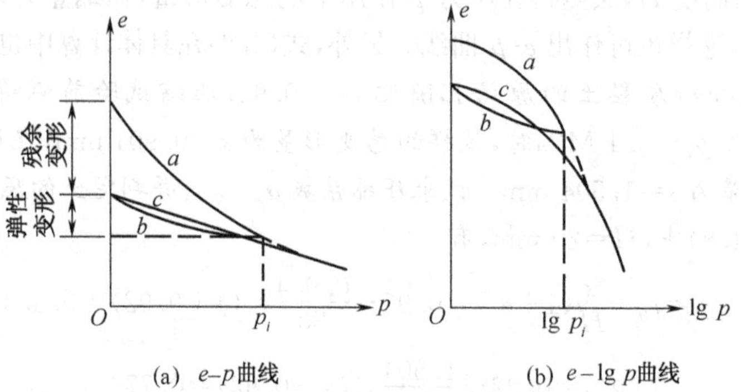

图 4.7 土的加卸荷曲线

经过一次加载、卸载过程的土，它的孔隙比将会有很大的减小。所以，如果从地基中取原状土作压缩试验时，实际上已经经历了一个加卸荷过程(即卸去了土样在地基中所承受的原存应力)。因此试验所得的压缩曲线，实际上是再加荷曲线，并不是初始加载的压缩曲线。在实际应用中，对其所造成的误差，应引起足够的重视。

如果加载、卸载重复进行，最后在所加压力段范围内，土的回弹曲线与再加荷曲线将趋于重合，再加荷所引起的变形便趋于全部是弹性变形。

4.1.3 土的侧压力系数与侧向膨胀系数

作有侧限压缩试验时，压缩仪中的土样在竖向压应力的作用下，由于受刚劲侧壁的限制，不能侧向膨胀，就使侧壁对土样作用有侧向压应力，很明显，竖向应力增大，侧向应力也随之增大，侧向压应力 σ_x 与竖向压应力 σ_z 的比值称为土的侧压力系数 ξ(或称静止土压力系数)。

$$\xi=\frac{\sigma_x}{\sigma_z} \tag{4.12}$$

土的侧压力系数与土的种类、土的物理性质、加载条件等有关，它可由试验测定。

在没有侧向限制的条件下，土承受竖向压应力作用时，将产生侧向膨胀，土的侧向膨胀应变 ε_x 与竖向压缩应变 ε_z 的比值称为土的侧向膨胀系数(或称泊松比)μ。土的侧向膨胀系数不易由试验方法直接测定，通常根据测定的土的侧压力系数 ξ，按材料力学原理求得

$$\xi=\frac{\mu}{1-\mu} \tag{4.13}$$

或
$$\mu=\frac{\xi}{1+\xi} \tag{4.14}$$

目前，由试验室测定土的侧压力系数值不普遍，在缺乏试验资料时，可参照表 4.4 选用 ξ 与 μ 值。

表 4.4　土的侧压力系数 ξ 及侧向膨胀系数 μ 的参考值

土的种类与状态		侧压力系数 ξ	侧向膨胀系数 μ
碎石类土		0.18～0.25	0.15～0.20
砂类土		0.25～0.33	0.20～0.25
粉土		0.33	0.25
粉质黏土	半干硬状态	0.33	0.25
	硬塑状态	0.43	0.30
	软塑或流塑状态	0.53	0.35
黏土	半干硬状态	0.33	0.25
	硬塑状态	0.53	0.35
	软塑或流塑状态	0.72	0.42

任务 4.2　地基沉降量计算

地基变形完全稳定时，地基表面的最大竖向变形就是基础的最终沉降量。

地基最终沉降量的计算方法有多种，主要采用分层总和法、按有关规范推荐的计算方法和弹性理论法等。下面介绍分层总和法。

天然地基土一般由性质不同的不均匀土层组成，并相互重叠。即使是均一土层，随着深度的变化，土的某些物理力学指标也在改变。因此，计算地基沉降，最好把土层分成许多薄层，分别计算每个薄层的压缩变形量，最后叠加而成为总沉降量。这是一种近似计算法，称为分层总和法。

4.2.1　分层总和法假定

(1)地基土是一个均匀、各向同性的半无限空间弹性体。在建筑物荷载作用下，土中的应力与应变成直线关系。这样，就可以应用弹性理论方法计算地基中的附加应力。

(2)根据基础中心点下土柱所受的附加应力 σ_z 进行计算，但得到的沉降量数值偏大。

(3)中心土柱被认为是无侧向膨胀的单轴受压土样，因中心轴周围的土柱也在同样约束条件下压缩，对中心土柱有一定约束作用。这样就可以应用侧限压缩试验的指标，但得到的沉降量数值偏小。可与上述情况互相补偿。

(4)一般地基的沉降量，等于基础底面中心下某一深度(受压层)范围内各土层的压缩量总和，理论上应计算至无限深度，但由于附加应力随深度而衰减，超过某一深度后的土层的沉降量就很小，可以忽略不计。当受压层下有软弱土层时，则应计算其沉降量。

4.2.2　分层总和法的基本计算公式

地基总沉降量的计算通常采用分层总和法，这个方法是假设地基土受压后只产生竖向压缩，没有侧向膨胀，将基底以下压缩层范围内的土层划分为若干压缩性均一的水平薄层，如图 4.8 所示，再按照基底形心下各薄层所受的应力情况及土样压缩试验资料，分别计算每一薄层的压缩量，它们的总和即为地基的总沉降量。

地基分成 n 薄层后，就可按公式(4.6)计算第 i 薄层的压缩量。

$$\Delta s_i=\frac{e_{1i}-e_{2i}}{1+e_{1i}}h_i \tag{4.15}$$

式中 Δs_i——第 i 薄层的压缩量(mm)；

h_i——第 i 薄层的厚度(mm)；

e_{1i}——相应于第 i 薄层土的平均自重应力 $\left[(\bar{\sigma}_{cz})_i=\frac{(\sigma_{cz})_{i-1}+(\sigma_{cz})_i}{2}\right]$ 时的初始孔隙比，可由该层土的压缩曲线图(图 4.9)中查得；

e_{2i}——相应于建造建筑物后，第 i 薄层土的平均总应力 $\left[\text{即第 } i \text{ 薄层土中的平均自重应力加平均附加应力} (\bar{\sigma}_{cz})_i+(\bar{\sigma}_z)_i=\frac{(\sigma_{cz})_{i-1}+(\sigma_{cz})_i}{2}+\frac{(\sigma_z)_{i-1}+(\sigma_z)_i}{2}\right]$ 时土压缩后的孔隙比，也可由图 4.9 查得。

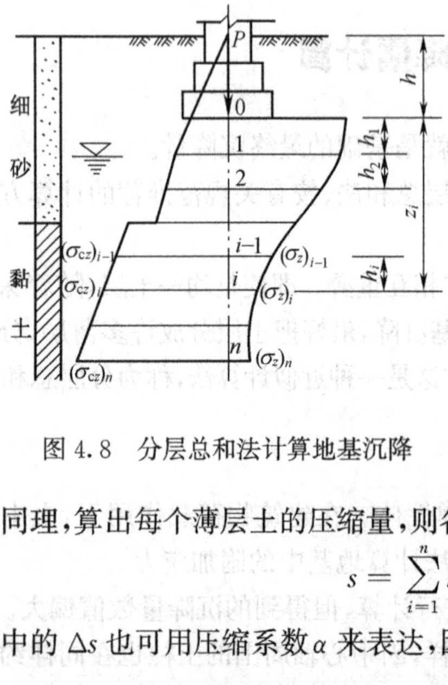

图 4.8 分层总和法计算地基沉降

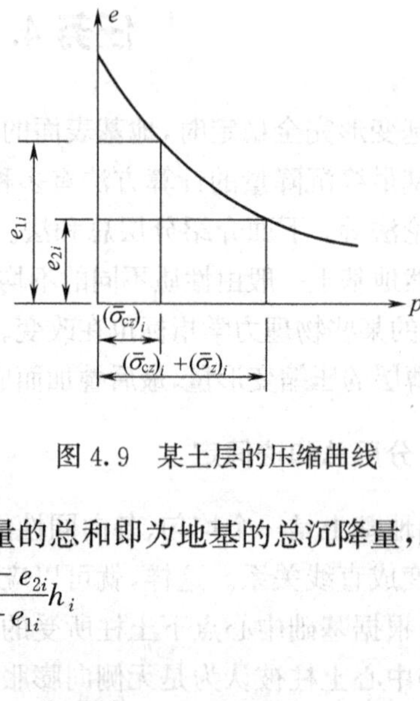

图 4.9 某土层的压缩曲线

同理，算出每个薄层土的压缩量，则各薄层土压缩量的总和即为地基的总沉降量，即

$$s=\sum_{i=1}^{n}\Delta s_i=\sum_{i=1}^{n}\frac{e_{1i}-e_{2i}}{1+e_{1i}}h_i \tag{4.16}$$

上式中的 Δs 也可用压缩系数 α 来表达，因为

$$\alpha_i=\frac{e_{1i}-e_{2i}}{[(\bar{\sigma}_{cz})_i+(\bar{\sigma}_z)_i]-(\bar{\sigma}_{cz})_i}=\frac{e_{1i}-e_{2i}}{(\bar{\sigma}_z)_i}$$

所以，公式(4.16)也可以写成

$$s=\sum_{i=1}^{n}\frac{\alpha_i(\bar{\sigma}_z)_i}{1+e_{1i}}h_i \tag{4.17}$$

如上式用压缩模量 E_s 来表达，可以用 $E_s=\frac{1+e_{1i}}{\alpha_i}$ 代入公式(4.17)，得

$$s=\sum_{i=1}^{n}\frac{(\bar{\sigma}_z)_i}{E_{si}}h_i \tag{4.18}$$

《桥涵地基规范》规定，软土地基的总沉降量应乘一经验系数 1.3，即

$$s=1.3\sum_{i=1}^{n}\frac{e_{1i}-e_{2i}}{1+e_{1i}}h_i \tag{4.19}$$

分层总和法的原理既简单又明了，它是目前国内外广泛采用的计算方法，其缺点是假设土是直线变形体且无侧向膨胀，这与实际情况不相符，而且没考虑地基受压历史对沉降的影响和深基础开

挖时基坑土的回弹影响。另外，上部结构、基础、地基三者是协同工作的，分层总和法只考虑了地基的因素，这些都使计算结果形成一定的误差，所以此法尚有待改进。我国建筑地基基础设计规范根据地基土的 E_s 值，对该规范规定的计算总沉降量的公式引进一经验系数 Ψ_s，予以修正。

4.2.3　分层总和法的几点规定

为使沉降量计算结果较为准确，应注意下列几点规定：

(1)地基中不同土层的界面应作为分层面。因为地下水位面上部、下部土的重度并不相同，所以，同一土层的地下水位面也应作为分层面。

(2)分层厚度愈薄，计算结果愈精确，但为简化计算工作量起见，分层厚度可采用 $h \leqslant 0.4b$（b 为基础短边长度）。

(3)一般情况下，地基沉降是由附加应力引起的，附加应力愈小，压缩变形也愈小，而附加应力是随深度的增加而减小的。当分层的深度达到某一数值时，该分层的压缩量就很小，可以忽略不计，通常把需要计算压缩量的土层叫作压缩层，压缩层的下限可定在地基附加应力与地基自重应力的比等于 20%处，即 $(\sigma_z)_n = 0.2(\sigma_{cz})_n$ 处。当地基为压缩性高的软土时，则定在 10%处，即 $(\sigma_z)_n = 0.1(\sigma_{cz})_n$ 处。

(4)桥涵基础的沉降应按恒载计算。其工后沉降量必应超过表 4.5、表 4.6 规定的限值。

表 4.5　有砟轨道静定结构墩台基础工后沉降限值

设计速度	沉降类型	限值/mm
250 km/h 及以上	墩台均匀沉降	30
	相邻墩台沉降差	15
200 km/h	墩台均匀沉降	50
	相邻墩台沉降差	20
160 km/h 及以下	墩台均匀沉降	80
	相邻墩台沉降差	40

表 4.6　无砟轨道静定结构墩台基础工后沉降限值

设计速度	沉降类型	限值/mm
250 km/h 及以上	墩台均匀沉降	20
	相邻墩台沉降差	5
200 km/h 及以下	墩台均匀沉降	20
	相邻墩台沉降差	10

对于超静定结构，其相邻墩台均匀沉降量之差应满足表 4.5、表 4.6 的规定外，尚应根据沉降差对结构产生的附加应力的影响而定。

4.2.4　分层总和法计算地基沉降的步骤

今以按压缩曲线的计算方法，说明其计算步骤：

(1)将基底下的土层分成若干薄层。

(2)计算各分层面处土的自重应力 $(\sigma_{cz})_i$（自重应力应自地面起算）及各分层的平均自重应力 $(\bar{\sigma}_{cz})_i$，$(\bar{\sigma}_{cz})_i = \dfrac{(\sigma_{cz})_{i-1} + (\sigma_{cz})_i}{2}$。

(3)计算基础底面处的附加应力 σ_{z0}。

(4)计算基底形心下，各分层面处土中的附加应力 $(\sigma_z)_i$，及各分层的平均附加应力 $(\bar{\sigma}_z)_i$，

$(\bar{\sigma}_z)_i=\dfrac{(\sigma_z)_{i-1}+(\sigma_z)_i}{2}$。

(5)确定压缩层厚度。

(6)根据土层的压缩曲线资料,按各分层平均自重应力$(\bar{\sigma}_{cz})_i$和各分层平均自重应力加平均附加应力$(\bar{\sigma}_{cz})_i+(\bar{\sigma}_z)_i$值分别查出$e_{1i}$和$e_{2i}$。

(7)计算各分层压缩量$\Delta s_i=\dfrac{e_{1i}-e_{2i}}{1+e_{1i}}h_i$,求得其总和,即为地基总沉降量。

【例4.3】 某桥墩基础,基底为矩形,$a=10$ m,$b=5$ m,基础埋深为3 m,受竖直中心荷载$P=12\ 000$ kN,地基为粉质黏土和黏土层,地下水位在地面下5 m处,有关地质资料如图4.10所示,粉质黏土层和黏土层的压缩曲线资料列于表4.7中,试按分层总和法计算地基总沉降量。

【解】 (1)将地基分层,根据地基土的天然层次及分层厚度不超过$0.4b=0.4\times5=2$(m)的规定,分层厚度均取2 m。

(2)从原地面起计算各分层面处的自重应力及各分层的平均自重应力,列表于4.8中。

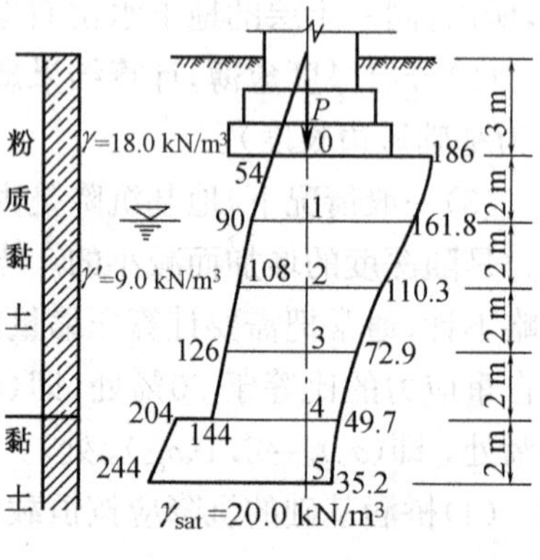

图4.10　例4.3图

表4.7　压缩曲线孔隙比e的资料

土　名	荷载 p/kPa				
	0	50	100	200	300
粉质黏土	0.860	0.795	0.765	0.730	0.710
黏　土	0.825	0.770	0.740	0.707	0.695

表4.8　自重应力计算

分层点编号	土的重度 γ_i/(kN/m³)	土层厚度 h_i/m	$\gamma_i h_i$ /kPa	自重应力/kPa $(\sigma_{cz})_i=\sum\gamma_i h_i$	平均自重应力 $(\bar{\sigma}_{cz})_i$/kPa
原地面				0	
	18.0	3	54.0		/
基底　0				54.0	
	18.0	2	36.0		72.0
1				90.0	
	9.0	2	18.0		99.0
2				108.0	
	9.0	2	18.0		117.0
3				126.0	
	9.0	2	18.0		135.0
4				144.0 204.0	
	20.0	2	18+10×6=78 40		224.0
5				244.0	

(3)计算基础底面处附加应力:

基底应力:　　$\sigma=\dfrac{P}{ab}=\dfrac{12\ 000}{10\times5}=240(\text{kPa})$

基底附加应力:　　$\sigma_{z0}=\sigma-\gamma h=240-18.0\times3=186.0(\text{kPa})$

(4)计算各分层面处的附加应力及各分层的平均附加应力,列于表4.9中。

表 4.9　附加应力计算

分层点编号	基底下距离 z/m	$\frac{a}{b}$	$\frac{z}{b}$	α_0	σ_{z0} /kPa	附加应力 $(\sigma_z)_i$ /kPa	平均附加应力 $(\bar{\sigma}_z)_i$ /kPa
基底 0	0	$\frac{10}{5}=2$	0	1.000	186	186.0	173.9
1	2	2	$\frac{2}{5}=0.4$	0.870	186	161.8	136.1
2	4	2	$\frac{4}{5}=0.8$	0.593	186	110.3	91.6
3	6	2	$\frac{6}{5}=1.2$	0.392	186	72.9	61.3
4	8	2	$\frac{8}{5}=1.6$	0.267	186	49.7	42.5
5	10	2	$\frac{10}{5}=2.0$	0.189	186	35.2	

(5) 确定压缩层厚度：

分层点 5 处的自重应力及附加应力分别为：$(\sigma_{cz})_5=244$ kPa；$(\sigma_z)_5=35.2$ kPa，经比较 $\frac{(\sigma_z)_5}{(\sigma_{cz})_5}=\frac{35.2}{244}=0.144<0.2$，故压缩层厚度定为10 m。

(6) 计算各分层的压缩量，列表于 4.10 中。

表 4.10　各分层压缩量计算

分层编号	平均自重应力 $(\bar{\sigma}_{cz})_i$ /kPa	平均附加应力 $(\bar{\sigma}_z)_i$ /kPa	合应力 $(\bar{\sigma}_{cz})_i+(\bar{\sigma}_z)_i$ /kPa	e_{1i}	e_{2i}	$\frac{e_{1i}-e_{2i}}{1+e_{1i}}$	土层厚 h_i /mm	$\Delta s_i=\frac{e_{1i}-e_{2i}}{1+e_{1i}}h_i$ /mm
0—1	72.0	173.9	246	0.782	0.721	0.034 2	2 000	68.4
1—2	99.0	136.1	235	0.766	0.723	0.024 3	2 000	48.6
2—3	117.0	91.6	209	0.759	0.728	0.017 6	2 000	35.2
3—4	135.0	61.3	196	0.753	0.731	0.012 5	2 000	25.0
4—5	224.0	42.5	267	0.704	0.699	0.002 9	2 000	5.8

(7) 计算总沉降量：

$$s=\sum_{i=1}^{5}\Delta s_i=68.4+48.6+35.2+25.0+5.8=183(\text{mm})$$

基础的沉降差与倾斜计算

任务 4.3　地基容许沉降量与减小沉降危害的措施

沉降计算的目的是预测建筑物建成后基础的沉降量(包括差异沉降)会不会太大，是否超过建筑物安全和正常使用所容许的数值。如果计算结果表明，基础的沉降量有可能超出容许值，那就要改变基础设计，并考虑采取一些工程措施以尽量减小基础沉降可能给建筑物造成的危害。

4.3.1　容许沉降量

地基容许沉降量的确定比较困难，因为这牵涉到上部结构、基础、地基之间的相互作用问题，而结构类型、材料性质以及地基土的性状又是多种多样的，同时，除了从结构安全的角度考虑之外,尚应满足建筑物的使用功能、生产工艺以及人们心理感觉等方面的要求。目前,确定地基容许沉降量主要有两条途径:一是理论分析法,二是经验统计法。

理论分析法的实质是进行结构与地基相互作用分析,计算上部结构中由于地基差异沉降可能引起的次应力或拉应变,然后在保证次应力或拉应变不超出结构承受能力的前提下,综合考虑其他方面的要求,确定地基容许沉降量。这方面的理论分析研究工作虽然已有相当大的进展,但仍存在不少困难,如结构(构件)的性状、地基土的本构关系、土性参数以及现场的边界条件等都不容易确定。因此,从工程实用角度,目前主要还是依靠经验统计法。经验统计法是对大量的各类已建建筑物进行沉降观测和使用状况调查,然后结合地基地质情况,分类归纳整理,提出容许沉降量控制值。

为了保证建筑物正常使用,不发生裂缝、倾斜甚至破坏,必须使地基变形值不大于地基容许变形值。根据地基变形特征,沉降可分为下列四种:

(1)沉降量(mm),指基础中心的沉降量。如沉降量过大,会影响到建筑物的正常使用。例如桥梁地基沉降量过大,会使线路轨面高程不够,影响线路正常使用。因此,目前在沉降量较大的软土地区常用沉降量作为建筑物变形的控制指标之一,同时,在建筑物建成以后,对重要及大型建筑物作沉降观测。

(2)沉降差(mm),指同一建筑物相邻两个基础沉降量的差值。有时也指一个单独基础由于偏心荷载或其他原因,使基础产生不相等的沉降。沉降差过大,会使上部结构产生附加应力,超过限度,则建筑物发生裂缝、倾斜甚至破坏。

(3)倾斜(‰),指单独基础倾斜方向两端点的沉降差与其距离的比值。若建筑物倾斜过大,将影响正常使用甚至倾覆,对水塔、烟囱,尤其是高墩台桥梁基础,多以倾斜作为控制指标。

(4)局部倾斜(‰)。指砖石承重结构沿纵墙 6～10 m 长度内,基础两点的沉降差与其距离的比值。通常砖石承重结构由局部倾斜控制。

4.3.2　建筑物的沉降观测

建筑物沉降观测的目的是:①验证工程设计与沉降计算的正确性;②判别建筑物施工的质量;③发生事故后作为分析事故原因和加固处理的依据。对一级建筑物、高层建筑、重要建筑、新型建筑或有代表性的建筑物,体型复杂、形式特殊或使用上对不均匀沉降有严格要求的建筑物,大型高炉、平炉,以及软弱地基或地基软硬突变,存在古河道、池塘、暗浜或局部基岩出露等建筑物,为保障建筑物的安全,应进行施工期间与竣工后使用期间系统的沉降观测。

观测时水准基点的设置以保证水准基点的稳定可靠为原则,宜设置在基岩上或压缩性较低的土层上。水准基点的位置应靠近观测点并在建筑物产生的压力影响范围以外,不受行人车辆碰撞的地点。在一个观测区内水准基点不应少于 3 个。

观测点的布置应能全面反映建筑物的变形并结合地质情况确定,如建筑物 4 个角点、沉降缝两侧、高低层交界处、地基土软硬交界两侧等,数量不少于 6 个点。

沉降观测的仪器宜采用精密水平仪和铟钢尺,对观测对象宜固定测量工具、固定人员,观测前应严格校验仪器。测量精度宜采用Ⅱ级水准测量,视线长度宜为 20～30 m;视线高度不宜低于 0.3 m。水准测量应采用闭合法。

观测次数和时间要求是前密后稀。民用建筑每建完一层(包括地下部分)应观测一次;工业建筑按不同荷载阶段分次观测,施工期间观测不应少于 4 次。建筑物竣工后的观测:第一年不少于 3～5 次,第二年不少于 2 次,以后每年 1 次,直至下沉稳定为止。稳定标准为半年沉降不大于 2 mm。特殊情况如突然发生严重裂缝或大量沉降时，应增加观测次数。在基坑较深时，可考虑开挖后的回弹观测。

4.3.3　减小沉降危害的措施

实践表明，绝对沉降量愈大，沉降差往往亦愈大。因此，为减小地基沉降对建筑物可能造成的危害，除采取措施尽量减小沉降差外，尚应设法尽可能减小基础的绝对沉降量。

目前，对可能出现过大沉降或沉降差的情况，通常从以下几个方面采取措施。

1. 减小沉降量的措施

(1)外因方面的措施

地基沉降由附加应力引起，如减小基础底面的附加应力 σ_{z0}，则可相应减小地基沉降。由基底附加应力 $\sigma_{z0}=\sigma-\gamma h$ 可知，减小 σ_{z0} 可采取以下两种措施：

①上部结构采用轻质材料，则可减小基础底面的接触应力 σ_{z0}；

②当地基中无软弱下卧层时，可加大基础埋深 h。

(2)内因方面措施

地基产生沉降的内因是：地基土由三相组成，固体颗粒之间存在孔隙，在外荷作用下孔隙发生压缩，导致产生沉降。因此，为减小地基的沉降量，在修造建筑物之前，可预先对地基进行加固处理。根据地基土的性质、厚度，结合上部结构特点和场地周围环境，可分别采用机械压密、强力夯实、换土垫层、加载预压、砂桩挤密、振冲及化学加固等人工地基的措施，必要时，还可以采用桩基础或深基础。

2. 减小沉降差的措施

(1) 设计中尽量使上部荷载中心受压，均匀分布。

(2) 遇高低层相差悬殊或地基软硬突变等情况，可合理设置沉降缝。

(3) 增加上部结构对地基不均匀沉降的调整作用。如设置封闭圈梁与构造柱，加强上部结构的刚度；将超静定结构改为静定结构，以加大对不均匀沉降的适应性。

(4) 妥善安排施工顺序。例如，建筑物高、重部位沉降大先施工；拱桥先做成三铰拱，并可预留拱度。

(5) 人工补救措施。当建筑物已发生严重的不均匀沉降时，可采取人工挽救措施。如杭州市某运输公司 6 层营业楼，由于北侧新建 5 层楼的附加应力扩散作用，使运输公司 6 层楼北倾，两楼顶部相撞。为此，在运输公司 6 层楼南侧采用水枪冲地基土的方法，将北侧 6 层楼纠止过来。

以上措施，有的是设法减小地基沉降量，尤其是差异沉降量，有的是设法提高上部结构对沉降和差异沉降的适应能力。设计时，应从具体工程情况出发，因地制宜，选用合理、有效、经济的一种或几种措施。

项目小结

本项目从土体压缩的原理入手，主要介绍土的压缩性与测试方法、地基沉降量计算和地基容许沉降量与减小沉降危害的措施。通过本项目的学习，掌握土的压缩性指标及测试方法、用分层总和法计算地基沉降量的方法，为后续内容的学习打下基础。

项目训练

1. 进行土的压缩试验,测试土的压缩性指标。
2. 用分层总和法计算地基沉降量。

复习思考题

1. 土体的压缩如何形成?

2. 什么叫渗透固结?

3. 如何根据压缩曲线比较两种土的压缩性?

4. 如何用压缩模量判断土的压缩性?

5. 某土样原始高度 $h_0=20$ mm,直径 $d=64$ mm,已知土粒重度 $\gamma_s=26.7\ kN/m^3$,试验后,测得土样干重 $W_s=0.870$ N,压缩试验的结果如表 4.11 所列。试计算压缩曲线资料,并绘制 e-p 曲线,确定该土样的压缩系数 $\alpha_{0.1\sim0.2}$ 及压缩模量 $E_{s(0.1\sim0.2)}$,并评定压缩性。

表 4.11　压缩试验结果

荷载 p/kPa	0	50	100	200	300	400
压缩量 Δs/mm	0	0.903	1.287	1.865	2.262	2.541

6. 一土层厚为 2 m,若已知建筑物建造前该土层上作用的平均自重应力为 20 kPa,建筑物建造完成后,作用在该土层上的平均总应力增至 280 kPa,该土层的压缩试验资料同习题 5,求该土层的压缩量。

7. 已知一土样厚为 30 mm,原始孔隙比 $e=0.765$,当荷载为 0.1 MPa 时,$e_1=0.707$,在 0.1~0.2 MPa 荷载段内的压缩系数 $\alpha_{0.1\sim0.2}=0.24\ MPa^{-1}$,求:

(1) 土样的无侧向膨胀压缩模量 $E_{s(0.1\sim0.2)}$;

(2) 当荷载由 0.1 MPa 增至 0.2 MPa 时,土样的压缩量。

8. 某跨线桥桥墩基础的基底为矩形,长边为 $a=12$ m,短边为 $b=5$ m,基础埋深为 4 m,受竖直中心荷载 $P=16\ 200$ kN 的作用,地基为中砂和黏土层,有关地质资料如图 4.12 所示。中砂和黏土层的压缩曲线资料如表 4.12 所列,试用分层总和法计算地基的总沉降量。

表 4.12　思考题 8 中孔隙比 e 的试验结果

土　名	p/kPa					
	0	50	100	200	300	350
中　砂	0.575	0.562	0.550	0.545	0.542	0.605
黏　土	0.815	0.790	0.755	0.740	0.735	0.880

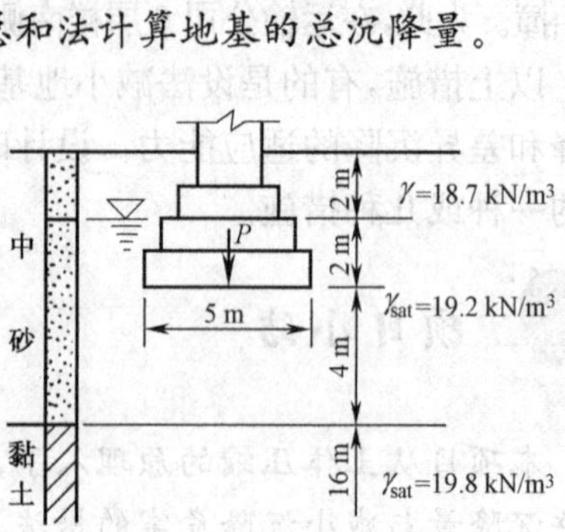

图 4.11　思考题 8 图

项目5　土的抗剪强度分析

项目描述

土是一种三相介质的堆积体，与一般固体材料不同，它不能承受拉力，但能承受一定的剪力和压力。在一般工作条件下，土的破坏形态是剪切破坏，所以把土的强度称为抗剪强度。土的抗剪强度，首先取决于它本身的基本性质，即土的组成、土的状态和土的结构，这些性质又与它形成的环境和应力历史等因素有关；其次还取决于它当前所受的应力状态。要认识土的抗剪强度的实质，需要开展对土的微观结构的研究。在本项目中主要论述与工程设计与施工有关的土的抗剪强度的概念及抗剪强度指标的测试方法、土的极限平衡条件、防止砂类土振动液化的方法。

教学目标

1. 能力目标

(1)熟练应用直剪仪测定土的抗剪强度指标，了解测试土的抗剪强度指标的其他方法。

(2)能够根据建筑物施工速度和地基土的工程特性正确选择直剪试验方法和试验指标。

2. 知识目标

(1) 理解抗剪强度的定义、影响抗剪强度的因素、土的极限平衡条件。

(2)掌握库伦定律和土的抗剪强度指标的测定方法。

3. 素质目标

(1)具有良好的职业道德，养成严谨求实的工作作风。

(2)具备团队协作意识。

(3)具备一定的协调、组织能力。

相关案例——京沪高铁徐州至上海段工程地质问题

京沪高铁徐州至上海段线路长度 647.63 km，路基长度 112 km，占此段线路总长度的 17.3%。

沿线主要分布特殊土层：

(1)软土路基。主要分布在京杭运河两侧黄淮冲积平原、滁州境内的瓦屋中桥至叶纪棵特大桥之间、徐家洼大桥前后、滁河特大桥前后、长江二级阶地坳沟与丘间谷地、南京至丹阳间长江及支流一级阶地及高阶地坳谷区、丹阳至上海长江三角洲平原区等。

(2)松软土(液化砂土)路基。主要分布在徐州至栏杆间黄淮冲积平原、蚌埠至丹阳间淮河与长江二级阶地的坳谷区及丘间谷地区、长江及其支流一级阶地及长江冲积平原区。

(3)膨胀土(下蜀黏土)路基。主要分布于宿州～丹阳段,以路堑为主。

膨胀土路基为本区段主要矛盾,其主要工程地质问题是路基边坡滑塌、基床翻浆冒泥、桥涵基础下沉、倾斜等。因此,做好路基防排水工作是膨胀土地区路基的主要工作,无论设计、还是施工。建议对此段在施工过程中的要做重点监控。

路基边坡滑塌及地基失稳的主要原因是地基强度不足,发生了剪切破坏。由此可见,作为合格的工程技术人员,应该掌握路基边坡土层和地基土的特性,根据工程结构物受力及环境因素影响情况,掌握工程土体破坏原因及破坏方式,了解工程土体的相关特性,合理确定路基边坡及地基土体的加固处理方法,确保工程结构物在使用年限内正常工作。

任务 5.1　土的抗剪强度和破坏理论认知

土的剪坏形式也是多种多样的,有的表现为脆裂,破坏时形成明显剪裂面,如紧密砂土和干硬黏土等,有的表现为塑流,即剪应变随剪应力发展到一定阶段时,应力不增加而应变继续增大,形成流动状,如软塑黏土等。土的破坏标准根据土的性质和工程情况而定:如对于剪裂破坏,一般用剪切过程中剪切面上剪应力的最大值作为土的破坏应力,或剪切强度;如为塑流状破坏,一般剪切变形很大,对于那些对变形不甚敏感的工程,可以用最大剪应力作为破坏应力;至于对变形要求较严的工程,过大的变形已不容许,这时往往按最大容许变形来确定抗剪强度值。总的说来,土的强度往往以应力的某种函数形式来表达,由于函数形式不同,从而形成不同的强度理论。对于土来说,强度理论有很多,但目前比较简单而又比较符合实际的是莫尔-库伦强度理论。

土体的破坏通常都是剪切破坏,例如路堤的边坡太陡时,要发生滑坡,如图 5.1 所示。滑坡就是边坡上的一部分土体相对于另一部分发生剪切破坏。地基土受过大的荷载作用时,也会出现部分土体沿着某一滑动面挤出,导致建筑物严重下陷,甚至倾倒,如图 5.2 所示。土体中滑动面的产生就是由于滑动面上的剪应力达到土的抗剪强度所引起的。

图 5.1　路堤边坡破坏

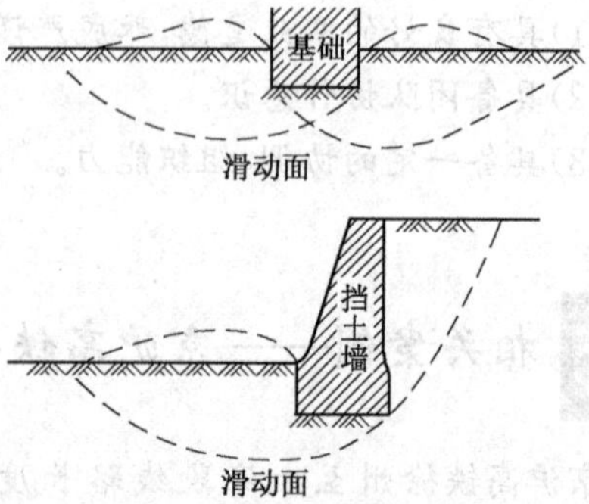

图 5.2　地基土剪切破坏

土的抗剪强度指土体抵抗剪切破坏的极限能力,其数值等于剪切破坏时滑动面上的剪应力,抗剪强度是土的主要力学性质之一。土是否达到剪切破坏状态,除了决定于它本身的性质外,还与所受的应力组合密切相关。这种破坏时的应力组合关系就称为破坏准则。土的破坏准则是一个十分复杂的问题，可以说，目前还没有一个被认为能完满适用于土的理想的破坏准则。本项目主要介绍目前被认为比较能拟合试验结果，因而为生产实践所广泛采用的破坏准则，即莫尔-库伦破坏准则。

目前已能够通过电子显微镜、X射线的透视和衍射、差热分析等新技术研究土的物质成分、颗粒形状、排列、接触和连接方式，从而阐明强度的实质。

土的抗剪强度主要依靠室内试验和原位测试确定，试验中，仪器的种类和试验方法对确定强度值有很大的影响。本项目将介绍主要的测试仪器和常规的试验方法并阐明试验过程中土样的排水固结条件对测得的强度指标的影响。

5.1.1　土的抗剪强度

1. 土的抗剪强度的基本规律——库伦定律

1776年，库伦在研究土的抗剪强度规律时通过对砂土的一系列剪切试验，后来又通过对黏性土的多次剪切试验，先后提出了砂土与黏性土抗剪强度的表达式为

黏性土　$$\tau_f=\sigma\tan\varphi+c \tag{5.1}$$

砂土　$$\tau_f=\sigma\tan\varphi \tag{5.2}$$

式中　τ_f——土的抗剪强度(kPa)；

σ——作用在剪切面上的法向应力(kPa)；

φ——土的内摩擦角(°)；

c——土的黏聚力(kPa)。

式(5.1)与式(5.2)分别表示黏性土、砂土的抗剪强度规律，统称为库仑定律。

上述两式的关系也可用图5.3表示。该图所表示的τ_f-σ关系是通过对黏性土与砂土作剪切试验得出的，常称为库仑线；它表示了土的抗剪强度随剪切面上铅直压力的加大而增长的现象。

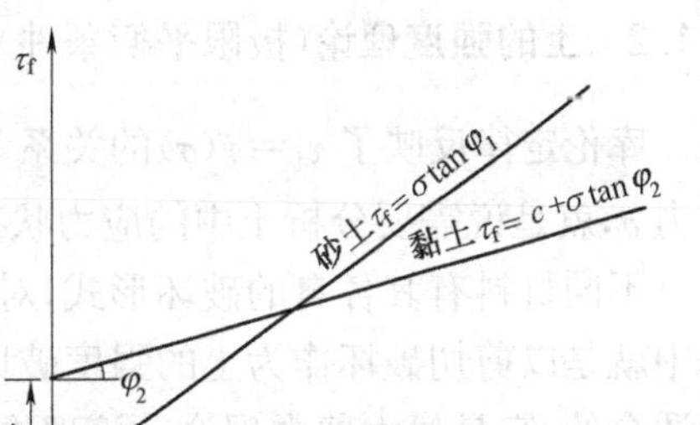

图5.3　抗剪强度与法向应力的关系

试验表明，在法向应力变化不大的范围内，关系曲线τ_f-σ是一条直线。对于黏性土，该关系曲线在纵轴上有一个截距c，其斜截方式如式(5.1)。对于无黏性土(砂土)，关系曲线通过原点，截距$c=0$，即无黏聚力，如式(5.2)。

2. 抗剪强度指标与主要影响因素

1)土的抗剪强度指标φ、c

φ和c，实际上只是表达σ-τ_f关系中试验成果的两个数学参数。从物理意义来说，在不同的法向应力作用下，土的内摩擦角φ和黏聚力c也不可能是常数。因此，即使是同一种土，其φ、c值也不是常数，它们均随试验方法和土样的试验条件(如排水条件)等的不同而发生变化，所以只有在一定条件下才可认为土的φ、c值为常量。

土的φ、c值大小反映了土的抗剪强度的高低。$\tan\varphi$为土的内摩擦系数，$\sigma\tan\varphi$则为土的内摩擦力。它是存在于土内部的摩擦力，通常由两部分组成，一是剪切面上颗粒与颗粒接触面上所产生的摩擦力；另一部分则是由颗粒之间的相互嵌入和联结作用产生的咬合力。一般土愈密实，颗粒愈粗，其φ值也愈大；反之，土的内摩擦角φ值就较小。

黏聚力c是由于黏土颗粒之间的胶结作用、结合水膜以及分子引力作用等形成的。土的颗粒愈细小，塑性愈大、愈紧密，其黏聚力也就愈大。

2)影响土的抗剪强度的因素

影响土的抗剪强度的因素是多方面的,主要的有下述几个方面:

(1) 土粒的矿物成分、形状,颗粒大小与颗粒级配

土粒大,形状不规则,表面粗糙以及颗粒级配良好的土,由于其内摩擦力大,抗剪强度也高。黏土矿物成分中的微晶高岭石(土)含量越多时,黏聚力越大。土中胶结物的成分及含量对土的抗剪强度也有影响。

(2) 土的密度

土的初始密度愈大,土粒间接触较紧,土粒表面摩擦力和咬合力也愈大,剪切试验时需要克服这些力的剪力也愈大。黏性土的紧密程度对黏聚力值也有影响。

(3) 含水率

土中含水率的高低,对土抗剪强度的影响十分明显。土中含水率高时,会降低土粒表面上的摩擦力,使土的内摩擦角值减小;黏性土含水率增高时,会使结合水膜加厚,因而也就降低了黏聚力。

(4) 土体结构的扰动情况

黏性土的天然结构如果被破坏时,黏性土的抗剪强度将会显著下降,因原状土的抗剪强度高于同密度和含水量的重塑土。所以施工时要注意保持黏土的天然结构不被破坏,特别是开挖基槽更应保持持力层的原状结构,不扰动。

(5) 有效应力

从有效应力原理可知,土中某点所受的总应力等于该点的有效应力与孔隙水压力之和,随着孔隙水压力的消散,有效应力的增加,致使土体受到压缩,土的密度增大,使土的 φ、c 值变大,抗剪强度增高。

5.1.2 土的强度理论(极限平衡条件)

库伦定律反映了 $\tau_f = f(\sigma)$的关系,要了解土的抗剪强度,就必须先要知道剪切面上的法向应力 σ,就是说需要分析土中的应力状态。

不同材料有其各自的破坏形式,对于土体来说,它的主要破坏形式就是剪切破坏。库伦定律中就是以剪切破坏作为土的强度破坏。为了进一步研究土的强度理论,莫尔强度理论是较为适合的,它是最大剪力理论。该理论认为:材料发生破坏主要是由于某一截面上的剪应力达到一定的限度所致,但材料破坏也和该受剪截面上的法向应力有关,这一点在库伦定律中已充分反映出来。

土体中某点任意平面上的剪应力如果等于该平面上土的抗剪强度时,表明该点的任意平面土体已处于极限平衡状态。此时的应力状态与土的抗剪强度之间的关系就是土的极限平衡条件。由此可知:土中某一剪切面上的极限平衡状态的条件式为

$$\tau = \tau_f = \sigma \tan\varphi + c \tag{5.3}$$

1. 土中某点的应力状态

在自重与荷载作用下的土体(如地基)中任意一点的应力状态,属于空间应力问题,任一点的应力状态是由 6 个应力分量来确定的。即对于某一点,需要知道 6 个应力分量(即 3 个正压应力与 3 个剪应力)才能确定该点的应力状态。对于平面应力问题,只需知道 3 个应力分量 σ_z、σ_x 和 τ($\tau = \tau_{zx} = \tau_{xz}$),即可确定一点的应力状态。

另外,对于土中任意一点,所受的应力随所取平面的方向不同而发生变化。但可以证明,

在所有的平面中必有一组平面上的剪应力为零。该平面上因无剪应力，故应为主应力平面，其作用于平面上的法向应力则是主应力。对于空间应力问题，有 σ_1、σ_2 和 σ_3 三个主应力，对于平面应力问题只有 σ_1 与 σ_3 两个主应力，即不考虑中间主应力 σ_2，只考虑最大主应力 σ_1 与最小主应力 σ_3。

现以平面应力问题为例。当土中任一点的应力 σ_z、σ_x 和 τ 为已知时，由材料力学可知，主应力可以由下面的应力转换关系得出：

$$\left.\begin{matrix}\sigma_1\\ \\ \sigma_3\end{matrix}\right\}=\frac{\sigma_z+\sigma_x}{2}\pm\sqrt{\left(\frac{\sigma_z-\sigma_x}{2}\right)^2+\tau^2}$$

主应力平面与任意平面间的夹角可由下式得出：

$$\alpha=\frac{1}{2}\arctan\left(\frac{2\tau}{\sigma_z-\sigma_x}\right)$$

关于夹角 α 的转动方向应与莫尔应力圆图上的一致。

由上述可知，土中任一点的应力可以用该点主应力平面上的最大主应力 σ_1 与最小主应力 σ_3 表示。因此，为了简化计算，土中任一点的强度条件常用该点的最大、最小主应力之间的关系来表示。下面将对平面应力问题中土中任一点的应力状态进行讨论。图 5.4 表示在地基土体中任取一个微小单元土体，受到最大、最小主应力作用的情况。

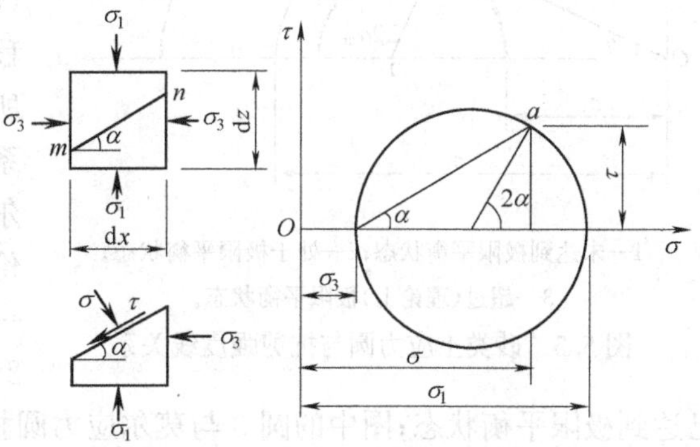

图 5.4　土体中微分单元体的应力状态

现取与大主应力作用面成 α 夹角的截面 mn，则 mn 斜面上作用的法向应力 σ 与剪应力 τ 可根据所取微小三角棱柱体的静力平衡条件求出。其表达式为

$$\sigma=\frac{\sigma_1+\sigma_3}{2}+\frac{\sigma_1-\sigma_3}{2}\cos 2\alpha \tag{5.4}$$

$$\tau=\frac{\sigma_1-\sigma_3}{2}\sin 2\alpha \tag{5.5}$$

微单元土体上作用的大小主应力的数值与作用方向均随其所在的位置而变。在已知最大主应力 σ_1 与最小主应力 σ_3 的条件下，某一斜截面 mn 上的法向应力 σ 与剪应力 τ 仅与该斜面的倾角 α 有关。若将式(5.4)移项后两端平方，再与式(5.5)的两端平方后分别相加，即

$$\left[\sigma-\frac{\sigma_1+\sigma_3}{2}\right]^2+\tau^2=\left[\frac{\sigma_1-\sigma_3}{2}\right]^2 \tag{5.6}$$

不难看出式(5.6)是一个圆的方程式。在 σ-τ 的坐标系中如取圆心为$(a、b)$，半径为 r 画圆$\left(\text{如图 5.4 所示，其中 } a=\frac{\sigma_1+\sigma_3}{2}\text{ 为圆心在 }\sigma\text{ 轴上的坐标，圆心在 }\tau\text{ 轴上的坐标 } b=0\text{，圆的半径 } r=\frac{\sigma_1-\sigma_3}{2}\right)$，由此画出的圆即称为莫尔应力圆。

从莫尔应力圆上沿逆时针方向取 2α 角的点 a（图 5.4），a 点的横坐标代表 σ，其纵坐标代表 τ，则莫尔应力圆上每一点的纵、横坐标分别表示土体中相应点与大主应力平面成 α 斜角的

mn 平面上的法向应力 σ 与剪应力 τ。显然当土体中任一点只要已知其大小主应力 σ_1 与 σ_3 时，便可用莫尔应力圆求出该点不同斜面上的法向应力 σ 与剪应力 τ。因此，应用莫尔应力圆可以很方便地表示出土体中任一点的应力状态。

2. 土的极限平衡状态及条件式

(1)土的极限平衡状态

前已述及，土的强度破坏就是指土的剪切破坏。因此，只要把土中任一点的应力状态与该处土的抗剪强度相比较，就可以研究该点的平衡状态。现设有一个微单元土体，在任一对主应力作用下，这个微单元土体内任一截面上的剪应力 τ 如小于该截面上土的抗剪强度 τ_f(即 $\tau<\tau_f$)时，表示这个微小土体处于稳定平衡状态；如该截面上的剪应力 τ 等于土的抗剪强度(即 $\tau=\tau_f$)时，则表示这个微单元土体处于极限平衡状态；当剪应力 τ 大于截面上土的抗剪强度(即 $\tau>\tau_f$)时，则土体因产生剪切破坏而丧失稳定。由此可见，可用代表土中某点应力状态所画的莫尔应力圆，与该土的库伦线的相对关系就可以判定其所处的应力状态，故称为莫尔—库伦原理，如图 5.5 所示。图中圆 1 与库伦线相离位于库伦线的下方，表示土中某点任一截面的土体都处于稳定平衡状态；图中的圆 2 与库伦线正好相切于 a 点，表示微单元土体已达到极限平衡状态；图中的圆 3 与莫尔应力圆相割，表示微元土体已经破坏。因为土体已经破坏，实际上圆 3 是不可能画出的，而是理想的情况。

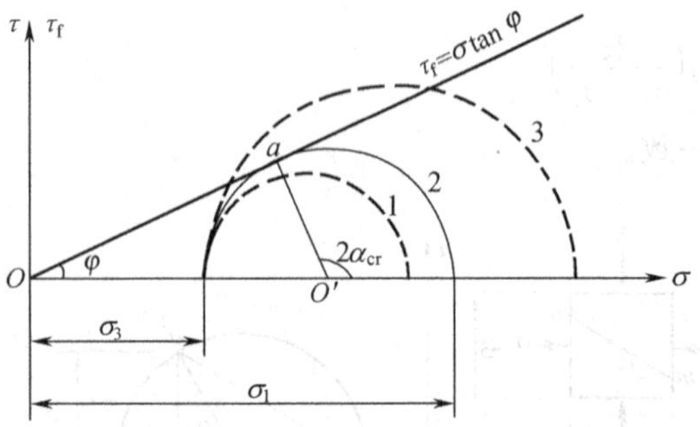

1—未达到极限平衡状态；2—处于极限平衡状态；
3—超过(理论上)极限平衡状态。

图 5.5　砂类土应力圆与抗剪强度线关系

(2)土的极限平衡条件式

土体中某点达到极限平衡状态时，其微单元土体上所作用的最大主应力 σ_1 与最小主应力 σ_3 以及土的抗剪强度指标 φ、c 值之间的关系式，即称为土的极限平衡条件式。可用莫尔应力圆与库伦强度线相切的几何关系推得。

当土中某点处于极限平衡状态时，莫尔圆上一对切点所代表的一对截面，即为剪切破坏面，如图 5.6 所示。由图 5.6 所示的几何关系可知：

$$\sin\varphi=\frac{\sigma_1-\sigma_3}{\sigma_1+\sigma_3+2c\cdot\cot\varphi}\tag{5.7}$$

或改写为

$$\sigma_1\sin\varphi+\sigma_3\sin\varphi+2c\cdot\cos\varphi=\sigma_1-\sigma_3$$

经过转换后又可改写成

$$\sigma_1(1-\sin\varphi)=\sigma_3(1+\sin\varphi)+2c\cdot\cos\varphi$$

或

$$\sigma_1=\sigma_3\frac{1+\sin\varphi}{1-\sin\varphi}+2c\frac{\cos\varphi}{1-\sin\varphi}\tag{5.8}$$

因为

$$\frac{1+\sin\varphi}{1-\sin\varphi}=\frac{\sin 90^\circ+\sin\varphi}{\sin 90^\circ-\sin\varphi}=\frac{2\sin\left(45^\circ+\frac{\varphi}{2}\right)\cos\left(45^\circ-\frac{\varphi}{2}\right)}{2\sin\left(45^\circ-\frac{\varphi}{2}\right)\cos\left(45^\circ+\frac{\varphi}{2}\right)}$$

$$=\frac{\sin^2\left(45^\circ+\frac{\varphi}{2}\right)}{\cos^2\left(45^\circ+\frac{\varphi}{2}\right)}=\tan^2\left(45^\circ+\frac{\varphi}{2}\right)$$

及
$$\frac{\cos\varphi}{1-\sin\varphi}=\sqrt{\left(\frac{\cos\varphi}{1-\sin\varphi}\right)^2}=\sqrt{\frac{1-\sin^2\varphi}{(1-\sin\varphi)^2}}=\sqrt{\frac{1+\sin\varphi}{1-\sin\varphi}}$$
$$=\tan\left(45^\circ+\frac{\varphi}{2}\right)$$

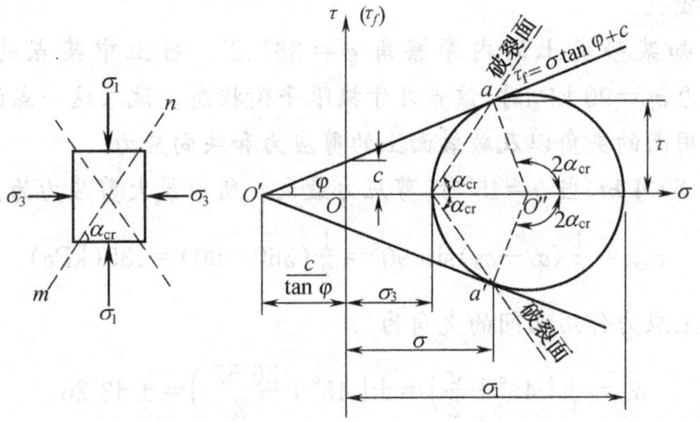

图5.6　黏性土体中任一点处于极限平衡状态时应力圆与抗剪强度线关系

故式(5.8)可化简为

$$\sigma_1=\sigma_3\tan^2\left(45^\circ+\frac{\varphi}{2}\right)+2c\tan\left(45^\circ+\frac{\varphi}{2}\right)\tag{5.9}$$

或
$$\sigma_3=\sigma_1\tan^2\left(45^\circ-\frac{\varphi}{2}\right)-2c\tan\left(45^\circ-\frac{\varphi}{2}\right)\tag{5.10}$$

以上所得出的关系式，为黏性土的关系式。对砂土，可认为黏聚力 $c=0$，则可得出砂土中某点的极限平衡条件方程式为

$$\sigma_1=\sigma_3\tan^2\left(45^\circ+\frac{\varphi}{2}\right)\tag{5.11}$$

$$\sigma_3=\sigma_1\tan^2\left(45^\circ-\frac{\varphi}{2}\right)\tag{5.12}$$

由式(5.9)～式(5.12)可以用来验算土体中某点是否已达到极限平衡状态。

土体中某点处于极限平衡状态时，其破裂面与最大主应力 σ_1 作用平面间的夹角 α_{cr} 可由图5.5的几何关系得

$$2\alpha_{cr}=\pm(90^\circ+\varphi)$$

所以
$$\alpha_{cr}=\pm\left(45^\circ+\frac{\varphi}{2}\right)\tag{5.13}$$

由此可知，剪切破坏面的位置是发生在与大主应力平面成 $\left(45^\circ+\frac{\varphi}{2}\right)$ 夹角的斜面上。

综上所述，莫尔—库仑关于土的抗剪强度理论可以归纳为以下几点：

(1) 土体的抗剪强度随受剪切面上法向应力数值大小的不同而不同，即法向应力增大时，土的抗剪强度也随之增大；

(2) 土体强度破坏是由于土体在荷载作用下,土中某点剪切面上的剪应力达到或超过了土的抗剪强度所致,发生的条件是库仑线与莫尔应力圆相切;

(3) 土体的剪切破坏面不发生在剪应力最大的斜面上,即 $\alpha=45°$ 的斜面上,而是发生在与大主应力平面成 $\alpha_{cr}=45°+\frac{\varphi}{2}$ 夹角的斜面上。

应当指出,土的抗剪强度线不一定都呈直线形状,特别是当剪切面上的法向应力 σ 变化范围很大时,常呈曲线形状,在这种情况下就不能再用库仑强度公式来概括。通常将这种曲线称为土的抗剪强度包线。

【例 5.1】 已知某砂类土的内摩擦角 $\varphi=36°52'$。当土中某点的最大主应力 $\sigma_1=360$ kPa,最小主应力 $\sigma_3=90$ kPa时,该点处于极限平衡状态。试求这一点的最大剪应力、破裂面与最大主应力作用面的夹角以及破裂面上的剪应力和法向应力。

【解】 由式(5.5)可知,当 $\alpha=45°$ 时,剪应力最大。所以最大剪应力为:

$$\tau_{max}=\frac{1}{2}(\sigma_1-\sigma_3)\sin 90°=\frac{1}{2}(360-90)=135(\text{kPa})$$

破裂面与最大主应力作用面间的夹角为

$$\alpha_{cr}=\pm\left(45°+\frac{\varphi}{2}\right)=\pm\left(45°+\frac{36°52'}{2}\right)=\pm 63°26'$$

破裂面上的剪应力为

$$\tau=\frac{1}{2}(\sigma_1-\sigma_3)\sin 2\alpha_{cr}=\frac{1}{2}(360-90)\sin(2\times 63°26')=108(\text{kPa})$$

破裂面上的法向应力根据式(5.4)为

$$\sigma=\frac{1}{2}(\sigma_1+\sigma_3)+\frac{1}{2}(\sigma_1-\sigma_3)\cos 2\alpha_{cr}$$

$$=\frac{1}{2}(360+90)+\frac{1}{2}(360-90)\cos(2\times 63°26')=144(\text{kPa})$$

此点的应力圆和抗剪强度线如图 5.7 所示。

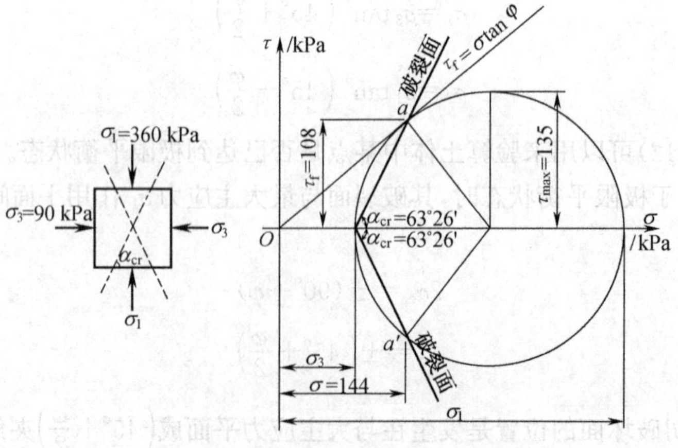

图 5.7 例 5.1 的应力圆和抗剪强度线

【例 5.2】 已知某黏性土地基的内摩擦角 $\varphi=26°$,黏聚力 $c=20$ kPa。当土中某点达到极限平衡状态时,该点的最大主应力 $\sigma_1=450$ kPa。试求:

(1) 此时该点的最小主应力σ_3，并绘应力圆；

(2) 破裂面与最大主应力作用面间的夹角、破裂面上的剪应力和相应的抗剪强度；

(3) 最大剪应力和最大剪应力作用面上的抗剪强度。

【解】 (1) 由式(5.10)，得

$$\sigma_3=\sigma_1\tan^2\left(45°-\frac{\varphi}{2}\right)-2c\tan\left(45°-\frac{\varphi}{2}\right)$$

$$=450\times\tan^2\left(45°-\frac{26°}{2}\right)-2c\tan\left(45°-\frac{26°}{2}\right)$$

$$=150(\text{kPa})$$

绘出应力圆如图5.8所示。

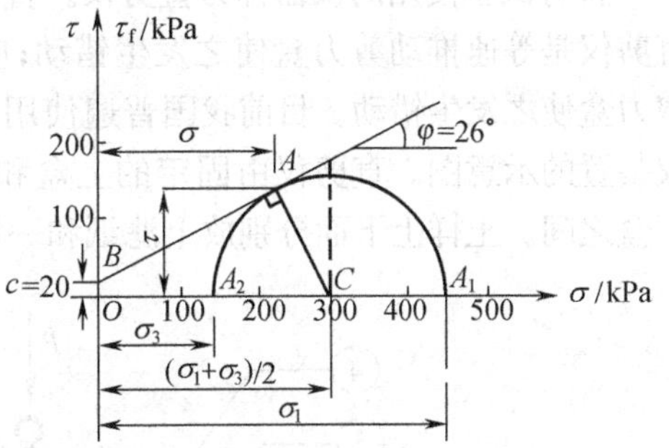

图5.8　例5.2的应力圆和抗剪强度线

(2) 破裂面与最大主应力作用面间的夹角，应等于$\frac{1}{2}\angle ACA_1$，即

$$\alpha_{cr}=\pm\frac{1}{2}(90°+\varphi)=\pm\left(45°+\frac{\varphi}{2}\right)$$

$$=\pm\left(45°+\frac{26°}{2}\right)=\pm58°$$

破裂面上的剪应力可按式(5.5)求得：

$$\tau=\frac{\sigma_1-\sigma_3}{2}\sin 2\alpha_{cr}=\frac{1}{2}(450-150)\sin(2\times58°)=135(\text{kPa})$$

破裂面上的法向应力可按式(5.4)求得：

$$\sigma=\frac{\sigma_1+\sigma_3}{2}+\frac{\sigma_1-\sigma_3}{2}\cos 2\alpha_{cr}$$

$$=\frac{1}{2}(450+150)+\frac{1}{2}(450-150)\cos(2\times58°)=234(\text{kPa})$$

相应的抗剪强度可按式(5.3)求得：

$$\tau=\tau_f=\sigma\tan\varphi+c=234\tan 26°+20=134(\text{kPa})$$

(3) 从图5.8可看出$\alpha=45°$时剪应力最大，$\tau_{max}=\frac{1}{2}(\sigma_1-\sigma_3)=\frac{1}{2}(450-150)=150(\text{kPa})$；此截面上的法向应力$\sigma=\frac{1}{2}(\sigma_1+\sigma_3)=\frac{1}{2}(450-150)=300(\text{kPa})$；相应的抗剪强度$\tau_f=\sigma\tan\varphi+c=300\tan26°+20=166(\text{kPa})$，即在最大剪应力的作用面上，有$\tau_f=166\text{ kPa}>150\text{ kPa}=\tau_{max}$。

从上述两例可看出，土的抗剪强度与一般固体材料的抗剪强度不同，即土的抗剪强度不是常量而是与法向应力成正比变化的变量。因此，土体的破裂面一般并不在最大剪应力作用的截面上，而在$\tau=\tau_f$的截面上。

任务5.2　土的抗剪强度试验

工程上，为了测定土的抗剪强度，必须作土的抗剪强度试验，通常称为剪切试验，其目的是确定土的抗剪强度指标。室内试验的仪器常用直剪仪、三轴压缩仪与无侧限压缩仪等。

5.2.1　直剪试验

直剪试验使用的仪器称为直剪仪。直剪仪有应力式和应变式两种。应变式直剪仪是等速推动剪力盒使之发生错动;应力式直剪仪是分级施加水平剪力于剪力盒使之发生错动。目前我国普遍使用应变式直剪仪。图 5.9 为应变式直剪仪装置的示意图。直剪仪由固定的上盒和可以移动的下盒组成,土样放置于上下盒之间。土样上下面分别放上滤纸和一块透水石以便于使土样中的水排出。

直剪试验

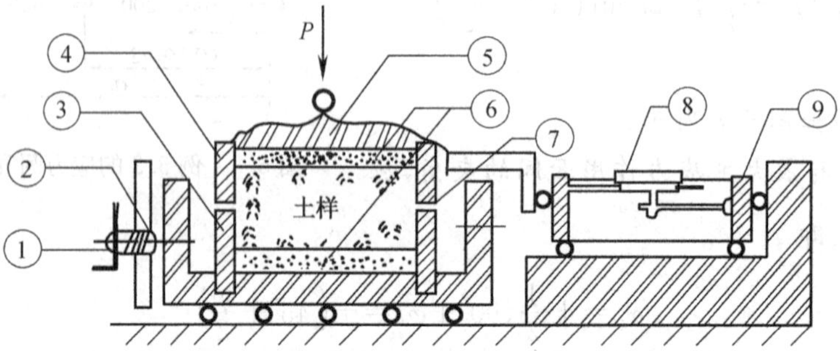

1—手轮;2—螺杆;3—下盒;4—上盒;5—传压板;
6—透水石;7—开缝;8—测微表;9—弹性量力环。

图 5.9　应变式直剪仪构造

试验时先在土样上施加强度为 σ 的垂直压力,然后,通过等速前进的轮轴施加水平剪力推动下盒向前移动,使土样在上盒与下盒之间发生剪切变形(错动)而发生剪切破坏。

土样的剪切变形,是用位于剪力盒一侧的量力环及测微表测量。根据土样的剪切变形读数与量力环系数便可计算出土的抗剪强度 τ_f 数值(τ_f 等于变形读数与量力环系数之乘积),由 σ 和 τ_f 便可绘制如图 5.3 所示的关系曲线。

直剪仪是最先用来测定土的抗剪强度指标的一种仪器。由于此仪器构造简单,土样制备和试验操作方便,造价低,故现在仍为一般工程试验的常用仪器。但该仪器也存在一些缺点:如人为的固定剪切面在上下盒的接触面处,因而不能反映土体的实际软弱剪切面;在剪切过程中由于土样受剪面积逐渐减小,使垂直应力发生偏心,剪应力不能保持均匀分布;试验时不能严格控制土样的排水条件,也无法测定其孔隙水压力等。

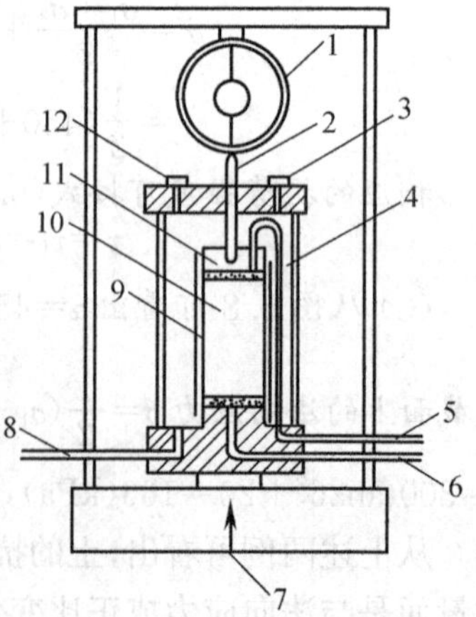

1—量力环;2—活塞;3—进水孔;
4—受压室;5—接排水管;6—接孔隙水压力系统;7—接轴向加压控制系统;8—接周围压力控制系统;
9—橡皮膜;10—试样;
11—试样帽;12—排水孔。

图 5.10　三轴剪切仪

5.2.2　三轴剪切试验

三轴剪切试验使用的仪器称为三轴剪切仪(又称三轴压缩仪)。此种仪器的核心部分是受压室,它的构造如图 5.10 所示;另外,还有轴压系统,即三轴剪切仪的主机台,用以对土样施加轴向压力;侧压系统是通过液压(通常是水)对土样施加周围压力;孔隙水测读系统,用以测量土样孔隙水压力及其在试验过程中的变化。

试验用的土样为正圆柱形,常用试样的高度与直径之比为 2～2.5(一般直径 $d>3.8$ cm)。将试样套在乳胶膜内,置放在压力室的底座上,然后向压力室压入液体,使土样在各个方向上受到相同的周围压力(即 σ_3),此时试样中不受剪力。再通过轴向加压设备对试样逐级施加垂直压力 $\Delta\sigma_1$,此时试样中将产生剪应力。在某一周围压力 σ_3 作用下,垂直压力为 σ_1,故 $\sigma_1=\sigma_3+\Delta\sigma_1$,不断增大 $\Delta\sigma_1$,直至使试样剪坏。其破坏面发生在与大主应力作用面成 $\alpha_{cr}=45°+\varphi/2$的夹角处。用 σ_1 与 σ_3 可绘得一个极限应力圆。如对同一种土取 3～4 个试样,分别在不同的周围压力 σ_3 作用下将试样剪破,用相应的 σ_1,便可绘制出几个不同的极限应力圆。据此作这些圆的公切线,即为库仑线,如图 5.11 所示。从图上便可确定试样的内摩擦角 φ 与黏聚力 c 值,亦可用极限平衡条件方程式计算得出 φ 与 c 值。

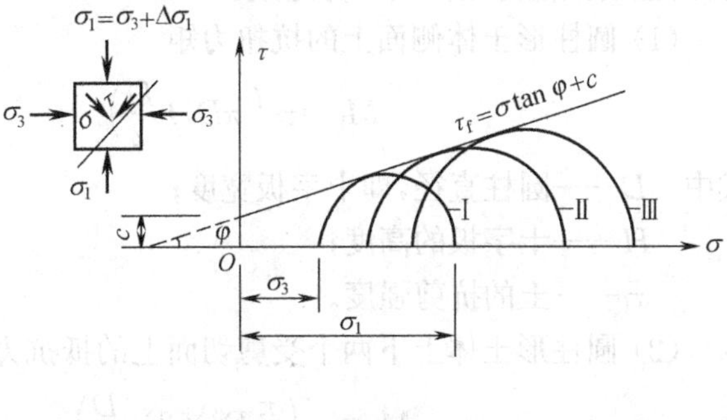

图 5.11　三轴压缩试验成果

关于三轴剪切试验的优点主要在于:可供在复杂应力情况下研究土的抗剪强度特性;还可根据工程实际需要,严格控制试样中孔隙水的排出,并能较准确地测定土样在剪切过程中孔隙水压力的变化,从而可以定量地得到试样中有效应力的变化情况。但是三轴剪切仪也存在一些缺点:如仪器设备和试样制备都较复杂;试样上下端受刚性板的影响;对于水平土层的试样(夹软弱层),剪切破坏面常不是软弱面。此外,目前使用的三轴剪切仪,土的中间主应力 σ_2 等于小主应力 σ_3,属于轴对称应力状态,将其成果用于平面问题或空间问题的研究时,也有不符合实际的情况。

5.2.3　无侧限压缩试验

无侧限压缩试验是只对试样(正圆柱体)施加垂直压力,不施加周围压力,即 $\sigma_3=0$,实际上是三轴剪切试验的一个特例。试验时由于试样侧向不受限制,可以任意变形,故称为无侧限压缩试验。这种试验只适用于黏性土,特别适用于饱和软黏土。仪器设备如图 5.12(a)所示。

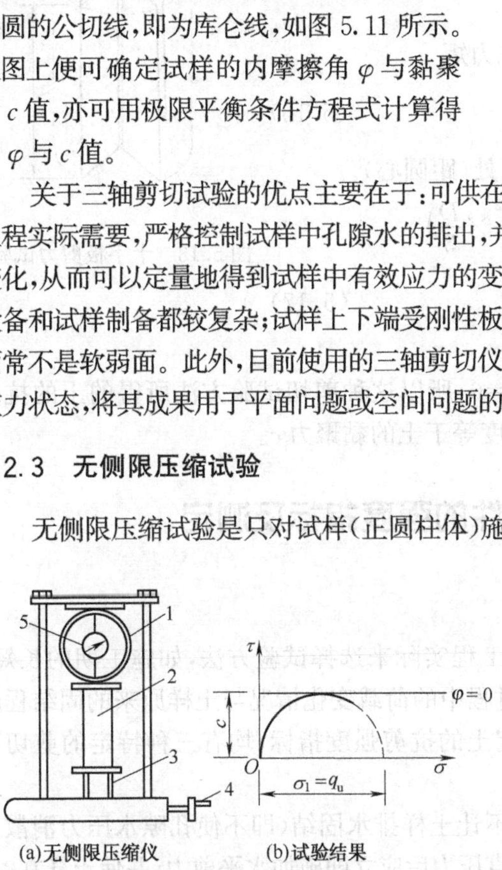

(a)无侧限压缩仪　　(b)试验结果

1—量力环;2—试样;3—升降螺杆;
4—手轮;5—百分表。

图 5.12　无侧限抗压强度试验

试验时试样侧向不受力且不排水,只施加垂直轴向压力使试样剪破。试样在剪破时所受的最大压力即为土的无侧限抗压强度 q_u,相当于三轴剪切仪进行 $\sigma_3=0$ 和不排水试验。因 $\sigma_3=0$,故总应力圆切于坐标原点,如图 5.12(b)所示。

根据无侧限压缩仪对于饱和黏土进行不排水剪切试验的结果,强度线接近一条水平线,如图 5.12(b)所示。当内摩擦角 $\varphi=0$ 时,则土的抗剪强度为

$$\tau_f=c=\frac{q_u}{2} \tag{5.14}$$

5.2.4　十字板剪切试验

十字板剪切试验方法适用现场原位测定软黏土的抗剪强度。对饱和黏土进行十字板剪切试验,相当于不排水的剪切试验。

十字板剪力仪的主要工作部分如图 5.13 所示，使用时将十字板插入土中待测的天然土层高程处，在地面上施加扭转力矩于杆身，带动十字板旋转，使十字板内的圆柱形土体与周围不动的土体间发生剪切。通过量力设备测出最大扭转力矩 M_{max}，据此计算抗剪强度。由图 5.13 可知，土的抗扭力矩由两部分组成：

(1) 圆柱形土体侧面上的抗扭力矩

$$M_1=\tau_f\left(\pi DH\frac{D}{2}\right) \tag{5.15}$$

式中 D——圆柱直径，即十字板宽度；

H——十字板的高度；

τ_f——土的抗剪强度。

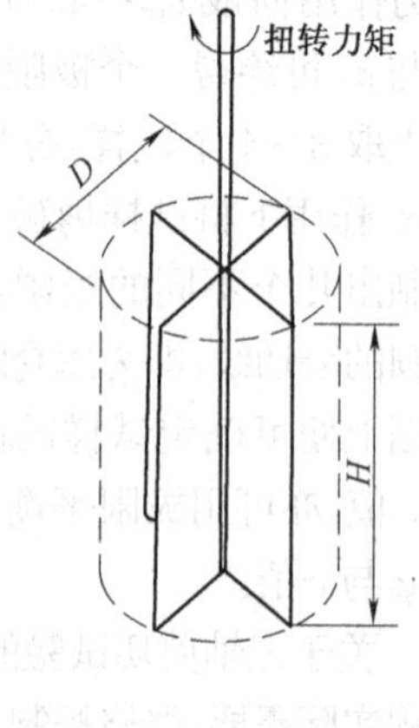

图 5.13 十字板剪力试验

(2) 圆柱形土体上下两个受剪切面上的抵抗力矩

$$M_2=\tau_f\left(\frac{\pi}{4}D^2\times2\times\frac{D}{3}\right) \tag{5.16}$$

式中 $D/3$ 为力臂值，因合力作用在圆半径的 2/3 处(距圆心)。

$$M_{max}=M_1+M_2=\tau_f\left(\frac{\pi HD^2}{2}+\frac{\pi HD^2}{2}\times\frac{D}{3}\right)$$

所以

$$\tau_f=\frac{M_{max}}{\frac{\pi D^2}{2}\left(H+\frac{D}{3}\right)} \tag{5.17}$$

由于饱和软黏土在不排水情况下剪切时，$\varphi=0$，所以这种剪切试验方法所得的土的抗剪强度与室内无侧限压缩试验一样，即土的抗剪强度等于土的黏聚力 c。

任务 5.3 不同排水条件的强度指标及测定

5.3.1 不同排水条件的试验方法

在测定土的抗剪强度指标时，应该紧密结合工程实际来选择试验方法，如施工期的长短、加荷速率、土的性质和排水条件，以及工程使用过程中的荷载变化情况与土样原来的固结程度等。不管是采用直剪仪还是采用三轴压缩仪测定土的抗剪强度指标，均有三种特定的剪切试验方法供选用。

(1)不排水剪(快剪)：指在整个试验过程中，不让土样排水固结(即不使孔隙水压力消散)。采用直剪试验时，由于不易控制排水，故在施加垂直压力后应立即施加水平剪力，并使土样在3～5 min内剪破，由于剪切过程时间较短，故称为快剪。若是采用三轴剪切试验，则应自始至终都关闭排水阀门，使土样不能排水。由不排水剪试验测得的抗剪强度指标用 τ_u、φ_u 和 c_u 表示。

(2)排水剪(慢剪)：指在试验的全过程中，使土样充分排水固结(即使孔隙水压力完全消散)。如用直剪试验，待土样在垂直压力作用下充分排水固结后，再缓慢地施加水平剪力，在剪切过程中让土样排水固结，直至土被剪破。由于剪切所需要的时间较长，故称为慢剪。强度指标用 τ_d、φ_d 和 c_d 表示。如采用三轴剪切试验，无论在施加周围压力和竖向压力时，均需打开排水阀门，并以充分时间让土样排水固结。

(3)固结不排水剪(固结快剪)：如果采用直剪试验，使土样在垂直压力作用下完全固结后，再施加水平剪力，在3～5 min内将土样剪破，故称为固结快剪。如采用三轴剪切试验，在施加周围压力时，打开排水阀门，使土样排水固结后，再关排水阀门，施加垂直压力，使土样在不排水条件下剪破。由此测得的强度指标用 τ_{cu}、φ_{cu} 和 c_{cu} 表示。

以上三种试验方法，对同一种土样测出的抗剪强度和抗剪强度指标都不相同，$\tau_d > \tau_{cu} > \tau_u$；$\varphi_d > \varphi_{cu} > \varphi_u$；$c_u > c_{cu} > c_d$。

5.3.2 剪切试验方法的分析与选用

1. 剪切试验方法的分析

上面已经讲过可用直剪仪通过快剪、慢剪和固结快剪三种特定的试验方法，粗略地模拟地基土体、路堤堤身或边坡土体的固结情况。但直剪试验最突出的缺点是不能准确地控制排水条件和测得孔隙水压力的变化情况。直剪试验中通过快和慢的剪切速率来解决土样的排水条件问题，与实际情况有较大的差别。下面将三种直剪试验方法与相应的三种三轴剪切试验方法进行简要的比较分析。

(1)慢剪与排水剪试验

直剪仪的慢剪试验与三轴压缩仪的排水剪试验，由于试验的全过程中试样中没有孔隙水压力，所施加的应力就为有效应力，所以两种试验方法的排水条件相同。除仪器本身的性能与误差外，两种试验的结果基本相同。因施加的应力是有效应力，所得出的强度指标 φ_d、c_d 基本上等于有效应力强度指标 φ'、c'。

(2)快剪与不排水剪切试验

直剪仪的快剪试验与三轴压缩仪的不排水剪切试验结果的差别主要取决于土样的渗透性，对于渗透性很大的土，直剪的快剪试验可以相当于三轴压缩仪的排水剪试验，因为在规定的剪切时间内(快剪)，土样中的水可以通过各种缝隙排出，使土样达到固结的程度，这一点已为某些试验所证实。

(3)固结快剪与固结不排水剪

直剪仪的固结快剪与三轴压缩仪的固结不排水剪试验，因为土样在垂直压力作用下都已达到完全固结的程度，在剪应力作用下土样的固结排水条件类似于直剪仪的快剪与三轴压缩仪的不排水剪。

综上所述，对于透水性很大的砂类土的快剪、固结快剪的试验成果接近于排水剪；对于透水性很小的黏土，用直剪试验的三种试验方法，与用三轴压缩仪三种试验方法，它们各自相应的成果比较接近；对于中等透水性的土样(如粉质黏土)用直剪试验与三轴压缩仪试验的成果有差别。

2. 工程中试验方法的选用

经过前面对有效应力法的分析，以及三种特定的抗剪强度试验方法的介绍，对如何结合工程特点选用相应的试验方法就比较明确了。现简单归纳如下：

(1)当工程需要采用有效应力进行设计时，应该使用有效抗剪强度指标。有效抗剪强度指标可用直剪的慢剪试验和三轴的排水剪试验测得。使用有效应力和有效强度指标进行工程设计，概念明确，指标比较稳定，是一种比较合理的方法。但由于土中的孔隙水压力很难测准，这给工程应用带来一定困难。

(2)三轴剪切试验中的不排水剪，相应于所施加的外力全部都由孔隙水承担，土样保持初始应力状态。固结不排水的固结应力即为有效应力，而固结后施加的轴向应力使土样产生了孔隙水压力。当工程中实际存在的应力状态与上述两种情况相符合时，采用不排水与固结不排水试验指标才是合理的，否则将是近似的。

试验方法的具体选用，应该紧密结合工程实际，考虑土体的受力情况、应力分布以及排水条件等因素，选用适合的试验方法与抗剪强度指标。例如当地基为不易排水的饱和软黏土，施工期又较短时,可选用不排水或快剪试验的抗剪强度指标;反之当地基容易排水固结,如砂类土地基,而施工期又比较长时,可选用固结排水剪或慢剪试验的强度指标;当建筑物完工后很久,荷载又突然增大,如水闸完工后挡水的情况,可采用固结不排水剪或固结快剪试验的抗剪强度指标。又如总应力法分析土坝坝体的稳定时,施工期可采用不饱和快剪试验的强度指标,运用期间可采用饱和固结快剪试验的强度指标。当分析浸水路堤水位骤然下降的边坡稳定时,也可采用饱和固结快剪的强度指标。

砂类土的振动液化分析

项目小结

土的形成条件、所处环境及所受上部荷载大小及作用形式不同,土所表现出的强度特性也不同,因此,本项目主要介绍土的抗剪强度分析方法。主要内容涉及土的抗剪强度的定义与极限平衡条件、库伦定律、不同条件下土的抗剪强度指标的测定方法。通过本项目的学习,掌握土的抗剪强度对工程的意义和抗剪强度指标的测定方法,为确定地基承载力、路堤地基地基处理等内容的学习做铺垫。

项目训练

1. 进行土的直剪试验,测试土的抗剪强度指标。
2. 根据建筑物施工速度和地基土的工程特性正确选择确定土的抗剪强度指标的试验方法。

复习思考题

1. 土体被剪坏的实质是什么?同一种土的抗剪强度是不是一个定值?

2. 何为抗剪强度线?黏性土和无黏性土的抗剪强度规律有什么不同?

3. 在平面问题上,砂类土中一点的大小主应力分别为 500 kPa 和 180 kPa,内摩擦角 $\varphi=36°$,问:

(1) 该点的最大剪应力是多少?最大剪应力作用面上的法向应力是多少?

(2) 此点是否已达到极限平衡状态?为什么?

(3) 如果此点未达到极限平衡状态,那么当保持大主应力不变,而改变小主应力的大小,在达到极限平衡状态时,小主应力应为多少?

4. 设有一干砂样放在直接剪切仪的剪切盒中,剪切盒的断面积为 60 cm^2。在砂样上作用一大小为 900 N 的竖直荷载,然后作水平剪切。当水平推力为 300 N 时,砂样开始被剪坏。试求当竖直荷载为 1 800 N 时,应使用多大的水平推力,砂样才能被剪坏?该砂样的内摩擦角为多大?并求此时的大小主应力和方向。

5. 如果在上题的剪切盒中放入一黏土样,并在与上题相同的竖直荷载和水平推力作用下(即竖直荷载为 900 N,水平推力为 300 N)土样被剪坏。问:当竖直荷载增大(大于 900 N)时,哪一个土样(黏土样或砂样)的抗剪强度大些?

6. 慢剪、快剪和固结快剪的试验控制条件是什么?如同一种土样分别采用上述三种试验方法,所测出的抗剪强度指标是否相同?为什么?

项目6 天然地基容许承载力

项目描述

地基承载力是工程建筑物设计与施工的主要依据，若地基承载力不能满足要求，工程建筑物将产生一系列问题（地基的剪切破坏、过大的沉降量和沉降差、甚至是工程结构物的破坏），因此，正确确定各类工程结构物的地基承载力，才能保证工程结构物的安全与正常使用。因此，在本项目中主要论述与工程设计与施工有关的天然地基容许承载力的确定方法。

教学目标

1. 能力目标

(1)了解地基的破坏形态，理解地基承载力的概念。

(2)熟练掌握按《桥涵地基规范》确定地基承载力的方法。

(3)了解用触探法确定地基承载力的方法。

2. 知识目标

(1)了解地基的破坏形态，理解地基承载力的概念。

(2)掌握按《桥涵地基规范》确定地基承载力的方法。

3. 素质目标

(1)具有良好的职业道德，养成严谨求实的工作作风。

(2)具备协作精神。

(3)具备一定的协调、组织能力。

相关案例——上海展览馆地基下沉

1. 概　　况

上海展览馆于1954年兴建，因地基约有14 m的淤泥质软黏土，建成后当年就下沉600 mm。

1957年6月展览馆中央大厅四角的沉降最大达1 465.5 mm，最小沉降为1 228 mm，不均匀沉降造成此建筑物开裂。1957年7月经有关专家的勘察、分析，认为对裂缝修补后可以维持使用。9月，中央大厅地下室的沉降量累计达1 650 mm，年平均沉降量达51 mm。

2. 土层分布

第一层填土，0.24～0.5 m；第二层黄褐色粉质黏土，坚硬至可塑，0.96～1.16 m；第三层棕黄色黏土,可塑,1.60～2.60 m;第四层灰色粉质黏土,可塑,2.20～6.3 m;第五层灰色黏土,可塑,未钻穿(钻孔深度10 m)

3. 沉降过大原因分析

(1)按照基础埋深0.5 m,持力层为第二层坚硬至可塑黄褐色粉质黏土,较以下各层土(可塑状态)承载力都高,因此地基土的持力层满足承载力要求(基底总应力130 kPa,持力层容许承载力150 kPa),而下卧层承载力不满足要求(软弱下卧层顶面处,附加应力还有120 kPa,远大于该层承载力)。

(2)基地应力较大,土中应力水平高。基地附加应力124 kPa。

(3)基础面积大,压缩土层相对较薄,应力沿深度衰减比较慢,至主要压缩层底部,附加应力还有70 kPa。

由此案例可以看出,地基土的类型不同,其承载力也不同,地基基础设计时除了持力层承载力应满足要求外,还要检算下卧层,尤其是软弱下卧层的承载力是否满足要求,否则不仅会造成地基沉降过大,影响建筑物正常使用,还可能会造成地基的整体破坏,造成建筑物倒塌等严重事故。

任务6.1 地基的破坏形态分析

6.1.1 地基承载力及地基容许承载力的概念

地基承载力(即地基强度),是指在能满足强度及稳定的要求时,地基土单位面积上容许承受的最大压力。地基的承载力有极限承载力与容许承载力。地基濒临破坏时的承载力称为极限承载力;有足够的安全度保证地基不破坏,且能保证建筑物的沉降量不超过容许值的承载力称为地基容许承载力。设计建筑物时不能采用地基的极限承载力,而应采用容许承载力。

6.1.2 影响地基承载力的几种因素

(1)地基土的堆积年代。地基土的成岩过程是和堆积年代密切相关的。在天然状态下,地基土的堆积年代愈久,成岩作用程度愈高,其承载力也较大,反之,则较小。

(2)地基土的成因。不同成因的土具有不同的承载力。对同一类土,一般说冲、洪积成因土的承载力要比坡积、残积成因的土大一些。

(3)土的物理力学性质。地基土的物理力学性质指标是影响承载力高低的直接因素。不同物理力学性质的土,具有不同的承载能力。

(4)地下水。土的重度的大小对承载力有一定的影响,当土受到地下水的浮托作用时,土的重度就要减小,承载力也就降低。

(5)建筑物性质。建筑物的结构形式、整体刚度以及使用要求不同,则对容许沉降的要求也不同,因而对承载力的选取也应有所不同。

(6)建筑物基础。基础尺寸及埋深大小对承载力也有影响。

6.1.3 地基土的变形阶段

一般地说,地基土在建筑物荷载作用下产生的变形,可分为三个阶段(图6.1):

第一阶段是地基土的压密阶段,相当于 p-s 曲线上的 $0a$ 段。荷载与变形的关系,基本上是直线关系，在这一阶段中，地基主要是压缩变形（即土内孔隙减少，土粒靠拢挤紧）。

第二阶段是局部剪切阶段，相当于 p-s 曲线上的 ak 段，荷载与变形的关系，已是曲线关系了。由于荷载逐步增大，地基内除了压缩变形外，基础边缘区应力已达到极限平衡状态，土体开始发生剪切破坏，形成塑性变形。因此这一阶段的变形，由压缩变形和局部地区的塑性变形两者组成。

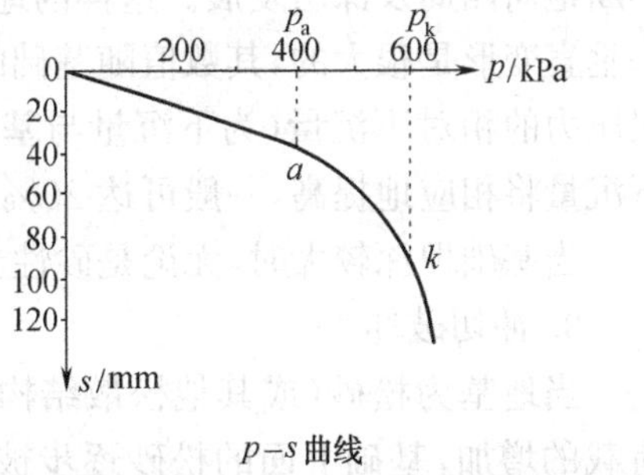

图 6.1　建筑物荷载与地基变形的关系

第三阶段是破坏阶段，相当于 p-s 曲线上的 k 点以后部分。当荷载继续增大时，地基内的塑性变形区不断扩大，最后形成滑动面，地基土或向一侧滑动，或向四周隆起，建筑物遭到破坏。p-s 曲线则表现为曲度急剧增大。

6.1.4　地基的破坏形态

地基破坏的形式是多种多样的，大体上可分成三种形态。

1. 整体剪切破坏

当地基为密实的砂土，基础埋置很浅时，在逐级加载过程中，开始几级荷载引起的，基底压力 p 小于 p_a，如图 6.2(a)所示，其荷载沉降曲线为一直线段，可看作地基处于弹性变形阶段。当基底压力达到 p_a 时，基底两端点达到极限平衡并开始产生塑性变形，故 p_a 叫作临塑荷载，但整个地基仍处于弹性变形阶段。当 $p > p_a$ 时，基底塑性变形区的剪切破坏区从两端点逐步扩大，塑性区以外仍然是弹性区，整个地基处于弹塑性混合状态。随着荷载增加，塑性区也相应扩大，地基沉降量不断增加，反映在 p-s 曲线上，即为一曲线段。当基底压力达到某一特定值 p_k 时，基底剪切破坏面与地面连通，形成一弧形滑动面，地基土沿此滑动面从基底一侧或两侧大量挤出，整个地基将失去稳定，形成破坏状态。这样的破坏叫整体剪切破坏，相对应的 p_k 叫作极限荷载。

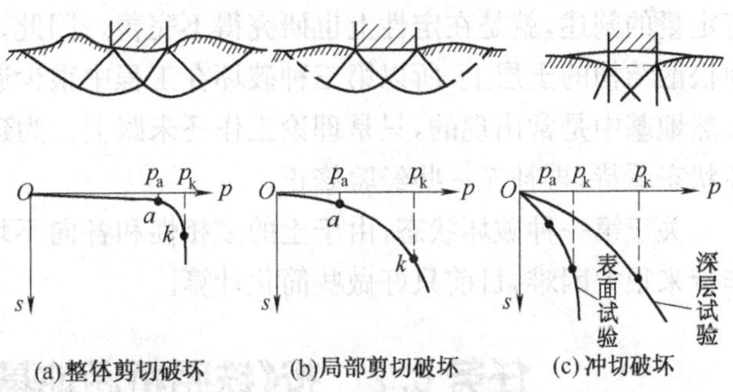

图 6.2　地基破坏形式

对于饱和黏土地基，在基础浅埋而且荷载急速增加的条件下，极易造成整体剪切破坏。

2. 局部剪切破坏

当地基为一般黏性土或中密砂土，基础埋置较浅时，在荷载逐步增加的初始阶段，基础沉降随荷载大致成比例地下沉，荷载-沉降曲线为一直线段，如图 6.2(b)所示，说明整个地基尚处在弹性变形阶段。当基底压力继续增加时，基础沉降已不是线性增加了，进入到曲线段内，说明基底以下土体已出现剪切破坏区。当荷载达到某一特定值后，荷载-沉降曲线的梯度已不随荷载增加而增加，而是保持某常数，这个特定压力值，称为极限压力 p_k。这时地基中的剪切面仅延伸到一定位置而中断，没有延伸到地表面。图 6.2(b)中所示的基底下面的实线剪切面，即为实际破裂面，虚线仅表示剪裂面的延展趋势，并非实际破裂面。基础两侧土没有挤出现象，地表只有微量的隆起。当压力超过 p_k 时，剪切面仍不会延伸到地表，其结果是塑性变形不断地向四周及深层发展。这样的地基破坏,称为局部剪切破坏。当发生局部剪切破坏时,地基垂直变形是很大的,其数值随基础的埋深而增加。例如在中密砂层上作用有表面荷载时,极限压力的相对下沉量(为下沉量与基础宽度之比,即 s/b)在10%以上,随着埋深的增加,相对下沉量将相应地提高,一般可达20%~30%。

当基础埋深较大时,无论是砂性土或黏性土地基,最常见的破坏形态就是局部剪切破坏。

3. 冲切破坏

当地基为松砂(或其他松散结构的土)时,不论基础是置于地表或具有一定埋深,随着荷载的增加,基础下面的松砂逐步被压密,而且压密区逐渐向深层扩展,基础也随之切入土中,因此在基础边缘形成的剪切破裂面垂直地向下发展,如图6.2(c)所示。基底压力很少向四周传播,基础边缘以外的土基本上不受到侧向挤压,地面不会产生隆起现象。图6.2(c)中的荷载沉降曲线,对于表面荷载可能还有一小段起始的直线段,但在基础有一定埋深时,一开始就是曲线段。曲线梯度随基底压力而渐增,当基础荷载沉降曲线的平均下沉梯度接近常数且出现不规则的下沉时,压力可当作极限压力 p_k,随后的曲线将是不光滑的曲线。

从荷载沉降曲线可知,当基底压力达到 p_k 时,其下沉量将比其他两种破坏形态更大。

以上三种破坏状态,除第一种在理论上有较多的研究外,第二种和第三种在理论上不但没有定量的阐述,就是在定性上也研究得不完善。因此,作为建筑物地基,很少选择在松砂或其他松散结构的土层上,所以第三种破坏在工程中很少遇到,可不予研究。但第二种破坏状态在天然地基中是常出现的,只是理论工作还未跟上。为建筑设计需要,往往近似地当作第一种破坏状态看待,再补充一些经验修正。

关于第一种破坏状态,由于土的多相性和各向不均匀性,基底形状又很不规则,给理论工作带来很大困难,目前只好做些简化计算。

任务6.2 按《铁路桥涵地基和基础设计规范》确定地基容许承载力

6.2.1 按《铁路桥涵地基和基础设计规范》提供的经验数据和经验公式确定地基容许承载力

按照《铁路桥涵地基和基础设计规范》(以下简称《桥涵地基规范》)的规定,对于常用结构形式基础的桥涵地基,如果地质情况比较简单(地基土比较均匀或水平成层),可以采用《桥涵地基规范》中提供的经验数据和经验公式来确定地基容许承载力。

《桥涵地基规范》中提供的各类地基土的承载力,是根据荷载试验与土的物理力学性质指标的对比资料,国内的实践经验,并参照国内外其他规范综合考虑编制的,具有一定的普遍性。在一般情况下,按《桥涵地基规范》确定的地基容许承载力来设计桥涵的常用结构形式的基础,地基的强度和稳定性将能得到保证,同时沉降量也在容许范围内。

《桥涵地基规范》首先提供了各类地基土的基本承载力 σ_0。地基的基本承载力系指地质简单的一般桥涵地基,当基础的宽度 $b\leqslant2$ m,埋置深度 $h\leqslant3$ m时的地基容许承载力(基础的"宽度 b,对于矩形基础为短边宽度,对于圆形或正多边形基础为 $\sqrt{F}$,F 为基础的底面积)。当 $b>2$ m、$h>3$ m且 $h/b\leqslant4$ 时,《桥涵地基规范》还提供了考虑宽度和深度修正的地基容许承载力的计算公式。

1. 地基土基本承载力 σ_0 的确定

查用《桥涵地基规范》提供的基本承载力数据时，必须先从现场取土样并做试验，取得按《桥涵地基规范》对地基土分类和查基本承载力表所需的物理力学性质（或物理状态）指标数据，然后按所定的土的类别和有关的指标数据，在相应的表中查出其基本承载力 σ_0。当 $b \leqslant 2$ m且 $h \leqslant 3$ m 时，查得的 σ_0 即为地基容许承载力。

(1)岩石地基的基本承载力

岩石地基的承载力与岩石的矿物成分、成因、年代，岩体构造、裂隙发育程度和水对岩体的影响等因素有关。各种因素影响的轻重程度视具体情况而异，然而这些因素影响的结果，可以归纳为岩块强度和岩体破碎程度这两个方面。因此，《桥涵地基规范》根据这两个方面的指标提供了岩石地基的基本承载力表，见表 6.1。这个表主要是根据试验资料并参考国内外有关规范和经验提出的。

表 6.1　岩石地基的基本承载力 σ_0(kPa)

岩石类别	节理发育程度		
	节理很发育	节理发育	节理不发育或较发育
	节理间距/mm		
	2～20	20～40	大于 40
硬 质 岩	1 500～2 000	2 000～3 000	大于 3 000
软 质 岩	800～1 000	1 000～1 500	1 500～3 000
软　岩	500～800	700～1 000	900～1 200
极 软 岩	200～300	300～400	400～500

注：(1)对于溶洞、断层、软弱夹层、易溶岩的岩石等，应个别研究确定；

(2)裂隙张开或有泥质填充时，应取低值。

(2)碎石类土地基的基本承载力

碎石类土地基的承载力和颗粒大小、含量、密实程度、成因、岩性和充填物性质等因素有关。碎石类土是根据颗粒大小和含量定名的。另据试验资料的统计分析，在影响碎石类土承载力的诸因素中，密实程度是一个具有共性的因素。因此，《桥涵地基规范》根据碎石类土的名称和密实程度，提供了碎石类土地基的基本承载力表，见表 6.2。

表 6.2　碎石类土地基的基本承载力 σ_0(kPa)

土　名	密实程度			
	松　散	稍　密	中　密	密　实
卵石土、粗圆砾土	300～500	500～650	600～1 000	1 000～1 200
碎石土、粗角砾土	200～400	400～550	550～800	800～1 000
细圆砾土	200～300	300～400	400～600	600～850
细角砾土	200～300	300～400	400～500	500～700

注：(1)半胶结的碎石类土可按密实的同类土的 σ_0 值，提高 10%～30%；

(2)由硬质岩块组成，充填砂类土者用高值；由软质岩块组成，充填黏性土者用低值；

(3)自然界中很少见松散的碎石类土，定为松散应慎重；

(4)漂石土、块石土的 σ_0 值，可参照卵石土、碎石土适当提高。

(3)砂类土地基的基本承载力

《桥涵地基规范》所提供的砂类土地基基本承载力表,是根据目前国内各地砂类土地基承载力的经验数值,结合铁路的实践经验,查阅国外规范及与理论公式计算结果进行分析对比,并考虑试验资料的统计计算结果提出的,见表6.3。

表6.3 砂类土地基的基本承载力 σ_0(kPa)

土名	湿度	密实程度			
		稍松	稍密	中密	密实
砾砂、粗砂	与湿度无关	200	370	430	550
中砂	与湿度无关	150	330	370	450
细砂	稍湿或潮湿	100	230	270	350
	饱和	—	190	210	300
粉砂	稍湿或潮湿	—	190	210	300
	饱和	—	90	110	200

(4)粉土地基的基本承载力

《桥涵地基规范》修订涉及的资料主要来源于铁路桥梁地基可靠度规改原始资料中的黏性土部分,从大量的黏性土原始资料中将 $I_p \leqslant 10$ 的粉土单分出来,独立编制粉土地基的基本承载力表。粉土的基本承载力与其天然孔隙比和天然含水率有关。通过统计计算得出粉土地基的基本承载力,见表6.4。

表6.4 粉土地基的基本承载力 σ_0(kPa)

e	w						
	10	15	20	25	30	35	40
0.5	400	380	(355)				
0.6	300	290	280	(270)			
0.7	250	235	225	215	(205)		
0.8	200	190	180	170	(165)		
0.9	160	150	145	140	130	(125)	
1.0	130	125	120	115	110	105	(100)

注:(1)e 为天然孔隙比,w 为天然含水率,有括号者仅供内插;

(2)在湖、塘、沟、谷与河漫滩地段以及新近沉积的粉土,应根据当地经验取值。

(5)黏性土地基的基本承载力

黏性土的类型很多。有经过水流或山洪搬运而沉积的冲、洪积黏性土,也有基岩风化而成且未经搬运的残积黏性土。同是冲、洪积黏性土,由于生成年代的不同,其物理力学性质也不完全一致。因此,黏性土地基的基本承载力不能笼统地按同一的物理力学性质(或物理状态)指标来确定,而应根据具体情况。采用不同的指标来编制基本承载力表。

① Q_4 冲、洪积黏性土地基的基本承载力

《桥涵地基规范》提供的 Q_4 冲、洪积黏性土地基基本承载力表，是以我国各地大量的荷载试验资料为依据编制的，见表6.5。制表时选用液性指数 I_L 和孔隙比 e 作为确定基本承载力的指标，是因为物理性质(状态)指标试验简单，便于应用，且据此二指标确定 σ_0 尚能符合实际。只要取回土样，测出其天然含水率、密度、土粒相对密度、液限和塑限，就可求出 I_L 和 e，从表6.5中查出基本承载力。

表6.5 冲、洪积黏性土地基基本承载力(kPa)

孔隙比 e	液性指数 I_L												
	0	0.1	0.2	0.3	0.4	0.5	0.6	0.7	0.8	0.9	1.0	1.1	1.2
0.5	450	440	430	420	400	380	350	310	270	240	220		
0.6	420	410	400	380	360	340	310	280	250	220	200	180	
0.7	400	370	350	330	310	290	270	240	220	190	170	160	150
0.8	380	330	300	280	260	240	230	210	180	160	150	140	130
0.9	320	280	260	240	220	210	190	180	160	140	130	120	100
1.0	250	230	220	210	190	170	160	150	140	120	110		
1.1			160	150	140	130	120	110	100	90			

注：土中含有粒径大于2 mm的颗粒且这些颗粒按质量计占全重30%以上时，σ_0 可酌予提高。

② Q_3 及以前冲、洪积黏性土地基的基本承载力

试验资料的分析结果表明，Q_3 及以前冲、洪积黏性土的承载力主要与其压缩模量 E_s 有关，《桥涵地基规范》提供的这类黏性土地基的基本承载力见表6.6。

表6.6 Q_3 及以前冲、洪积黏性土地基基本承载力 σ_0

压缩模量 E_s/MPa	10	15	20	25	30	35	40
σ_0/kPa	380	430	470	510	550	580	620

注：(1)$E_s=\dfrac{1+e_1}{\alpha_{1\sim2}}$，式中 e_1 为压力0.1 MPa时土样的孔隙比；$\alpha_{1\sim2}$ 为对应于0.1～0.2 MPa压力段的压缩系数(MPa^{-1})。

(2)当 $E_s<10$ MPa时，基本承载力按表6.5确定。

③ 残积黏性土地基的基本承载力

试验资料的分析结果表明，残积黏性土的承载力和 Q_3 及以前冲、洪积黏性土的承载力一样，主要与其压缩模量 E_s 有关。《桥涵地基规范》提供的残积黏性土地基的基本承载力见表6.7。

表6.7 残积黏性土地基的基本承载力 σ_0

压缩模量 E_s/MPa	4	6	8	10	12	14	16	18	20
σ_0/kPa	190	220	250	270	290	310	320	330	340

注：本表适用于西南地区碳酸盐类岩层的残积红土，其他地区可参照使用。

(6)新黄土(Q_3、Q_4)地基的基本承载力

新黄土包括湿陷性和非湿陷性黄土。《桥涵地基规范》提供的新黄土(Q_3、Q_4)地基的基本

承载力见表 6.8。

表 6.8 新黄土(Q_4、Q_3)地基的基本承载力 σ_0(kPa)

液限 w_L	孔隙比 e	天然含水率 w						
		5	10	15	20	25	30	35
24	0.7	—	230	190	150	110	—	—
	0.9	240	200	160	125	85	(50)	—
	1.1	210	170	130	100	60	(20)	—
	1.3	180	140	100	70	40	—	—
28	0.7	280	260	230	190	150	110	—
	0.9	260	240	200	160	125	85	—
	1.1	240	210	170	140	100	60	—
	1.3	220	180	140	110	70	40	—
32	0.7	—	280	260	230	180	150	—
	0.9	—	260	240	200	150	125	—
	1.1	—	240	210	170	130	100	60
	1.3	—	220	180	140	100	70	40

注:(1)非饱和 Q_3 新黄土,当 $0.85<e<0.95$ 时,σ_0 值可提高 10%。

(2)本表不适用于坡积、崩积和人工堆积等黄土。

(3)括号内数值供内插用。

(7)老黄土(Q_1、Q_2)地基的基本承载力

《桥涵地基规范》提供的老黄土(Q_1、Q_2)地基的基本承载力见表 6.9。

表 6.9 老黄土(Q_2、Q_1)地基的基本承载力 σ_0(kPa)

w/w_L	e			
	$e<0.7$	$0.7\leqslant e<0.8$	$0.8\leqslant e<0.9$	$e>0.9$
<0.6	700	600	500	400
0.6~0.8	500	400	300	250
>0.8	400	300	250	200

注:(1)w 为天然含水率,w_L 为液限含水率,e 为天然孔隙率。

(2)老黄土黏聚力小于 50 kPa,内摩擦角小于 25°,σ_0 应降低 20%左右。

(8)多年冻土地基的基本承载力

影响多年冻土承载力的主要因素有颗粒成分、含水率和地温。在地温和含水率相同的情况下,一般是碎石类土的承载力最大,砂类土的次之,黏性土的最小。冻土的强度一般随含水率的增大而提高,至刚达到饱和状态时出现最大值,含水率再增大时强度减小,直至接近冰的强度。试验和工程实践还证明,冻土的承载力随着地温降低而增大。《桥涵地基规范》提供的多年冻土地基的基本承载力见表 6.10。

表 6.10　多年冻土地基的基本承载力 σ_0(kPa)

序号	土　名	基础底面的月平均最高土温/℃					
		−0.5	−1.0	−1.5	−2.0	−2.5	−3.5
1	块石土、卵石土、碎石土、粗圆砾土、粗角砾土	800	950	1 100	1 250	1 380	1 650
2	细圆砾土、细角砾土、砾砂、粗砂、中砂	600	750	900	1 050	1 180	1 450
3	细砂、粉砂	450	550	650	750	830	1 000
4	粉土	400	450	550	650	710	850
5	粉质黏土、黏土	350	400	450	500	560	700
6	饱冰冻土	250	300	350	400	450	550

注:(1)本表序号1～5类的地基基本承载力,适合于少冰冻土、多冰冻土,当序号1～5类的地基为富冰冻土时,表列数值应降低20%。

(2)含土冰层的承载力应实测确定。

(3)基础置于饱冰冻土的土层上时,基础底面应敷设厚度不小于0.20～0.30 m的砂垫层。

【例6.1】　某砂类土地基土样的试验结果见表6.11,试确定此地基的基本承载力。

表 6.11　例6.1试验结果

物理性质指标	天然重度 γ/(kN/m³)	18.9	筛分质量/g	>2 mm	85
	土粒重度 γ_s/(kN/m³)	26.5		2～0.5 mm	215
	天然含水率 w/%	20.0		0.5～0.25 mm	154
	最大孔隙比 e_{max}	0.76		0.25～0.075 mm	302
	最小孔隙比 e_{min}	0.56		<0.075 mm	244

【解】　(1)确定土的名称

土样的总质量为

$$85+215+154+302+244=1\,000\ (g)$$

粒径大于2 mm的颗粒占总质量的百分数为

$$\frac{85}{1\,000}\times100\%=8.5\%<50\%$$

此土样为砂类土。

粒径大于0.5 mm的颗粒占总质量的百分数为

$$\frac{85+215}{1\,000}\times100\%=30\%<50\%$$

粒径大于0.25 mm的颗粒占总质量的百分数为

$$\frac{85+215+154}{1\,000}\times100\%=45.4\%<50\%$$

粒径大于0.075 mm的颗粒占总质量的百分数为

$$\frac{85+215+154+302}{1\,000}\times100\%=75.6\%>50\%<85\%$$

从以上计算结果可看出,大于0.075 mm的颗粒占总质量的百分数为75.6%,超过50%。查表1.14,可知此土样为粉砂。

(2)确定土的密实程度

计算土的天然孔隙比

$$e=\frac{\gamma_s(1+w)}{\gamma}-1=\frac{26.5(1+0.2)}{18.9}-1=0.68$$

计算土的相对密度

$$D_r=\frac{e_{max}-e}{e_{max}-e_{min}}=\frac{0.76-0.68}{0.76-0.56}=\frac{0.08}{0.20}=0.40$$

查表1.5，$0.33<D_r\leqslant 0.40$，可知此土样是稍密的。

(3)确定土的潮湿程度

$$S_r=\frac{\gamma_s w}{\gamma_w e}=\frac{26.5\times 0.2}{10\times 0.68}\times\%=78\%$$

查表1.8，因 $50\%<S_r<80\%$，可知此土样是潮湿的。

(4)确定土的基本承载力

以上已确定此土样是潮湿稍密的粉砂，查表6.3，得 $\sigma_0=190$ kPa。

2. 地基容许承载力[σ]的确定

当基础的宽度 $b>2$ m，基础底面的埋置深度 $h>3$ m，且 $h/b\leqslant 4$ 时，地基容许承载力[σ]等于基本承载力 σ_0 加上按宽度、深度修正的影响值，其计算的经验公式为

$$[\sigma]=\sigma_0+k_1\gamma_1(b-2)+k_2\gamma_2(h-3) \tag{6.1}$$

式中 [σ]——地基容许承载力(kPa)；

σ_0——地基的基本承载力(kPa)；

b——基础的宽度(见本学习任务已介绍的关于 b 的说明)，当大于10 m时，取 $b=10$ m；

h——基础底面的埋置深度(m)，对于一般受水流冲刷的墩台，由一般冲刷线算起，不受水流冲刷者，由天然地面算起，位于挖方内的基础，由开挖后的地面算起；

γ_1——基底以下持力层土的天然重度(kN/m³)，如持力层在水面以下，且为透水者(如碎石类土、砂类土等)，应采用浮重度；

γ_2——基底以上土的换算天然重度(kN/m³)，如持力层在水面以下，且为透水者，在基底以上水中部分土(不论其是否透水)的重度应采用浮重度，如持力层为不透水者，则基底以上水中部分土(不论其是否透水)的重度应采用饱和重度；

k_1,k_2——宽度、深度修正系数，按持力层土的类别查表6.12。

表6.12　宽度、深度修正系数

系数	土的类别																		
	黏性土				粉土	黄土		砂类土								碎石类土			
	Q_4的冲、洪积土		Q_3及其以前的冲、洪积土	残积土		新黄土	老黄土	粉砂		细砂		中砂		砾砂、粗砂		碎石圆砾角砾		卵石	
	$I_L<0.5$	$I_L\geqslant 0.5$						稍、中密	密实	稍、中密	密实	稍、中密	密实	稍、中密	密实	稍、中密	密实	稍、中密	密实
k_1	0	0	0	0	0	0	0	1	1.2	1.5	2	2	3	3	4	3	4	3	4
k_2	2.5	1.5	2.5	1.5	1.5	1.5	1.5	2	2.5	3	4	4	5.5	5	6	5	6	6	10

注：(1)节理不发育或较发育的岩石不做宽深修正，节理发育或很发育的岩石，k_1、k_2 可按碎类石土的系数，但对已风化成砂、土状者，则按砂类土、黏性土的系数。

(2)稍松状态的砂类土和松散状态的碎石类土，k_1、k_2 值可采用表列稍、中密值的50%。

(3)冻土的 $k_1=0$、$k_2=0$。

分析式(6.1)可知，其由三部分组成：

(1) 基本承载力 σ_0，可从表6.1至表6.10查得。

(2) $k_1\gamma_1(b-2)$是基础宽度 $b>2$ m 时地基承载力的增加值。从图 6.3 可看出，当地基承受压力发生挤出破坏时，$b>2$ m 的基础所挤出土体的体积和重量都比 $b=2$ m 时大，挤出所遇的阻力也增加。因此，基础愈宽，挤出就愈困难，地基承载力就比 $b=2$ m 时有所增加。增加值与基础宽度的增大值$(b-2)$、反映基底挤出土体重量的重度 γ_1 和反映基底土抗剪强度的系数 k_1 三者有关。

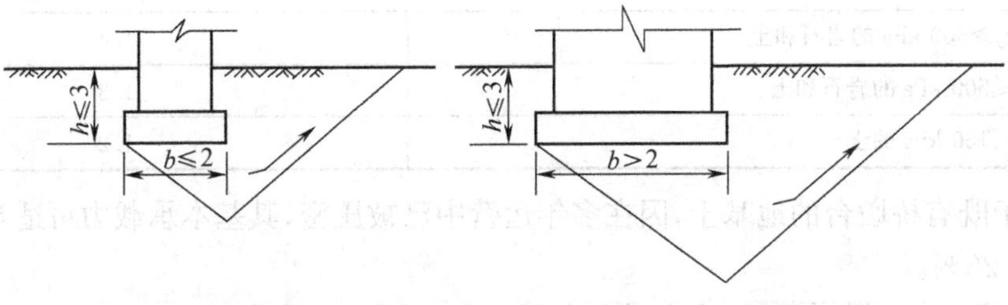

图 6.3　不同基础宽度对地基承载力影响的对比示意图(单位：m)

(3) $k_2\gamma_2(h-3)$是基础底面埋置深度 $h>3$ m 时地基容许承载力的增加值。从图 6.4 可看出，当 $h>3$ m 时，相当于在 $h=3$ m 的基础周围地面上有 $\gamma_2(h-3)$的超载作用，基底下的滑动土体在挤出过程中，要增加克服超载作用的阻力，所以地基承载力有所增加。系数 k_2 与基底挤出土的抗剪强度有关。

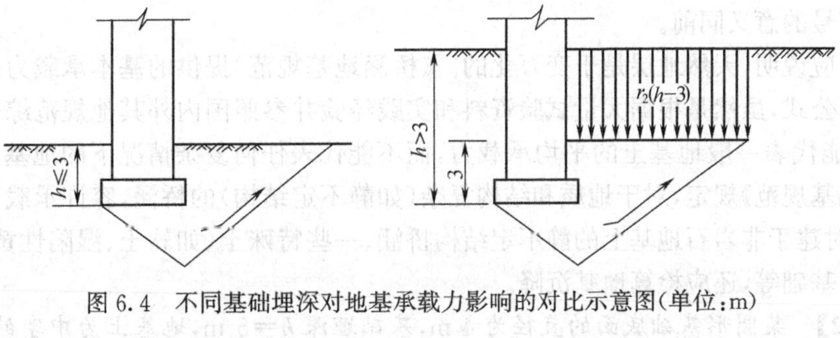

图 6.4　不同基础埋深对地基承载力影响的对比示意图(单位：m)

式(6.1)是根据浅基础的地基强度理论概念建立的，它只有在 $h/b\leqslant 4$ 时才适用。从公式还可看出，b 值愈大对强度愈有利，但若 b 过大，地基压力的影响深度也相应增加，沉降量也增大。为了避免沉降量过大，对 $b>2$ m 时地基承载力的增加值应有所限制。所以《桥涵地基规范》规定，当 $b>10$ m 用式(6.1)计算$[\sigma]$时，应取 $b=10$ m。

对于节理不发育或较发育的岩石，可不作宽深修正，对于节理发育或很发育的岩石，可采用碎石类土的修正系数，对于已风化成砂、土状的岩石，可参照采用砂类土、黏性土的修正系数。对于稍松状态的砂类土和松散状态的碎石类土，k_1 和 k_2 可采用表 6.12 中与中密状态对应的修正系数的 50%。冻土地基承载力的宽度、深度修正问题，尚待研究解决，目前在计算中暂取 $k_1=k_2=0$。

在确定地基容许承载力时，《桥涵地基规范》还规定：

(1)墩台建在水中，基底土为不透水层，常水位至一般冲刷线每高 1 m，容许承载力可增加 10 kPa。这是因为基底土为不透水层时，常水位至一般冲刷线的高度 h_w 内水的重量 $\gamma_w h_w$ 就压在不透水的基底面土层上，即增加了基础周围的超载，因此$[\sigma]$可提高。

(2)计算基底应力时，如不仅考虑了主力(如恒载和活载)的作用，而且还考虑了附加力(如制动力和风力等)的作用，则地基容许承载力可提高 20%。因为主力和附加力同时作用且同处于最大值的概率很小,而且达到这种最不利组合时,使基底产生的最大压应力也是局部的和短时间的,所以[σ]可适当提高。主力加特殊荷载(地震力除外)时,地基容许承载力[σ]可按表6.13选用。

表 6.13　地基容许承载力的提高系数

地　基　情　况	提 高 系 数
基本承载力 σ_0>500 kPa 的岩石和土	1.4
150 kPa<σ_0≤500 kPa 的岩石和土	1.3
100 kPa<σ_0≤150 kPa 的土	1.2

(3)对于既有桥墩台的地基土,因在多年运营中已被压密,其基本承载力可适当提高,但提高值不超过25%。

综合上述三点,若计算基底应力时考虑了主力和附加力的作用,且地基土为不透水层,而常水位至一般冲刷线的高度为 h_w(h_w 也可能等于0)时,则地基容许承载力 $[\sigma]_{主+附}$ 的公式可表达为

$$[\sigma]_{主+附}=1.2\times[k_0\sigma_0+k_1\gamma_1(b-2)+k_2\gamma_2(h-3)+10h_w]\quad(\text{kPa})\tag{6.2}$$

式中　k_0——系数,对于非既有桥墩台地基土,$k_0=1.0$,对于既有桥墩台地基土,$1.0\leqslant k_0\leqslant 1.25$,其具体数值可根据实际情况酌定。

其他符号的意义同前。

最后还应说明,天然地层是千变万化的。《桥涵地基规范》提供的基本承载力表和容许承载力的计算公式,虽然是根据大量试验资料和实践经验并参照国内外其他规范综合考虑编制的,但也只能代表一般地基土的平均承载力,而不能代表任何复杂情况下的地基承载力。因此,《桥涵地基规范》规定,对于地质和结构复杂(如静不定结构)的桥涵,容许承载力宜经原位测试确定;对建于非岩石地基上的静不定结构桥涵、一些特殊土(如软土、湿陷性黄土等等)地基上的桥梁基础等,还应检算地基沉降。

【例 6.2】　某圆形基础底面的直径为4 m,基础埋深 $h=5$ m,地基土为中密的粗砂,基底以上土和持力层土的重度均为 $\gamma=18\ \text{kN/m}^3$,仅受主力的作用,求地基容许承载力。

【解】　(1)确定基本承载力

查表6.3,中密粗砂的基本承载力 $\sigma_0=430$ kPa。

(2)确定地基容许承载力

对于圆形基础,$b=\sqrt{F}=\sqrt{\dfrac{\pi\times4^2}{4}}=3.54\ \text{m}>2\ \text{m}$。又已知 $h=5$ m,且 $h/b=5/3.54=1.41<4$,所以可以作宽度、深度修正。

查表6.12,对于中密的粗砂,$k_1=3$,$k_2=5$,据式(6.1),可得地基容许承载力为

$$[\sigma]=\sigma_0+k_1\gamma_1(b-2)+k_2\gamma_2(h-3)$$
$$=430+3\times18(3.54-2)+5\times18(5-3)=693\ (\text{kPa})$$

【例 6.3】　一矩形桥墩基础,基底短边 $b=4.0$ m,地基土为 Q_4 冲积黏性土,地质及其他有关资料如图6.5所示,仅受主力的作用,试确定地基容许承载力。

【解】　(1)求基本承载力 σ_0

液性指数:

$$I_L=\frac{w-w_p}{w_L-w_p}=\frac{26-19}{37-19}=0.39<0.50$$

地基土处于硬塑状态。

孔隙比：

$$e=\frac{\gamma_s(1+w)}{\gamma}-1=\frac{27(1+0.26)}{20}-1=0.70$$

根据 $I_L=0.39$ 和 $e=0.70$，查表 6.5，得基本承载力 $\sigma_0=312$ kPa。

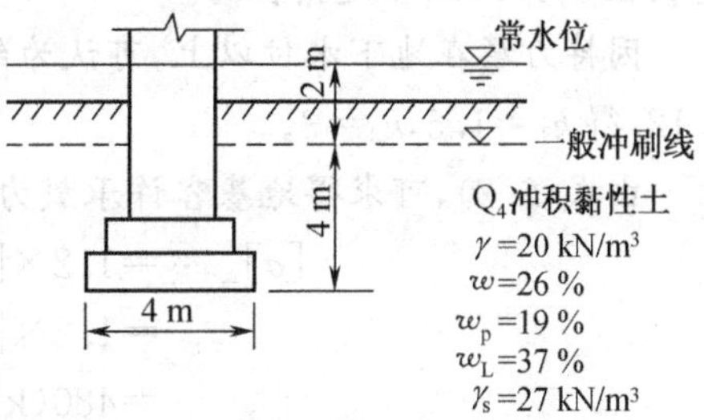

图 6.5　例 6.3 图

(2)求容许承载力[σ]

已知 $b=4>2$ m，从图 6.5 可看出 $h=4>3$ m，$h/b=4/4=1<4$，应考虑按式(6.1)作宽、深修正。

查表 6.12，对于 $I_L<0.5$ 的 Q_4 冲、洪积黏性土，$k_1=0$，$k_2=2.5$。

又地基土的塑性指数 $I_p=w_L-w_p=37-19=18$，查表 1.10，知地基土为黏土。处于硬塑状态的黏土是不透水的。因此，基底以上土的重度 γ_1 和基底以下土的重度 γ_2 都应采用饱和重度。图 6.5 所示的地基常在水下，其重度 $\gamma=20$ kN/m³，即饱和重度。

由式(6.1)得

$$[\sigma]=\sigma_0+k_1\gamma_1(b-2)+k_2\gamma_2(h-3)=312+0+2.5\times20\times(4-3)=362\ (\text{kPa})$$

由于基底土不透水，常水位至一般冲刷线的高度为 2 m，所以容许承载力可增加 $10\times2=20$ kPa，即$[\sigma]=362+20=382$(kPa)。

【例 6.4】　一矩形桥墩基础，基底长边 $a=6.6$ m，短边 $b=6.0$ m，在主力和附加力同时作用时，基底最大压应力 $\sigma_{max}=382$ kPa，最小压应力 $\sigma_{min}=122$ kPa，地质剖面图和有关资料如图 6.6 所示。试检算地基强度。

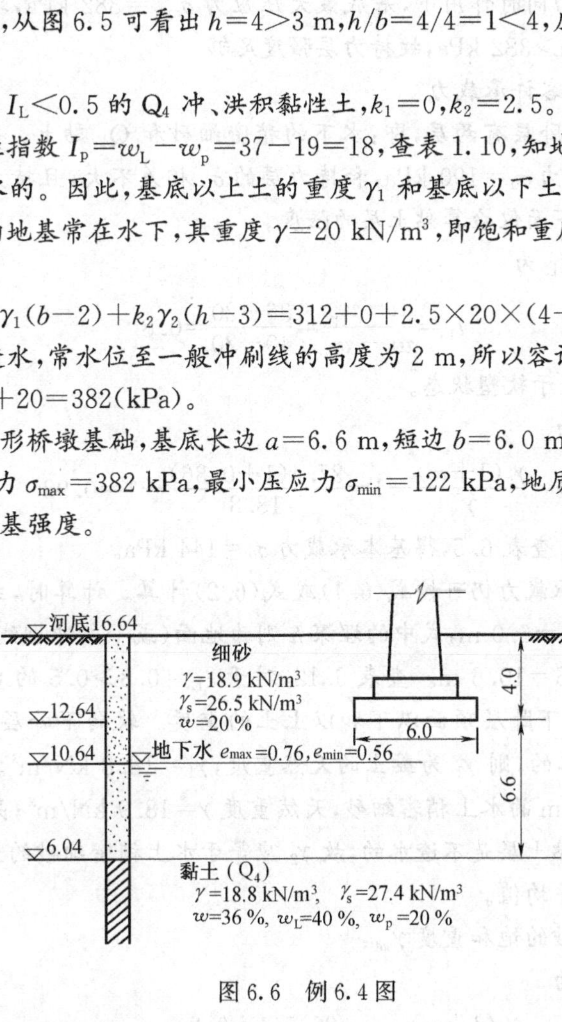

图 6.6　例 6.4 图

【解】　(1)求持力层的地基容许承载力

持力层是细砂，其孔隙比 e 为

$$e=\frac{\gamma_s(1+w)}{\gamma}-1=\frac{26.5(1+0.2)}{18.9}-1=0.68$$

相对密度 D_r 为

$$D_r=\frac{e_{max}-e}{e_{max}-e_{min}}=\frac{0.76-0.68}{0.76-0.56}=\frac{0.08}{0.20}=0.40$$

查表 1.5,知此细砂是稍密的。

因持力层在地下水位以上,可认为细砂是潮湿或稍湿的,查表 6.3,得 $\sigma_0=230$ kPa。查表 6.12,得 $k_1=1.5$,$k_2=3$。

由式(6.2),可求得地基容许承载力

$$[\sigma]_{主+附}=1.2\times[\sigma_0+k_1\gamma_1(b-2)+k_2\gamma_2(h-3)]$$
$$=1.2\times[230+1.5\times18.9\times(6-2)+3\times18.9(4-3)]$$
$$=480(\text{kPa})$$

(2)持力层的强度检算

已知在主力和附加力同时作用下,基底最大压应力 $\sigma_{max}=382$ kPa,现持力层的地基容许承载力$[\sigma]_{主+附}=480$ kPa$>$382 kPa,故持力层强度足够。

(3)求软弱下卧层的容许承载力

从图 6.6 可看出,下卧层有两层,即:水下的稍密细砂和 Q_4 黏土。查表 6.3,水下(饱和的)稍密细砂的基本承载力 $\sigma_0=190$ kPa,和持力层的 σ_0 相差不大,且持力层的强度还有一定富余,估计问题不大,故下面仅检算黏土层的强度。

黏土层的液性指数 I_L 为

$$I_L=\frac{w-w_p}{w_L-w_p}=\frac{36-20}{40-20}=0.8$$

查表 1.11,知此黏土层处于软塑状态。

黏土层的孔隙比 e 为

$$e=\frac{\gamma_s(1+w)}{\gamma}-1=\frac{27.4(1+0.36)}{18.8}-1=0.98$$

根据 $I_L=0.8$ 和 $e=0.98$ 查表 6.5,得基本承载力 $\sigma_0=144$ kPa。

软弱下卧层的容许承载力仍可按式(6.1)或式(6.2)计算。计算时,式中的 b 可偏于安全地仍采用基础短边宽度 $b=6.0$ m,式中的埋深 h 则为地面(或一般冲刷线)至软弱下卧层顶面距离,在本例中为 4+6.6=10.6 m。查表 6.12,对于 $I_L=0.8>0.5$ 的 Q_4 黏土,$k_1=0$,$k_2=1.5$,γ_1 和 γ_2 分别为软弱下卧层顶面以下和以上土的重度。软弱下卧层为软塑黏土,w 接近 w_L,但仍假定其为不透水的,则 γ_1 为黏土的天然重度,$\gamma_1=18.8$ kN/m^3。软弱下卧层顶面以上有两层土:一层是厚 6 m 的水上稍密细砂,天然重度 $\gamma=18.9$ kN/m^3;另一层是厚 4.6 m 的水下稍密细砂。因假设黏土层是不透水的,故 γ_2 应等于水上稍密细砂的天然重度和水下稍密细砂的饱和重度的换算平均值。

现计算水下稍密细砂的饱和重度 γ_{sat}:

稍密细砂的孔隙比为

$$e=\frac{\gamma_s(1+w)}{\gamma}-1=\frac{26.5(1+0.2)}{18.9}-1=0.68$$

$$\gamma_{sat}=\frac{\gamma_s+e\gamma_w}{1+e}=\frac{26.5+0.68\times10}{1+0.68}=19.8\ (\text{kN/m}^3)$$

软弱下卧层顶面以上两层土的换算重度 γ_2 为

$$\gamma_2=\frac{19.8\times4.6+18.9\times6}{4.6+6}=19.3\ (\text{kN/m}^3)$$

软弱下卧层的地基容许承载力为

$$[\sigma]_{主+附}=1.2\times[\sigma_0+k_1\gamma_1(b-2)+k_2\gamma_2(h-3)]$$
$$=1.2\times[144+0+1.5\times19.3(10.6-3)]=437\ (\text{kPa})$$

(4)软弱下卧层的强度检算

软弱下卧层顶面的应力按式(3.25)计算，即

$$\sigma=\gamma_{h+z}(h+z)+\alpha(\sigma_h-\gamma_h h)$$

已知软弱下卧层顶面至基底的距离 $z=6.6$ m，至地面的距离 $(h+z)=4+6.6=10.6$ m。在 $(h+z)$ 范围内土的换算重度已算得为 19.3 kN/m³。故土的自重应力

$$\sigma_{cz}=\gamma_{h+z}(h+z)=19.3\times10.6=204.6\ (\text{kPa})$$

又 $z=6.6$ m，$b=6.0$ m，$z/b=6.6/6=1.1>1$，故 σ_h 采用基底平均压应力，即

$$\sigma_h=\frac{1}{2}(\sigma_{max}+\sigma_{min})=\frac{1}{2}(382+122)=252\ (\text{kPa})$$

据 $z/b=1.1$ 和 $a/b=6.6/6=1.1$，查表 3.4，得 $\alpha=0.315$。又基底以上土的重度为 18.9 kN/m³，故附加应力 $\sigma_z=\alpha(\sigma_h-\gamma_h h)=0.315\times(252-18.9\times4)=55.6\ (\text{kPa})$。

作用在软弱下卧层顶面的应力为

$$\sigma=204.6+55.6=260.2\ \text{kPa}<437\ (\text{kPa})=[\sigma]_{主+附}$$

软弱下卧层的强度足够。

6.2.2　软土地基的容许承载力

为了保证在软土地基上的铁路桥涵建筑物安全和正常使用，软土地基的容许承载力应该是反映稳定和变形这两方面要求的综合指标。《桥涵地基规范》从这两方面的要求出发，规定了计算软土地基容许承载力的公式。

1. 理论公式

$$[\sigma]=5.14c_u\frac{1}{m}+\gamma_2 h \tag{6.3}$$

式中　$[\sigma]$——地基容许承载力(kPa)；

m——安全系数，可视软土的灵敏度及建筑物对变形的要求等因素选用，一般取 $m=1.5\sim2.5$；

c_u——快剪(不固结不排水试验)抗剪强度(kPa)，根据库仑定律，快剪的抗剪强度 $\tau_u=\sigma\tan\varphi_u+c_u$，对于软土，可认为 $\varphi_u=0$，故抗剪强度，$\tau_u=c_u$；

γ_2，h——与式(6.2)的 γ_2、h 意义相同。

2. 对于小桥和涵洞的软土地基，其容许承载力计算公式

$$[\sigma]=\sigma_0+\gamma_2(h-3) \tag{6.4}$$

式中　σ_0——软土地基的基本承载力，可从表 6.14 中查出。

表 6.14　软土地基的基本承载力 σ_0

天然含水率 w/%	36	40	45	50	55	65	75
σ_0/kPa	100	90	80	70	60	50	40

式(6.4)实际上是式(6.1)的简捷实用公式，取式(6.1)中的 $k_1=0$，$k_2=1$，即得式(6.4)。

最后应指出，软土地基上的桥涵建筑物，常常由地基变形条件控制设计。因此《桥涵地基

规范》规定，对这类建筑物除检算地基强度外，一般还应再检算地基沉降。

触探法确定

项目小结

地基是指位于建筑物下方的承受建筑物荷载并维持其稳定的岩土体。地基容许承载力工程上将其分为天然地基和人工地基两大类。本项目主要介绍天然地基容许承载力的确定方法。主要内容涉及地基的破坏形态分析、地基的临塑荷载、临界荷载和极限荷载概念、按《铁路桥涵地基和基础设计规范》确定地基容许承载力。通过本项目的学习，掌握地基的临塑荷载、临界荷载和极限荷载概念及按《铁路桥涵地基和基础设计规范》确定地基容许承载力的方法，为后续内容的学习打下基础。

项目训练

1. 不同情况下地基承载力的概念。
2. 根据相应规范确定天然地基承载力。

复习思考题

1. 什么是地基土的基本承载力和地基土的容许承载力？
2. 影响地基承载力的主要因素有哪些？
3. 为什么要验算软弱下卧层的强度？其具体要求是什么？
4. 软弱下卧层的顶面压应力的求法及其容许承载力的计算方法是怎样的？
5. 某黏性土地基的土样试验数据见表 6.15，试确定其基本承载力并定出土的名称。

表 6.15　思考题 5 表

土粒相对密度 G_s	土的密度 ρ/(g/cm³)	天然含水率 w/%	液　限 w_L/%	塑　限 w_p/%
2.63	1.87	35.2	45.0	27.5

6. 某粗砂地基的土样试验数据和最大、最小孔隙比见表 6.16，试确定其基本承载力。

表 6.16　思考题 6 表

土粒相对密度 G_s	土的密度 ρ/(g/cm³)	天然含水率 w/%	最小孔隙比 e_{min}	最大孔隙比 e_{max}
2.60	1.95	23	0.475	0.850

7. 某桥墩基础为一矩形(长 8.0 m，宽 5.0 m)，如图 6.7 所示，试计算此细砂地层的容许承载力。

8. 某桥墩基础为矩形，长 a=8.0 m，宽 b=6.25 m，基础下地基土层情况如图6.8所示，基础埋置深度 h=5.0 m，作用于基底的竖向荷载 P=17 200 kN，偏心距 e=0.9 m，主力与附加力同时作用时基底最大压应力 σ_{max}=641.2 kPa，最小压应力 σ_{min}=46.8 kPa。试验算其持力层和软弱下卧层的强度？

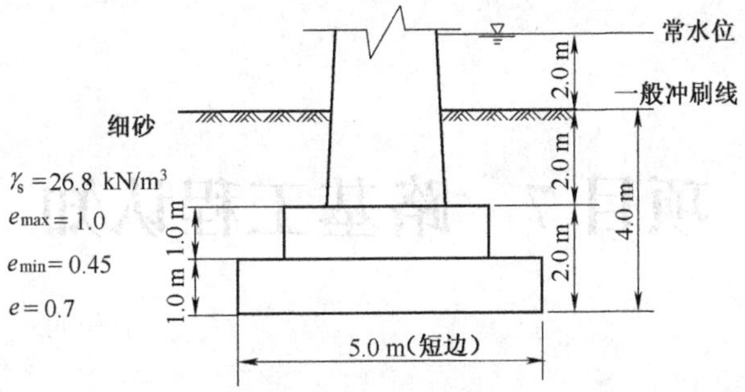

图 6.7　思考题 7 图

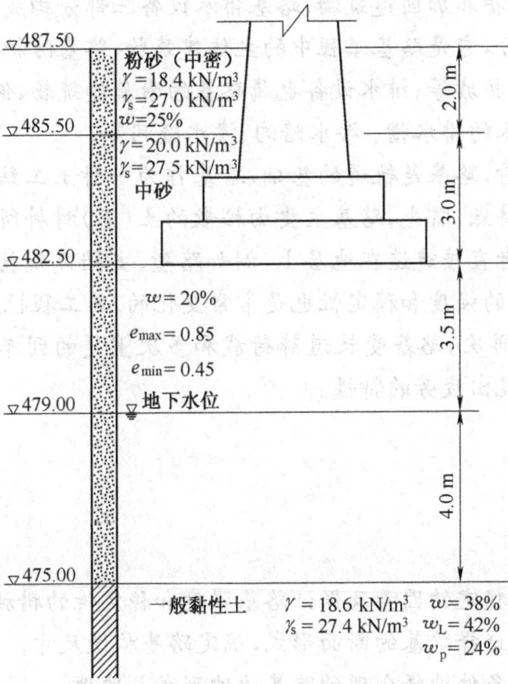

图 6.8　思考题 8 图

项目 7　路基工程认知

项目描述

铁路路基是铁路线路的重要组成部分，其与桥梁、隧道相连，共同组成铁路线路整体。路基主要由路基本体、路基防护和加固建筑物、路基排水设备三部分构成。路基本体是直接铺设轨道并承受列车荷载的部分，它是路基工程中的主体建筑物；路基防护和加固建筑物属路基的附属建筑物，例如：挡土墙、护坡等；排水设备也属路基的附属建筑物，例如：排除地面水的排水沟、侧沟、天沟和排除地下水的排水槽、渗水暗沟、渗水隧洞等。

从路基所起的作用来看，路基是轨道的基础，路基作为一种土工结构物，其具有不同于钢材或混凝土结构物的独特特点：首先，路基主要由松散的土(石)材料所构成，并直接以土(石)作填筑材料(例如路堤)或者直接建造在地层上(例如路堑、支挡建筑物等)；其次，路基完全暴露在大自然中，故而其本身的强度和稳定性也是常常变化的，其工程性质对自然条件变化十分敏感，抵抗能力相对较差；再次，路基受轨道静荷载和多次重复的列车荷载作用，产生累积变形，导致土的强度降低，表现出疲劳的特性。

教学目标

1. 能力目标

(1)能够分析影响路基稳定的因素及保证路基强度和稳定性的措施。

(2)能够根据具体条件选择路基的断面形式，确定路基构造尺寸。

(3)能够根据不同地质条件选择合理的路基边坡形式与坡度。

2. 知识目标

(1)掌握铁路路基工程的概念、特点及重要性。

(2)掌握路基横断面的组成及规范要求。

(3)掌握路基横断面图的绘制。

3. 素质目标

(1)具有良好的职业道德。

(2)具备吃苦耐劳、实事求是的工作作风和团结协作的意识。

(3)具备观察、分析和判断的能力。

相关案例——地京地铁八通线路基概况

北京地铁八通线，西起四惠站、东至土桥站、全长 18.96 km，设 13 座车站和 1 座车辆段，线路标识为红色，一半以上的线路与京通快速公路重合。

北京地铁八速线路基段长度7.31 km，约占全线38%、其中碎石道床路基6.24 km，铺设整体道床路基0.08 km，设置挡土墙0.67 km，车站路基0.31 km，设置整体道床与碎石道床之间路基过渡段7处。

1. 碎石道床地段土质路基填筑标准

八通线的车辆荷载及速度按国家铁路的分类标准，属于中、轻型铁路。八通线一次性铺设无缝线路、行车密度大、使用寿命及安全可靠度要求高，因此对路基提出了更高的要求。本线路基层中基床表层厚度确定为0.50 m、基床底层为1.5 m。为减少路基后期的沉降，获得较高的安全储备，确保线路平稳可靠，路基各层设计对土质要求严格，并采用了较高的压实标准。按规范要求，路基基床表层选A组或B组填料，且粒径不得大于150 mm；基床底层优先选用A、B组填料，若A、B组填料缺乏，可采用C组填料，但需加强压实。

2. 整体道床地段路基处理

本线有两段曲线，一部分位于高架桥上，另一部分属于地面线，高架桥上采用的是整体道床。为使整个曲线范围内的轨道形式统一，同时便于今后的养护维修，该段曲线的地面线部分宜做成整体道床。与碎石道床不同，在地面线做整体道床需要对道床以下直至基底范围内进行特殊处理，以满足整体道床对其下基础的强度及刚度要求。

路基顶面由列车动载及轨道结构静载产生的应力并不大，但整体道床地段路基顶面需提供较大的刚度才能保证整体道床轨道结构的正常使用。路基最上部为一层钢筋混凝土板，然后是素混凝土层，再然后是一层二灰砂砾层，最后，在二灰砂砾层与天然基底之间全部填筑三七灰土。如此设计的整体道床地段路基，能把路基的刚度从上部的整体道床刚度逐步递减到天然基底刚度，同时也使线路上部荷载均匀分散地传递至基底。

3. 整体道床与碎石道床过渡段路基设计

整体道床、碎石道床过渡段路基设计问题实质上是线路下部基础的沉降如何过渡的问题，过渡段的设计也即是在碎石道床与整体道床结构相衔接的一定长度范围内，通过加强路基以使土质路基与高架桥之间的沉降差逐渐过渡。

过渡段路基设计通常有以下几种方法：加筋土法、桩基础处理法、砂砾碎石类优质填料处理法及刚性板法等。结合本线特点及地质条件研究分析，本线过渡段路基采用级配砂砾填筑与在路基顶面设置钢筋混凝土板两种方法进行处理。

4. 路基挡土墙结构设计

八通线的地面线大部分地段填土高度较小，但高架桥两端路堤填土较高，且位于京通快速路隔离带范围内的线路路基填土宽度受隔离带宽度的限制，因此高架桥两端高填土地段需设置路基支挡结构及挡土墙。

为满足城市景观要求，加快施工进度，路基支挡结构采用部分预制装配式挡土墙，挡土墙由三部分组成：现浇基础、预制面板以及现浇帽石。挡土墙基底设凸榫，预制墙面板通过联接钢板和钢筋与现浇基础的预埋钢板焊接，使挡土墙的现浇部分和预制部分联结为一个整体。

局部地段挡土墙顶设声屏障，为使线路结构物美观，也为了施工方便，声屏障把挡土墙作为其基础，不再单独设基础，挡土墙结构根据由声屏障增加的风力等荷载作稳定性和强度检算，进行必要的加固设计。

5. 路基附属工程

路基附属工程主要包括路基边坡防护和路基排水工程。

(1)路基加固和绿化工程以及线路防护设施

考虑城市绿化、美化环境的要求及路基加固的需要,一般土质路基边坡采用六边形混凝土框格种草护坡,以维护路基边坡的稳定并有利于沿线管线的铺设;整体道床地段路基边坡采用浆砌片石进行护坡;用地界范围内的空地均匀种植草皮进行绿化。

由于地铁采用接触轨供电,且列车高密度运行,为保线路的正常运营、全线地面线地段均设置线路防护栏。

(2)路基排水工程

路基排水根据沿线的地形地势、气象水文条件及线路的平纵断面,结合车站、桥梁及市政设施而设计,充分考虑城市规划对排水系统的影响、充分利用既有排水管通。

京通快速路中央隔离带内的地面线一般在其路基两侧坡脚的天然护道外,均设浆砌片石矩形排水沟,将沿线地表水引排至既有公路或附近的排水系统。

由此案例可知路基工程的复杂性。在进行路基设计施工时要充分分析研究路基工程所处的环境及工作条件,研究土的工程性质,掌握其变形和强度的变化规律,同时考虑路基与其他结构物的顺利衔接及过渡。在此基础上才能做出正确合理的设计及施工方案,保证路基工程具有坚固、稳定和耐久性,能抵抗各种自然因素的侵蚀和破坏。

任务 7.1 铁路路基基本知识认知

7.1.1 路基基本知识认知

路基是经开挖或填筑而形成的直接支承轨道、满足轨道铺设和运营条件而修筑的土工建筑物,是铁路工程的重要组成部分。它承受着轨道及机车车辆的静荷载和动荷载,并将荷载向地基深处传递扩散,因此路基应具有足够的强度、刚度和稳定性,应能抵抗自然因素的破坏而不致产生有害变形,且必须保证轨顶设计高程。

路基由路基本体工程和路基防护工程、路基排水工程、路基支挡和加固工程等附属部分组成。对路基本体和附属建筑物正确、合理地进行设计、施工、维护是路基工程的基本内容。

1. 路基工程的特点

从路基所起的作用来看,路基是轨道的基础,路基作为一种土工结构物,其具有不同于钢材或混凝土结构物的独有特点:首先,路基主要由松散的土(石)材料构成,并直接以土(石)作填筑材料(如路堤)或直接建造在地层上(如路堑、支挡建筑物等);其次,路基完全暴露在大自然中,故其自身的强度和稳定性也是常常变化的,其工程性质对自然条件变化十分敏感,抵抗能力相对较差;再次,路基受轨道静荷载和多次重复的列车荷载作用,产生累积变形,导致土的强度降低,表现出疲劳的特性。

2. 影响路基工程稳定的因素

路基是一种裸露在大气中的线形结构物,其稳定性在很大程度上由当地自然条件决定。因此,应深入调查沿线的自然条件,分析研究从整体到局部,从大区域到具体路段的自然情况,掌握其规律及对路基稳定性的影响,因地制宜地采取有效的工程措施,以达到正确进行路基设计、施工和养护的目的。影响路基稳定性的因素主要包括以下内容。

(1)工程地质和水文地质条件

沿线的地质条件,如岩石的种类、成因、节理、风化程度和裂隙情况,岩体走向、倾向、倾角、层理和岩层厚度,有无夹层或遇水软化的夹层,以及有无断层或其他不良地质现象(岩溶、冰川、泥石流、地震等)。水文地质条件如地下水位,地下水移动,有无层间水、裂隙水、泉水等。这些因素均对路基的稳定性有直接的影响。

(2)水文与气候条件

水文条件如沿线地表水的排泄、洪水位、常水位,有无地表积水和积水时间的长短;气候条件如气温、降水、湿度、冰冻深度、日照、蒸发量、风向、风力等都会影响地面水和地下水的状况,并且影响到路基的水温情况,这些因素都会严重影响路基的稳定性。

(3)路基设计

路基设计是指路基断面尺寸、形式是否符合要求,边坡取值是否恰当,填方、挖方布置是否合理,是否满足最小填土高度要求,防护、加固工程设计是否合理,以及排水设计是否满足要求等。

(4)路基施工

路基施工是指路基填、挖方法是否合理,施工程序是否恰当,是否分层填筑,路基压实方法是否恰当,压实度是否满足要求;是否盲目采用大爆破施工,是否按设计要求和操作规程施工,工程质量是否达到标准要求等。

(5)养护措施

包括一般措施及在设计、施工中未及时采用或在养护中由于情况变化而应加以补充的改善措施。

上述原因中,地质条件和水文地质条件是影响路基工程质量和产生病害的基本前提,水是造成路基病害的主要原因。因此,设计前应详细进行地质与水文的勘察工作,针对具体条件及各种因素的综合作用,采取正确的设计方案与施工方法,确保路基工程质量。

3. 对路基工程的总体要求

(1)具有足够的整体稳定性

路基的整体稳定性是指路基整体在列车及自然因素作用下,不致产生不允许的变形和破坏的性能。路基是直接在地面上填筑或挖去一部分地面而建成的结构物。路基修建后,改变了原地面的天然平衡状态。因此,为防止路基结构在列车荷载及自然因素作用下发生不允许的变形或破坏,必须因地制宜地采取一定的措施来保证路基整体结构的稳定性。

(2)具有足够的强度

路基的强度是指在列车荷载作用下,路基抵抗变形与破坏的能力。因为列车荷载及线路设备自重对路基和地基产生一定的压力,这些压力可使路基产生一定的变形,当其超过某一限度时,将导致其破坏。为保证路基在外力作用下,不致产生超过容许范围的变形,要求路基应具有足够的强度。

(3)具有足够的水温稳定性

路基的水温稳定性是指路基在水和温度的作用下保持其强度的能力,包括水稳定性和温度稳定性。路基在地面水和地下水作用下,其强度将会显著降低。特别是季节性冰冻地区,由于水温状况的变化,路基将受到周期性冻融作用,出现冻胀和翻浆等病害,使路基强度急剧下降。因此,对于路基,不仅要求其具有足够的强度,而且还应保证在最不利的水温状况下,强度不致显著降低,这就要求路基应具有足够的水温稳定性。

4. 保证路基强度和稳定性的措施

由于路基的强度与稳定性,受水、温度、土质等方面的影响,为保证路基强度和稳定性,必须深入进行调查研究,细致分析各种自然因素与路基的关系,抓住主要问题,采取有效措施。

保证路基稳定性的一般措施如下：

(1)合理选择路基断面形式,正确确定边坡坡度。

(2)选择强度和水温稳定性良好的土填筑路堤,并采取正确的施工方法。

(3)充分压实路基,提高路基的强度和水稳定性。

(4)做好地面排水,保证水流畅通,防止路基过湿或水毁。

(5)保证路基有足够高度,使路基工作区保持干燥状态。

(6)设置隔离层或隔温层,切断毛细水上升,阻止水分迁移,减少负温差的不利影响。

(7)采取边坡加固与防护措施,以及修筑支挡结构物。

7.1.2 路基构造认知

1. 路基横断面形式

路基的断面形式、构造尺寸、各部分组成和主要设备均可从路基横断面图上得到反映。路基横断面图是路基设计的主要文件之一,路基横断面是指垂直线路中心线截取的截面。路基有下面几种形式：

(1)路堤

当铺设轨道的路基面高于天然地面时,路基以填筑方式形成,这种路基称为路堤,如图7.1(a)所示。

(2)路堑

当铺设轨道的路基面低于天然地面时,路基以开挖方式形成,这种路基为路堑,如图7.1(b)所示。

(3)半路堤

当天然地面横向倾斜,路堤的路基面边线和天然地面相交时,路堤在地面和路基面相交线以上部分无填筑工程量,这种路堤称为半路堤,如图7.1(c)所示。

(4)半路堑

当天然地面横向倾斜,路堑在地面和路基面相交线以下部分无开挖工作量时,这种路基称

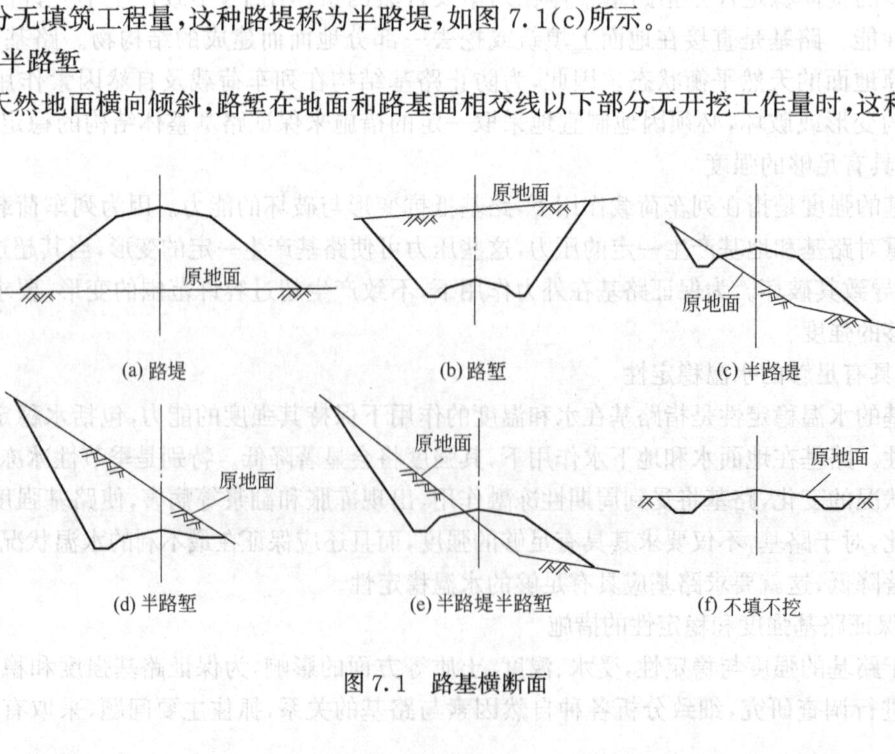

图7.1 路基横断面

为半路堑，如图 7.1(d)所示。

(5)半路堤半路堑

当天然地面横向倾斜、路基一部分以填筑方式形成而另一部分以开挖方式形成时，这种路基称为半路堤半路堑，如图 7.1(e)所示。

(6)不填不挖路基

当路基面和经过清理后的天然地基面平齐，路基无填挖土方时，这种路基称为不填不挖路基，如图 7.1(f)所示。

2. 路基本体构造

路基本体由路基面、路肩、基床、边坡、基底几部分组成，如图 7.2 所示。

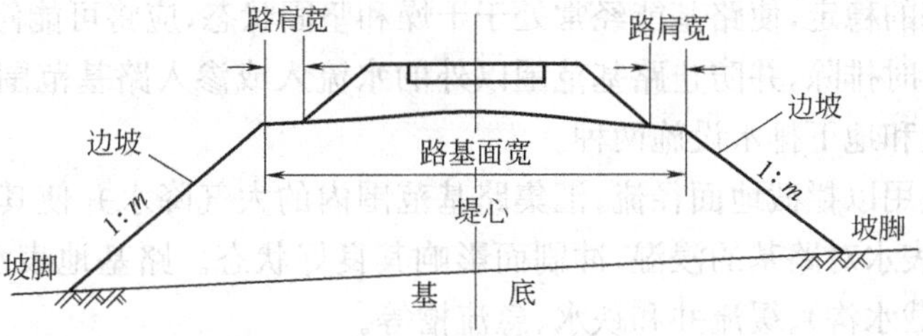

图 7.2　路基本体组成示意图

(1)路基面。由直接在其上铺设轨道的部分和路肩两部分组成，称为路基顶面或简称为路基面。

(2)路肩。路基顶面中，道床覆盖以外的部分称为路肩。其作用是保护路堤受力的堤心部分，防止道砟滚落，保持路基面的横向排水，供养护维修人员作行走、避车、放置养护机具，供防洪抢险临时堆放砂石料，供埋设各种标志、通信信号、电力给水设备等。因此，路肩必须在考虑了施工误差、高路堤的沉落与自然剥蚀等因素以后，保持必要的宽度。

(3)基床。基床是路基上部受列车动荷载作用和水文气候变化影响较大的一层。分为表层和底层。基床底层的顶部和基床以下填料部位的顶部应设 4%的人字排水坡，如图 7.3 所示。

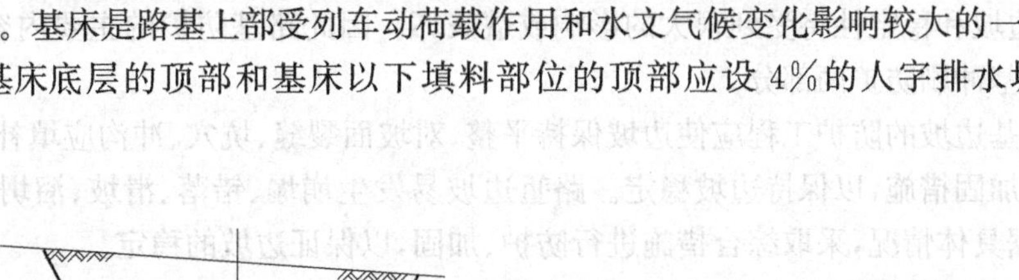

图 7.3　基床结构示意图

(4)边坡。路基两侧的边线称为路基边坡。边坡与路基顶面的交点称为肩顶。边坡与地面的交点，在路堤中称为坡脚，在路堑中称为堑顶，其高程与路肩高程的差为路堑边坡高度。路堤的边坡高度为路肩高程与坡脚高程之差。边坡常修筑成单坡形、折线形和阶梯形,每一坡段坡面的斜率以边坡上下两点间的高差与水平距离之比表示,当高差为 1 单位长时,水平距离折算为 m 单位长,则斜率为 $1:m$。在路基工程中,以 $1:m$ 方式表示的斜率称为坡度。

(5)基底。基底为路基的地基,路堤填土的天然地面以下受填土自重及轨道、列车动载影响的土体部分称为路堤基底。在路堑中,因为路基是在地基内以开挖方式构成的,所以,路堑的基底为路堑边坡土体内和堑底路基面以下的地基内产生应力变化的部分。基底的稳固对路基本体以至轨道的稳定性都至关重要。因此,在软弱基底上修筑路堤时,必须对基底进行处理,以免危及行车安全与正常运营。

3. 路基附属设备

(1)排水工程

为了保持路基的稳定,使路基能经常处于干燥和坚固状态,应将可能停滞在路基范围内的地表水和地下水及时排除,并防止路基范围以外的水流入或渗入路基范围内。路基排水系统分为地面排水设施和地下排水设施两种。

地面排水设施用以拦截地面径流,汇集路基范围内的大气降水并使其畅通地流向天然排水沟谷,以防止地表水对路基的浸湿、冲刷而影响其良好状态。路基地表水的排除设施有:排水沟、侧沟、天沟(截水沟)、缓流井和跌水、急流槽等。

地下排水设施用以拦截、疏导地下水和降低地下水位,以改善地基土和路基边坡的工作条件,防止或避免地下水对地基和路基本体的有害影响。地下排水措施有明沟、排水槽、边坡渗沟、支承渗沟、渗水暗沟、渗水隧洞、渗井、渗管和仰斜式钻孔等。地下排水设施应与地表排水设施相配套,保证水路畅通无隐患;地下排水设施的位置、断面、排水坡率、出水口地点应符合设计要求,且排水通畅,无阻塞现象。

(2)防护、加固工程

路基边坡施工完成后,在长期的自然风化营力和雨水冲刷的作用下,将发生溜坍、掉块和冲沟等坡面变形和破坏;而修建在河滩上和水库边的路堤,经常或周期性地受到水流的冲刷作用,路基的边坡和稳定性将受到很大的影响或遭破坏。因此路基防护的主要内容包括路基坡面防护和路基冲刷防护两部分。

土质路基边坡的防护工程应使边坡保持平整,对坡面裂缝、坑穴、冲沟应填补夯实,必要时采用防护和加固措施,以保持边坡稳定。路堑边坡易发生崩塌、错落、滑坡、溜坍、风化剥落等病害,应根据具体情况,采取综合措施进行防护、加固,以保证边坡的稳定。

4. 路基横断面与线路平、纵面的空间关系

图 7.4(a)表示一个土质路堤横断面。路肩与边坡的交点 a 称为路基顶肩,左右两侧顶肩的连线 aa' 与横断面中线的交点为 O,这个特征点 O 位于线路平、纵面图的中心线上。而它在地面上的投影 O' 即为线路中心桩的位置。因此,在纵断面图上线路中心线的高程就是横断面图上 O 点的高程,即路基高程。因为 O 点的高程又与路肩高程(路基顶肩的高程)相同,所以,为测量工作方便起见,常用路肩高程代替路基高程。

对于某一个横断面,路基中心高度是指横断面上 O 点所表示的高度,也就是纵断面图上线路中心线所表示的填挖高度,对于路堑则称为路堑深度。路堤的边坡高度为路肩高程与坡脚高程之差,而路堑边坡高度为堑顶高程与路肩高程的差。如果左右两侧的边坡高度不等,则规定以大者代表横断面的边坡高度,如图 7.4 所示。

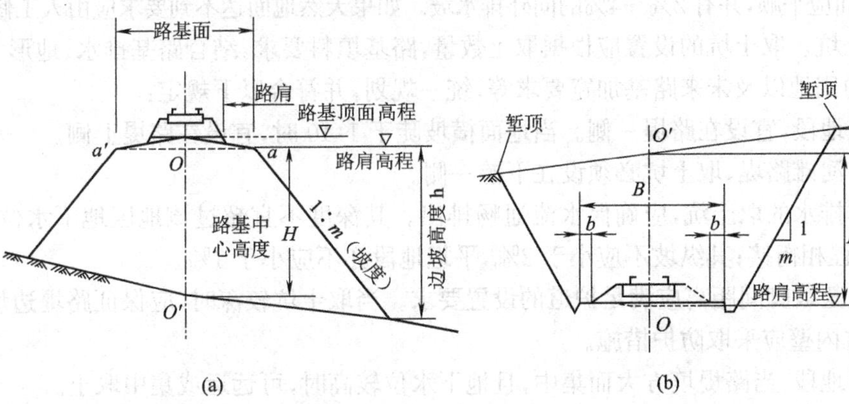

图 7.4　路基横断面与线路平、纵面的几何关系

7.1.3　路基标准横断面

1. 路堤横断面

(1)路堤标准横断面图。直线地段，一般填料路堤标准横断面如图 7.5 及图 7.6 所示。

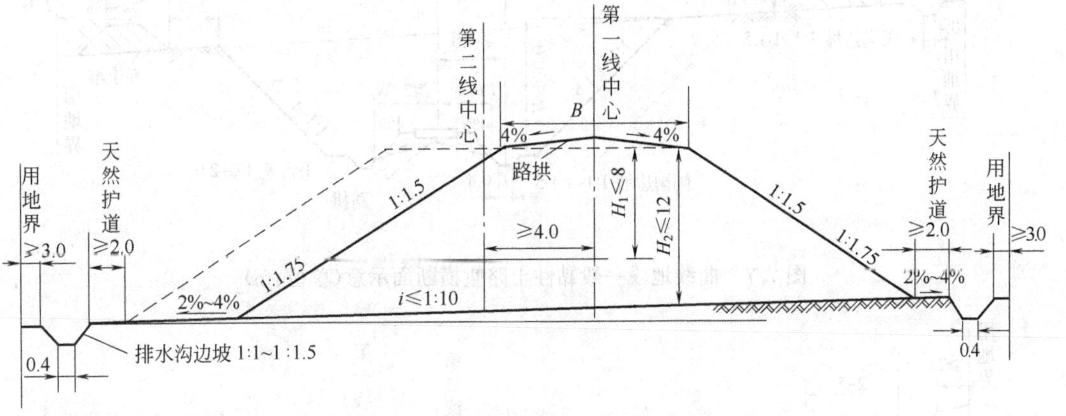

图 7.5　无取土坑横断面示意(单位:m)

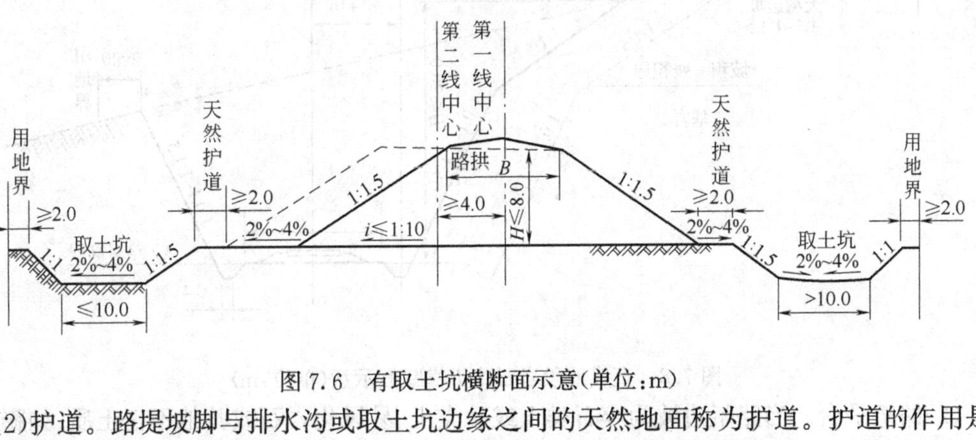

图 7.6　有取土坑横断面示意(单位:m)

(2)护道。路堤坡脚与排水沟或取土坑边缘之间的天然地面称为护道。护道的作用是保护路堤坡脚不受排水沟或取土坑中水流的冲刷和浸润，以及开垦农田和耕作的影响。其宽度不小于2.0 m，在经济作物地段，当能保证路堤稳定时，护道可不小于1 m。

护道表面应平顺,并有 2%～4%的向外排水坡。如果天然地面达不到要求应由人工修整。

(3)取土坑。取土坑的设置应根据取土数量,路基填料要求,结合路基排水、地形、土质、施工方法、节约用地以及未来路基加宽要求等,统一规划,并符合以下规定:

① 平坦地段,宜设在路堤一侧。当地面横坡陡于 1:10 时,宜设在路堤上侧。

② 桥头河滩路堤,取土坑必须设在下游一侧。

③ 兼作排水的取土坑,应确保水流通畅排出。其深度不宜超过该地区地下水位,并应与桥涵进口高程相衔接;其纵坡不应小于 2‰,平坦地段亦不应小于 1‰。

④ 坑边至坡脚间距离应满足护道的设置要求。当取土坑较深时,应保证路堤边坡稳定的要求,取土坑内壁应采取防护措施。

⑤ 农田地段,当路堤填方大而集中,且地下水位较高时,可远运或集中取土。

2. 路堑横断面

(1)路堑标准横断面图。有弃土堆和无弃土堆的不同土质路堑标准横断面图如图 7.7 和图 7.8 所示。

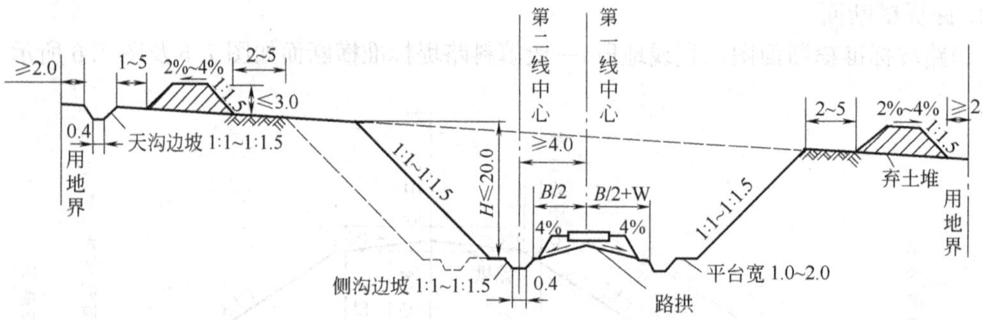

图 7.7　曲线地段一般黏性土路堑横断面示意(单位:m)

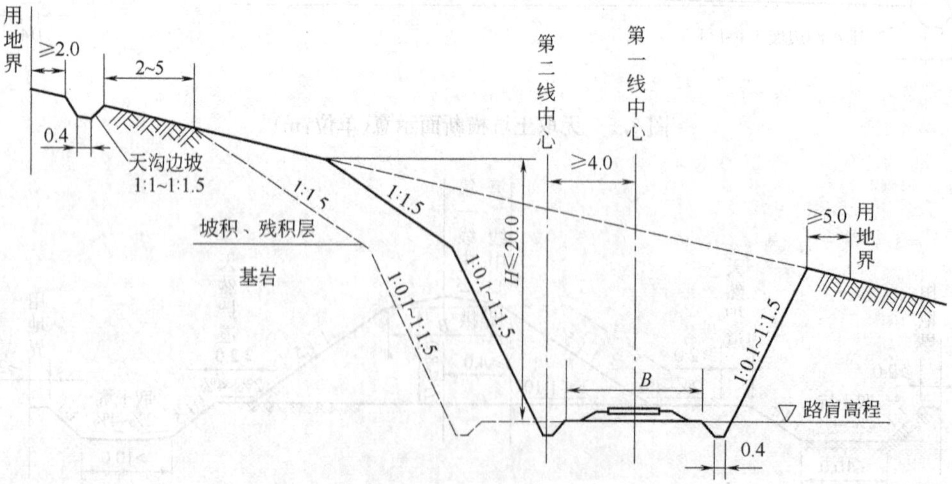

图 7.8　直线地段岩石路堑横断面示意(单位:m)

(2)路堑平台。当路堑边坡为碎石类土或砂类土、易风化岩石或其他不良土质(如膨胀土)时,为防止坍落的土和碎石堵塞侧沟,应在侧沟外侧设置平台,平台宽度不宜小于 1.0 m,如边坡高度大于20 m时,可酌情增宽至 1.5～2.0 m,如图 7.9 所示。如边坡已全部设防护加固工程时可不设平台。平台面上应有2%～4%向侧沟方向的排水坡。

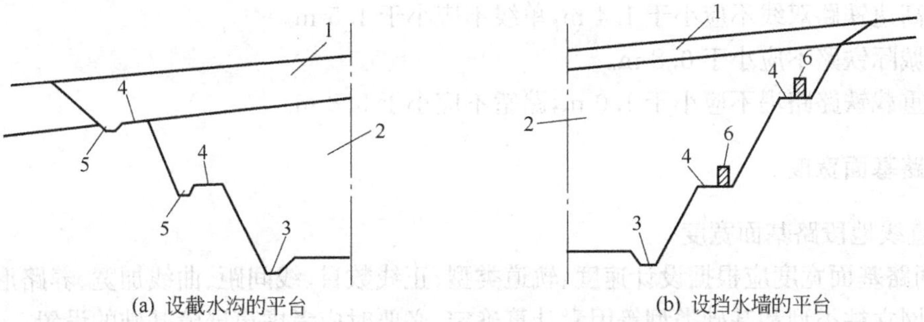

1—覆盖土；2—岩层；3—侧沟；4—边坡平台；5—截水沟；6—挡水墙。

图7.9　设边坡平台的路堑横断面示意

由不同地层组成、高度为15～20 m及以上的路堑边坡，由于坡面流水较大，土层交接处或坡脚易被冲刷淘空，形成边坡坍塌，同时便于养护作业，在边坡中部不同地层分界处设平台，并在平台上设置截水沟或挡水墙。

(3)弃土堆。开挖路堑不能利用的岩、土弃于路基两侧时，一般应首先考虑堆在路堑山坡的下侧面，这样既可以减少运土的升高高度，又可减少对边坡稳定性的威胁，防止弃土堆万一发生滑动或被雨水冲刷时，土石进到路堑内。一般情况下，置于堑顶两侧的弃土堆应符合以下要求：

① 弃土堆内侧坡角至堑顶的距离应根据边坡高度及地质情况进行选择，以不影响山体及边坡稳定为原则，不宜小于5 m；

② 深路堑地段弃土堆应置于山坡下侧，并间断堆填，以保证弃土堆内侧地面水能顺利排出；

③ 桥头弃土不应挤压桥墩、桥台，阻塞桥孔；

④ 弃土堆处地面横坡不宜陡于1∶1.25。

任务7.2　铁路路基构造认知

7.2.1　路基面形状

为了使路基面的雨水、雪水迅速向路肩两侧排走，保持路基面干燥，防止基床因浸水强度下降而产生病害。因此，路基面形状设置应符合下列规定。

(1)有砟轨道路基面形状应设计为三角形，两侧横向排水坡不宜小于4%，如图7.10所示，底宽等于路基面宽。

(2)无砟轨道支承层(或底座)底部范围内路基面可水平设置，支承层(或底座)外侧路基面应设置不小于4%的横向排水坡。

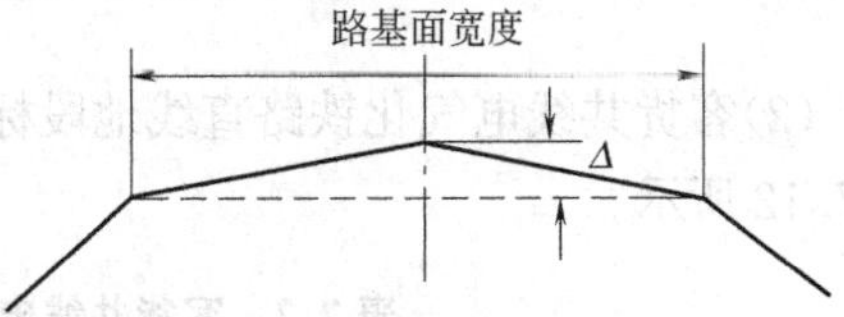

图7.10　路拱形状示意

7.2.2　路肩宽度

有砟轨道两侧路肩宽度应根据设计速度、边坡稳定、养护维修、路肩上设备设置要求等条件综合确定，并符合下列规定：

(1)客货共线设计速度 200 km/h 铁路不应小于 1.0 m、设计速度 200 km/h 以下铁路不应小于 0.8 m。

(2)高速铁路双线不应小于 1.4 m,单线不应小于 1.5 m。

(3)城际铁路不应小于 0.8 m。

(4)重载铁路路堤不应小于 1.0 m,路堑不应小于 0.8 m。

7.2.3　路基面宽度

1. 直线地段路基面宽度

区间路基面宽度应根据设计速度、轨道类型、正线数目、线间距、曲线加宽、养路形式、电缆槽、接触网立柱类型和基础类型等因素计算确定,必要时应考虑声屏障基础的设置。

(1)客货共线非电气化铁路直线地段标准路基面宽度可按表 7.1 取值,路基横断面示意图如图 7.11 所示。

表 7.1　客货共线非电气化铁路直线地段标准路基面宽度

项　目		单位	Ⅰ级铁路					Ⅱ级铁路	
设计速度		km/h	200	160		120		≤120	
双线线间距		m	4.4	4.2		4.0		4.0	
单线道床顶面宽度		m	3.5	3.4		3.4		3.4	
道床结构		层	单	双	单	双	单	双	单
道床厚度		m	0.30	0.50	0.30	0.50	0.30	0.45	0.30
路基面宽度	单线	m	7.5	7.8	7.0	7.8	7.0	7.5	7.0
	双线	m	12.1	12.2	11.4	12.0	11.2	11.7	11.2

注:表中路基面宽度按下列条件计算确定,如有变化,应计算调整路基面宽度:

(1)无缝线路轨道、60 kg/m 钢轨。

(2)Ⅰ级铁路采用Ⅲ型混凝土枕,Ⅱ级铁路采用新Ⅱ型混凝土枕。

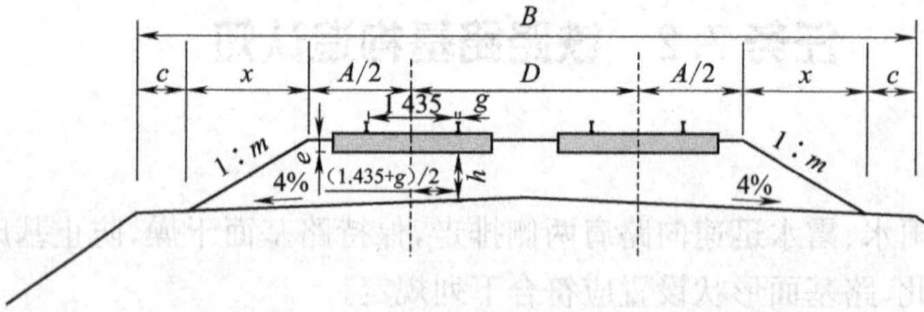

图 7.11　非电气化双线铁路直线地段标准横断面示意

(2)客货共线电气化铁路直线地段标准路基面宽度可按表 7.2 取值,路基横断面示意图如图 7.12 所示。

表 7.2　客货共线电气化铁路直线地段标准路基面宽度

项　目	单位	Ⅰ级铁路					Ⅱ级铁路	
设计速度	(km/h)	200	160		120		≤120	
双线线间距	(m)	4.4	4.2		4.0		4.0	
单线道床顶面宽度	(m)	3.5	3.4		3.4		3.4	
道床结构	层	单	双	单	双	单	双	单

续上表

项　目		单位	Ⅰ级铁路					Ⅱ级铁路	
道床厚度		(m)	0.30	0.50	0.30	0.50	0.30	0.45	0.30
路基面宽度	单线	(m)	8.1 (7.7)	8.1 (7.8)	8.1 (7.7)	8.1 (7.8)	8.1 (7.7)	8.1 (7.7)	8.1 (7.7)
	双线	(m)	12.5 (12.1)	12.3 (12.2)	12.3 (11.9)	12.1 (12.0)	12.1 (11.7)	12.1 (11.8)	12.1 (11.7)

注：(1) 表中路基面宽度按下列条件计算确定，如有变化，应计算调整路基面宽度：

① 路基面处接触网支柱内侧至线路中心的距离为 3.1 m。

②无缝线路轨道、60 kg/m 钢轨。

③Ⅰ级铁路采用Ⅲ型混凝土枕，Ⅱ级铁路采用新Ⅱ型混凝土枕。

(2) 括号外为采用横腹杆式接触网支柱时路基面宽度，括号内为采用环形等径支柱时路基面宽度。

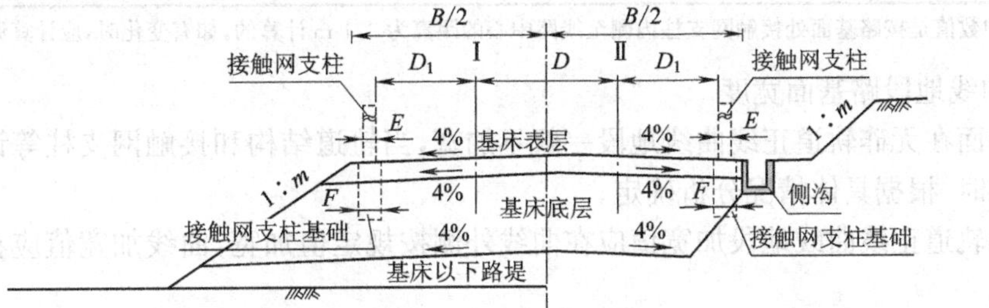

图 7.12　电气化铁路直线地段标准横断面示意图

(3) 高速铁路、城际铁路、重载铁路标准路基面宽度可按表 7.3～表 7.5 取值。

表 7.3　　高速铁路标准路基面宽度

项　　目		单位	有砟轨道			无砟轨道		
设计速度		km/h	350	300	250	350	300	250
双线线间距		m	5.0	4.8	4.6	5.0	4.8	4.6
道床厚度		m	0.35	0.35	0.35	—	—	—
路基面宽度	单线	m	8.8	8.8	8.8	8.6	8.6	8.6
	双线	m	13.8	13.6	13.4	13.6	13.4	13.2

注：表中路基面宽度计算时按路肩设电缆槽考虑，如有变化，应计算调整路基面宽度。

表 7.4　　城际铁路直线地段标准路基面宽度

项　目			单位	有砟轨道						无砟轨道		
设计速度			km/h	200		160		120		200	160	120
双线线间距			m	4.2		4.0		4.0		4.2	4.0	4.0
道床结构			层	单		单	双	单	双	—	—	—
道床厚度			m	0.30	0.35	0.30	0.50	0.30	0.45	—	—	—
路基面宽度	单线	路肩上不设电缆槽	m	7.3	7.3	7.3	7.8	7.3	7.6	6.1	6.1	6.1
		路肩上设电缆槽	m	7.3	7.3	7.3	7.8	7.3	7.6	6.1	6.1	6.1
	双线	路肩上不设电缆槽	m	11.5	11.7	11.3	12.0	11.3	11.8	10.3	10.1	10.1
		路肩上设电缆槽	m	13.0	13.0	12.8	12.8	12.8	12.8	11.8	11.6	11.6

注：表中数值是按路基面处接触网支柱内侧至线路中心的距离有砟轨道为 3.1m，无砟轨道为 2.5m 计算的，如有变化时，应调整路基面宽度。

表 7.5 重载铁路直线地段标准路基面宽度

项目			单位	有砟轨道			
双线线间距			m	4.0			
道床结构			层	单		双	
道床厚度			m	0.35	0.30	0.55	0.50
路基面宽度	单线	路堤	m	8.1	8.1	8.5	8.3
		路堑	m	8.1	8.1	8.1	8.1
	双线	路堤	m	12.1	12.1	12.7	12.5
		路堑	m	12.1	12.1	12.3	12.1

注:表中数值是按路基面处接触网支柱内侧至线路中心的距离为 3.1 m 计算的,如有变化时,应计算调整路基面宽度。

2. 曲线地段路基面宽度

路基面在无砟轨道正线曲线地段一般不加宽,当轨道结构和接触网支柱等设施的设置有特殊要求时,根据具体情况分析确定。

有砟轨道正线曲线地段加宽值应在曲线外侧按规定值加宽,曲线加宽值应在缓和曲线内渐变。

(1)客货共线铁路区间单、双线曲线地段的路基面宽度应在表 7.1 和表 7.2 基础上,在曲线外侧按表 7.6 的数值加宽。

表 7.6 客货共线铁路曲线地段的路基面加宽值

铁路等级	设计速度/(km/h)	曲线半径 R/m	路基面外侧加宽值/m
Ⅰ级铁路	200	2 800≤R<3 500	0.4
		3 500≤R≤6 000	0.3
		R>6 000	0.2
	160	1 600≤R≤2 000	0.4
		2 000<R<3 000	0.3
		3 000≤R<10 000	0.2
		R≥10 000	0.1
	120	800≤R<1 200	0.4
		1 200≤R<1 600	0.3
		1 600≤R<5 000	0.2
		R≥5 000	0.1
Ⅱ级铁路	120	800≤R<1 200	0.4
		1 200≤R<1 600	0.3
		1 600≤R<5 000	0.2
		R≥5 000	0.1

(2)有砟轨道高速铁路、有砟轨道城际铁路、有砟轨道重载铁路区间单、双线曲线地段的路基面宽度应在表 7.3～表 7.5 的基础,在曲线外侧按表 7.7～表 7.9 的数值加宽。

表7.7　有砟轨道高速铁路曲线地段路基面加宽值

设计速度/(km/h)	曲线半径 R/m	路基面外侧加宽值/m
250	$R<4\ 000$	0.6
	$4\ 000\leqslant R<5\ 000$	0.5
	$5\ 000\leqslant R<7\ 000$	0.4
	$7\ 000\leqslant R<10\ 000$	0.3
	$R\geqslant 10\ 000$	0.2
300	$R<5\ 000$	0.6
	$5\ 000\leqslant R<7\ 000$	0.5
	$7\ 000\leqslant R<9\ 000$	0.4
	$9\ 000\leqslant R<14\ 000$	0.3
	$R\geqslant 14\ 000$	0.2
350	$R<6\ 000$	0.6
	$6\ 000\leqslant R<9\ 000$	0.5
	$9\ 000\leqslant R<12\ 000$	0.4
	$R\geqslant 12\ 000$	0.3

表7.8　有砟轨道城际铁路曲线地段路基面加宽值

设计速度/(km/h)	曲线半径 R/m	路基面外侧加宽值/m
200	$R<3\ 100$	0.5
	$3\ 100\leqslant R<4\ 000$	0.4
	$4\ 000\leqslant R<6\ 000$	0.3
	$6\ 000\leqslant R<10\ 000$	0.2
	$R\geqslant 10\ 000$	0.1
160	$R<1\ 900$	0.5
	$1\ 900\leqslant R<2\ 700$	0.4
	$2\ 700\leqslant R<3\ 800$	0.3
	$3\ 800\leqslant R<7\ 500$	0.2
	$R\geqslant 7\ 500$	0.1
120	$R<1\ 200$	0.5
	$1\ 200\leqslant R<1\ 500$	0.4
	$1\ 500\leqslant R<2\ 200$	0.3
	$2\ 200\leqslant R<5\ 000$	0.2
	$R\geqslant 5\ 000$	0.1

表7.9　重载铁路曲线地段路基面加宽值

曲线半径 R/m	路基面外侧加宽值/m
$600\leqslant R<800$	0.5
$800\leqslant R<1\ 200$	0.4
$1\ 200\leqslant R<1\ 600$	0.3
$1\ 600\leqslant R<5\ 000$	0.2
$R\geqslant 5\ 000$	0.1

7.2.4 基 床

路基基床结构应满足强度和变形的要求,保证其在列车荷载、降水、干湿循环及冻融循环等因素的影响下具有长期稳定性。

1. 基床厚度

路基基床结构应由基床表层和基床底层构成,常用基础结构的厚度应按表 7.10 确定。

表 7.10 常用路基基床结构厚度

铁路等级		基床表层/m	基床底层/m	总厚度/m
客货共线铁路		0.6	1.9	2.5
城际铁路	有砟轨道	0.5	1.5	2.0
	无砟轨道	0.3	1.5	1.8
高速铁路	有砟轨道	0.7	2.3	3.0
	无砟轨道	0.4	2.3	2.7
重载铁路	设计轴重 250 kN、270 kN	0.6	1.9	2.5
	设计轴重 300 kN	0.7	2.3	3.0

2. 基床填料选择

(1)基床表层填料应根据铁路等级、设计速度、轨道类型等按表 7.11 确定。

表 7.11 基床表层填料选择标准

铁路等级及设计速度		粒径限值	可选填料类别
客货共线铁路及城际铁路	200 km/h	≤60 mm	级配碎石
	160 km/h	≤100 mm	宜选用砾石类、碎石类中的 A1、A2 组填料;当缺乏 A1、A2 组填料时,经经济比选后可采用级配碎石
	≤120 km/h	≤100 mm	优先选用砾石类、碎石类中的 A1、A2 组填料,其次为砾石类、碎石类及砂类土中的 B1、B2 组填料,有经验时可采用化学改良土
	无砟轨道	≤60 mm	级配碎石
高速铁路		≤60 mm	级配碎石
重载铁路		≤60 mm	应采用级配碎石及 A1、A2 组填料

注:1. 有砟轨道及非冻土地区无砟轨道基床表层采用Ⅰ型级配碎石。

2. 冻结深度大于 0.5 m 的冻土地区以及多雨地区无砟轨道基床表层采用Ⅱ型级配碎石。

(2)基床底层填料应根据铁路等级、设计速度、轨道类型等按表 7.12 确定。

表 7.12 基床底层填料选择标准

铁路等级及设计速度		粒径限值	可选填料类别
客货共线铁路及城际铁路	200 km/h	≤100 mm	砾石类、碎石类及砂类土中的 A、B 组填料或化学改良土
	160 km/h	≤200 mm	砾石类、碎石类及砂类土中的 A、B 组填料或化学改良土
	≤120 km/h	≤200 mm	砾石类、碎石类及砂类土中的 A、B、C1、C2 组填料或化学改良土
	无砟轨道	≤60 mm	砾石类、砂类土中的 A、B 组填料或化学改良土
高速铁路		≤60 mm	砾石类、砂类土中的 A、B 组填料或化学改良土
重载铁路		≤100 mm	砾石类土、碎石类土及砂类土中的 A、B 组填料或化学改良土

(3)高度小于 2.5 m 的低路堤，基床底层范围内天然地基的承载力应符合下列规定：

①设计速度 200 km/h 及以上的有砟轨道铁路、无砟轨道铁路及重载铁路均不小于 180 kPa。

②设计速度 200 km/h 以下的有砟轨道铁路不小于 150 kPa。

不易风化的硬质岩路堑基床，路基中心向两侧设 4%的横向排水坡。土质、易风化的软质岩的基床表层填料符合上述(1)及表 7.11 的要求。基床底层的土质、天然密实度、承载力等应符合相应规定，否则应采取措施进行处理。

膨胀土等特殊地区的路堑基床处理符合《铁路特殊路基设计规范》(TB 10035)的有关规定。

3. 基床压实标准

路基基床的压实控制指标应符合下列规定：

(1)无砟轨道铁路、高速铁路及重载铁路采用的级配碎石、砾石类、碎石类及砂类土应采用压实系数、地基系数、动态变形模量作为控制指标；其余铁路采用的级配碎石、砾石类、碎石类及砂类土应采用压实系数、地基系数作为控制指标。

(2)化学改良土应采用压实系数、7d 无饱和侧限抗压强度作为控制指标。

基床表层填料的压实标准应符合表表 7.13 的规定。

表 7.13　基床表层填料的压实标准

<table>
<tr><th colspan="2" rowspan="2">铁路等级及设计速度</th><th colspan="2" rowspan="2">填　　料</th><th colspan="4">压 实 标 准</th></tr>
<tr><th>压实系数 K</th><th>地基系数 K_{30} (MPa/m)</th><th>7 d 饱和无侧限抗压强度(kPa)</th><th>动态变形模量 E_{vd} (MPa)</th></tr>
<tr><td rowspan="9">客货共线铁路及城际铁路</td><td>200 km/h</td><td colspan="2">级配碎石</td><td>≥0.97</td><td>≥190</td><td>—</td><td>—</td></tr>
<tr><td rowspan="2">160 km/h</td><td colspan="2">级配碎石</td><td>≥0.95</td><td>≥150</td><td>—</td><td>—</td></tr>
<tr><td>A1、A2 组</td><td>砾石类、碎石类</td><td>≥0.95</td><td>≥150</td><td>—</td><td>—</td></tr>
<tr><td rowspan="4">120 km/h</td><td>A1、A2 组</td><td>砾石类、碎石类</td><td>≥0.95</td><td>≥150</td><td>—</td><td>—</td></tr>
<tr><td rowspan="2">B1、B2 组</td><td>砾石类、碎石类</td><td>≥0.95</td><td>≥150</td><td>—</td><td>—</td></tr>
<tr><td>砂类土(粉细砂除外)</td><td>≥0.95</td><td>≥110</td><td>—</td><td>—</td></tr>
<tr><td colspan="2">化学改良土</td><td>≥0.95</td><td>—</td><td>≥500(700)</td><td>—</td></tr>
<tr><td>无砟轨道</td><td colspan="2">级配碎石</td><td>≥0.97</td><td>≥190</td><td>—</td><td>≥55</td></tr>
<tr><td colspan="2">高速铁路</td><td colspan="2">级配碎石</td><td>≥0.97</td><td>≥190</td><td>—</td><td>≥55</td></tr>
<tr><td colspan="2" rowspan="2">重载铁路</td><td colspan="2">级配碎石</td><td>≥0.97</td><td>≥190</td><td>—</td><td>≥55</td></tr>
<tr><td>A1 组</td><td>砾石类</td><td>≥0.97</td><td>≥190</td><td>—</td><td>≥55</td></tr>
</table>

注：括号内数值为严寒地区化学改良土考虑冻融循环作用所需强度值。

基床底层填料的压实标准应符合表 7.14 的规定。

表 7.14 基床底层填料的压实标准

铁路等级及设计速度		填料		压实系数 K	地基系数 K_{30} /(MPa/m)	7 d 饱和无侧限抗压强度/kPa	动态变形模量 E_{vd} /MPa
客货共线铁路、城际铁路	200 km/h	A、B组	粗砾土、碎石类	≥0.95	≥150	—	—
客货共线铁路、城际铁路	200 km/h	A、B组	砂类土(粉砂除外)细砾土	≥0.95	≥130	—	—
客货共线铁路、城际铁路	200 km/h	化学改良土		≥0.95	—	≥350(550)	—
客货共线铁路、城际铁路	160 km/h	A、B组	砾石类、碎石类	≥0.93	≥130	—	—
客货共线铁路、城际铁路	160 km/h	A、B组	砂类土(粉细砂除外)	≥0.93	≥100	—	—
客货共线铁路、城际铁路	160 km/h	化学改良土		≥0.93	—	≥350(550)	—
客货共线铁路、城际铁路	120 km/h	A、B、C1、C2组	砾石类、碎石类	≥0.93	≥130	—	—
客货共线铁路、城际铁路	120 km/h	A、B、C1、C2组	砂类土、细粒土	≥0.93	≥100	—	—
客货共线铁路、城际铁路	120 km/h	化学改良土		≥0.93	—	≥350(550)	—
客货共线铁路、城际铁路	无砟轨道	A、B组	粗砾土、碎石类	≥0.95	≥150	—	≥40
客货共线铁路、城际铁路	无砟轨道	A、B组	砂类土(粉砂除外)细砾土	≥0.95	≥130	—	≥40
客货共线铁路、城际铁路	无砟轨道	化学改良土		≥0.95	—	≥350(550)	—
高速铁路		A、B组	粗砾土、碎石类	≥0.95	≥150	—	≥40
高速铁路		A、B组	砂类土(粉砂除外)细砾土	≥0.95	≥130	—	≥40
高速铁路		化学改良土		≥0.95	—	≥350(550)	—
重载铁路		A、B组	粗砾土、碎石类	≥0.95	≥150	—	≥40
重载铁路		A、B组	砂类土(粉砂除外)细砾土	≥0.95	≥130	—	≥40
重载铁路		化学改良土		≥0.95	—	≥350(550)	—

注:括号内数值为严寒地区化学改良土考虑冻融循环作用所需强度值。

7.2.5 路　　堤

1. 填料选择

(1)基床以下路堤填料应符合下列规定:

①重载铁路和设计时速 200 km/h 及以下的有砟轨道铁路可采用 A、B、C 组填料或化学改良土。

②无砟轨道和设计时速 200 km/h 以上的有砟轨道铁路可采用 A、B、C1、C2 组填料或化学改良土。

③设计时速 200 km/h 以下的有砟轨道铁路采用 D 组填料时应进行改良或采取加固措施。

(2)一般路基浸水后会引起路基填料软化、强度降低,致使路堤自身产生沉降或局部边坡发生溜坍等病害。为预防产生病害常采用填筑水稳性好的渗水土并设置隔水护道、边坡防护等措施。客货共线铁路为降低建设投资,对渗水土填料来源困难地区一般仅对长期浸水部位采用渗水土填筑,对产生的沉降通过抬道、填补道砟进行处理;高速铁路及无砟轨道的城际铁路,因其沉降标准要求高、产生沉降后维修困难,对设计水位以下部位需全部采用渗水土填筑。

(3)寒冷地区有害冻胀深度范围内的路基,宜采用冻胀不敏感填料。

(4)路堤基床以下部位填料的最大粒径应符合下列规定:

①重载铁路、设计速度 200 km/h 以下的有砟轨道铁路填料最大粒径不应大于摊铺厚度的 2/3 且不应大于 300 mm。

②设计速度 200 km/h 的有砟轨道铁路填料的最大粒径不应大于 150 mm。

③无砟轨道铁路、设计速度 200 km/h 以上的有砟轨道铁路填料的最大粒径不应大于 75 mm。

(5)路堤尽量用同一种填料填筑,以免产生不均匀沉降。不同性质填料混杂填筑,会使其接触面形成滑动面,或在路堤内造成水囊。如条件困难,不得不采用性质不同的填料填筑时,不同性质的填料分开逐层填筑。

2. 压实标准

基床以下路堤填料的压实控制指标:细粒土、砂类土、砾石类土、碎石类土、块石类土等应采用压实系数和地基系数作为控制指标;改良土应采用压实系数和 7d 饱和无侧限抗压强度作为控制指标。

基床以下路堤填料的压实标准应符合表 7.15 的规定。

表 7.15　基床以下路堤填料的压实标准

铁路等级及设计速度		填　料	压实标准		
			压实系数 K	地基系数 K_{30} /(MPa/m)	7 d 饱和无侧限抗压强度 /kPa
客货共线铁路、城际铁路有砟轨道	200 km/h	细粒土	≥0.90	≥90	—
		砂类土、细砾土	≥0.90	≥110	—
		碎石类及粗砾土	≥0.90	≥130	—
		化学改良土	≥0.90	—	≥250
	160 km/h、120 km/h	细粒土、砂类土	≥0.90	≥80	—
		砾石类、碎石土	≥0.90	≥110	—
		块石类	≥0.90	≥130	—
		化学改良土	≥0.90	—	≥200
高速铁路及无砟轨道客货共线铁路、城际铁路		砂类土及细砾土	≥0.92	≥110	—
		碎石类及粗砾土	≥0.92	≥130	—
		化学改良土	≥0.92	—	≥250
重载铁路		细粒土、砂类土	≥0.92	≥90	—
		细砾土	≥0.92	≥110	—
		碎石类及粗砾土	≥0.92	≥130	—
		化学改良土	≥0.92	—	≥250

基床以下路堤填料采用 C3 组及化学改良土填筑,填料的含水率应接近最优含水率,否则可采取疏干晾晒或加水湿润等措施。

7.2.6　路　　堑

路堑是在天然地面上以开挖方式建成的路基,它是线路通过山区与丘陵地区的一种常见路基形式。由于是开挖建造,地质条件对路基的稳定有决定性影响。路堑设计应减少对天然植被和山体的破坏,防止诱发地质灾害。路堑边坡高度及坡度设计要求见任务 7.4。

任务 7.3 市域铁路路基构造认知

根据《市域铁路设计规范》(T/CRS C0101—2017)可知,市域铁路是位于中心城区与其他组团间、组团式城镇之间或与大中城市具有同城化需求的城镇间,服务通勤、通学、通商等规律性客流,设计速度 100～160 km/h,快速、高密度、公交化的客运专线铁路。

市域铁路线网是指多条市域铁路线路通过车站间组合而形成的轨道网络系统。

市域铁路路基工程应在取得可靠地质资料的基础上进行设计,路基主体工程应按土工结构物进行设计。

7.3.1 市域铁路路基面形状及宽度

1. 路基面形状

水的危害是造成路基病害的重要原因,保证良好的排水条件是路基设计的重要原则。因此,路基面需作成有横向排水坡的拱状,称为路拱。以利于排除雨水,避免路基面处积水使土浸湿软化造成病害。因此,正线及到发线有砟轨道地段路基面应为三角形路拱,自线路中心向两侧设置 4% 的横向排水坡。曲线地段路基加宽时,路基面仍应保持三角形(图 7.10)。其余站线和管段线路路基面排水横坡应结合各地区年平均降雨量具体确定,且不宜小于 2%。

无砟轨道支承层(或底座)底部范围内路基面可水平设置,支承层(或底座)外侧路基面两侧设置不小于 4%的向外横向排水坡。

2. 路基面宽度

正线路基面宽度应根据正线数目、线间距、轨道结构型式、曲线加宽、路肩宽度、电缆槽布置、接触网支柱基础位置等因素综合确定。正线路肩宽度不宜小于 0.8 m。

进站信号机以内到发线线路中心线至路基面边缘的距离应根据接触网支柱的位置及基础宽度、电缆槽位置及宽度等因素计算确定;其他站线和段管线不应小于 3.0 m。

正线直线地段路基面宽度可根据路肩上接触网支柱基础、电缆槽及声屏障基础等附属工程设置情况,按表 7.16 采用,条件不符时,应另行计算确定。

表 7.16 正线直线地段路基面宽度

项目		设计速度/(km/h)	道床厚度/m	路基面宽度/m									
				单线					双线				
				a/m	b/m	c/m	路基面宽度/m 路肩上不设电缆槽	路基面宽度/m 路肩上设电缆槽	a/m	b/m	c/m	路基面宽度/m 路肩不设电缆槽	路基面宽度/m 路肩上设电缆槽
有砟轨道	非大型养护机械	160、140	0.3	0.4	1.0	0.8	7.0	7.0	0.4	1.1	0.8(1.0)	11.2	11.6
			0.5	0.4	1.4	0.8	7.8	7.8	0.4	1.5	0.8(0.8)	12.0	12.0
		120、100	0.3	0.4	1.0	0.8	7.0	7.0	0.4	1.1	0.8(1.0)	11.2	11.6
			0.45	0.4	1.3	0.8	7.6	7.6	0.4	1.4	0.8(0.8)	11.8	11.8

续上表

项目		设计速度/(km/h)	道床厚度/m	路基面宽度/m									
				单线					双线				
				a/m	b/m	c/m	路基面宽度/m		a/m	b/m	c/m	路基面宽度/m	
							路肩上不设电缆槽	路肩上设电缆槽				路肩不设电缆槽	路肩上设电缆槽
有砟轨道	大型养护机械	160、140	0.3	0.4	1.0	0.95	7.3	7.3	0.4	1.1	0.85(1.6)	11.3	12.8
			0.5	0.4	1.4	0.8	7.8	7.8	0.4	1.5	0.8(1.2)	12.0	12.8
		120、100	0.3	0.4	1.0	0.95	7.3	7.3	0.4	1.1	0.85(1.6)	11.3	12.8
			0.45	0.4	1.3	0.8	7.6	7.6	0.4	1.4	0.8(1.3)	11.8	12.8
无砟轨道							6.1	6.1				10.1	11.6

注:1. a 为路肩宽度,b 为砟肩至砟脚水平距离,c 为砟肩宽度。

2. 单线路基按电缆槽与接触网支柱对侧布置考虑。

曲线地段应按下列规定考虑:

(1)有砟轨道路基,路基面应在曲线外侧按表 7.17 确定加宽值,路基外侧加宽计算值小于等于 0 时,加宽值为 0;计算值大于 0 时,按 0.1 的倍数取整确定加宽值,并应在缓和曲线内渐变。

(2)无砟轨道路基,路基面曲线内侧加宽应根据建筑限界要求考虑。

(3)当轨道结构和接触网支柱等设施的设置有特殊要求或路肩宽度不满足要求时,应根据具体情况分析确定。

表 7.17　有砟轨道曲线地段路基面加宽值

设计速度/(km/h)	曲线半径 R/m	路基外侧加宽计算值/m
160、140	$R \geqslant 7\,500$	$0.1-(C-0.8)$
	$3\,800 \leqslant R < 7\,500$	$0.2-(C-0.8)$
	$2\,700 \leqslant R < 3\,800$	$0.3-(C-0.8)$
	$1\,900 \leqslant R < 2\,700$	$0.4-(C-0.8)$
	$R < 1\,900$	$0.5-(C-0.8)$
120、100	$R \geqslant 5\,000$	$0.1-(C-0.8)$
	$2\,200 \leqslant R < 5\,000$	$0.2-(C-0.8)$
	$1\,500 \leqslant R < 2\,200$	$0.3-(C-0.8)$
	$1\,200 \leqslant R < 1\,500$	$0.4-(C-0.8)$
	$R < 1\,200$	$0.5-(C-0.8)$

注:C 为路肩宽度,按表 7.16 取值。

7.3.2　正线路基横断面布置图

正线路基横断面布置图如图 7.13～图 7.18 所示。

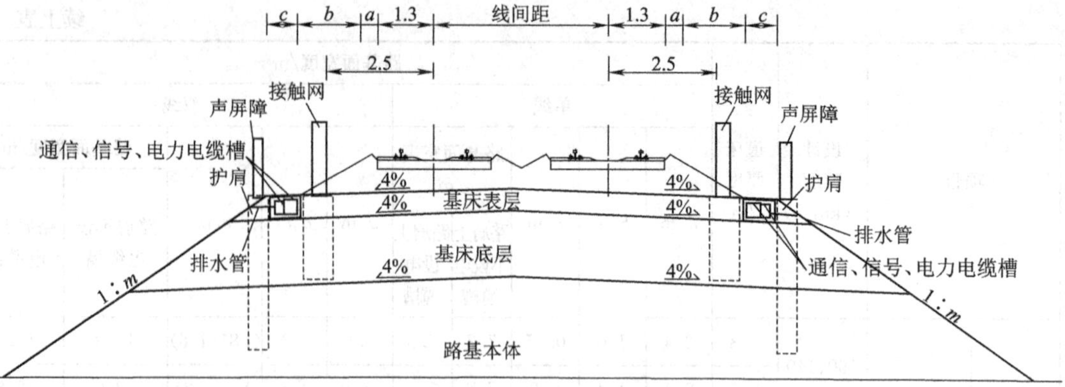

图 7.13　有砟轨道双线路堤横断面示意(非大型机械养护)(单位:m)

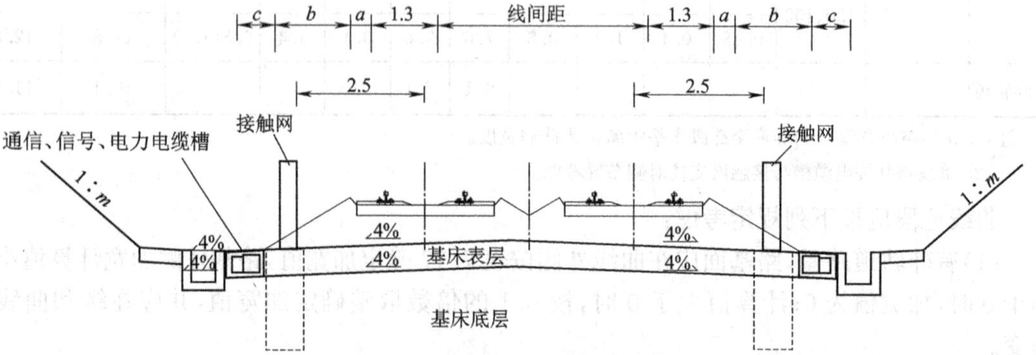

图 7.14　有砟轨道双线非硬质岩路堑横断面示意(非大型机械养护)(单位:m)

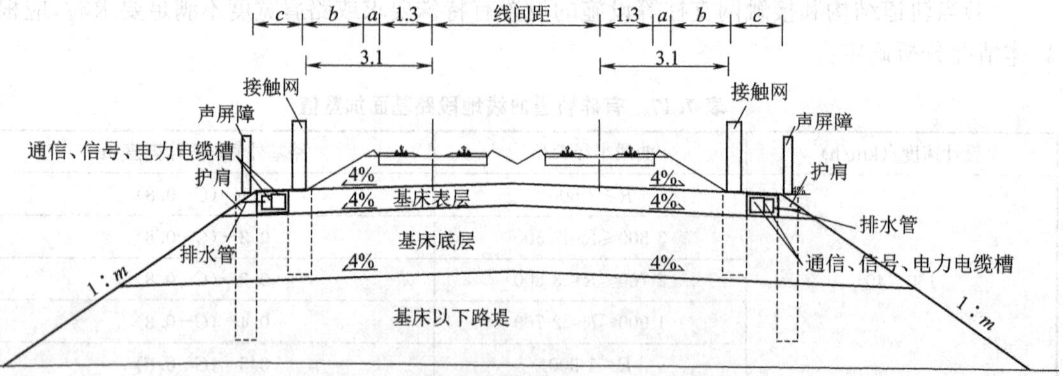

图 7.15　有砟轨道双线路堤横断面示意(大型机械养护)(单位:m)

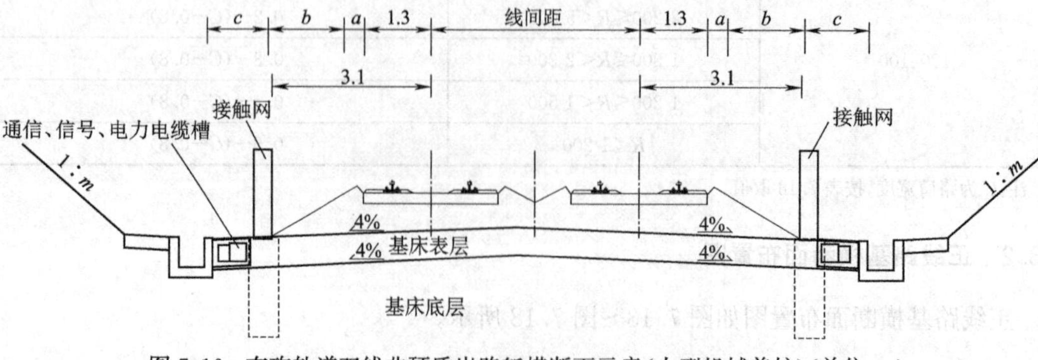

图 7.16　有砟轨道双线非硬质岩路堑横断面示意(大型机械养护)(单位:m)

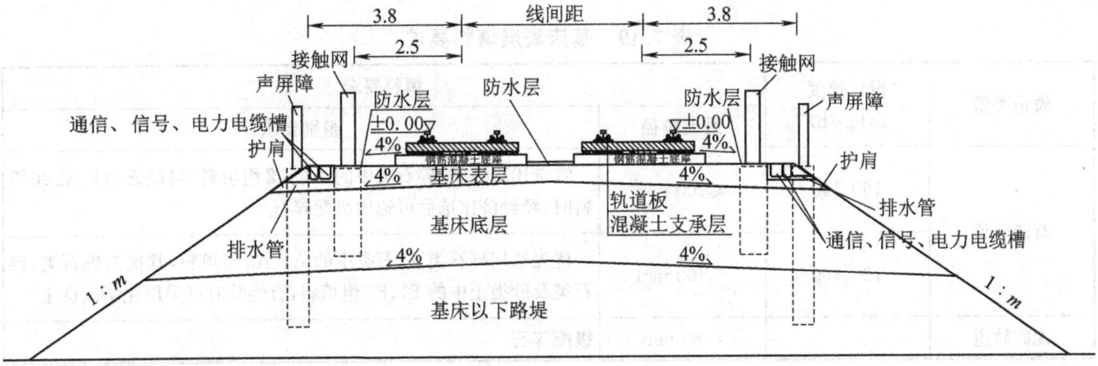

图 7.17　无砟轨道双线路堤横断面示意(单位：m)

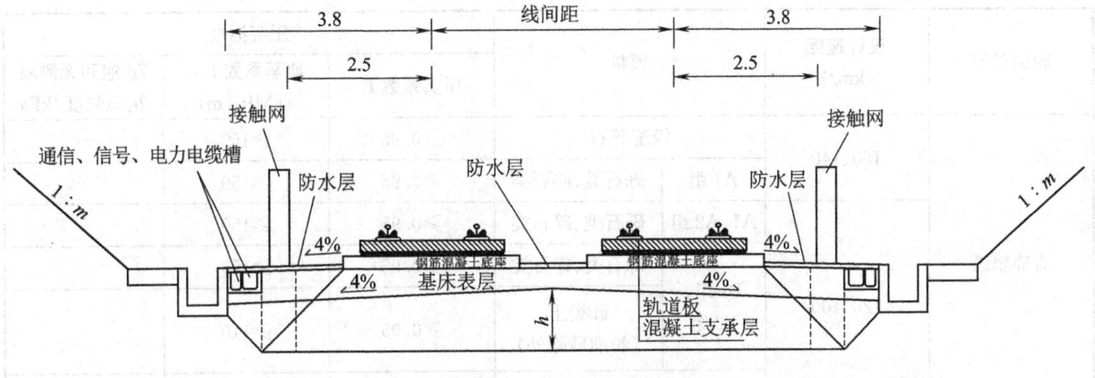

图 7.18　无砟轨道双线硬质岩路堑横断面示意(单位：m)

7.3.3　基　　床

市域铁路路基基床是由基床表层和底层组成的两层结构，根据轨道类型和设计速度，基床结构可按表 7.18 采用。

表 7.18　市域铁路基床结构

轨道类型		基床厚度/m	基床表层厚度/m	基床底层厚度/m
有砟轨道	正线	2.0	0.5	1.5
	与正线处于同一路基的站线、动态试验线	2.0	0.5	1.5
	与正线路基分开设置的站线、动态试验线	1.5	0.5	1.0
	其他站线、段管线	1.2	0.3	0.9
无砟轨道		1.8	0.3	1.5

基床填料应符合以下要求：

(1)无砟轨道铁路和有砟轨道铁路采用的级配碎石、砾石类、碎石类及砂类土均应采用压实系数、地基系数作为控制指标。

(2)化学改良土应采用压实系数及 7d 饱和无侧限抗压强度作为控制指标。

(3)基床表层的填料应符合表 7.19 的要求，压实标准应符合表 7.20 的要求。

表 7.19　基床表层填料要求

轨道类型	设计速度/(km/h)	填料要求	
		最大粒径	组别要求
有砟轨道	160、140	≤100 mm	宜选用砾石类、碎石类中的 A1、A2 组填料，当缺乏 A1、A2 组填料时，经经济比选后可选用级配碎石
	120、100	≤100 mm	优先选用砾石类、碎石类中的 A1、A2 组填料，其次为砾石类、碎石类及砂类土中的 B1、B2 组填料，有经验时可采用化学改良土
无砟轨道	—	≤60 mm	级配碎石

注：1. 有砟轨道及非冻土地区无砟轨道基床表层采用Ⅰ型级配碎石；

2. 冻结深度大于 0.5 m 的冻土地区以及多雨地区无砟轨道基床表层采用Ⅱ型级配碎石。

表 7.20　基床表层填料压实标准

轨道类型	设计速度/(km/h)	填料		压实标准		
				压实系数 K	地基系数 K_{30}/(MPa/m)	7d 饱和无侧限抗压强度/kPa
有砟轨道	160、140	级配碎石		≥0.95	≥150	—
		A1 组	砾石类、碎石类	≥0.95	≥150	—
	120、100	A1、A2 组	砾石类、碎石类	≥0.95	≥150	—
		B1 组、B2 组	砾石类、碎石类	≥0.95	≥150	—
			砂类土（粉细砂除外）	≥0.95	≥110	—
		化学改良土		≥0.95	—	≥500(700)
无砟轨道	—	级配碎石		≥0.97	≥190	

注：括号内数值为严寒地区化学改良土考虑冻融循环作用所需强度值。

基床表层级配碎石应符合《铁路路基设计规范》(TB 10001—2016)的规定。

(4)基床底层的填料应符合表 7.21 的要求，压实标准应符合表 7.22 的要求。

表 7.21　基床底层填料要求

轨道类型	设计强度/(km/h)	填料要求	
		最大粒径	组别要求
有砟轨道	160、140	≤200 mm	砾石类、碎石类及砂类土中的 A、B 组填料或化学改良土
	120、100	≤200 mm	砾石类、碎石类及砂类土中的 A、B、C1、C2 组填料或化学改良土
无砟轨道	—	≤60 mm	砾石类、砂类土中的 A、B 组填料或化学改良土

注：1. 无砟轨道及严寒寒冷地区有砟轨道冻结深度影响范围内基床底层填料的细粒含量不应大于 5%，渗透系数应大于 5×10^{-5} m/s；

2. 在有可靠资料和工程经验的情况下，采取加固或封闭措施，160 km/h、140 km/h 铁路基床底层可采用 C 组填料。

7.3.4　路　　堤

(1)基床以下路堤部位填料应符合下列规定：

①有砟轨道铁路可采用 A、B、C 组填料或化学改良土；采用 D 组填料时应进行加固或改良。

表7.22　基床底层填料压实标准

轨道类型	设计速度/(km/h)	填料		压实标准		
				压实系数 K	地基系数 K_{30}/(MPa/m)	7d饱和无侧限抗压强度/kPa
有砟轨道	160、140	A、B组	砾石类、碎石类	≥0.93	≥130	—
			砂类土（粉细砂除外）	≥0.93	≥100	—
		化学改良土		≥0.93	—	≥350(550)
	120、100	A、B、C1、C2组	砾石类、碎石类	≥0.93	≥130	—
			砂类土、细粒土	≥0.93	≥100	—
		化学改良土		≥0.93	—	≥350(550)
无砟轨道	—	A、B组	粗砾土、碎石类	≥0.95	≥150	
			砂类土（粉细砂除外）、细砾土	≥0.95	≥130	
		化学改良土		≥0.95	—	≥350(550)

注：括号内数值为严寒地区化学改良土考虑冻融循环作用所需强度值。

②无砟轨道铁路宜选用A、B、C1、C2组填料或化学改良土。

③路堤浸水部位应结合铁路等级、轨道类型、浸水条件等采用渗水土、水稳性好的A、B组填料或采取封闭、隔水措施。

④采用C2组中的砂类土及C3组填料，应采取加强防护措施。

⑤寒冷地区有害冻胀深度范围内的路基，宜采用冻胀不敏感填料。

⑥有砟轨道路基填料最大粒径不应大于摊铺厚度的2/3且不应大于300 mm；无砟轨道路基填料的最大粒径不应大于75 mm。

(2)基床以下部位填料的压实标准应符合下列规定：

①细粒土、砂类土、砾石类土、碎石类土、块石类土等应采用压实系数和地基系数作为控制指标。

②改良土应采用压实系数和7d饱和无侧限抗压强度作为控制指标。

③基床以下部位填料的压实标准应符合表7.23的规定。

表7.23　基床以下部位填料的压实标准

轨道类型	填料	压实标准		
		压实系数 K	地基系数 K_{30}/(MPa/m)	7d饱和无侧限抗压强度/kPa
有砟轨道	细粒土、砂类土	≥0.90	≥80	—
	砾石类、碎石类	≥0.90	≥110	—
	块石类	≥0.90	≥130	—
	化学改良土	≥0.90	—	≥200
无砟轨道	砂类土及细砾土	≥0.92	≥110	
	碎石类及粗砾土	≥0.92	≥130	
	化学改良土	≥0.92	—	≥250

注：当碎石类填料的粒径大于75 mm、小于150 mm时，地基系数可采用 K_{60}，取 $K_{60}=1.8K_{30}$。

(3)高度小于基床厚度的路堤,基床表层应符合表层填料及压实的要求。无砟轨道地段基床底层厚度范围的土质和压实标准应符合底层填料及压实的要求,否则应作处理;有砟轨道地段基床底层厚度范围内天然地基土的静力触探比贯入阻力 P_s 值不应小于 1.2 MPa,或基本承载力 σ_0 不应小于 0.15 MPa,否则应进行换填、改良或加固处理。

(4)季节冻土地区路基设计应考虑最大冻结深度、降雨量、地下水位等影响,合理选择路基填料、加强防排水、防冻胀措施。

(5)在场地受限、填筑碾压困难地段或当需减少路堤荷载时,可采用轻质材料填筑或浇筑。

(6)软弱土路基地基条件复杂或缺少工程经验时,宜选择代表性地段提前修筑试验路基,以便检验设计、指导施工。

7.3.5 路　　堑

(1)软质岩及土质基床部分应符合表 7.20、表 7.22 的要求;当基床范围内的地基土 P_s < 1.2 MPa 或 σ_0 < 0.15 MPa 时,应进行换填或加固处理。

(2)土质、软质岩及强风化的硬质岩路堑应设置侧沟平台,岩质路堑侧沟平台宽度不宜小于 0.5 m、土质路堑不宜小于 1.0 m;较深路堑宜在边坡中部或在土石分界面、透水和不透水层交界面处设置边坡平台,宽度不宜小于 2 m。边坡平台应设置向坡脚方向不小于 4% 的排水横坡。

7.3.6 路堤边坡形式及坡率

路堤边坡形式和坡率应根据轨道类型和列车荷载、填料的物理学性质、边坡高度及地基工程地质条件等由稳定分析计算确定。当地基条件良好,边坡高度不大于表 7.24 规定,其边坡形式和坡率可按表 7.24 采用。

7.3.7 过 渡 段

(1)路基与桥隧等其他线下结构物、不同路基结构、不同地基处理形式连接处可能导致轨道基础沉降变形及刚度差异时,均应设置过渡段,保证刚度及变形在线路纵向的均匀变化。

(2)桥梁、涵洞及隧道等结构工程之间路基,有砟轨道路基长度小于 20 m,无砟轨道路基长度小于 40 m 时,应按过渡段进行特殊设计。

(3)路基与桥台过渡段宜采用沿线路纵向倒梯形过渡形式,如图 7.19 所示;过渡段施工先于邻近路基时,可采用沿线路纵向正梯形过渡形式,如图 7.20 所示。

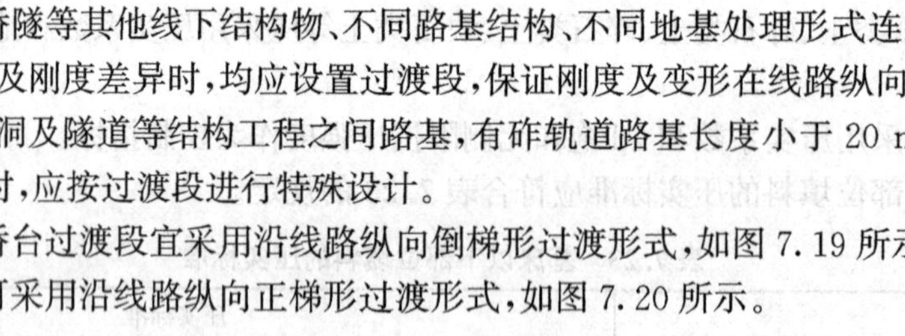

图 7.19　台尾倒梯形过渡设置示意

过渡段长度按式(7.1)确定,且不小于 20 m。

$$L=a+(H-h)\times n \tag{7.1}$$

式中　L——过渡段长度(m)；

H——台后路堤高度(m)；

h——基床表层厚度(m)；

a——倒梯形底部沿线路方向长度，无砟轨道取 3～5 m，有砟轨道取 3 m；

n——常数，无砟轨道取 2～5，有砟轨道取 2。

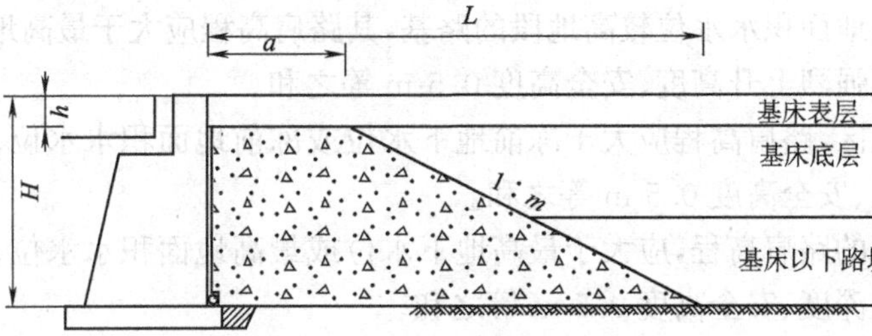

图 7.20　台尾正梯形过渡设置示意

(4)过渡段路堤应与其连接的路堤同时施工，并按大致相同的高度分层填筑，距离台背 20 m 内应用小型机具压配实并适当减小分层填筑厚度。

路堤与横向结构物(立交框构、箱涵等)连接处、路堑与横向结构物连接处、路堑与桥台连接处、路堤与路堑连接处、路堑与隧道连接处等也需要按照《铁路路基设计规范》(TB 10001—2016)相关要求设置过渡段。

7.3.8　路肩高程

路肩的高程应保证路基不被洪水淹没，也不因在地下水最高水位时因毛细水上升至路基面而产生冻胀或翻浆冒泥等病害。因此，对路肩高程有一个最小值要求，市域铁路路肩高程的确定应符合《铁路路基设计规范》(TB 10001—2016)的规定。

(1)路肩高程受洪水位或潮水位控制时，设计洪水位或设计水位应按下列规定确定：

①设计洪水频率标准应采用 1/100。观测洪水(含调查洪水)频率小于设计洪水频率时，应按观测洪水频率设计；观测洪频项率小于 1/300 时，应按 1/300 频率设计。

②滨海路堤的设计潮水位，应采用重现期为 100 年一遇的高潮位。滨海路堤兼作水运码头时，还应按水运码头设计要求确定设计最低潮位。

③在淤积严重或有特殊要求的水库地段，应在可行性研究阶段确定洪水频率标准。

(2)滨河、河滩路堤的路肩高程应大于设计水位、壅水高(包括河道卡口或建筑物造成的壅水，河湾水面超高)、波浪侵袭高或斜水流局部冲高、河床淤积影响高度、安全高度之和。其中波浪侵袭高与斜水流局部冲高应取二者中之大值。

(3)水库路基的路肩高程应大于设计水位、波浪侵袭高、壅水高(包括水库回水及边岸壅水)、安全高度之和，如图 7.21 所示。当按规定洪水频率计算的设计水位低于水库正常高水位时，应采用水库正常高水位作为设计水位。

(4)滨海路基，当顶部未设防浪胸墙时，其路肩高程应大于设计高潮水位、波浪侵袭高(波浪爬高)，安全高度 0.5 m 等之和。当设有防浪胸墙时，路肩高程应大于设计高潮水位与安全高度之和。

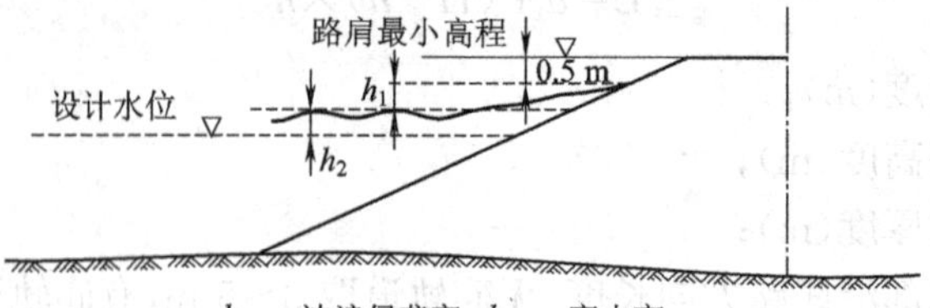

h_1— 波浪侵袭高；h_2— 壅水高。

图 7.21　路肩最小高程

(5)地下水位和地面积水水位较高地段的路基，其路肩高程应大于最高地下水位或最高地面积水水位、毛细水强烈上升高度、安全高度 0.5 m 等之和。

(6)季节冻土地区，路肩高程应大于冻前地下水位或冻前地面积水水位、毛细水强烈上升高度、有害冻胀深度、安全高度 0.5 m 等之和。

(7)盐渍土路基的路肩高程，应大于最高地下水位或最高地面积水水位、毛细水强烈上升高度、蒸发强烈影响深度、安全高度 0.5 m 等之和。

当盐渍土路基存在季节性冻害时，应按(6)条和本条的规定分别计算路肩高程，取二之大值。

当路基采取降低水位、设置毛细水隔断层等措施时，路基高程可不受以上第(5)、(6)、(7)条规定的限制。

任务 7.4　路基边坡设计要求

路基边坡包括路堤边坡和路堑边坡。路基边坡坡度是指边坡的垂直高度与其水平投影距离之比，一般用 1∶m 表示。

7.4.1　路堤边坡

路堤边坡形式和坡度应根据填料的物理力学性质、边坡高度、列车荷载和地基工程地质条件等确定。当地基条件良好，边坡高度不大于表 7.24 范围时，边坡坡度可按表 7.24 选用。

表 7.24　路堤边坡形式和坡率

填料名称	边坡高度/m			边坡坡率		边坡形式
	全部高度	上部高度	下部高度	上部坡率	下部坡率	
细粒土、易风化的软块石土	20	8	12	1∶1.50	1∶1.75	折线形或台阶形
粗粒土(细砂、粉砂除外)、漂石土、卵石土、碎石土、不易风化的软块石土	20	12	8	1∶1.50	1∶1.75	折线形或台阶形
硬块石土	8	—	—	1∶1.30		直线形
	20	—	—	1∶1.50		直线形

注：1. 如有可靠资料和经验时，可不受本表限制。
2. 边坡高度较高时可采用台阶形。
3. 路基浸水或填料为粉细砂、膨胀土、盐渍土等时，其边坡形式和坡率应符合《铁路特殊路基设计规范》的相关规定。

7.4.2　路堑边坡

土质路堑边坡形式及坡度应根据工程地质、水文地质条件、土的性质、边坡高度、防排水措施、施工方法并结合自然稳定山坡和人工边坡的调查及力学分析综合确定。边坡高度不大于20 m时，边坡坡度可按表 7.25 采用。

表 7.25 的路堑边坡只适用于土质比较均匀，无不良地质现象及地下水的路堑。由于我国幅员辽阔，气候、地质及其他自然因素变化较大，因此表中边坡坡度只列出上、下界限值，具体设计时还得根据现场调查分析的结果和边坡高度，在表中的上、下限界范围内选用。低边坡可选用较陡的数值，高边坡宜选用较缓的数值。

表 7.25　土质路堑边坡坡率

土的类别		边坡坡率
黏土、粉质黏土、塑性指数大于 3 的粉土		1∶1.00～1∶1.50
中密以上的中砂、粗砂、砾砂		1∶1.50～1∶1.75
漂石土、卵石土、碎石土、粗砾土、细砾土	胶结和密实	1∶0.50～1∶1.25
	中　　密	1∶1.25～1∶1.50

注：1. 细砂、粉砂、黄土、膨胀土等特殊土路堑边坡形式及坡度应按《铁路特殊路基设计规范》有关规定执行；
　　2. 有可靠的资料和经验时，可不受本表限制。

岩石路堑边坡形式及坡度应根据工程地质、水文地质条件、岩性、边坡高度、施工方法，并结合岩体结构、结构面产状、风化程度和地貌形态及自然稳定边坡和人工边坡的调查等因素综合确定，必要时可采用稳定分析法予以检算。边坡高度不大于20 m时，边坡坡度可按表 7.26 选用。

表 7.26　岩石路堑边坡坡率

岩石类别	风化程度	边坡坡率
硬质岩	未风化、微风化	1∶0.1～1∶0.5
	弱风化、强风化	1∶0.3～1∶0.75
	全风化	1∶0.75～1∶1.0
软质岩	未风化、微风化	1∶0.3～1∶0.75
	弱风化、强风化	1∶0.5～1∶1.0
	全风化	1∶0.75～1∶1.5

注：1. 特殊岩路堑边坡形式及坡率应符合《铁路特殊路基设计规范》的相关规定；
　　2. 存在不利结构面的岩质边坡应通过稳定计算确定；
　　3. 有可靠的资料和经验时，可不受本表限制。

项目小结

铁路路基是轨道的基础，它既承受轨道和列车荷载，又将荷载向地基深层传递扩散，其所经地区的地质条件、水文条件、气候条件各不同，加之所用填料性质各异，导致不同地区的路基破坏性质及程度不同，故而，路基的形状、尺寸、边坡坡度、填土含水率等对路基后期性能有着

重要的影响。为此,本项目主要介绍铁路路基横断面形式、路基面形状和尺寸、路基边坡设计要求等

项目训练

1. 既有线路基断面尺寸测量并与设计规定比照。
2. 正确判读路基横断面图。
3. 正确确定不同土质的边坡比。

复习思考题

1. 轨道交通路基工程的特点有哪些?
2. 路堤、路堑的横断面各由哪几部分组成?
3. 轨道交通对路基工程的总体要求有哪些?
4. 曲线地段路基面为什么要加宽? 如何加宽?
5. 对路肩高程有哪些要求?
6. 路堤各部分的填料及压实要求有哪些?
7. 为什么路基与桥隧等其他线下结构物之间要设过渡段?

项目8　路基排水及防护设备养护

项目描述

路基排水是为保证路基稳定而采取的汇集、排除地表或地下水的措施。路基排水系统是为防止和控制路基受水侵害而设置的拦截、引排地表水(降水及雨雪形成的地面径流)及地下水(上层滞水、潜水及层间水等)的系统。路基排水的任务是把路基工作区内的土基含水率降到工程容许范围内,以保证路基稳定的工作状态。为了保证路基边坡稳定,防止坡体滑坍和坡面冲蚀、碎落,需要采取合理适宜的工程措施进行坡面防护。

路基排水要因地制宜,经济实用,选用适当的排水设备,结合农田水利等各种排水设施和水利工程进行综合设计,并应和桥梁、隧道、车站等排水建筑物相顺接。路基防护是为了防止岩石边坡坡面被风化、土质边坡坡面被水冲刷。排水设备包括地面排水设备和地下排水设备。地面排水设备包括侧沟、排水沟、天沟、截水沟、急流槽和排水沟槽。地下排水设备包括明沟、排水槽、暗沟、渗水暗沟、渗水隧洞等。排水附属设备包括集水井、检查井等。路基防护分为工程防护和植物防护。工程防护主要应用于岩(土)边坡,如干砌片石、喷射混凝土防护等。植物防护是人工培植边坡植被,如种草防护、喷混植生防护等。

教学目标

1. 能力目标

(1)能够正确识读路基排水系统图纸。

(2)针对不同排水设施,能进行施工及维护。

(3)能够正确确定路基边坡防护类型。

(4)针对不同防护类型,根据地区气候特点进行施工及维护。

2. 知识目标

(1)掌握地表排水设施类型及适用范围。

(2)了解地下排水设施种类及适用范围。

(3)掌握路基边坡防护类型及适用范围。

(4)了解路基边坡防护设计要求。

3. 素质目标

(1)培养学生良好的职业道德。

(2)培养学生严谨求实的工作作风。

(3)培养学生团结协作、组织协调的能力。

相关案例(一)——兰新铁路路基排水、防护工程

兰新铁路某段长 35 km,路基形式为路堤、路堑,路堤最大边坡高度 10.5 m,路堑最大边坡高度 39 m,本段线路走行于低山丘陵区及山前洪积区,地形高低起伏,相对高差较大,线路远离道路村舍,交通较为不便。

路基边坡排水、防护主要采取的措施:

(1)路堤边坡坡率 1:1.5,路堤坡脚设埋入式片石混凝土脚墙;路堑边坡坡率 1:1.0,边坡每 8 m 设一级平台,平台上设截水沟,平台采用 M10 水泥砂浆砌片石加固,两侧路肩设 C20 混凝土护肩。

(2)路堑地段均设 C25 钢筋混凝土盖板矩形侧沟,侧沟平台宽度 2.0 m,采用 M10 水泥砂浆砌片石加固,厚 0.3 m,侧沟水顺排入路堤两侧排水沟。

(3)线路范围内路基面中心处沿线路方向每隔 50 m 设集水井一处,将路基表面水引向集水井内,并用排水管将水横向引入坡面排水槽。个别山间低洼地段,雨后和雪融季节容易积水结冰处,双侧设置天沟或排水沟,水沟内设置挡水埝,挡水埝顶宽 0.5 m,高 1.5 m,边坡坡率 1:1.0,表面采用 M10 水泥砂浆砌片石加固,厚 0.3 m,并应与水沟同时施工。

由本案例可知:路基排水首先应考虑路基面水的排出,可根据线路纵坡,采用先横后纵或先纵后横的措施;路堤段排水主要是把路基面及坡面上的地表水排出路基范围之外,并引入附近河流;路堑段主要采用天沟拦截坡面以外的水流,采用边沟排除坡面以内的水流。同时,路基排水设备的施工应严格按规范要求进行,运营期间应进行排水设备的养护和维修。

相关案例(二)——某铁路路基排水与防护工程事故案例

1. 案例背景

××年××月××日至××日,某铁路工程发生了路基下沉事故,由于连日普降暴雨,事故发生时,列车晃车严重,其中 K178+910、K158+300、K106+300 三处路基下沉严重,最大下沉分别达到 64.2 cm、16 cm、9.7 cm。这起事故导致多趟列车限速运行晚点,严重影响了铁路正常运输秩序,危及列车运行安全。铁路管理部门认定 K178+910 质量事故为铁路建设工程质量重大事故,K158+300、K106+300 质量事故为铁路建设工程质量一般事故。

2. 原因分析

(1)路基填筑施工不规范,填料控制不严格,路基断面加宽宽度不够,边坡碾压不实,雨季冲刷严重。

(2)路基挡护和排水工程质量问题突出。沉降缝、反滤层没有按照设计要求施工;排水系统不完善、不畅通,造成路基、涵洞经常被水浸泡。路基排水及防护工程如图 8.1 所示。

3. 处理措施

(1)加强技术交底管理

① 建设项目开工前,由建设单位牵头,设计、施工、监理单位和运营部门参加,对全线进行现场勘察设计技术交底,尤其是防护及排水工程,一定要现场核对,对存在的问题,要研究制定优化措施。

图 8.1 路基排水及防护工程

② 建设项目开工前，施工单位要及时组织施工技术交底，将设计意图、质量要求、工艺标准、作业标准、安全措施等向施工技术管理人员和作业人员详细准确说明。

(2)增加路基施工专项联合检查

在全线路基基本成型或独立标段路基成型后，由建设单位和设计单位牵头，组织运营部门及施工、监理单位，联合对路基本体、防护及排水工程进行现场检查。运营部门在建设阶段就要提前介入了解路基和防护工程、排水工程的情况，并提出不符合运输要求的问题，建设单位组织进行整改。

(3)补充完善防护及排水工程技术标准。

任务 8.1 地面排水设备及其养护

8.1.1 路基地面排水

1. 地面水对路基稳定性的影响

为使路基经常处于干燥、坚固稳定的状态，必须及时地修建好地面水排水设施，使地面水迅速排离路基范围，防止地面水停滞下渗和流动冲刷而降低路基的稳定性。

地面水渗入路基土体，会降低土的抗剪强度，并成为地下水的补给来源；地面水的流动，也是路基边坡面冲刷与坡脚冲刷的原因；地面水渗入含易溶盐的土(如黄土)则会产生溶蚀作用形成陷穴；由于气温的变化，地面水也是寒冷地区产生冻害的一个重要原因。由此均说明了地面水对路基稳定性的严重危害。此外，地面水还给施工及运营造成许多困难和危害。

2. 排除路基地面水的一般原则和要求

排除路基地面水应遵循下述原则和要求：

(1) 为保证路基的稳定，应尽快通过水沟汇集、排离路基范围内的地面水，且水沟位置应设在离路基本体尽可能近一些的位置，以充分发挥其排水效果。

(2) 应选择最短的水流通道，且在地质较稳定、地形较平缓的地带设置水沟。

(3) 水沟断面应满足流量要求。水沟断面形状常采用梯形。

3. 地面排水设备类型

地面排水设备如图 8.2 所示。

(1) 排水沟

排水沟设于路堤护道外侧,用以排除路堤范围内的地表水和拦截从田野方面流向路堤的地表水。在平坦地带,横坡不明显且路堤高度小于2.5 m时,宜在路堤两侧设排水沟;路堤高度大于2.5 m时,可只在横坡方向的上方设单侧排水沟拦截地表水。紧靠路堤护道外侧的取土坑,如能适当控制其深度,以连接上、下游的流水,则可用作排除地面水。

(2) 侧沟

侧沟位于路堑或路基不填不挖地段的路肩外侧。用以汇集或排泄从路基面和路堑边坡上流下来的地面水。

(3) 天沟

天沟设于路堑堑顶边缘以外,视需要可设一道或几道,用于截排堑顶上方流向路堑的地表水。天沟距堑顶边缘的距离不宜过大,否则未被截住的地表水较多,对边坡稳定不利;但也不宜过小,否则有因渗漏而影响边坡稳定的危险。一般情况下不宜小于5 m。当土质良好、堑坡不高或沟内铺砌时,不应小于2 m。如有遇水易于溶蚀和形成陷穴特性的土质,天沟距堑顶边缘的距离一般不应小于10 m,并进行铺砌加固。若堑顶有弃土堆,天沟一般应设在弃土堆上坡方向以外1～5 m。

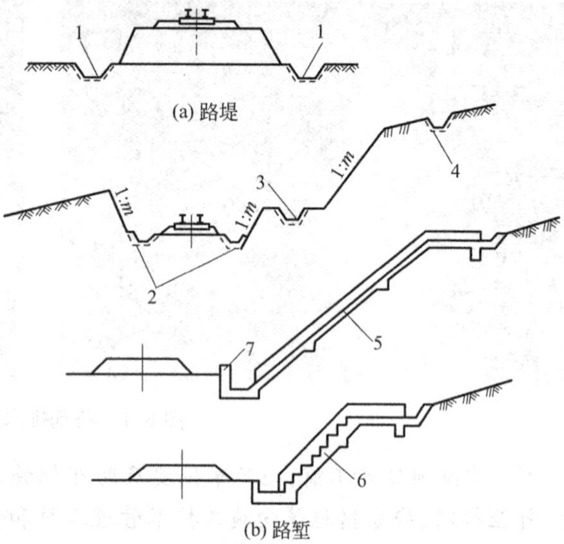

1—排水沟;2—侧沟;3—截水沟;4—天沟;5—吊沟(急流槽形式);6—吊沟(跌水形式);7—挡水墙。

图 8.2 地面排水设备示意

(4) 截水沟

截水沟设在台阶型路堑边坡的平台上及排水沟、侧沟、天沟所在部位以外必须截除地表水的地方,用以截排边坡平台以上坡面的地表水,或排水沟、天沟以外流向路基的地表水。

(5) 跌水和急流槽

跌水和急流槽亦称吊沟,通常设于高差很大而平距很短即坡度陡的排水地段,多设于天沟出口、排水沟或侧沟通往桥涵建筑物处。跌水沟底为台阶形,台阶的高度与宽度之比大致等于地面坡度。急流槽槽身坡度一般大于10%。为使通过急流槽的水流能贴着槽底流下而不发生飞溅,槽身坡度不应陡于1:0.75。急流槽的进口宜做成喇叭口;槽身一般为矩形,常设消力槛,以降低流速,防止冲刷与之相连的下游水沟。在吊沟靠路肩一侧,需设挡水墙,以防止水流冲刷路肩和道床。

8.1.2 地面排水设备的技术标准

对路基有危害的地面水,应采取措施拦截引排至路基范围以外。排水设施布置应符合下列规定:

(1)在路堤天然护道外,可设置单侧或双侧排水沟,也可利用取土坑排水。农田高产区两侧排水困难时,可在路堤坡脚设矮脚墙。

(2)路堑应于路肩两侧设置侧沟,堑顶外可设置单侧或双侧天沟,路堑边坡平台截水沟的设置应符合规范要求。

(3)天沟、侧沟、排水沟、边坡平台截水沟等各类排水设施的设置，应符合将水引排至路基以外的要求。地面横坡明显地段的排水沟、天沟可在横坡上方一侧设置。当地面横坡不明显时，宜在路基两侧设置。路堑顶部无弃土堆时，天沟内边缘至堑顶距离不宜小于 5 m。当沟内采取加固防渗措施时，距离不应小于 2 m。

(4)地面排水设施的纵坡，不应小于 2‰。

(5)侧沟、天沟、排水沟的横断面，应有足够的过水能力。

① 当不需按流量计算时，可采用以下措施：

路堑地段的侧沟底宽 0.4 m、深度 0.6 m，干旱少雨地区或硬质岩石地段的侧沟可减少至 0.4 m；对土质等路堑，当基床表层换填 A、B 组填料时，其侧沟深度不应小于 0.8 m(含困难地段)。

侧沟靠线路一侧沟壁的边坡坡率可采用 1∶1。当侧沟外侧与加固防护工程相连时，侧沟外侧沟壁的边坡与加固防护工程的胸坡相同；当有侧沟平台时，外侧沟壁的边坡坡率采用1∶1。在砂类土中的两侧沟壁的边坡坡率采用 1∶1～1∶1.5。

天沟、排水沟的尺寸为底宽 0.4 m、深度 0.6 m。干旱少雨地区或硬质岩石路堑地段，深度可减少至 0.4 m。天沟、排水沟沟壁的边坡坡率一般采用 1∶1，细粒土和砂类土地段宜采用 1∶1～1∶1.5。

边坡平台截水沟的尺寸可采用底宽 0.4 m，深度 0.2～0.4 m。位于反坡排水地段或小于 2‰坡道的路堑侧沟、天沟、排水沟，其分水点的沟深可减少至 0.2 m。

② 需按流量设计的侧沟、天沟、排水沟，其横断面应按 1/50 洪水频率的流量进行计算，沟顶应高出设计水位 0.2 m。

天沟不应向路堑侧沟排水。当受地形限制需修建急流槽向侧沟排水时，应在急流槽的进口处进行加固，出口处设置消能设施及防止水流冲刷道床的挡水墙。急流槽下游的侧沟应加大断面，按 1/50 洪水频率流量确定。

土质、软质岩、强风化或全风化的硬质岩石地段的侧沟、天沟和排水沟，应采取防止冲刷或渗漏的加固措施，必要时可设垫层。

在深长路堑和反坡排水困难的地段，宜增设桥涵建筑物，将侧沟水引排至路基外。

路堑侧沟的水不得流经隧道排出。当排水困难且隧道长度小于 300 m，洞外路堑排水沟的水量较小、含泥量少时，经研究比较确定。

(6)为防止地面排水设施因水流流速过大而产生严重冲刷和因水沟渗漏而影响路基的稳定和产生基床病害，在下列情况下的侧沟、天沟和排水沟应采取防止冲刷或渗漏的加固措施：

① 位于松软土层影响路基稳定的地段；

② 流速较大，可能引起冲刷的地段；

③ 路堑内易产生基床病害地段的侧沟；

④ 有集中水流进入天沟、排水沟的地段。

常用的水沟加固措施有三合土捶面、水泥砂浆抹面、干砌片石护面、浆砌片石护面、混凝土或拼装式混凝土板护面。

8.1.3 地面排水设备的养护

地面排水设备应加强养护，经常保持顺畅，无积水、无阻塞、无渗漏。原有设备不完善的应有计划地增建、改建或加固。当流水纵坡过缓发生大量淤积或纵坡过大造成冲刷，或有渗漏现

象影响路基稳定时,应及时加以改建或加固。地面排水设备的养护应注意下列事项:

(1)经常清除杂草、积土等杂物。清出的杂物应弃置到路堑范围以外,严禁垫铺在路肩或堆弃于边坡、坡顶及水沟平台上。铺砌的沟槽,更应注意做好与其出入口相接处土质水沟的除草、清淤、防冲刷等工作。

(2)对铺砌的沟体,如发现有裂缝、小块损坏、灰浆脱落、石块松动时,应及时修补。雨季前后尤其应重视对天沟和截水沟的检查,特别注意沟底与沟侧边坡交接处有无裂缝。若有裂缝应及时嵌补。如因山体滑动而切断天沟时,应立即将天沟改移到裂缝上方并将原天沟夯实填平。

(3)当天沟上方来水较大以致发生漫溢时,应在原天沟上方增设一道或多道天沟。在陡坡下增设天沟时,平面转弯应尽量缓和,曲线半径不小于5～10 m,并适当加高水沟外墙。两条天沟汇合时夹角应成锐角。

(4)天沟附近,特别是天沟与堑顶之间应经常平整夯实,不容许有坑洼和积水现象。

(5)吊沟(急流槽)的养护应注意以下三个方面:

① 严防吊沟水流冲刷路肩。在吊沟和侧沟衔接处除可设置消力池和路肩挡水墙外,还可采用石棑等消能措施。吊沟进水口处视必要可设栅栏。若吊沟因流速过大或坡度过陡发生射水现象时,可增设混凝土挡水板。

② 吊沟进出口与土质水沟衔接的地方如因冲淘产生坑洞穴时,务必及时填平夯实,防止铺底淘空和设备损坏。必要时可加深裙墙或将进出口的铺砌延长至坡度较缓的地段。

③ 急流槽形式的吊沟必要时可改为跌水形式。

任务 8.2 地下排水设备及其养护

8.2.1 路基地下排水

1. 地下水对路基稳定性的危害

路基范围内的地下水及其活动,往往给路基的稳定性带来很大的危害。例如,对于一般的黏性土及泥质岩石的路堑,由于地下水的存在,增加了路基土体中的含水率,降低了其抗剪强度,在列车荷载及其他外力的作用下,产生路基病害或严重变形;地下水浸湿基床,将引起翻浆冒泥、冻胀路肩隆起等基床病害;地下水在边坡中的活动,可引起表土滑动、溜坍等边坡变形;地下水常浸湿路堤下部及基床,引起路堤溃爬甚至沿倾斜基底滑动;路基傍山的土体中地下水的活动是促进滑坡、崩塌等山体变形的重要原因之一。因此,在路基范围内的地下水,必须给以足够的重视,及时采取排除措施。

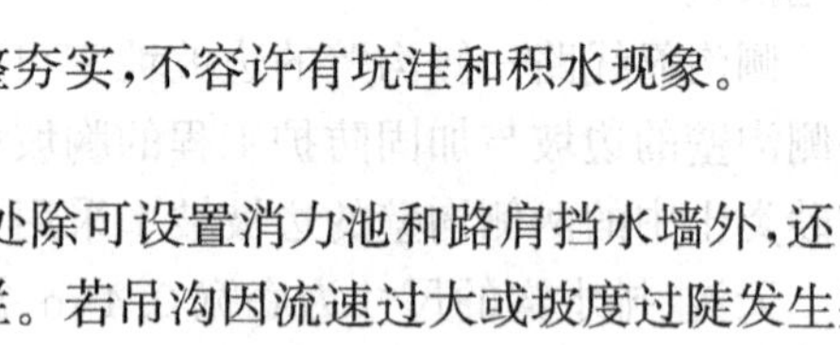

(a) 浆砌片石明沟断面

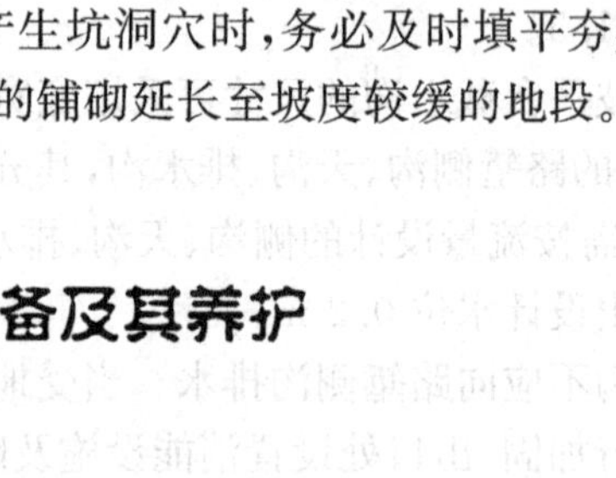

(b) 浆砌片石排水槽断面

1—含水层;2—不透水层;3—渗水孔;4—填土夯实;5—反滤层。

图 8.3 明沟与槽沟示意

2. 路基地下排水设备的主要类型

常用的地下排水设备主要有明沟、排水槽、渗水暗沟、渗水隧洞、水平钻孔、立式集水渗井(渗管)等类型。

(1) 明沟和排水槽

明沟和排水槽是敞开式地下排水设备,如

图 8.3所示，主要用于拦截、引排或降低埋深不深(一般在2～3 m以内)的潜水及上层滞水，并可兼排地表水，常设置在山坡上较平缓的斜坡地带或路基两侧。严寒地区不宜使用。明沟的深度一般不超过1.2～1.5 m，排水槽的深度一般在2.0 m以内，最深不超过3.0 m，沟底均应埋入不透水层内。明沟通常采用梯形断面，底宽0.4～1.0 m，沟壁边坡按所在土层选用，并用厚约0.3 m的 M5 浆砌片石铺砌。排水槽通常采用矩形断面，底宽0.6～1.0 m，用 M5 或 M7.5 浆砌片石砌筑，断面尺寸见表 8.1。明沟和排水槽与含水土层相接触的沟壁上需设置向沟内倾斜的渗水孔或缝隙；沟壁与含水土层之间应设置反滤层；沿纵向每隔10～15 m应设伸缩缝(兼沉降缝)一道。

表 8.1 常用浆砌片石排水槽断面尺寸

沟岸边坡	断面尺寸/m			
	H	b_1	b_2	T
1∶1.5	1.0	0.4	0.4	0.4
	1.2	0.4	0.5	0.4
	1.5	0.4	0.65	0.4
	1.8	0.4	0.80	0.4
	2.0	0.4	0.85	0.4
1∶1.75 或 1∶2	1.0	0.4	0.4	0.4
	1.2	0.4	0.45	0.4
	1.5	0.4	0.60	0.4
	1.8	0.4	0.70	0.4
	2.0	0.4	0.75	0.4

(2) 边坡渗沟

边坡渗沟用以疏干边坡、引排坡面滞水或泉水，并起支撑边坡的作用，适用于坡度不陡于1∶1的土质路堑边坡和易发生表土坍滑的潮湿土质路堤边坡。边坡渗沟应垂直嵌入边坡。当边坡局部潮湿时可采用条带形及分岔形布置；边坡表土普遍潮湿时采用拱形布置，主沟间距约6～10 m(图 8.4，图中Ⅰ-Ⅰ、Ⅱ-Ⅱ见图 8.6)。渗沟的基底通常采用0.3 m厚的 M5 浆砌片石，埋置在潮湿土层以下较干燥而稳定的土层以内不小于0.5 m，并按潮湿带的厚度作成带有泄水坡的阶梯形。出水口一般采用干砌片石垛的形式，根据坡脚到侧沟间的距离，设置在边坡线以内或以外。主沟纵断面及出水口的形式如图 8.5 所示。渗沟横断面通常采用矩形，其宽度

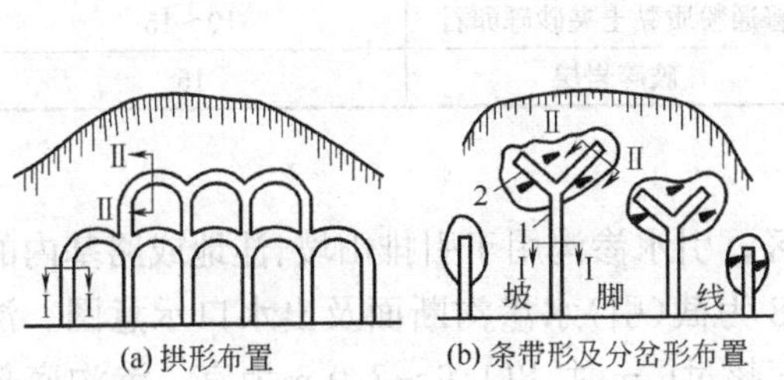

(a) 拱形布置 (b) 条带形及分岔形布置

1—主沟；2—岔沟。

图 8.4 边坡渗沟布置示意

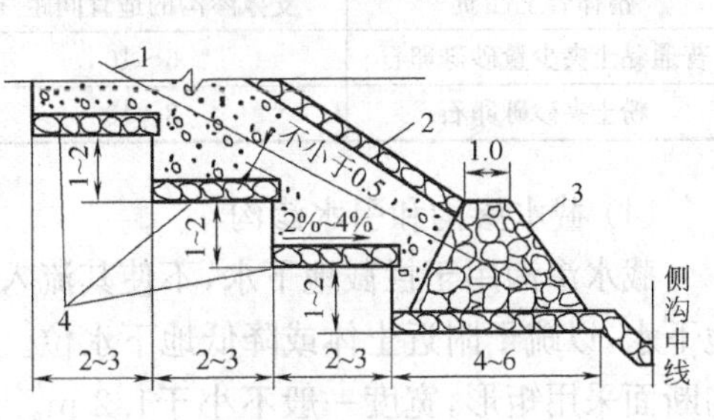

1—潮湿及干燥土层分界线；2—单层干砌片石覆盖
3—干砌片石垛；4—浆砌片石。

图 8.5 主沟纵断面及出水口示意(单位：m)

不宜小于1.3～1.5 m,深度按边坡潮湿土层的厚度而定。渗沟的填料可全部采用干砌片石或只在底部约0.5 m范围内用干砌片石,其余空间填充洗净的砂石(图 8.6)。渗沟顶部为干砌片石并用 M7.5 水泥砂浆勾缝,其顶面与边坡面大致齐平。渗沟填料与土壁之间应设置反滤层,但渗沟分岔部分及拱部的断面下侧则不应作反滤层,而采用厚约0.3 m的 M5 浆砌片石或夯填黏土隔渗。

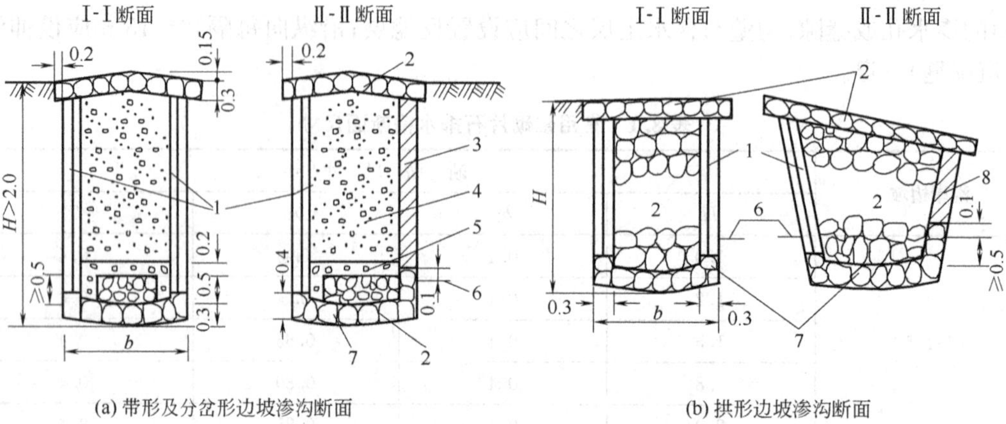

1—反滤层;2—干砌片石;3—夯填黏土或 M5 浆砌片石;4—填充洗净砂石;5—2～5 cm卵碎石;
6—干湿土层分界线;7—M5 浆砌片石封底;8—夯填黏土;
Ⅰ-Ⅰ——主沟断面;Ⅱ-Ⅱ——分岔部分或拱部断面。

图 8.6 边坡渗沟横断面示意(单位:m)

(3) 支撑渗沟

支撑渗沟的作用是支撑可能滑动的不稳定土体或山坡,排除在滑动面附近活动的地下水,疏干潮湿的土体。它常与抗滑挡墙配合使用,作为整治滑坡的措施。支撑渗透通常采用成组的条带形布置,并与山体(或土体)的滑移方向大致平行。在采用矩形断面的情况下,各条渗沟的宽度不少于2～3 m,适宜间距见表 8.2。渗沟基底必须埋置到可能的滑动面(带)以下稳定地层中不小于0.5 m,采用 M5 浆砌片石砌筑并顺滑动面形状做成阶梯形。基顶应有1%～2%的流水坡,基底可做石牙粗糙面以增加抗滑力。渗沟内用密度较大的石块干砌填充。支撑渗沟的断面形式如图 8.7 所示。

表 8.2 支撑渗沟的适宜间距

滑体岩土性质	支撑渗沟的适宜间距/m	滑体岩土性质	支撑渗沟的适宜间距/m
普通黏土夹少量砂砾卵石	6～10	普通粉质黏土夹砂砾卵石	10～15
粉土夹砂砾卵石	8～10	破碎岩层	15

(4) 截水渗沟和引水渗沟

截水渗沟用于拦截地下水,不使其流入病害区。引水渗沟用于引排山坡、洼地或路基内的地下水,以疏干附近土体或降低地下水位。图 8.8 为截(引)水渗沟断面及出水口示意图。渗沟断面采用矩形,宽度一般不小于1.2 m。当深度超过6 m时,以1.6～2.0 m为宜。渗沟底部设置矩形或圆形排水通道,当渗沟深2～6 m时,矩形截面采用0.8 m×1.2 m以上,圆管内径为1.0 m,矩形水沟盖板及圆管上应根据需要留出进水孔眼或裂隙。

为了提高渗沟的排水能力,应采取设置排水通道纵坡(一般不小于 5‰,条件困难时,亦不

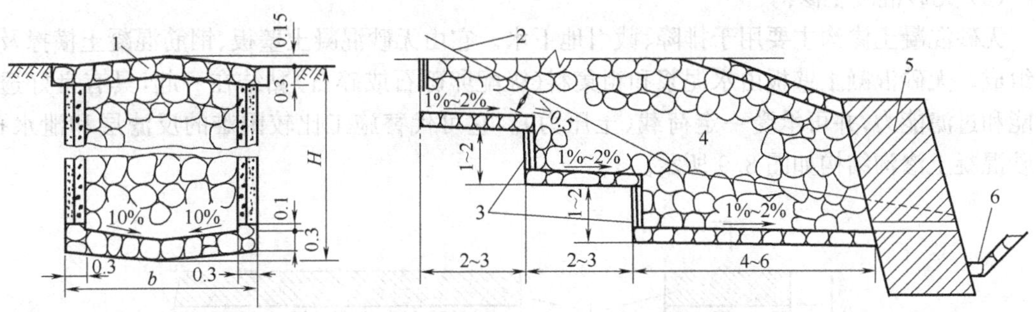

(a) 横断面　　(b) 纵断面及出水口

1—单层干砌片石表面勾缝；2—表层滑动面线；3—反滤层；4—干砌片石；5—挡墙；6—侧沟。

图 8.7　支撑渗沟断面示意(单位：m)

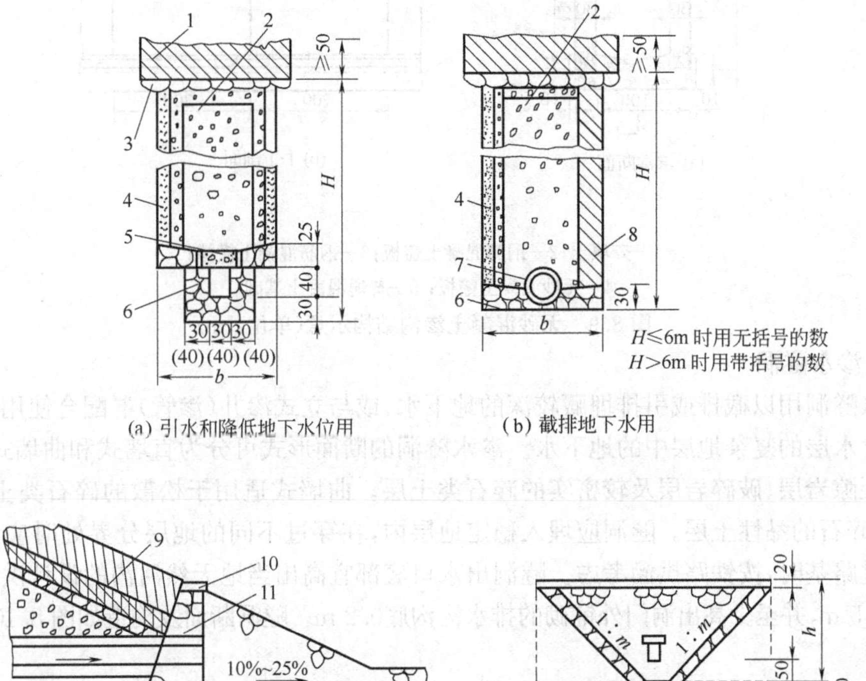

(a) 引水和降低地下水位用　　(b) 截排地下水用

(c) 纵断面(严寒地区)　　(d) 正面图

1—夯填黏土(与地面平齐)；2—填洗净碎(卵)石；3—单层干砌片石；4—反滤层；
5—混凝土盖板；6—M7.5 浆砌片石；7—混凝土管；8—夯填黏土隔渗层；
9—保湿层；10—混凝土帽石；11—浆砌片石端墙；
b—渗沟宽度；H—渗沟深度；h—出水口高度。

图 8.8　截(引)水渗沟示意(单位：cm)

应小于 2‰)、加大排水孔、缩短检查井间距、加强反滤层等措施。渗沟的出水口通常为重力式挡墙的端墙，其下部留出与渗沟排水孔径一致的水孔，此孔底面至少应高出墙外排水沟底面 0.2～0.3 m。为防止淤积，墙外排水沟应采用较陡的坡度，但应予以适当加固。

(5) 无砂混凝土渗沟

无砂混凝土渗沟主要用于排降、截引地下水。它由无砂混凝土壁板、钢筋混凝土横撑及盖板组成。无砂混凝土壁板由水泥浆和粗集料(级配卵砾石或碎石)黏结在一起,具有良好透水性能和过滤能力,并可承受一定荷载(土压力)。它可代替施工比较困难的反滤层和泄水孔。无砂混凝土渗沟结构如图 8.9 所示。

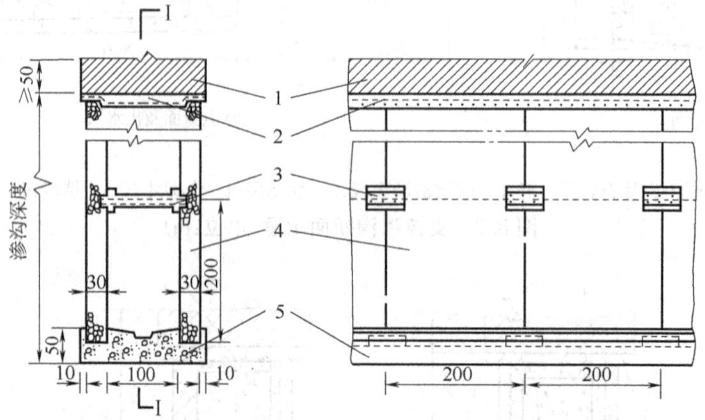

(a) 渗沟断面　　　　(b) I-I 剖面

1—夯填土;2—钢筋混凝土盖板;3—钢筋混凝土横撑;
4—无砂混凝土壁板;5—普通混凝土基础。

图 8.9　无砂混凝土渗沟结构示意(单位:cm)

(6) 渗水隧洞

渗水隧洞用以截排或引排埋藏较深的地下水,或与立式渗井(渗管)群配合使用,以排除具有多层含水层的复杂地层中的地下水。渗水隧洞的断面形式可分为直墙式和曲墙式。直墙式适用于裂隙岩层、破碎岩层及较密实的碎石类土层。曲墙式适用于松散的碎石类土层或有少量卵石、碎石的黏性土层。隧洞应埋入稳定地层内,在穿过不同的地层分界处时应设沉降缝。隧洞穿过路基时,按铁路拱涵考虑。隧洞出水口底部宜高出当地天然河沟的设计洪水位,高差不小于0.5 m,并至少高出洞门外铺砌的排水沟沟底0.2 m。隧洞断面及构造如图 8.10 所示。

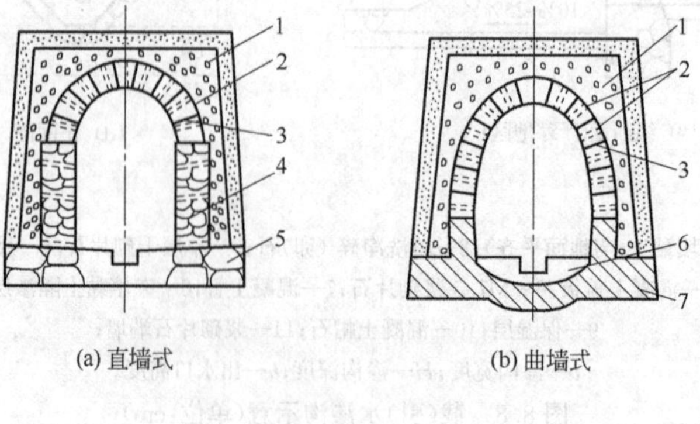

(a) 直墙式　　　　(b) 曲墙式

1— 反滤层;2—C15 混凝土拱砖;3—M10 水泥砂浆灰缝 1 cm;
4—M10 浆砌片石边墙;5—M10 浆砌片石底板;6—C8 混凝土;7—C15 混凝土。

图 8.10　渗水隧洞断面示意

(7) 立式集水渗井(渗管)

立式集水渗井(渗管)用来集引具有多层含水层的复杂地层中的地下水或潮湿土体中的重力水和毛细水。渗井(管)一般成群布置并与前述的平式排水设备配合使用(图 8.11 所示)。一般渗井间距为20～30 m,渗管间距为10～15 m。渗井断面根据施工条件可采用 1.0～1.5 m的圆形或边长为1.0～1.5 m的方形,渗管直径通常不小于25 cm。渗井及渗管的顶部应用足够厚度的隔渗材料妥为覆盖,防止地面污水流入。

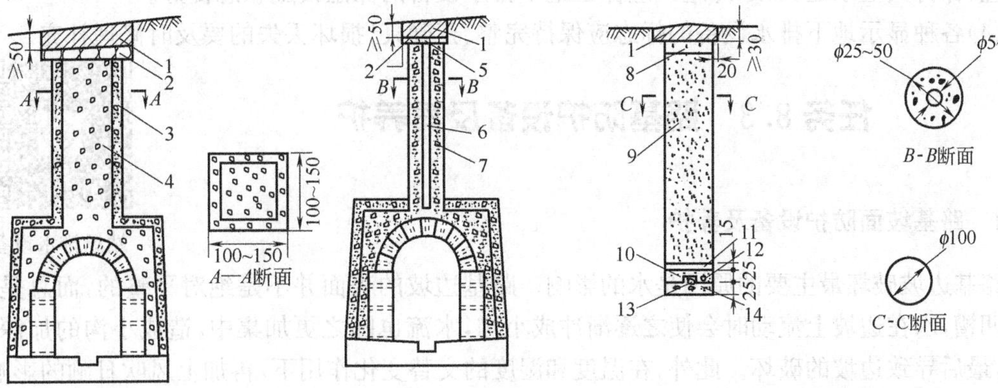

1—夯填土;2—单层干砌片石;3—反滤层;4—填卵石;5—圆形铁盖;6—钢滤管;7—填卵石;8—填细砂;9—填粗砂;10—泄水盖板;11—填砾石;12—填碎(卵)石;13—平式排水钻孔;14—C15 混凝土封底。

图 8.11 集水渗井(管)与平式排水设备的配合示意(单位:cm)

(8) 水平钻孔

水平钻孔是用钻机在地层中钻出带有一定仰坡的平孔,然后装入滤水管及集水管所构成的地下排水设备,也可作为下卧通道和立式渗井配合使用。永久性的水平钻孔,其集水部分可用镀锌钢料或硬质韧性塑料的渗水滤管(管壁上除底部1/4～1/3 留作流水槽外,其余部分均按梅花形排列凿出直径12 mm左右的渗水孔)加固,排水通道部分可用同样材料的套管加固。钻孔的平均仰坡一般可采用10%～15 %。临时或半永久性的水平钻孔,可不进行加固,而用风压吹砂填充其集水部分。

为加强排水设备的泄水能力,防止泥土堵塞泄水孔,一般在明沟、边坡渗沟、支撑渗沟、深埋和浅埋渗沟、挡墙等建筑物的泄水孔与墙后非渗水性土层间加设反滤层。反滤层的作用是:让水流过,而把固体颗粒截留下来。反滤层种类很多,可采用级配砂卵石、无纺土工纤维等。使用时,可根据墙后土层情况在路基手册中查得。

当地下平式排水建筑物(如深、浅埋渗沟或渗水隧洞等)延伸较长时,一般每隔一定距离设检查井一个,供维修人员下去对排水设施进行检查和维修。

8.2.2 地下排水设备的养护

绝大多数地下排水设备均为隐蔽工程,因此应在地面上适当地点设置标志,并按竣工实际状况做好详尽的技术资料(包括设备示意图、起讫里程、埋置深度、设备类型等)登记,作为养护维修工作的参考。

日常维修工作包括:

(1)在雨季前后,上冻以前及春融以后定期进行排水量、出水清浊程度的观察,做好观测资料的记录与对比研究。

(2)与地下排水设备有联系的各种地面及地表,如发生下沉、断裂、破损等变形现象,可能影响到地下排水设备的状态和使用时,应予以紧急处理,挖开检查并适当翻修。工作量大者应列入大修。

(3)对各种地下排水设备的出水口应特别注意除草、清淤、填平坑洼等工作;对泄水孔应经常清理,保持其泄水通畅;寒冷地区应保证地下排水设备的保温设施状态良好。

(4)各种显示地下排水设备的标志应保持完整、正确,已损坏丢失的要及时修理补充。

任务 8.3　路基防护设备及其养护

站场排水设备

8.3.1　路基坡面防护设备及养护

路基边坡破坏最主要的原因是水的影响。路基边坡的表面并不是绝对平整的,而总是有一些凹槽,水在边坡上流动时会使之逐渐冲成小沟,水流也随之更加集中,造成小沟的加深和扩大,最后导致边坡的破坏。此外,在温度和湿度的交替变化作用下,再加上风吹日晒的影响,也会造成坡面的风化、剥落及坍塌等破坏。因此,应及时进行坡面防护。

坡面防护主要就是保护路基边坡表面免受雨水冲刷,减小温度及湿度变化的影响,防止或延缓软弱岩土表面的风化、剥落等演变过程,从而保护路基边坡的整体稳定性。坡面防护设施本身不承受外力作用,必须要求坡面岩土整体牢固。此外,坡面防护还应与排水设施相配合,以便雨水能尽快排出路基范围。

坡面防护应根据路基边坡的土质、岩性、水文地质条件、边坡坡度与高度等,选用适宜的防护措施。路基边坡坡面防护工程常用类型及适用条件见表 8.3。

表 8.3　坡面防护工程常用类型及适用条件

防护类型	结构形式	适用条件	注意事项
植物防护	种草或液压喷播植草	土质边坡,坡度缓于 1∶1.25	当边坡较高时,可用土工网、土工网垫与种草结合防护
	铺草皮	土质和强风化、全风化的岩石边坡。坡度不陡于 1∶1	草皮可为天然草皮,亦可为人工培植的土工网草皮
	种植灌木	土质、软质岩和全风化的岩石边坡。坡度不陡于 1∶1.5	树种应为根系发达、枝叶茂盛、适合当地迅速生长的低矮灌木
	喷混植生	漂石土、块石土、卵石土、粗粒土和强风化、弱风化的岩石路堑边坡。坡率不陡于 1∶0.75	种植基材应通过配合比试验或小范围工程试验确定,边坡高度不宜大于 10 m
	客土植生	漂石土、块石土、卵石土、碎石土、粗粒土和强风化软质岩及强风化、全风化硬质岩石路堑边坡,或由其弃渣填筑的路基,坡率不陡于 1∶1	边坡高度不宜大于 8 m
喷　护	喷掺砂水泥土,厚度 6～10 cm,材料为砂、水泥、黏性土	易受冲刷的土质堑坡,坡度不陡于 1∶0.75	选好材料配合比和水灰比,一般应通过试喷
	喷浆,厚度不小于 5 cm,材料为砂、水泥、石灰	易风化但未遭强风化、全风化的岩石堑坡,坡度不陡于 1∶0.5	
	喷混凝土,厚度不小于 8 cm,材料为砂、水泥、砾石	易风化但未遭强风化、全风化的岩石堑坡,坡度不陡于 1∶0.5	

续上表

防护类型	结构形式	适用条件	注意事项
挂网喷护	锚杆铁丝网(或土工格栅)喷混凝土或喷浆，锚固深度1.0～2.0 m，网距20～25 cm，其他同喷护	喷混凝土或喷浆防护的岩石边坡，当坡面岩体破碎时，为加强防护的稳定性而采用	锚孔深度应比锚固深度深20 cm，其他同喷护
干砌片石护坡	一般厚度30 cm，其下设不小于10 cm厚的砂砾石垫层	土质路堤边坡，有少量地下水渗出的局部堑坡，局部土质堑坡嵌补，坡度不陡于1∶1.25	基础应选用较大的石块，应自下而上地进行栽砌，接缝要错开，缝隙要填满塞紧
浆砌片石护坡	厚度30～40 cm，水泥砂浆砌筑	易风化的岩石边坡和土质边坡，坡度不陡于1∶1	—
浆砌片石或混凝土骨架护坡	骨架宜用方格型，也可采用人字形、拱形。方格内铺种草皮、喷植草或干砌片石等	土质和全风化的岩石边坡，当坡面受雨水冲刷严重或潮湿时，坡度不陡于1∶1	护坡四周需用浆砌片石镶边，混凝土骨架视情况在节点处加锚杆，多雨地区采用带排水槽的拱形骨架，骨架埋深不小于0.4 m
浆砌片石护墙	等截面厚度为50 cm，变截面顶宽40 cm，底宽视墙高而定	土质和易风化剥落的岩石边坡，坡度不陡于1∶0.5	等截面护墙高不宜超过6 m，当坡度较缓时，不宜超过10 m，变截面护墙，单级不宜超过12 m，超过时宜设平台，分级砌筑

1. 坡面防护的类型

1)植物防护

边坡植物防护是指人工培植边坡植被，使植物的根系产生加固边坡表层土的作用，同时利用植物的枝叶保护坡面，防止或减少降水尤其是暴雨对边坡的冲刷以保护边坡。植物防护又可以改善环境。

植物防护的方法主要有种草、铺草皮和种植灌木几种措施。

(1) 坡面种草。如图8.12所示，适用于边坡坡度缓于1∶1.25的土质。草籽可播撒或沟播、点播并应注意选用适宜生长的草种。当土质条件较差时，可补充适宜草籽生长的种植土和肥料。

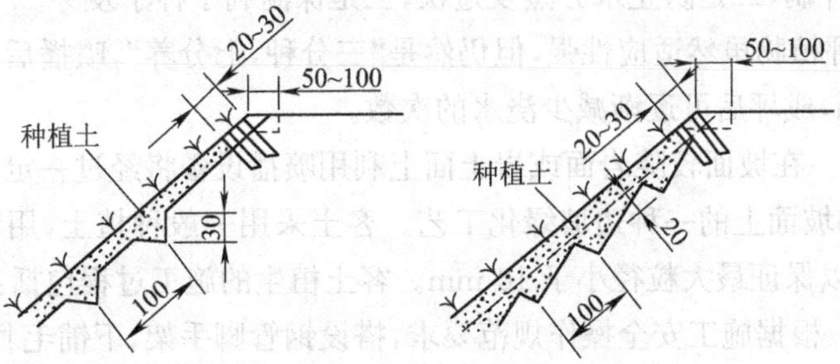

图8.12　种草示意(单位:cm)

(2) 铺草皮。如图8.13所示，适用条件与坡面种草相同，其成活速度更快，抵抗水流冲蚀能力更强。但要求有适宜的成活草皮。铺设的方法可满铺，也可与方格骨架护坡结合使用。

(3) 种植灌木。树种应选择容易成活、根系发达的灌木。种植灌木亦可与种草同时配合进行。

(4) 喷混植生。喷混植生护坡施工技术，是在稳定岩质边坡上施工短锚杆、铺挂镀锌铁丝网后，采用专用喷射机，将拌和均匀的种植基材喷射到坡面上，植物依靠“基材”生长发育，形成植物护坡，它可达到恢复植被、改善景观、保护环境的目的。喷混植生施工过程包括：

① 整修边坡。整修边坡的主要任务是清除边坡上不稳定的石块。

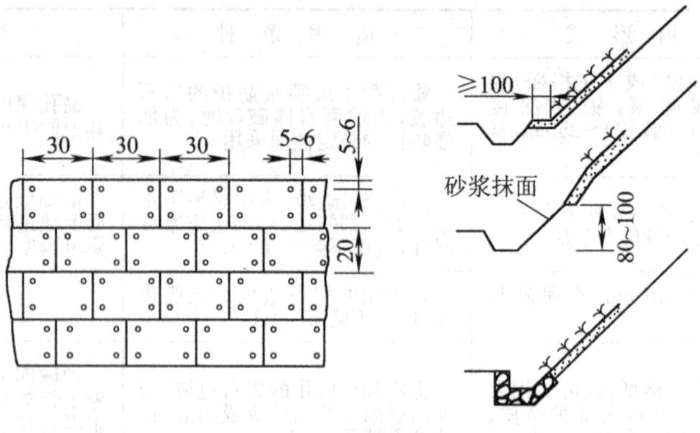

图 8.13　铺设草皮示意(单位:cm)

② 锚杆、挂网。铁丝网采用 $\phi2.6$ 或 $\phi3.0$ 铁丝制成的双扭挂网,每张网规格为宽 2.0 m×长 20 m,网洞 $\phi5$ cm,网与网之间采用平行对接方法。石质边坡硬度大,须以风钻钻孔,孔洞直径 20mm 深 1.9～1.95 m,孔向与坡面基本垂直。锚孔穴布设以网左右边缘间隔 2 m 为宜,锚杆用 $\phi8$～10 mm 螺纹钢,埋入锚孔内,用水泥砂浆灌注穴孔。

③ 种植基材喷播。种植基材按比例混合后呈干粉状,用专用的客土喷播机将种植基材均匀地喷上岩石表石,喷射设计厚度为(10±3)cm。喷射厚度是今后植物生长的关键所在,此环节应随时检查厚度以保证施工质量。

④ 喷播草种。将先配好的种子和纸浆等混合材料用液压喷播植草机直接喷射在种植基材表面上,主要草种有银合欢、刺树、百墓达、白喜草、柱花草等。

⑤ 覆盖。南方雨水较多,可用无纺布覆盖以防止雨水冲刷,北方可用草帘覆盖,覆盖的目的,一是防止雨水冲刷,二是防止水分蒸发过快,三是保温利于种子发芽。

⑥ 养护。草坪植物虽然适应性强,但仍然是“三分种,七分养”,喷播后如未下雨则每天浇水以保持土壤湿润,成坪后可逐渐减少浇水的次数。

(5) 客土植生。在坡面较陡岩面或岩土面上利用喷播设备将经过一定比例混合的客土喷射到挂有铁丝网的坡面上的一种边坡绿化工艺。客土采用一般种植土,用粉碎机粉碎呈粉细土状,并进行筛分以保证最大粒径小于 10 mm。客土植生的施工过程包括:

① 施工准备。根据施工安全操作规范要求,搭设钢管脚手架,下铺毛竹脚手片,上挂防护网,或从山顶下悬绳索,系安全带施工。

② 作业面清理。清除作业面杂物及松动岩块,对坡面转角处及坡顶的棱角进行修整,尽可能将作业面平整,保证施工前作业面的凹凸度平均为±10 cm。

③ 铺网、钉网。采用高镀锌棱形铁丝网或高强塑料加强土工网,网孔规格为 5 cm×5 cm。岩石处用风钻按 1 m×1 m 间距梅花形布置锚杆和锚钉。锚杆长 90～100 cm。锚钉长 15～40 cm。挂网施工时采用自上而下放卷,两网交接处至少要求有 10 cm 的重叠,锚钉每 1m² 不少于 5 只。网与作业面保持一定间隙,并均匀一致。

④ 客土喷播。将泥炭、腐殖土、草纤维、缓释营养肥料等混合材料经过专用机械的搅拌后喷播在铁丝网上,厚度为 2～8 cm。由于基质水分丧失会造成基质厚度不够,一般要求喷射厚度为设计厚度的 125%。

⑤ 喷播植物种子和营养液。将处理好的种子与纤维、黏合剂、保水剂、复合肥、缓释肥、微生物菌肥等经过喷播机搅拌混匀成喷播泥浆，均匀喷洒在工作作业面上。

⑥ 覆盖。采用无纺布(或稻草帘)覆盖，其目的一是预防成型后的作业面被雨冲刷；二是可保温保湿，促进植物的生长。

⑦ 养护管理。植物种子从出芽至幼苗期间，必须浇水养护，保持土壤湿润。从开始坚持每天早晨浇一次水(炎热夏季早晚各浇水一次)。

2)坡面的补强及加固

易风化的岩质边坡坡面常常发生风化剥落和坡面水流的侵蚀。为防止山区易风化岩质边坡产生变形，危及线路和运营的安全，可采用坡面补强及加固措施。补强及加固措施包括抹面、喷浆、勾缝和灌浆。

抹面适于易风化的黏土岩类边坡，如图 8.14 所示。抹面材料可因地制宜，采用具有一定强度且具有良好防水性的三合土或其他材料。

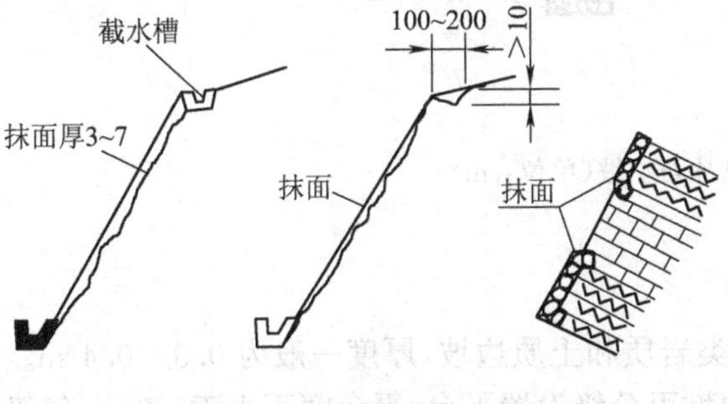

图 8.14　抹面(单位：cm)

对岩性不同的边坡，可采用锚杆铁丝网喷射混凝土防护，锚杆锚固深度 1.0～2.0 m，铁丝网网距为 20～25 cm，喷射混凝土厚8～10 cm，混凝土粗骨料粒径小于 2.0 cm。水泥：砂：石子比例为 1：2：2～1：2.5：2.5，水灰比0.4～0.5，喷射护面设伸缩缝和泄水孔。应注意喷射混凝土护面适用于堑坡稳定、地下水不发育、边坡较干燥但陡峻的边坡。砂浆抹面与喷射混凝土护面相比，前者施工较简单，后者节省水泥用量，较可靠。

由于土工合成材料的发展，无纺土工织物已被用于坡面防护。对于不适于植物生长的边坡可采用无纺土工织物多层复合坡面防护。国外采用这种复合防护结构取得了良好效果。其方法为紧贴坡面铺设无纺土工织物用以排水，保证边坡稳定，其上铺设隔水的土工薄膜，防止水的渗入并具有一定保温作用。亦可两层合为一层采用复合土工膜代替，同时兼起以上两种作用。最上面铺设沥青土工膜作为保护层保暖、防水，如图 8.15 所示。

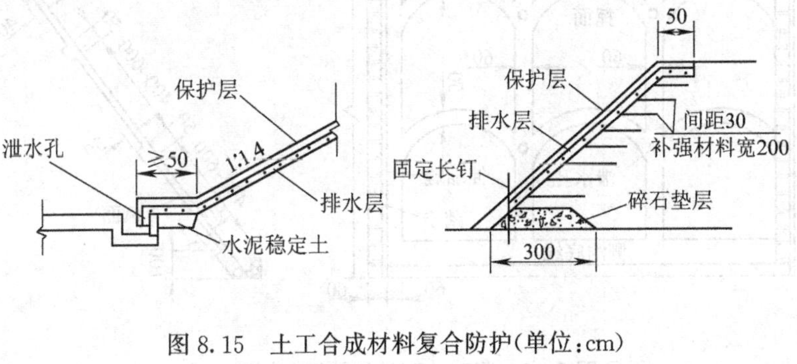

图 8.15　土工合成材料复合防护(单位：cm)

3)砌石护坡

砌石护坡适用于边坡坡度缓于 1：1 的各类土质及岩质边坡。当坡面受地表水流冲蚀产生冲沟，表层溜塌或剥落时，均可采用砌石防护。

砌石防护有干砌片石护坡和浆砌片石护坡。

(1) 干砌片石护坡

干砌片石护坡适用于不陡于1∶1.25的土质(包括土夹石)边坡,且有少量地下水渗出的情况,厚0.3 m左右,如图8.16所示。若土体为粉质黏土、松散砂和粉土等土时,应设不小于10 cm厚的碎石或砂砾垫层。片石护坡应设基础,堑坡干砌片石护坡基础应砌至侧沟底。

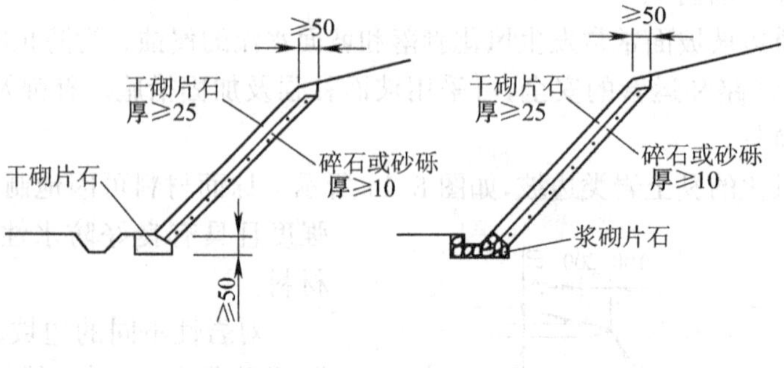

图8.16　干砌片石护坡(单位:cm)

(2) 浆砌片石护坡

浆砌片石护坡适用于不陡于1∶1的各类岩质和土质边坡,厚度一般为0.3～0.4 m。浆砌片石护坡可作为边坡的补强措施。对高边坡可分级设置平台,平台宽不小于1.0 m,每级高不宜大于20 m,沿线路方向每10至20 m应设伸缩缝并在护坡下部设置泄水孔。片石的砌筑采用M5号水泥砂浆。施工应在边坡土体沉实后进行,防止因土体下沉开裂。

(3) 浆砌片石骨架护坡或混凝土骨架护坡

为节省片石及水泥,可采用浆砌片石骨架护坡或混凝土骨架护坡,如图8.17所示。骨架常用方格形和拱形,骨架内可采用植被防护、捶面填补。

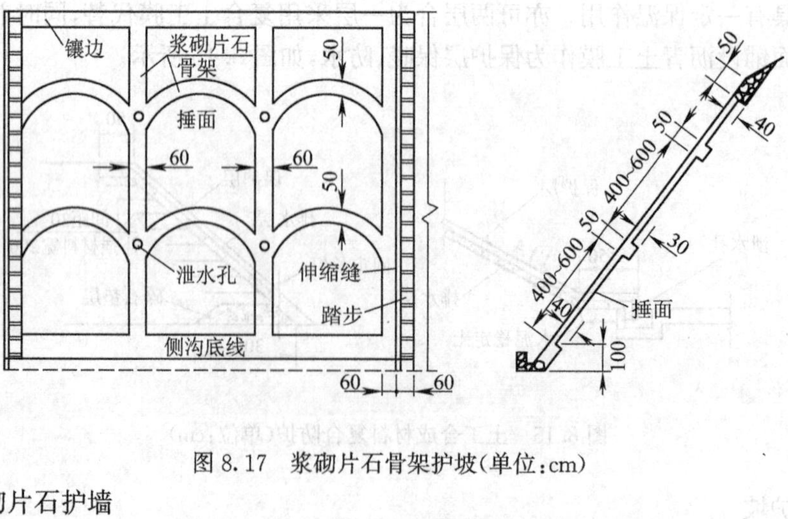

图8.17　浆砌片石骨架护坡(单位:cm)

(4) 浆砌片石护墙

浆砌片石护墙适用于各类土质边坡和易风化剥落且破碎的岩质边坡,用以防治较严重的边坡坡面变形,常作为边坡加固措施。对较陡的堑坡防护仅限应用于稳定的堑坡,且边坡坡度不陡于 1∶0.5。

浆砌片石护墙有实体护墙及孔窗式护墙，孔窗内可采用干砌片石或捶面防护。一般土质及破碎岩石边坡多采用实体护墙，较完整且较陡的岩质边坡可采用肋式护墙，对下部较完整、上部较破碎的岩质边坡可采用拱式护墙。

按护墙截面尺寸，护墙可分为等截面和变截面两种形式，等截面厚度为 50 cm，变截面顶宽为 40 cm，底宽视墙高而定。按防护高度可分为单级、两级及多级护墙，等截面护墙高度不宜超过 6 m，坡度较缓时，不宜超过 10 m；变截面护墙单级不宜超过 12 m，如图 8.18 所示。

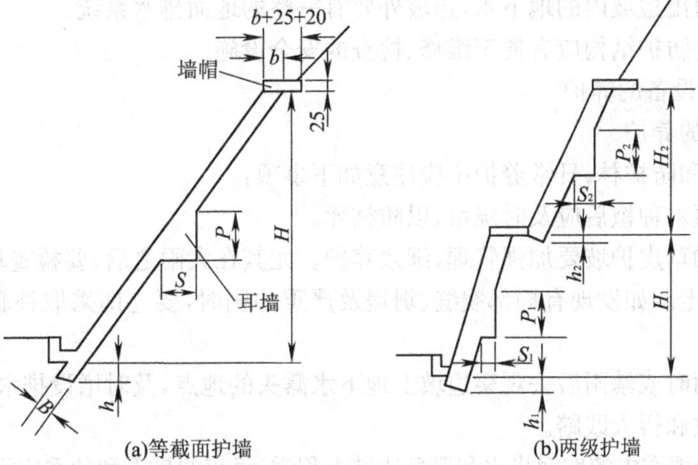

图 8.18　浆砌片石护墙(单位：cm)

选用边坡防护应需注意以下问题：

在采用植物或喷护、挂网喷护等路堑坡面防护和在年平均降水量大于400 mm地区较高的土质路堑边坡地段，宜在坡脚处设高1～2 m浆砌片石护坡或护墙。

软硬岩层相间的路堑边坡应根据岩层情况采用全部防护或局部防护措施。

当浆砌片石护墙高度大于12 m、浆砌片石护坡和骨架护坡高度大于18 m时，宜在适当高度处设平台，平台宽度不宜小于1 m。

浆砌片石护墙、护坡的基础应埋置在路肩线以下不小于1 m，并不应高于侧沟砌体底面。当地基为冻胀土时，应埋置在冻结深度以下不小于0.25 m。

封闭式的坡面应在防护砌体上设泄水孔和伸缩缝。当坡面有地下水出露时，应采取措施将水引出。

土质和易风化岩石的深路堑边坡，宜在坡脚设置挡土墙，以降低边坡高度。当挡土墙墙顶上方坡面设有浆砌片石护墙、护坡时，墙顶应设置边坡平台，平台宽度不宜小于2 m。

在多雨地区，用砂类土、细粒土等填料填筑的路堤，其路肩和边坡易受雨水冲刷流失，应根据具体情况设防护。

2. 坡面防护的选用及其基本技术要求

在选用坡面防护类型时，如当地的气候和土壤条件适宜于草木生长且边坡较缓，宜优先采用植物防护；无此条件时，则应根据边坡上土(或岩石)的性质、边坡坡度和高度，结合就地就近取材的原则,选用其他合适的防护类型。

对于稳定性不足的边坡,则应采取清刷、支挡等措施,使之达到稳定状态。

各种坡面防护均应满足以下基本要求:

(1)下部基础要牢固可靠,并与护面本体很好地衔接。

(2)顶部及两侧边缘要妥善处理,适当嵌入边坡内,并修整得与坡面平齐,防止雨水从裂隙渗入。

(3)护面本体要紧贴边坡,背后不留空隙。

(4)整个坡面要按照材料的伸缩性质、边坡的地质情况设伸缩缝和沉降缝。

(5)要设法引出边坡内的地下水,边坡外要有完整的地面排水系统。

(6)高而陡的防护结构应有便于维修、检查的安全设施。

3. 坡面防护设备的养护

1)植物护坡的养护

对草皮护坡和防护林,日常养护中应注意如下事项:

(1)草皮和灌木种植后应及时浇水,以防枯死。

(2)对铺植的草皮护坡要加强管理,细致养护。尤其在大雨之后,要检查草皮是否完整,所种草籽是否被冲走。如发现有局部裂缝、坍塌及严重冲刷时,要立即采取补救措施,防止逐渐扩大。

(3)应在下雨时或暴雨后去观察边坡上地下水露头的地点,及时增设排水设备。

(4)禁止放牧和行人践踏。

(5)为了利于雨季中的坡面排水和避免边坡上积雪,每年的夏季和秋季应将过高的草割去。

(6)在草皮生长不良的地方,应适当施肥。

(7)灌木枝条要根据树种有计划地剪枝,促使分蘖,加大根系。

2)轻型坡面防护的养护

抹面、捶面、喷浆、灌浆勾缝等均属轻型坡面防护。在养护中应注意如下事项:

(1)对各类轻型坡面防护应加强检查。在春秋两季大检查时,应仔细检查坡面防护的状态,如发现有开裂、剥落等情况,应分析原因并采取有效措施加以整治。

(2)坡面防护层,包括封顶和坡脚的护裙,若有损坏,应及时修补,防止地表水渗入。

(3)轻型坡面防护要十分重视排水。排水孔必须经常检查清理,不得堵塞。在坡面防护层表面发现因地下水浸湿而显得色泽不同或有渗水现象时,应开凿新的排水孔将地下水引出。

(4)坡面杂草应及早拔除并对坡面进行修补,以免杂草根部扩大,挤坏防护层。

3)护坡、护墙的养护

(1)护坡、护墙的泄水孔因淤积、长草而影响排水时应及时清理疏通,坡面上的小树、杂草、青苔等应及早拔除或铲除。

(2)圬工灰缝失效、脱落,坡面开裂、变形,以及伸缩缝、沉降缝损坏时,要查明原因,在计划维修中及时安排补修或采取加固措施。

(3)高大的护坡、护墙在修建时未设安全检查设施时,可在维修中有计划地增设。铁制的检查梯、安全栏杆等应及时除锈和刷漆。

8.3.2　路基冲刷防护设备及养护

在河滩或岸边修筑的铁路路基,都或多或少地受到水流和波浪的冲刷和淘蚀。为保证路基的稳固，必须根据当地的地形、地质条件和水流特性，在此地段设置足够坚固的冲刷防护建筑物。

常用的路基冲刷防护方法有直接防护、间接防护和改河三类。这三类方法常综合使用，以期达到较好的防护效果。各类冲刷防护建筑物一般均应满足以下基本要求：

(1)应有足够的稳固性。

(2)防护范围应包括所有可能被水流冲刷和波浪作用的地段，并按其受影响的程度给予不同的处理。

(3)必须加强基础处理，以防止由于水流的淘蚀而使基础外露，影响建筑的稳定。

(4)防护高度应保证被防护的路基不致受到水流和波浪的侵袭。

1. 直接防护

直接防护是直接对路基边坡进行加固，以抵抗水流的冲刷和淘蚀。它适用于水流流速不大，流向与河岸基本平行，水流破坏作用较弱或由于地形、地质条件受限制不得不采用直接防护的地段。其特点是对原来水流的干扰小，对防护地段的上下游及其对岸影响小。但由于这类建筑物直接修在受冲河岸或路堤边坡上，一旦破坏，将直接威胁铁路安全，因而必须具有足够的稳固性。

1)常用直接防护类型

(1)植物防护

植物防护是指直接在边坡上铺草皮或种植防护林、挂柳。它适用于水流流向与线路大致平行，边坡不受主流冲刷且适宜于植物生长的地段，其容许流速为 1.2～1.8 m/s。草皮护坡一般采用台阶式或竖直式的叠砌方法，如图 8.19 所示。浅滩地段一般种植防水林、挂柳。

图 8.19　叠铺草皮示意(单位：m)

(2)干砌片石护坡

干砌片石护坡适用于水流比较平顺的河岸滩地边缘，不受主流冲刷的周期性浸水的路堤以及波浪作用不太强烈的水库边岸防护。干砌片石护坡的容许流速为 2～3 m/s，容许浪高在1 m以内。因其抵抗力较差，在有流冰、滚石及有漂浮物河段，一般不宜采用。

干砌片石护坡通常采用等厚截面。单层干砌时厚25～35 cm；双层干砌时，上层用较大石块，厚 25～35 cm，下层厚约25 cm。边坡为砂类土时，在护坡和边坡间铺设砂砾垫层。边坡为黏性土时，垫层下尚需铺设10 cm的杂粒砂。

护坡基础应埋置于最大冲刷深度下。当冲刷深度小于1.0 m时，可采用墁石铺砌基础，如图 8.20 所示。冲刷深度大于1.0 m时，宜采用浆砌片石脚墙基础，埋深宜在冲刷深度下不小于 0.5～1.0 m，并置于冻结深度下不少于0.25 m，墙体在非严寒地区用 M7.5 浆砌片石砌筑，严寒地区用 M10 浆砌片石砌筑。

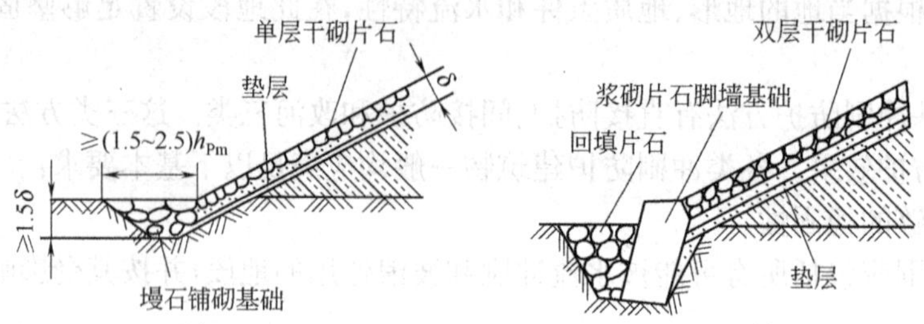

(a)　　(b)

图 8.20　干砌片石护坡示意

(3)浆砌片石护坡

浆砌片石护坡除可用于周期性浸水的路基边坡防护外,还适用于经常浸水的、受主流冲刷或受强烈波浪作用或有封冰、流水的路基边坡以及河岸和水库边岸的防护,其容许流速一般为4～8 m/s,容许浪高大于1.5 m。

护坡通常采用等截面厚,厚度 30～60 cm。当流速较大或波浪作用十分强烈时,采用双层砌筑。护坡在非严寒地区用 M7.5 浆砌片石砌筑,在严寒地区用 M10 浆砌片石砌筑。对可能发生冻胀变形的土层边坡,必须设置垫层。当护坡较厚时,可采用 15～25 cm厚的级配砂砾卵石垫层,或采用由10 cm厚的粗中砂和15 cm厚的卵砾石组成的垫层;当护坡较薄时,可采用10～15 cm厚的级配砂砾卵石垫层。

护坡沿纵向每 10～15 m设伸缩缝一道,缝宽2 cm,用沥青麻筋或沥青木板填塞。为排泄护面层背后可能的积水,一般在护坡的中下部设交错排列的泄水孔,孔径10 cm,间距 2～3 m呈梅花形交错设置,孔后设反滤层。

护坡基础多用脚墙形式。当冲刷深度在3.5 m以内时,基础一般直接埋置在冲刷深度线以下不少于 1.0 m,并使其底面低于河槽最深处。当冲刷深度更深时,基础可埋置在冲刷深度线以上,但须在基础脚前采取适当的平面防淘措施,如图 8.21 所示。

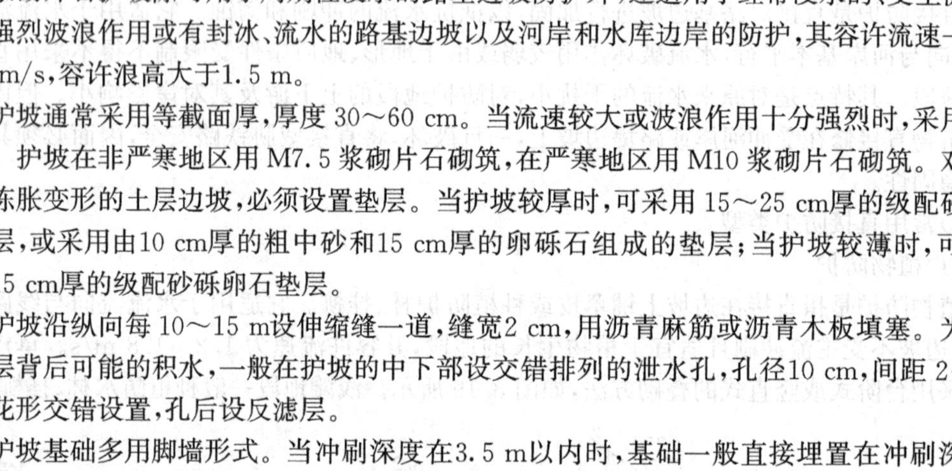

(a) 基础脚墙埋设在冲刷深度线以下　　(b) 柔性混凝土块板防护基础

图 8.21　浆砌片石护坡示意(单位:m)

(4)混凝土板护坡

混凝土板护坡用 C15～C20 混凝土预制成边长不少于1.0 m,厚度为 8～20 cm的板块,并配置一定数量的构造钢筋,如图 8.22 所示,用来代替浆砌片石砌筑成混凝土板护坡,其适用范围与浆砌片石护坡相同。

(5)抛石防护

抛石防护是选用一定粒径的坚硬、耐冻、不易风化的岩石,按照一定的断面形式抛掷或堆砌于路基边坡、坡脚或河床内,用以防止路基或岸坡冲刷的建筑物石块尺寸根据流速、波浪大小计算,不宜小于 0.3 m。它适用于水流方向稳定、无严重局部冲刷且河床地层承载力较高的路基边坡下部及河岸的防护。此外，它还常用作水库边岸和海岸的防浪建筑物和防洪抢险的临时加固工程。其容许流速由抛投石块的粒径而定，一般不宜超过3 m/s。

抛石的最小粒径可按下式估算：

$$D=0.04v^2 \tag{8.1}$$

式中　D——抛石的折算直径(m)；

v——水流行经抛石堆时的平均流速(m/s)。

抛石防护护坡坡度一般为 1∶1.5～1∶3.5。抛石厚度不得小于石块粒径的 2 倍。既有路基抛石防护示意图如图 8.23 所示。

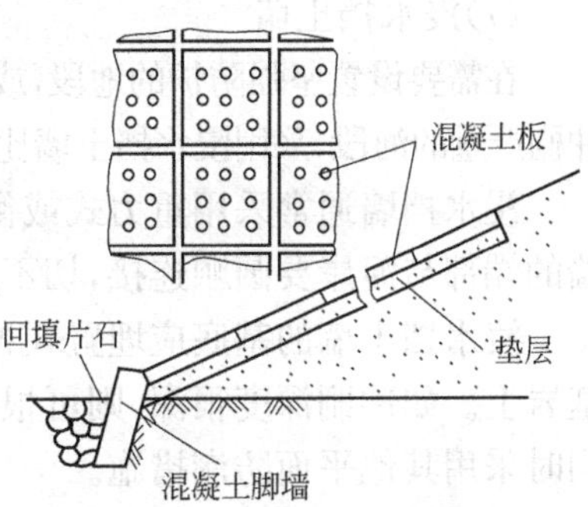

图 8.22　混凝土板护坡示意

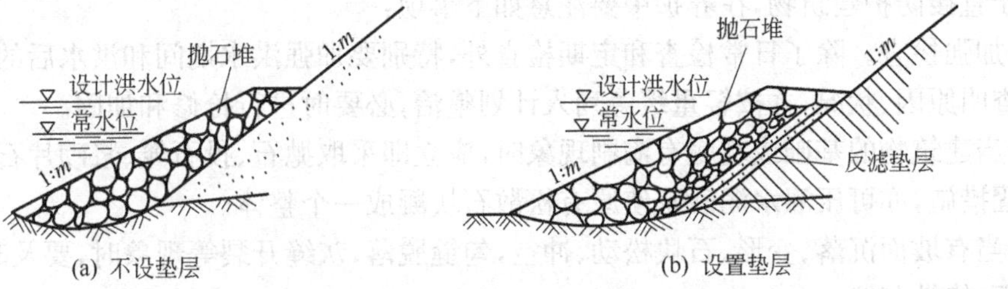

图 8.23　既有线路基抛石护坡示意

(6)石笼防护

石笼防护是将装满石块的铁丝笼，按照一定的断面形式抛掷或堆砌在路基边坡、坡脚或河床内，用以防止路基或岸坡被冲刷的建筑物。它有较高的强度和柔性，不需用较大的石块，适用于受洪水冲刷但无滚石的河段和大石料缺少的地区。其容许流速可达4～5 m/s，容许浪高1.5～1.8 m。石笼内的填充石料宜选用浸水不崩解、密度大、未风化的石块。

石笼用于防护岸坡时应垒砌[图 8.24(a)]，只有当边坡坡度不陡于 1∶2 时才平铺。用于防护基础淘刷时，一般平铺于河床且与坡脚线垂直[图 8.24(b)]，其铺设长度不宜小于冲刷深度的 1.5～2 倍。

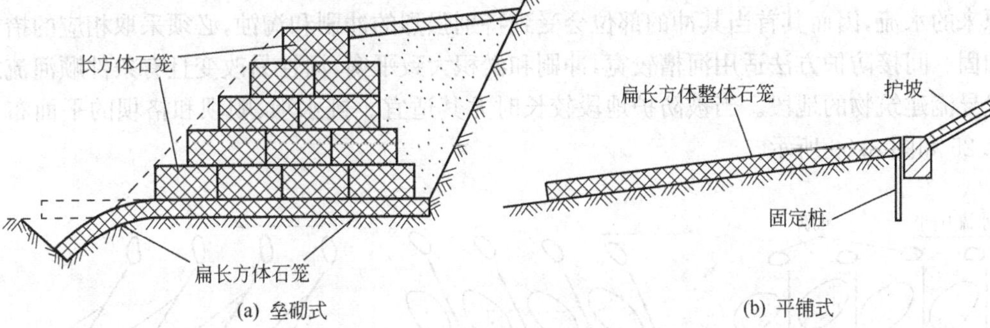

图 8.24　石笼防护断面布置示意

铺设石笼的基底用 0.2～0.4 m的砾石或碎石垫平。底层石笼用旧钢轨或直径不小于20 mm的钢筋锚固入基底地层中，若其前端需能自由下弯时，只锚定靠岸边的一端，石笼之间可用直径为6 mm的钢筋穿连在一起，也可将笼盖与笼体连接绑在一起形成一个整体。

(7)浸水挡土墙

在需要设置坚强防护的地段,或因地形限制不宜设置其他类型冲刷防护建筑物的峡谷急流和冲刷严重的河段,采用浸水挡土墙比较经济合理。其容许流速 5~8 m/s,容许浪高大于2 m。

浸水挡墙通常采用重力式或衡重式,用 M10 浆砌片石砌筑,石料应具有一定的耐水能力。墙的端部与河岸要圆顺连接,切不可挤压河道,以免造成严重的局部冲刷。

浸水挡土墙的基底应埋置在冲刷深度线下不少于1.0 m,最好埋在不致被冲刷的完整的基岩上。如冲刷深度很深,则可根据河床及地质情况采用桩基或沉井基础,或者在采用浅基的同时采用其他平面防淘措施。

2)冲刷防护建筑的养护

冲刷防护建筑稍有破坏,在水流及波浪的冲击下即会迅速毁坏。因此必须加强检查,精心养护,治早治小,防患于未然。

对于直接防护建筑物,在养护中要注意如下事项:

(1)加强检查。除了日常检查和定期检查外,特别要加强洪水期间和洪水后的检查。发现问题要查明原因、状况,并按轻重缓急列入计划整治,必要时进行抢修和加固。

(2)当建筑物的基础或基底有淘刷现象时,应立即采取抛石、投石笼、浆砌片石基础或护基墙等加固措施,亦可压灌水泥砂浆使原有松散石块凝成一个整体。

(3)当有坡面沉落、变形,石块松动、冲空,勾缝脱落,灰缝开裂等现象时,要及时填补空洞,整修坡面,修补灰缝。

(4)对于防止冲刷的垒砌式石笼,可在枯水期压灌水泥浆将其露出水面部分加固成整体。对于防止淘刷的平铺式石笼,当淘刷已到冲刷线以下,石笼已覆盖在冲刷坑壁上时,也可压灌水泥砂浆将其露出水面部分加固成整体,并抛填片石或石笼填充冲刷坑,将石笼逐步改造成永久性建筑物。

(5)枯死、脱落的草皮,应在洪水期前更换,边坡上的裂缝要及时填补夯实,并注意观察其发展以采取对策。

2. 间接防护简介

间接防护是在路基或河岸的外围设置导流或阻流建筑物以改变水流(如改变主流流向、减缓流速、改变冲刷或淤积部位等),从而间接地防护路基或河岸的一种方法,如挑水坝、顺坝、潜坝等等。这种方法的特点是防护建筑物都要或多或少地侵占一部分河床,不同程度地压缩和紊乱原来的水流,因而其首当其冲的部位会受到特别强烈的冲刷和淘蚀,必须采取相应的措施进行加固。间接防护方法适用河槽较宽,冲刷和淤积大致平衡,河性易改变且有条件顺河流之势设置导流建筑物的地段。当被防护地段较长时尤其适宜。挑水坝、顺坝和格坝的平面布置如图 8.25 和图 8.26 所示。

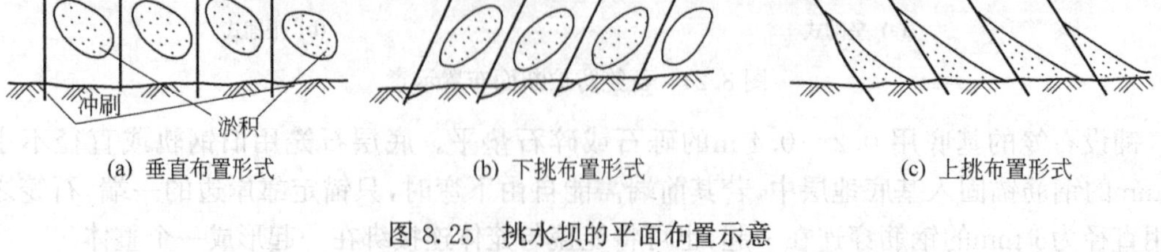

图 8.25 挑水坝的平面布置示意

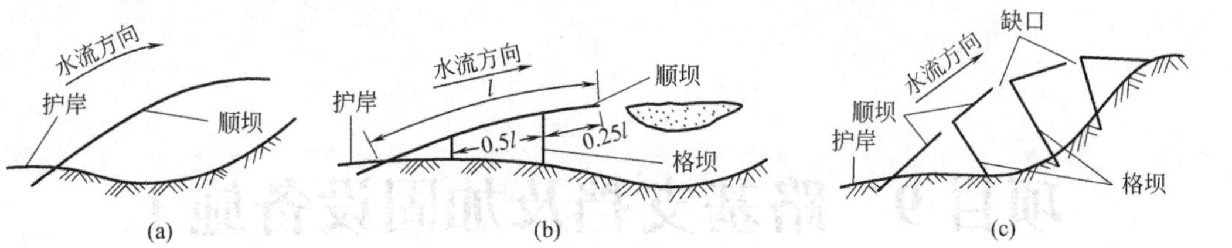

图 8.26　顺坝、格坝的平面布置示意

项目小结

铁路路基是轨道的基础，地表水及地下水是影响路基强度的重要因素，也是造成路基病害的根源，所以，保证路基范围排水系统的畅通，是防止路基坍塌、下沉的有效措施。为此，本项目内容涉及铁路路基地面排水设备、地下排水设备及站场排水设备的类型及养护方法。

路基防护主要是保证路基本体的稳定性，防止路堤填料流失及路堑之外的土体侵入路基范围以内。针对不同地区的气候条件、土质条件、水文条件合理选择边坡防护措施是保证路基稳定的关键。

项目训练

1. 现场勘察路堤或路堑地段(长度 50 m)排水系统，写出勘察报告。
2. 根据给定线路设计图，绘制排水系统设计方案。
3. 现场查看路基坡面防护与冲刷防护并对防护效果作出评价。

复习思考题

1. 水对路基有哪些危害？
2. 路基排除地面水的设备有哪些？各起什么作用？
3. 对地面排水设备的纵坡和断面尺寸各有哪些要求？
4. 路基地面排水设备的养护维修主要有哪些内容？
5. 路基排除地下水的设备有哪些类型？
6. 路基地下排水设备的养护维修主要有哪些内容？
7. 常见的路基边坡病害有哪些类型？
8. 常用的路基坡面防护有哪些类型？各适用于什么情况？
9. 常用的路基直接冲刷防护有哪些类型？各适用于什么情况？
10. 间接冲刷防护是通过什么措施来对路基边坡或河岸进行防护的？

项目9 路基支挡及加固设备施工

项目描述

为保证铁路路基安全、稳固、可靠而修建的挡土墙、土钉墙、护坡、堤坝、锚固结构、抗滑桩等附属建筑物，统称为路基支挡及加固设备。最普遍使用的路基支挡及加固设备为重力式挡土墙，在铁路沿线随处可见。重力式挡墙以浆砌片石或混凝土构筑，人工操作简单易行，对防止路基土质边坡的坍塌、支承路堑高坡和填土路堤的侧向土压力等有显著功效。随着大量城市轨道交通及市域铁路的修筑，各种新型的路基支挡建筑物及新技术、新工艺、新材料不断涌现并投入使用。

教学目标

1. 能力目标

(1)能够正确确定路基支挡建筑物类型。

(2)针对路基支挡建筑物的地形、地质条件，正确进行结构设计。

2. 知识目标

(1)认识各类支挡及加固设备结构形式。

(2)掌握支挡及加固设备施工方法。

3. 素质目标

(1)培养学生良好的职业道德。

(2)培养学生分析问题、灵活处理问题的能力。

(3)培养学生团结协作、组织协调的能力。

相关案例——新建某客运专线重力式路堑挡土墙

新建某客运专线DK526+569.7～DK526+806.6左侧、DK526+554～DK526+790右侧路堑挡土墙墙身均采用C40混凝土浇筑，墙身沿线路方向每隔15m设置一道伸缩缝，缝宽2 cm，缝内填塞沥青木板。墙身高出侧沟平台部分设置隔水层，采用同墙体材料浇筑，墙背设置0.3 m厚编织袋装砂夹卵石反滤层和一层复合排水网。墙身高出侧沟平台部分，沿墙长方向预埋一排泄水孔，间距2 m，其余沿墙面每隔2 m上下左右交错设置向外坡度为4%的泄水孔，泄水孔采用埋设直径为100 mm的PVC管。墙顶平台及侧沟平台均采用0.2 m厚C25混凝土现浇封闭，在DK526+700左侧、DK526+650右侧各设置一道检查梯。

具体路堑挡土墙设置范围如下：DK526＋569.7～DK526＋806.6 左侧，路堑坡脚设重力式路堑挡土墙。最大墙高为4 m，起终点墙高均为3 m。DK526＋554～DK526＋790 右侧，路堑坡脚设重力式挡土墙。最大墙高为4 m，起终点墙高均为3 m。

由本案例可知，路基支挡结构物是使路基稳固和正常使用的重要组成部分，几乎所有路基工程中都会用到支挡结构物。根据路基所在位置地形和地质条件的不同，路基支挡结构物的类型也不同。各种类型的路基支挡结构物施工方法、砌体材料、施工质量等各项要求都应按照相应规范进行才能达到对路基边坡加固的要求。

任务9.1　挡土墙类型认知

9.1.1　挡土墙在路基工程中的应用

在自然营力和附加荷载等人为因素的影响下，路基的稳固状态处于不断变化之中，为保证路基稳定，常采用一些加固措施，如改良边坡或地基土质，设置支挡建筑物等。挡土墙就是其中之一，它被广泛应用于各种土建工程中。它的功能是抵抗土体的侧压力，防止墙后土体坍塌。

在路基工程中，遇高填路堤、陡坡路堤、河岸路堤时，常采用路肩墙（图9.1）或路堤墙（图9.2），以防止路基边坡或基底滑动，收缩填土坡脚，减少土石方并少占农田。在岸边修建的挡土墙还可保护路基不受水流冲刷，保证库容或减少河床的压缩量。

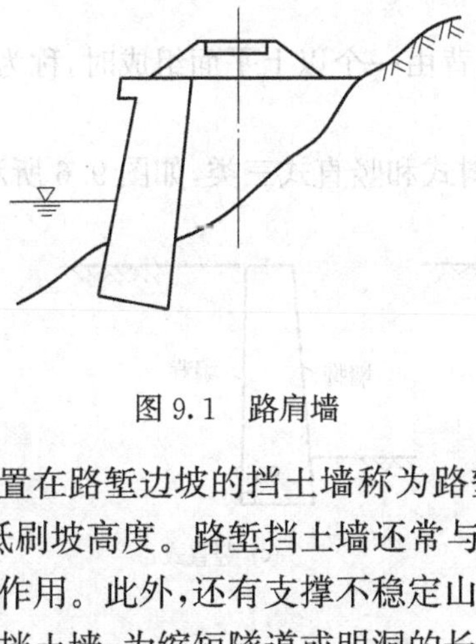

图9.1　路肩墙

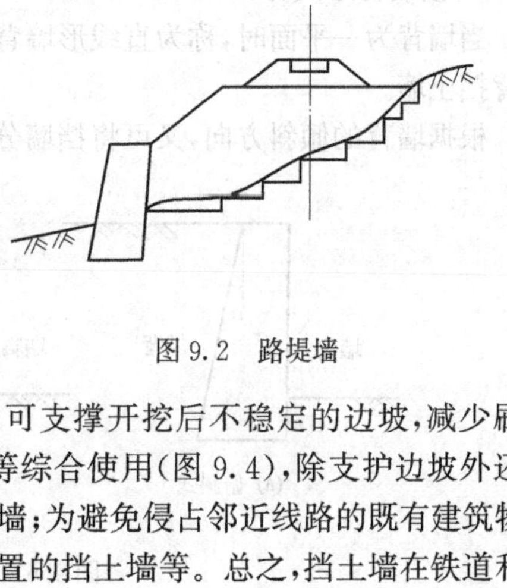

图9.2　路堤墙

设置在路堑边坡的挡土墙称为路堑墙（图9.3），可支撑开挖后不稳定的边坡，减少刷方量，降低刷坡高度。路堑挡土墙还常与拦石墙、护墙等综合使用（图9.4），除支护边坡外还起基础的作用。此外，还有支撑不稳定山坡的山坡挡土墙；为避免侵占邻近线路的既有建筑物而修建的挡土墙；为缩短隧道或明洞的长度而在洞口设置的挡土墙等。总之，挡土墙在铁道和道路工程中被广泛应用。

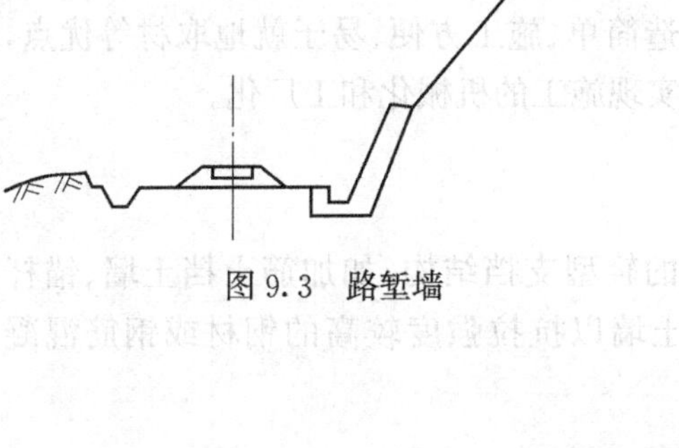

图9.3　路堑墙

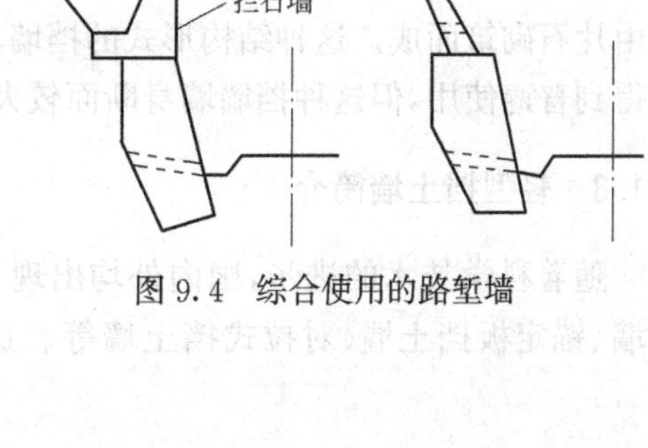

图9.4　综合使用的路堑墙

选择挡土墙设计方案时,应与其他方案进行技术经济比选。例如,采用路堑或山坡挡土墙,常需和隧道、明洞、棚洞或刷缓边坡的方案做比较;采用路堤或路肩挡土墙,需与栈桥或高填方等相比较,以求工程经济合理。

9.1.2　挡土墙的分类

1. 根据挡土墙在路基横断面上的位置分

根据挡土墙在路基横断面上的位置,可将挡土墙分为路肩式、路堤式和路堑式三种,如图9.5所示。

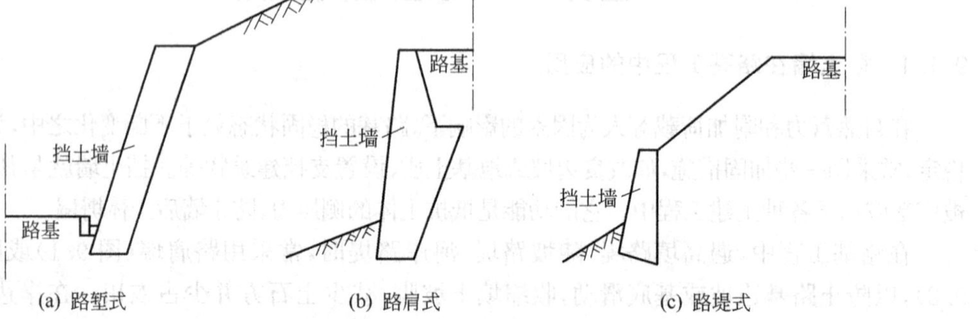

图9.5　挡土墙在路基横断面上的位置示意

2. 按墙背形式分

当墙背为一平面时,称为直线形墙背挡土墙。当墙背由一个以上平面组成时,称为折线形墙背挡土墙。

根据墙背的倾斜方向,又可将挡墙分为俯斜式、仰斜式和竖直式三类,如图9.6所示。

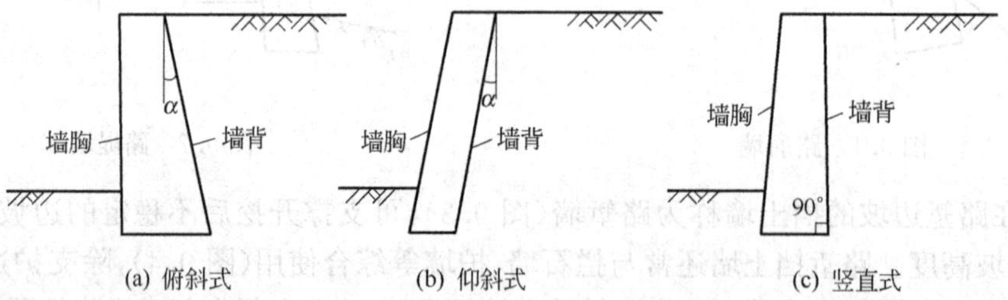

图9.6　挡土墙的墙背形式示意

3. 按结构形式分

按挡土墙的结构形式可分为重型结构挡土墙和轻型结构挡土墙两类。重型结构挡土墙主要依靠本身自重来维持稳定,如我国目前常用的重力式和衡重式挡土墙。重型结构挡土墙一般由片石砌筑而成。这种结构形式的挡墙具有构造简单、施工方便、易于就地取材等优点,因而得到普遍使用,但这种挡墙墙身断面较大,不易实现施工的机械化和工厂化。

9.1.3　轻型挡土墙简介

随着科学技术的进步,国内外均出现了不少的轻型支挡结构,如加筋土挡土墙、锚杆挡土墙、锚定板挡土墙、对拉式挡土墙等。这类挡土墙以抗拉强度较高的钢材或钢筋混凝土为材料，具有圬工用量少、造价低、便于拼装和机械化施工的优点，得到越来越广泛的使用。

1. 加筋土挡土墙

加筋土挡土墙由墙面板、拉筋和填料所组成，如图9.7所示。它依靠填料与拉筋间的摩擦力来平衡墙面板所受的土压力。

为保证拉筋的摩擦力，墙后填料应采用粗粒土，由于块石与拉筋之间受力不均匀，填筑时又易砸坏拉筋，故不宜作填料。

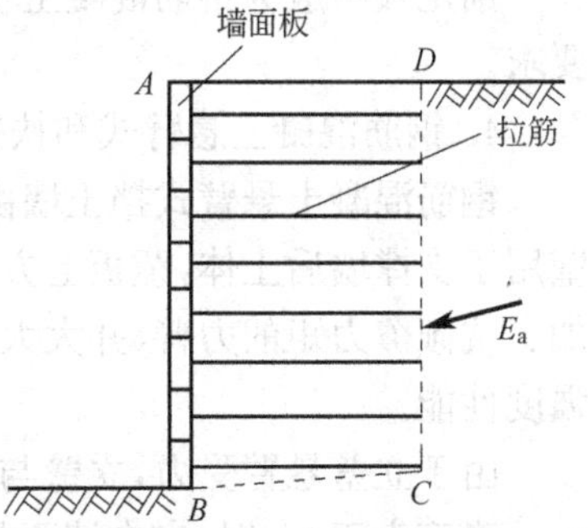

图9.7 加筋土挡土墙示意

墙面板承受土压力，防止填料流失，要求具有一定刚度。目前使用的墙面板一般为钢筋混凝土板，形状多为矩形、十字形、六角形等。

拉筋材料要求抗拉强度大，不易脆断，有一定柔性；与填料间有足够的摩擦力，有较好的耐腐蚀性和耐久性。国外的拉筋普遍采用钢带，国内多采用钢筋混凝土板连接成的板条。公路部门较多采用土工格栅。

2. 锚杆挡土墙

锚杆挡土墙由钢筋混凝土墙面系和锚杆组成，锚杆插入并锚固在稳定的岩层或土层中，如图9.8所示。作用于墙面系的土压力由锚杆埋入地层的抗拔力来平衡。这种挡土墙多用于岩质、半岩质深路堑和陡坡路堤地段。

墙面系多采用柱板式，即由肋柱和挡土板组成。肋柱多为预制钢筋混凝土柱，间距2.0～2.5 m。挡土板为钢筋混凝土槽形板、空心板或矩形板。板的长度为两肋柱间的净跨加两个搭接长度，搭接长度不小于10 cm。

锚杆多用单根或多根螺纹钢筋，直径18～32 mm，但每孔不宜多于3根。当拉力较大，长度较长时也可采用高强度钢丝束。

3. 锚定板挡土墙

锚定板挡土墙由墙面系、拉杆、锚定板组成，如图9.9所示。它通过锚定板前填土的被动抗力来平衡拉杆拉力。因此，锚定板是依靠土体来保持自身稳定的支挡结构。

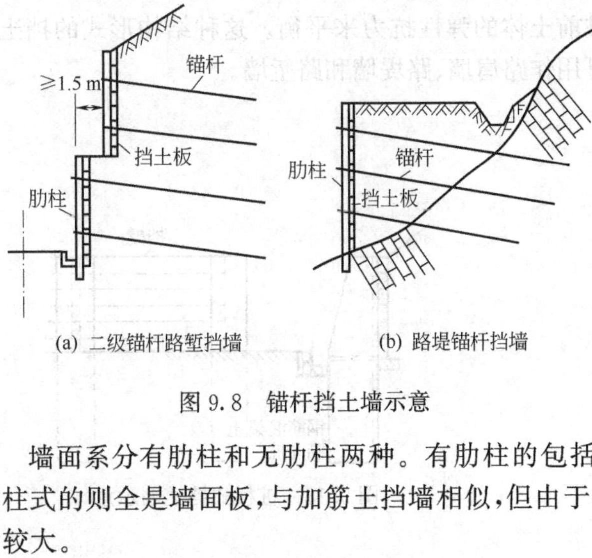

图9.8 锚杆挡土墙示意

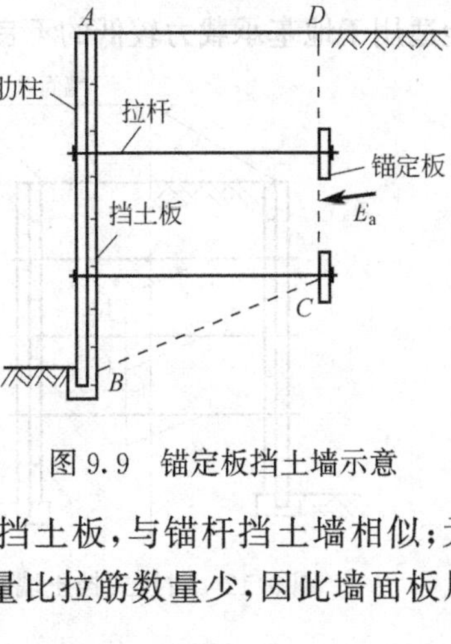

图9.9 锚定板挡土墙示意

墙面系分有肋柱和无肋柱两种。有肋柱的包括肋柱和挡土板，与锚杆挡土墙相似；无肋柱式的则全是墙面板，与加筋土挡墙相似，但由于拉杆数量比拉筋数量少，因此墙面板尺寸较大。

锚定板一般为钢筋混凝土板,其面积应满足因锚定板产生的容许抗拔力大于拉杆拉力的要求。

4. 钢筋混凝土悬臂式和扶壁式挡土墙

钢筋混凝土悬臂式挡土墙由立壁、趾板和踵板组成,呈现倒“T”字形,如图 9.10 所示。立壁用于支撑墙后土体,踵板上方土体重量起增加挡墙抗滑和抗倾覆稳定性的作用,趾板显著增加了抗倾覆力矩的力臂,并大大减少了基底应力。这种结构形式较好地发挥了钢筋混凝土的强度性能。

由于立壁悬臂受力,立壁与踵板连接处弯矩较大,所以悬臂式挡土墙的高度一般不大于 4 m,高度大于4 m时,宜在墙面板前加肋。

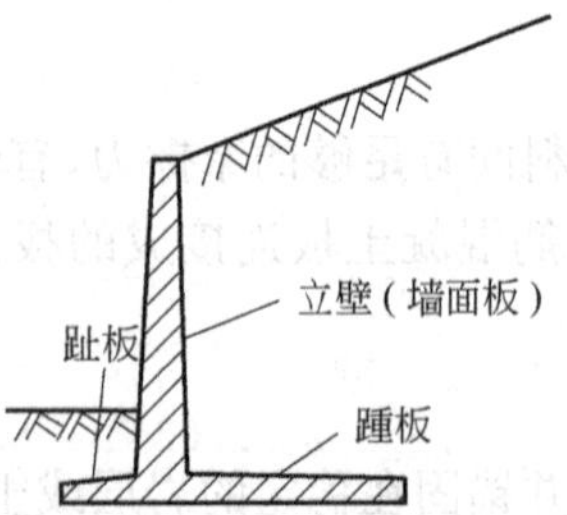

图 9.10　悬臂式挡土墙示意

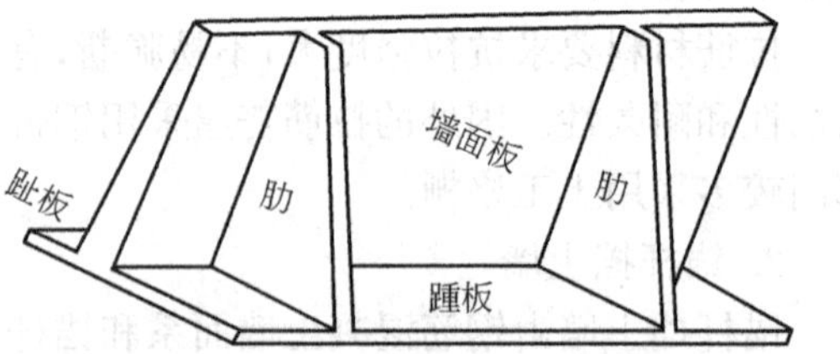

图 9.11　扶壁式挡土墙示意

当墙高大于6 m时,可采用钢筋混凝土扶壁式挡土墙,如图 9.11 所示。它在悬臂式挡土墙的立壁与踵板间加肋板连接起来,以改善立壁和踵板的受力条件。肋间净距约为墙面板悬臂高度的 0.3～0.5 倍。

5. 对拉式挡土墙

对拉式挡土墙由墙面系和拉杆组成,如图 9.12 所示。它在路基两侧设墙面系,用拉杆联结起来,一侧墙面系承受的土压力由另一侧墙面系上的土压力来平衡,两侧墙面系相互支承。墙面系一般采用肋柱和挡土板,其形状与锚定板挡土墙的相同。

6. 桩板式挡土墙

桩板式挡土墙如图 9.13 所示,它由钢筋混凝土桩、板所组成。钢筋混凝土桩锚固于较深土层中,土压力通过挡土板传给桩并由桩前土体的弹性抗力来平衡。这种结构形式的挡土墙能适用于地基承载力较低的不良地基,可用作路肩墙、路堤墙和路堑墙。

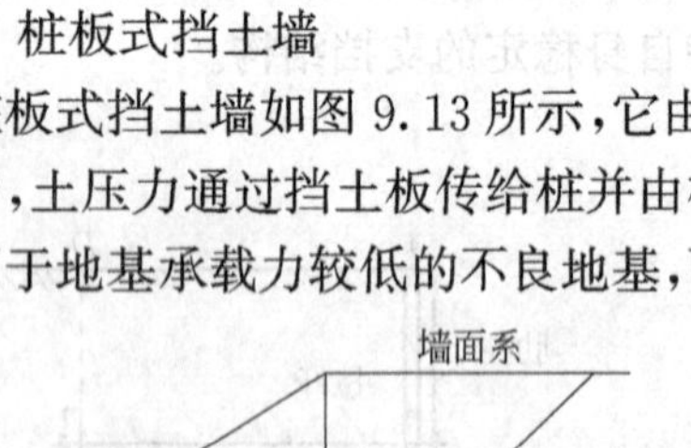

图 9.12　对拉式挡土墙示意

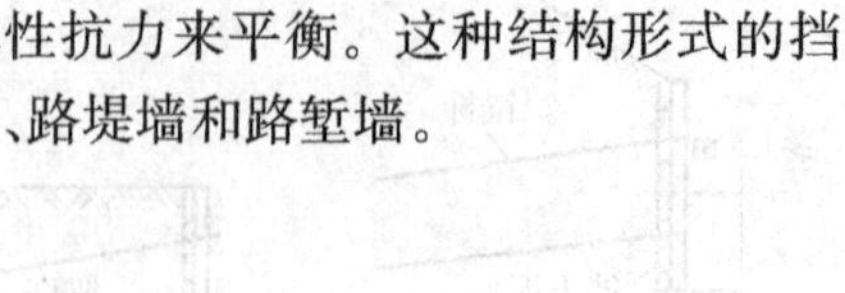

图 9.13　桩板式挡土墙示意

任务 9.2　重力式挡土墙施工

土压力计算

9.2.1　重力式挡土墙的构造

1. 形状与尺寸

重力式挡土墙一般设计成 1∶0.05～1∶0.35 的仰斜墙背，其中 1∶0.2、1∶0.25 的仰斜墙背较常采用。挡土墙墙胸的坡度一般不宜小于 1∶0.05，以便挡墙和地基产生弹性变形后，墙胸仍然保持后仰或垂直。

重力式挡土墙的形状，若不考虑反斜基底和趾前台阶，一般为平行四边形或梯形。

浆砌片石挡土墙的顶宽一般不小于0.5 m。路肩挡土墙墙顶应以粗料石或 C15 混凝土作帽石，其厚度通常为0.4 m，宽度不小于0.6 m，突出墙顶外的帽缘宽0.1 m。混凝土或片石混凝土挡土墙的顶宽不小于0.4 m。

2. 圬工材料

在有石料的地区，重力式挡土墙应尽可能采用浆砌片石。片石的极限抗压强度不得低于30 MPa，厚度不宜小于15 cm，边角石要经过粗凿，面石要加工平整。在一般地区及寒冷地区，采用 M7.5 水泥砂浆；在浸水地区及严寒地区，采用 M10 水泥砂浆。片石挡墙的墙顶用水泥浆找平抹面，正面用 M10 水泥砂浆勾缝或 M7.5 水泥砂浆抹平。

在石料缺乏地区，重力式挡土墙可用 C15 混凝土或片石混凝土建造；在严寒地区采用 C20 混凝土建造。

3. 伸缩缝与沉降缝

为防止圬工因硬化收缩和温度变化而产生裂纹，应设伸缩缝。为避免因地基不均匀沉降而引起墙身开裂，应根据地基条件的情况和墙高、墙身断面的变化设置沉降缝。一般在设计和施工时将沉降缝和伸缩缝合并设置，每隔 10～20 m设一道，如图 9.14 所示，缝宽 2～3 cm，缝内沿墙的内、外、顶三边填沥青麻筋或沥青木板，塞入深度不得小于 0.2 m，当墙背为碎石类土、岩石时可设置空缝。

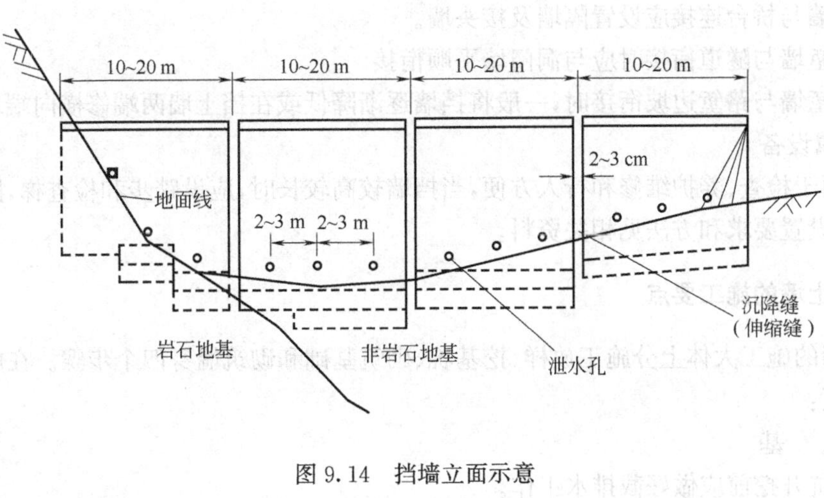

图 9.14　挡墙立面示意

4. 排水措施

为疏干墙后土体内的地下水和防止地表水下渗，应做好挡墙的排水工作。挡土墙的排水措施包括：

(1)设置地面排水沟截引地表水,如路堑墙的天沟、截水沟等;

(2)夯实墙后回填土和地表松土,必要时加设铺砌,防止地表水下渗;

(3)设置一排或数排向墙外坡度不应小于4%的泄水孔,疏干墙后土体地下水。泄水孔尺寸,一般为直径5～10 cm的圆孔。孔眼间距2～3 m,上下左右交错布置。最下一排泄水孔应高出地面,如为路堑挡土墙,应高出侧沟内水位0.3 m。

若墙后填料透水性不良,为了防止泄水孔淤塞,应在最低一排泄水孔至墙顶以下0.5 m高度范围内,填筑不少于0.3 m厚的砂砾石或土工织物作为反滤层,如图9.15所示。

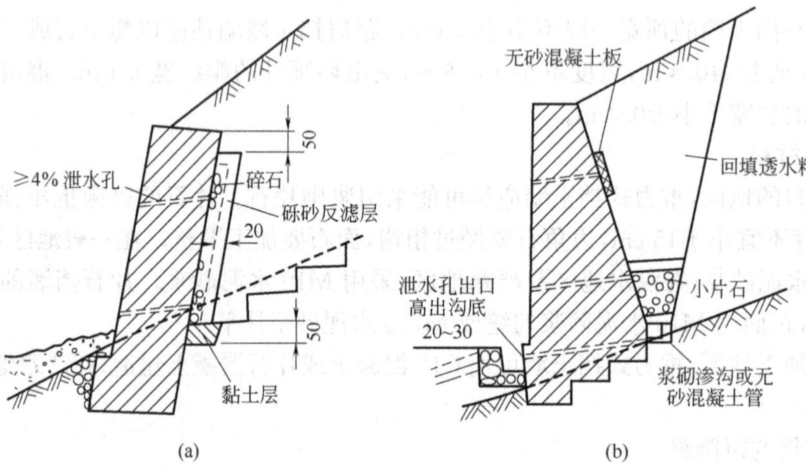

图9.15　墙后排水措施示意(单位:cm)

5. 挡土墙与其他建筑物的连接

挡墙两端和其他铁路建筑物应采用适当的连接方式,以确保建筑物的安全和稳定。

(1)路肩墙与路堤衔接处,可采用锥体填土连接,且伸入路堤内不小于0.75 m。

(2)挡墙与桥台连接应设置隔墙及接头墙。

(3)路堑墙与隧道衔接时应与洞门墙平顺衔接。

(4)路堑墙与路堑边坡衔接时,一般将挡墙逐渐降低或在挡土墙两端修横向端墙联结。

6. 附属设备

为了便于检查、养护维修和行人方便,当挡墙较高较长时,应设踏步和检查梯,路肩墙还要设栏杆,其设置要求和方法见相关资料。

9.2.2　挡土墙的施工要点

挡土墙的施工大体上分施工放样、挖基坑、砌筑基础和砌筑墙身四个步骤。在施工中应注意下列事项：

1. 挖　基

(1)基坑开挖前应做好截排水工作。

(2)随挖随核对基础地质资料,如遇地质不良、承载力不足的地基,应通过变更设计采取措施,然后据以施工。

(3)墙基位于斜坡地面时,其趾部埋入深度和距地面水平距离,应同时符合设计要求;墙基高程如不能满足设计要求时,应通过变更设计后施工。

(4)采用倾斜基底时,应准确挖凿,不得用填补方法筑成斜面。

(5)基坑超挖部分,应用同强度的浆砌体回填。

(6)基坑应视地质情况确定是否需要支撑加固以及加固类型,特殊条件下采用沉井和挖孔桩基础,并通过设计确定后,据以施工。

2. 砌筑基础

(1)砌筑前,应将基底表面风化、松散土石清除。

(2)硬石基坑中的基础,宜紧靠坑壁,并插浆塞满间隙,使之与岩层结为一体。

(3)雨季在土质或易风化软石基坑中砌筑基础,应于基坑挖好后,立即满铺砌筑一层。

(4)采用台阶式基础时,台阶转折处不得砌成竖向通缝,砌体与台阶壁间的缝隙应插浆塞满。

(5)应随砌筑分层回填、压实。

3. 砌筑墙身

(1)砌出地面后应立即回填夯实,并做好排水防渗设施。

(2)伸缩缝与沉降缝内两侧壁应平齐无搭叠,缝中防水材料应按要求深度填塞紧密。

(3)按设计要求做好墙后隔水、排水设施,泄水孔的进水侧应设置反滤层,厚度不小于0.3 m。

(4)预埋构件、检查梯、台阶、栏杆等应与墙身同时砌筑,并联结牢固。

9.2.3 挡土墙的养护维修

1. 挡土墙的检查与养护

挡土墙是否坚实、稳固和完整,对行车安全影响甚大。因此,必须加强检查和养护维修。

挡土墙检查时应注意墙身是否开裂、凸出和倾斜,有无勾缝脱落、片石松动等现象;墙顶有无积水、开裂和下沉;趾前地面有无冲刷和挤出;墙后地面有无开裂、沉陷;排水系统有无堵塞和失效等。

检查出的较小病害应在维修中加以处理。较大病害应联系地形、地质、排水及施工质量等分析原因,制定措施,加以整治。对墙身裂纹应作好记录,并做灰块标志进行监视。

挡土墙的日常维修主要包括:疏通泄水孔,除草,墙身勾缝、抹面修补,基础加固与冲刷防护,夯填地表裂纹及坑洼,搞好地表排水等工作。

2. 挡土墙的加高与加固

1)加高

老挡墙常因高度不够发生土坡冒顶的现象,当发生这种情况时,除要做好土坡稳定加固外,有的还要加高挡墙。挡墙加高可根据实际情况,采用下列方法进行,如图9.16所示。

(1)当老挡墙墙顶较宽,加高高度在1.5 m以下,加高后挡墙的强度和稳定性均能满足要求时,可直接在老挡墙墙顶上加高。加高施工时,应清除墙顶灰砂和松石,保证接缝的质量。

(2)挖除墙后土,在墙后加厚加高。此法可从基底做起,并可加做墙后排水,部分改变墙后回填土性质。该法具有不占用侧沟及路肩、加高同时加厚、工作彻底的优点。

(3)在墙胸处加厚加高。当限界较宽,墙背挖土不安全时可采用此法。

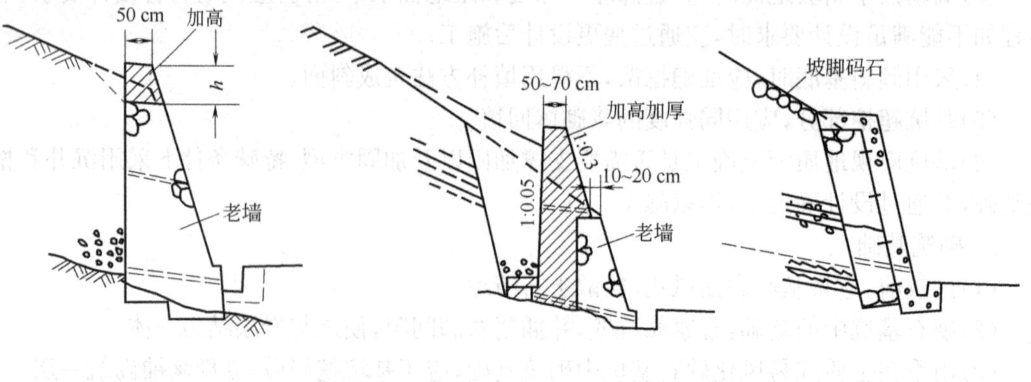

图 9.16　老挡墙加厚加高断面示意

2)加固

使用年限较久的老挡墙,常由于强度和稳定性不足发生断裂或变形。此时,应根据老挡墙发生病害的原因,采取压力灌浆、增设支墩、加厚加高并改善墙后排水等方法对其进行加固。

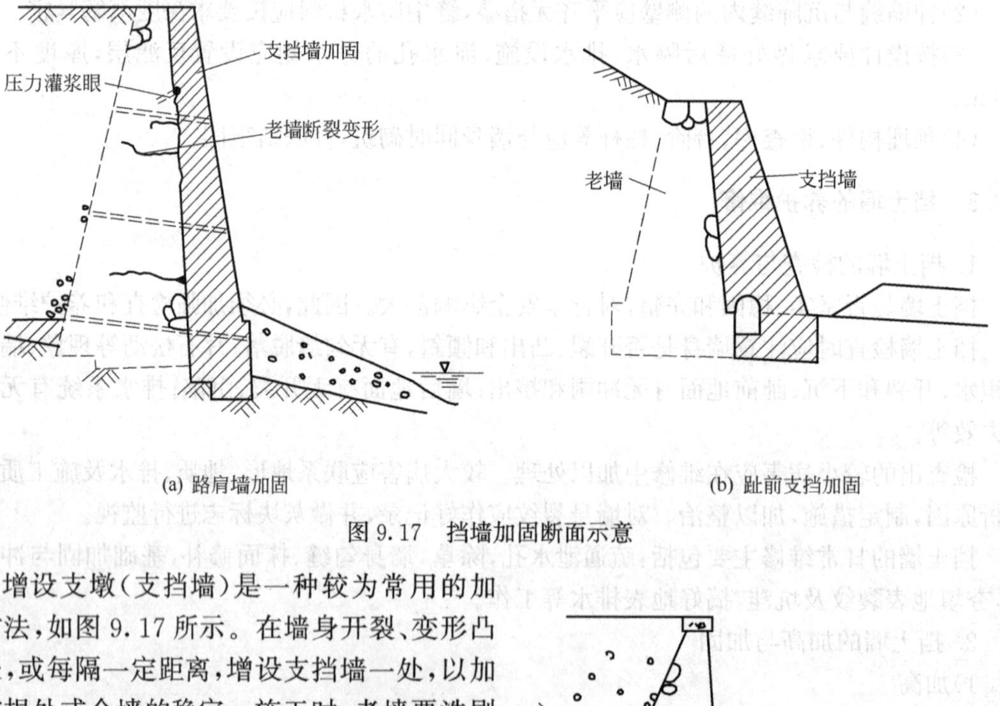

图 9.17　挡墙加固断面示意

增设支墩(支挡墙)是一种较为常用的加固方法,如图 9.17 所示。在墙身开裂、变形凸出处,或每隔一定距离,增设支挡墙一处,以加强破损处或全墙的稳定。施工时,老墙要洗刷干净,除掉不良灰缝,必要时加设连接钢筋,并在裂纹处压注水泥砂浆。支挡墙用于加固路肩墙时,宽 2～3 m,用于加固路堑墙时宽 1～2 m。

路肩墙或路堤墙基础埋深不足或基础受冲刷时,可在趾前增设浆砌片石基础墙,抛填或码砌片石防止冲刷,如图 9.18 所示。

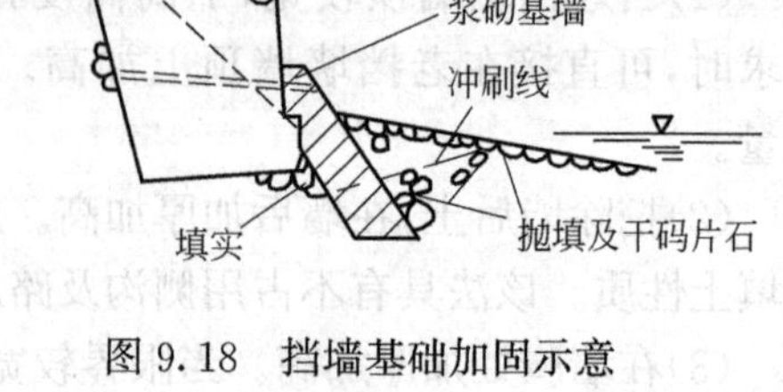

图 9.18　挡墙基础加固示意

任务 9.3　预应力锚索施工

9.3.1　预应力锚索组成与构造

1. 预应力锚索组成

预应力锚索适用于土质、岩质地层的边(滑)坡的支挡和加固(图 9.19),其锚固段宜置于稳定岩层内,腐蚀性环境中不宜采用预应力锚索。若必须使用,应采取严格的防腐措施。对极软岩、风化岩及处于腐蚀性环境时,宜采用压力分散型锚索。

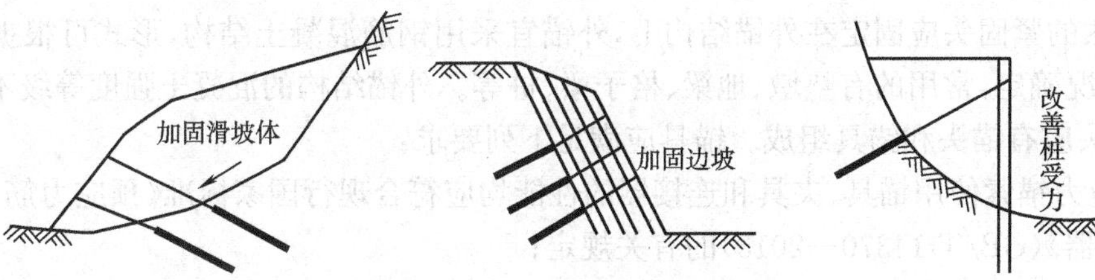

图 9.19　预应力锚索应用示意

预应力锚索由锚固段、自由段和紧固头三部分组成,紧固头应由垫座和锚具组成。每孔锚索可由单束或多束钢绞线或高强钢丝束组成。根据锚固段的灌浆体受力不同,锚索主要分为拉力型、压力型、荷载分散型(拉力分散型与压力分散型)等(图 9.20)。拉力型锚索锚固段灌浆体受拉、浆体易开裂,耐久性能差,但易于施工;压力型锚索锚固段浆体受压,浆体不易开裂,耐久性能好,承载力高,可用于永久性工程。压力型及压力分散型预应力锚索的钢材应采用无粘结钢绞线。

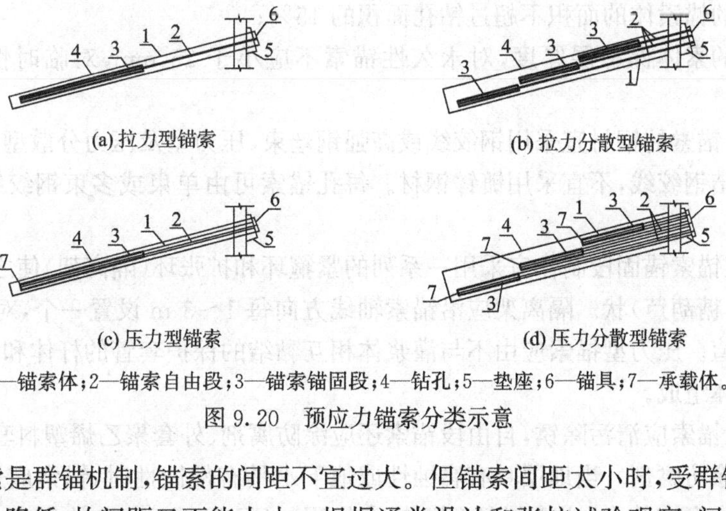

(a) 拉力型锚索　(b) 拉力分散型锚索　(c) 压力型锚索　(d) 压力分散型锚索

1—锚索体;2—锚索自由段;3—锚索锚固段;4—钻孔;5—垫座;6—锚具;7—承载体。

图 9.20　预应力锚索分类示意

预应力锚索是群锚机制,锚索的间距不宜过大。但锚索间距太小时,受群锚效应的影响,单根锚索承载力降低,故间距又不能太小。根据通常设计和张拉试验观察,间距小于 1.2 m,应考虑锚孔孔周岩土松弛区的影响,因此锚索间距宜大于 1.5 m 或 5 倍孔径,一般采用 3～6 m。锚固桩上预应力锚索的竖向间距过大,不利于锚索充分发挥作用,为减少锚固段长度和桩身截面积,有效改善锚固桩的受力状况,桩上锚索一般设置在距桩顶较近的位置,且间距宜为 1～3 m。

2. 预应力锚索长度

预应力锚索长度应满足下列要求：

(1)自由段长度不应小于 5 m,且伸入滑动面或潜在滑动面的长度不应小于 1.5 m。

(2)土层锚索的锚固段长度不应小于 4 m,且不宜大于 10 m;岩石锚索的锚固段长度不应小于 3.0 m,且不宜大于 $55D$ 和 8 m;位于软质岩中的预应力锚索,可根据地区经验按照土层或岩层确定最大锚固长度。

(3)当计算锚固段长度超过构造要求长度时,应采取改善锚固段岩体质量、压力灌浆、减小锚索间距、扩大锚固段直径或采用荷载分散型锚索等措施,提高抗拔能力。

(4)张拉段长度应根据张拉机具确定,锚索外漏部分长度宜为 1.5 m。

3. 预应力锚索构造要求

(1)锚索的紧固头应固定在外锚结构上,外锚宜采用钢筋混凝土结构,形式可根据被加固边坡岩土情况确定,常用的有垫墩、地梁、格子梁、桩等。外锚结构的混凝土强度等级不宜低于C30。紧固头应有锚头和锚具组成。锚具应满足下列要求：

① 预应力锚索使用锚具、夹具和连接器的性能均应符合现行国家标准《预应力筋用锚具、夹具和连接器》(GB/T 14370—2015)的有关规定;

② 锚具应具有补偿张拉和松弛的功能,需要时可采用可以调节拉力的锚头;

③ 锚具罩应采用钢材或塑料材料制作加工,需完全罩住预应力筋的尾端,与支撑面的接缝应为水密性接缝。

(2)钻孔一般采用干钻,当干钻困难时可采用水钻。锚孔宜采用高压风吹净,当水冲洗不影响锚索抗拔能力时,钻孔可采用清水洗净。锚孔灌浆应严格执行灌浆施工工艺要求。锚索的钻孔直径应满足下列要求：

①钻孔直径应根据设计锚固力、岩土层性质、锚固类型、张拉材料根数、施工机具等因素确定,一般情况下钻孔直径宜为 100～150 mm;

②钻孔内的锚索体的面积不超过钻孔面积的 15%;

③钻孔内的索体保护层厚度,对永久性锚索不应小于 25 mm,对临时性锚索不应小于 15 mm。

(3)预应力锚索的钢材宜采用钢绞线或高强钢丝束,压力型及压力分散型预应力锚索的刚才应采用无黏结钢绞线,不宜采用镀锌钢材。每孔锚索可由单束或多束钢绞线或高强钢丝束组成。

(4)拉力型锚索锚固段制作宜采用一系列的紧箍环和扩张环(隔离架)使之成为波纹状,注浆后形成枣核(糖葫芦)状。隔离架应沿锚索轴线方向每 1～3 m 设置一个,对土层应取小值,对岩层可取大值。压力型锚索应由不与灌浆体相互黏结的保护套管的杆体和位于锚固段注浆体底端的承载体组成。

(5)锚固段锚索应清污除锈,自由段锚索还应涂防腐剂、外套聚乙烯塑料套管隔离防护,张拉段锚索也应涂防腐剂。当地层具有腐蚀性或地下水具有侵蚀性时,锚索应采用全长波纹管防护。锚索的防腐应符合《岩土锚杆(索)技术规程》(CECS22:2005)的规定。套管材料和波纹管应满足下列要求：

①具有足够的强度,保证其在加工和安装过程中不损坏;

②具有抗水性和化学稳定性;

③与水泥浆、水泥砂浆或防腐油脂接触无不良反应。

(6)对于无腐蚀性岩土层内的锚固段,水泥浆或水泥砂浆保护层厚度应不小于 25 mm;对位于腐蚀性岩土层内的锚固段，应采取特殊防腐蚀处理，且水泥浆或水泥砂浆保护层厚度不应小于 50 mm。

(7)用于锚索的防腐材料宜采用专用防腐油脂，防腐材料在锚索设计年限内还应满足下列要求：

①保持其防腐性能和物理稳定性；

②在规定的工作温度内或张拉过程中不得脱壳、开裂、变脆或成为流体；

③应具有防水性和化学稳定性，不得与相邻材料发生不良反应；

④不得对锚索自由段变形产生限制和不良影响。

(8)锚索孔注浆材料宜采用 M35 水泥砂浆。注浆采用孔底注浆法，注浆压力不小于0.6～0.8 MPa，砂浆灌注必须饱满密实，第一次注浆完毕，水泥砂浆凝固收缩后，孔口应进行补浆。注浆材料性能应满足下列要求：

①水泥宜使用普通硅酸盐水泥，其质量应符合现行国家标准《通用硅酸盐水泥》(GB 175—2007)的规定。处于侵蚀性环境下可采用抗侵蚀性水泥，不宜采用高铝水泥；

②水泥强度应大于 32.5 MPa，压力型锚索应采用强度不低于 42.5 MPa 的水泥。

③水中不应含有影响水泥正常凝结和硬化的有害物质，不得使用侵蚀性水。

(9)锚索张拉应分两次逐级张拉，第一次张拉值为总张拉力的 70%，两次张拉间隔时间不宜少于 3～5 d。为减少预应力损失，总张拉力应包括超张拉值，自由段为土层时超张拉值宜为15%～25%，自由段为岩层时宜为 10%～15%。张拉必须等孔内砂浆达到设计强度的 70%后方可进行，张拉中应对锚索伸长及受力作好记录，核实伸长与受力值的相符性。

(10)锚具底座顶面与钻孔轴线应垂直，确保锚索张拉时千斤顶张拉力与锚索在同一轴线上。

(11)预应力锚索张拉锁定后，锚具部分应涂防腐剂，再用 C30 混凝土或钢罩封闭，保护层厚度不宜小于 50 mm。

9.3.2　预应力锚索施工

预应力锚索施工主要包括施工准备、锚孔钻造、锚筋制作与安装、锚孔注浆、混凝土结构钢筋制作与安装、混凝土浇筑、锚孔张拉锁定和验收封锚等流程。预应力锚索（杆）施工工艺流程如图 9.21 所示。

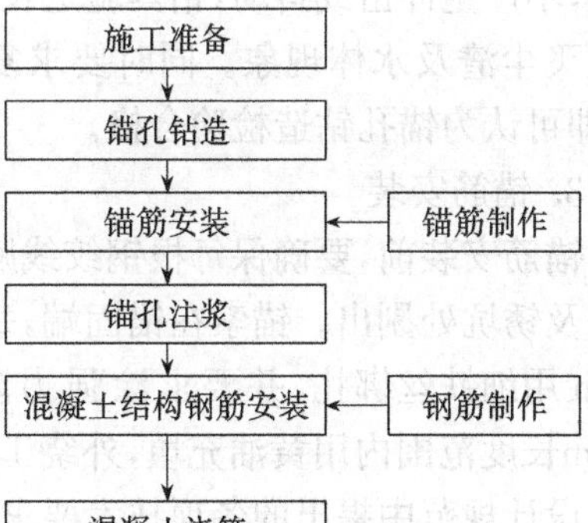

图 9.21　预应力锚索(杆)施工工艺流程

1. 施工准备

(1)材料准备

选择钢绞线和注浆管型号、确定水泥类型及强度、注浆水泥浆的水灰比。

(2)锚孔测放

根据各工点工程立面图，按设计将锚孔位置准确测放在坡面上，孔位误差不得超过±20 mm，如遇刷方坡面不平顺或特殊困难场地时，需经设计监理单位认可，在确保坡体稳定和结构安全的前提下，适当放宽定位精度或调整锚孔定位。

(3)钻孔设备

根据锚固地层的类别、锚孔孔径、锚孔深度以及施工场地条件等来选择钻孔设备。岩层中采用潜孔冲击成孔;在岩层破碎或松软饱水等易于塌缩孔和卡钻埋钻的地层中采用跟管钻进技术。

③钻机就位

锚孔钻进施工,搭设满足承载能力和稳固条件的脚手架,根据坡面测放孔位,准确安装固定钻机,并严格认真进行机位调整,确保锚孔开钻就位纵横误差满足规范要求。

④钻进方式

选择合适钻进方式,确保锚索施工不至于恶化边坡岩体的工程地质条件和保证孔壁的黏结性能。钻孔速度根据使用钻机性能和锚固地层控制,防止钻孔扭曲和变径,造成下锚困难或其他意外事故。

2. 锚孔钻造

(1)钻进过程。施工前,锚索机平台位置必须整平压实,以防机器倾覆。钻进过程中对每个孔的地层变化、钻进状态(钻压、钻速)、地下水等情况做好施工记录。如遇塌孔缩孔等不良钻进现象时,立即停钻,及时进行固壁灌浆处理(灌浆压力－0.2～0.1 MPa),待水泥砂浆初凝后,重新扫孔钻进。

(2)孔位孔深。空位孔深钻孔孔位、孔深、斜度符合要设计要求。为确保锚孔直径,要求实际使用钻头直径不得小于设计孔径。为确保锚孔深度,要求孔深不小于设计孔深并且实际钻孔深度大于锚索设计长度 0.5m 以上。

(3)锚孔清理。钻进达到设计深度后,不能立即停钻,要求稳钻 1～2 min,防止孔底尖灭达不到设计孔径。在钻孔完成后,使用高压空气(风压 0.2～0.4 MPa)将孔内岩粉及水体全部清除出孔外,以免降低水泥砂浆与孔壁岩土体的黏结强度。除相对坚硬完整之岩体外,不得采用高压水冲洗。若遇锚孔中有承压水流出,待水压、水量变小后方可下安锚筋与注浆,必要时在周围适当部位设置排水孔处理。如果设计要求处理锚孔内部积聚水体,一般采用灌浆封堵二次钻进等方法处理。

(4)锚孔检验。锚孔钻造结束并经现场监理检验合格后,进行下道工序。孔径、孔深检查一般采用设计孔径、钻头和标准钻杆在现场监理旁站的条件下验孔,要求验孔过程中钻头平顺推进,不产生冲击或抖动,钻具验送长度满足设计锚孔深度,退钻要求顺畅,用高压风吹验不存明显飞尘渣及水体现象。同时要求复查锚孔孔位、倾角和方位,全部锚孔施工分项工作合格后,即可认为锚孔钻造检验合格。

3. 锚筋安装

锚筋安装前,要确保每根钢绞线顺直,不扭不紧,排列均匀,除锈、除油污,对有死弯、机械损伤及锈坑处剔出。锚索在锚固端,每隔 1.0 m 设置一个对中支架,使锚索居中,自由端每隔 1.0m 用细铁丝绑扎,并要求涂强力防腐涂料,套 ϕ20～22 mm 的 PVC 管,套管两端 10～20 cm长度范围内用黄油充填,外绕工程胶布固定。锚索的防锈、防腐处理满足相关路基支挡结构设计规范中提出的各项技术要求。锚头顶面必须与锚索轴线垂直。安装锚索体前再次认真核对锚孔编号,确认无误后再用高压风吹孔,人工缓缓将锚索体放入孔内,用钢尺量出孔外露出的钢绞线长度,计算孔内锚索长度(误差控制在 50 mm 范围内),确保锚固长度。

4. 锚孔注浆

注浆采用一次注浆,孔底返浆法,将自由端涂满防锈油,套上波纹管,管内注满黄油,并严格封闭两端,一次将锚索的锚固段和张拉段注满,不能留空隙。砂浆经试验比选后确定施工配合比。实际注浆量一般要大于理论的注浆量,或以锚具排气孔不再排气且孔口浆液溢出浓浆作为注浆结束的标准。注浆结束后，将注浆管、注浆枪和注浆套管清洗干净，施工过程中，做好注浆记录。

5. 混凝土结构钢筋安装

框架梁(锚梁、错墩或十字架梁)采用C30混凝土现浇。框架梁截面采用0.4 m×0.4 m横梁、0.6 m×0.5 m纵梁截面；错墩采用C30钢筋混凝土，根据地层承载力及锚索吨位的不同采用不同尺寸的错墩和承压板。首先基底先铺垫砂浆调平层，再进行钢筋制作安装，钢筋接头需错开，同一截面钢筋接头数不得超过钢筋总根数的1/2，且有焊接接头的截面之间的距离不得小于1m。如锚索与竖梁箍筋相干扰，可局部调整箍筋的间距。在锚孔周围钢筋较密集、混土浇筑要仔细振捣，保证质量。承压板为预制钢筋混凝土正方形板，面板为受压构件、承压面积不小于1.0 m×1.0 m，边长可采用1.0 m、1.2 m、1.5 m。

6. 混凝土浇筑(立锚墩)

锚墩的作用是把锚具的集中荷载传递到岩面和调整岩面受力方向。为了使锚墩上表面与锚索轴线垂直，预先将一根外径与钻头直径相同的薄壁钢管和垫板正交焊牢，浇筑锚墩前将钢管的另一端插入钻孔即可。

7. 锚索张拉及锁定、封锚

锚索张拉须在孔内砂浆及外锚头等达到设计强度后进行。首先通过现场张拉试验，确定张拉锁定工艺。锚索的张拉及锁定分级进行，严格按照操作规程执行。在设计张拉完成6～10d后再进行一次补偿张拉，然后加以锁定。

补偿张拉后，从锚具量起，留出长5～10 cm钢绞线，其余部分截去、须用机械切割，严禁电弧烧割。最后用水泥净浆注满锚垫板及锚头各部分空隙、然后对锚头采用不低于20 MPa的混凝土进行封错，防止锈蚀和兼顾美观。

任务9.4　抗滑桩施工

抗滑桩又称锚固桩，是承受滑坡推力、土体抗力等水平作用力为主的柱形构件，桩体常采用大截面钢筋混凝土材料，用以稳定边坡岩土体。抗滑桩下部埋于稳定的岩土中，上部承受滑体传下的下滑力，其下部锚固段以及上部桩前滑体产生的抗力用来维持桩身稳定，并阻止滑坡向下滑动。

抗滑桩适用于一般地区、浸水地区和地震地区，可用于稳定滑坡(图9.22)且适用于具有明显滑动面，而滑动面以下为稳定地层的情况。当滑坡推力很大，设置单排抗滑桩不足以抵抗滑坡推力可设置第二排抗滑桩。若有多层滑动面可分级设置抗滑桩。抗滑桩除了用于稳定滑坡以外，还可用于路基、建筑等边坡加固，阻止填方沿基底滑动，加固既有建筑物。在软土地区可作为侧向约束桩，其锚固段为最不利滑动面以下的桩体。

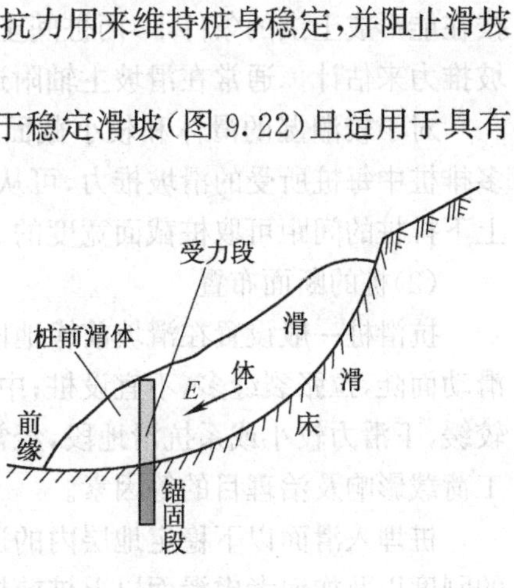

图9.22　抗滑桩示意

与其他支挡结构相比，抗滑桩具有下述优点：它抗滑力较大，圬工量小；设置位置比较灵活，可集中布置支撑整个滑体，亦可分开布置支撑分级分块体，抗滑桩可单独使用也可与其他支挡工程配合使用；桩多采用人工挖孔就地灌筑的钢筋混凝土矩形或圆形截面,可多桩同时施工,工作面多而干扰少,对滑坡体稳定性影响小;每根桩孔都是一个探井,可直接校核地质情况,发现问题易于补救;如用于整治运营线路上的滑坡,一般不影响线路的正常运营。

9.4.1 抗滑桩的分类

抗滑桩属于侧向受荷桩,按桩的变形条件,有刚性桩和弹性桩之分。刚性桩在侧向推力作用下,桩身挠曲变形很小,可忽略不计,桩在土中产生整体转动位移,桩的侧向位移随其与转动中心的距离成直线增加。弹性桩在侧向推力作用下,以桩身的挠曲变形为主,而桩整体转动引起的变形可忽略计算。

按桩的埋置深度和受力状态,抗滑桩可分为全埋式桩和悬臂式桩两种。全埋式桩是桩前、后均受外力作用的桩;如果桩前滑体对桩不产生作用力时称为悬臂式桩。

按桩的结构形式不同,可分为桩板式抗滑桩、排架式抗滑桩、承台式抗滑桩、锚杆式抗滑桩、预应力锚索抗滑桩等多种复合抗滑桩型。

抗滑桩埋置于滑面以下部分称为锚固段,埋置于滑面以上部分称为受荷段,受荷段承受滑坡推力,并将其传递到稳定地层。

9.4.2 抗滑桩的设置

抗滑桩的设置应保证提高滑体的稳定系数达观察家规定的安全值,滑坡体不越过桩顶或从桩间滑动;设桩后滑坡体出口不应出现剩余下滑力;抗滑桩锚固段长度应保证不产生新的深层滑动且桩身稳定;抗滑桩的桩位应设在滑坡体较薄、锚固段地基强度较高的地段。抗滑桩的平面布置、桩间距、桩长和截面尺寸等的确定,还应综合考虑达到经济合理。9.4.1 抗滑桩的设置要求如下:

(1)桩的平面布置

抗滑桩的平面布置、纵向间距、桩长和截面尺寸等应综合确定。平面布置一般为一排,排的走向可为直线,也可以是曲线,一般与滑体的滑动方向垂直。桩间距决定于滑体推力大小、滑体土的密度和强度、桩的截面大小、桩的长度和锚固深度以及施工条件等因素。初步设置可按在能形成土拱的条件下,两桩间土体与两侧被桩所阻的土体摩擦阻力不小于桩所承受的滑坡推力来估计。通常在滑坡主轴附近间距小,两侧间距稍大,一般采用的桩间距为 6~10 m。

对于较潮湿的滑体和较小截面的桩,也可布置成 2~3 排,按品字形或梅花形交错布置。多排桩中每桩所受的滑坡推力,可从滑体密实程度和潮湿程度以及施工便利方面考虑。一般上下排桩的间距可取桩截面宽度的 2~3 倍。

(2)桩的断面布置

抗滑桩一般设置在滑坡前缘地段,滑坡体较薄、锚固段地基强度较高。滑坡体上部,一般滑动面陡,拉张裂缝多,不宜设桩;中部滑动面往往较深且下滑力大,亦不宜设桩;下部滑动面较缓,下滑力较小或系抗滑地段,经常是较好的设桩位置。实际布置时,还应结合施工条件,施工荷载影响及治理目的等因素。

桩埋入滑面以下稳定地层内的适宜锚固深度,与该地层的强度、桩所承受的滑坡推力、桩的刚度以及如何考虑滑面以上桩前抗力等有关。桩的长度和锚固深度须经计算确定。当桩的位置确定后,桩的全长等于桩在滑体内的长度加上桩的锚固深度。如桩的锚固深度不足,桩就有被推倒的危险,锚固太深既增加施工困难又不经济。一般锚固深度为桩长的 1/4~1/2。

抗滑桩桩长宜小于 35 m。对于滑面埋深大于 25 m 的滑坡,采取抗滑桩阻滑时,应充分论证其可行性。

(3)桩的截面形式

桩的横截面形状在设计中一般采用矩形为主,受力面为短边,侧面为长边。当地基条件不适合采用矩形桩或滑坡推力方向难以确定时时,可采用圆形,直径 1~2 m,桩间距宜为 2~5 m。截面尺寸应根据推力的大小、桩间距以及锚固段地基的水平承载力特征值等因素确定。矩形桩最小边宽度不宜小于 1.25 m,长边一般为 2~4 m。

(4) 桩身材料要求

桩身混凝土的强度等级应为 C30,受力钢筋宜采用 HRB400。抗滑桩井口应设置锁口,桩井位于土层和风化破碎的岩层时宜设置护壁,一般地区锁口和护壁混凝土强度等级宜采用 C15。严寒和软弱地基地段宜为 C20。桩及护壁灌筑前应清除孔壁松动石块、浮土,护壁混凝土应紧贴围岩灌筑。

(5)其他布置

为了增加支挡斜坡的稳定性,防止受荷段桩间土体下滑,在桩间增设钢筋混凝土挡土板,构成桩和板组成的桩板式抗滑桩,或者在桩间设置浆砌石拱挡土板,此类结构的荷载计算可按静力平衡方法求解。

在重要建筑区,抗滑桩之间应用钢筋混凝土联系梁连接,以增强整体稳定性。

9.4.3 抗滑桩的受力

作用在抗滑桩上的力主要有:桩后的滑体推力、土压力、桩前岩土抗力、锚固段岩土体的抗力及水平地震力,锚固段抗力以地层水平抗力为主。此外还有桩侧摩擦阻力、黏聚力以及桩身重力和桩底反力,但后述四种力很小,一般可忽略不计。

(1)桩后滑体推力

桩后滑体推力可按传递系数法计算。计算时选用的滑动面位置和滑带土强度指标 c 、φ ,可综合考虑滑带土的试验数据、反算数据或以经验数据选取。通过计算可以对滑坡的稳定性作出判断。当滑坡不稳定时,推力计算的结果可为所需要的支挡结构提供设计荷载。

滑体推力可由设桩位置的滑坡推力曲线确定,如图 9.23 所示,其中 T 为设计时滑体推力值,作用于每根桩上的滑坡推力应按设计的桩间距计算。

(2)桩前土抗力

抗滑桩完工后,当抗滑桩受到滑坡推力的作用产生变形时,桩会变形并挤压其前方的岩土,这部分岩土必然给桩一个抗力。桩前土体的抗力与滑坡的性质、桩前滑体稳定程度等因素均有关,试验表明,桩前滑体体积越大,抗剪强度越高,滑动面越平缓、粗糙,桩前滑体抗力越大;反之,则抗力越小。

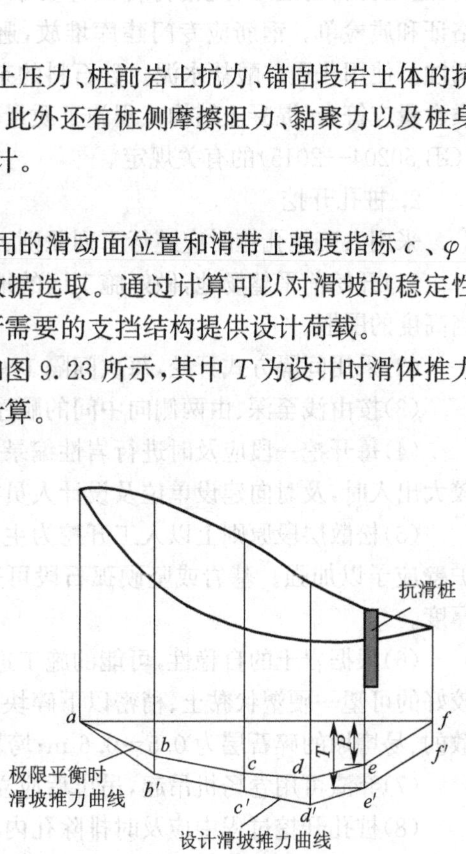

图 9.23 滑体推力曲线

滑动面以上的桩前滑体抗力,可由图 9.23 极限平衡时滑坡推力曲线在设桩处的值,或桩前被动土压力确定,设计时选用二者的小值。当桩前滑坡体可能滑动走时,应不计其抗力,而按悬臂桩计算。

(3)锚固段岩土体的抗力

抗滑桩由于变形,挤压锚固段桩侧的岩土体,同样桩侧岩土体会有反力。抗滑桩主要是通过锚固段岩土体提供的抗力来平衡滑坡推力,保持稳定。锚固段抗力计算较复杂,后面简述其计算方法。

抗滑桩的内力计算

9.4.4 抗滑桩施工

抗滑桩施工包含施工准备、桩孔开挖、地下水处理、护壁、钢筋笼制作与安装、混凝土灌筑、混凝土养护等工序,如图 9.24 所示。抗滑桩施工不当会引起滑坡体活动的加剧或局部复活,因此要严格按设计图施工,开挖过程中注意对原有勘测资料的校核,及时进行地质资料编录,并反馈设计部门。

1. 施工准备

熟悉设计文件,对抗滑桩设计文件进行复核,主要审核设计工程数量、桩顶高程、桩长、钢筋布置及平面布置是否合理等内容,若设计工程数量有误或平面布置与实地不一致时,应及时与设计单位联系,进行变更申请处理。同时还有按工程要求进行备料,选用材料的型号、规格符合设计要求,有产品合格证和质检单。钢筋应专门建库堆放,避免污染和锈蚀。使用普通硅酸盐水泥。砂石料的杂质和有机质含量应符合《混凝土结构工程施工质量验收规范》(GB 50204—2015)的有关规定。

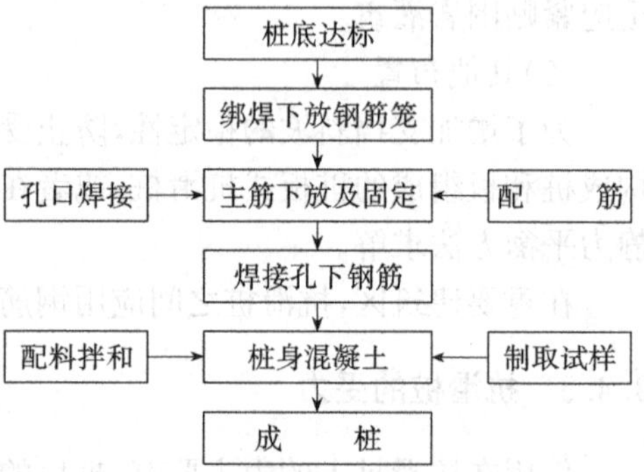

图 9.24　抗滑桩施工工艺流程

2. 桩孔开挖

采用人工挖孔桩时应遵行下列原则:

(1)开挖前平整场地,做好施工区的地表截、排水及防渗工作。雨季施工时,孔口应加筑适当高度的围堰。

(2)采用间隔方式开挖,每次间隔 1～2 孔。

(3)按由浅至深、由两侧向中间的顺序施工。

(4)每开挖一段应及时进行岩性编录,核对滑面情况,综合分析研究,如实际情况与设计有较大出入时,及时向建设单位及设计人员报告,必要时变更设计。

(5)松散层段原则上以人工开挖为主,孔口做锁口处理,桩身作护壁处理,在滑动面附近的护壁应予以加强。基岩或坚硬孤石段可采用少量药、多炮眼的松动爆破方式,但应控制剥离厚度。

(6)根据岩土的自稳性,可能的施工进度情况,计算确定一次最大开挖深度。对于自稳性较好的可塑—硬塑状黏土、稍密以下碎块石土一次开挖深度为 1.0～1.2 m;软弱的黏性或松散的、易垮塌的碎石层为 0.5～0.6 m;垮塌严重段宜先注浆后开挖。

(7)弃渣可用卷扬机吊起,吊出后应立即运走,不得堆放在滑坡体上,防止诱发次生灾害。

(8)桩孔开挖过程中应及时排除孔内积水。

(9)桩孔开挖过程中应及时进行钢筋混凝土护壁,护壁的单次高度根据一次最大开挖深度确定。护壁厚度应满足设计要求,一般为 10～20 m,并与围岩接触良好。

3. 钢筋笼制作

钢筋笼尽量在孔外预制成型，在孔内吊放施工竖筋并安装。如需在孔内制作钢筋笼必须考虑焊接时通风排烟。竖筋的接头采用双面搭接焊、对焊或冷挤压，接点错开。竖筋的搭接处不得放在土石分界面和滑动面(带)处。

4. 桩身混凝土灌筑

桩孔应检查合格后方可进行混凝土灌筑，所准备的材料应满足单桩连续灌筑的要求。

当孔底积水厚度小于0.1 m时可采用干法灌筑，施工时，混凝土应通过串筒或导管筑入桩孔，串筒或导管下口与混凝土面距离为1～3 m。灌筑时应连续进行，一般不留施工缝。每连续灌筑0.5～0.7 m时，应手插入振动器振捣密实一次。对出露地表的桩身混凝土应用麻袋、草帘覆盖，并浇水养护。

若孔底积水深度大于0.1 m，但有条件排干时，应尽可能排水后进行干法灌筑，若孔内积水难以排干时，可采取水下灌筑方法进行混凝土施工。

水下混凝土必须具有良好的和易性，其配合比按计算和试验综合确定。水灰比宜为0.5～0.6，坍落度宜为160～200 mm，砂率宜为40%～50%，水泥用量不少于350 kg/m^3。导管直径宜为250～350 mm，导管应位于桩孔中央。导管使用前应进行试验，检查水密、承压和接头抗拉、隔水等性能，符合要求后方可施工。

5. 桩身混凝土养护

桩身混凝土灌注完成后应进行7 d以上养护。

9.4.5 抗滑桩施工安全与质量控制

1. 抗滑桩施工安全

抗滑桩挖孔施工将暂时破坏滑坡体的整体性和完整性，降低滑坡的稳定状态。在挖孔桩施工期，要对施工安全进行监测，以判断滑坡稳定状态并指导施工，调整施工安排及进度。

施工安全监测点要布置在滑坡稳定性差、工程施工扰动大的部位，常用的方法是地面位移监测。对于稳定较差的滑坡，每天派专人巡查简单直观，巡查的范围应包括施工所有影响区。

2. 抗滑桩施工质量控制

抗滑桩的质量控制主要有三点：嵌固段深度、受力主钢筋位置及连接、混凝土强度。

(1)一般抗滑桩锚固段深度。悬臂桩约为桩长的三分之一，锚固柱约为桩长的四分之一，设计师确定的滑面埋深是大致的，实际挖孔过程中能对滑面埋深做出准确判断，并依据设计师确定的计算原则定出实际嵌固深度。

(2)受力主钢筋位置及连接。抗滑桩主筋一般为不对称布筋，受拉力面布筋较多，受压力面布筋较少，主筋连接很重要，现多采用焊接方法，宜采用粗钢筋连接新技术，如冷挤压连接技术、套筒连接技术等。

(3)混凝土强度。桩身混凝土强度应满足设计要求，影响混凝土强度的主要因素有原材料质量、施工配合比、混凝土施工过程控制。

任务9.5 土钉墙施工

土钉墙由被加固岩土体、放置在土中的土钉体和护面层组成(图9.25)。

土钉墙是在隧道新奥法基础上发展起来的一门用于增加挖方边坡稳定性的边坡支挡新技

术,是一种在原位土体中安置钢筋等高强度长条材料(土钉)使土体的力学性能得以改善,从而提高原位岩土体的“视凝聚力”及其强度,使被加固土体形成了性质与原来大为不同的复合材料“视重力式挡土墙”。

我国于 20 世纪 80 年代初期即在山西柳弯煤矿边坡稳定中应用土钉,并开始土钉的试验研究和工程实践,目前土钉广泛应用于深基坑支护及边坡工程中。

土钉墙适用于一般地区土质及破碎软弱岩质路堑地段,特别适合于有一定黏性的砂土和硬黏土,不宜用于腐蚀性地层、膨胀土地段及地下水较发育或边坡土质松散地段。

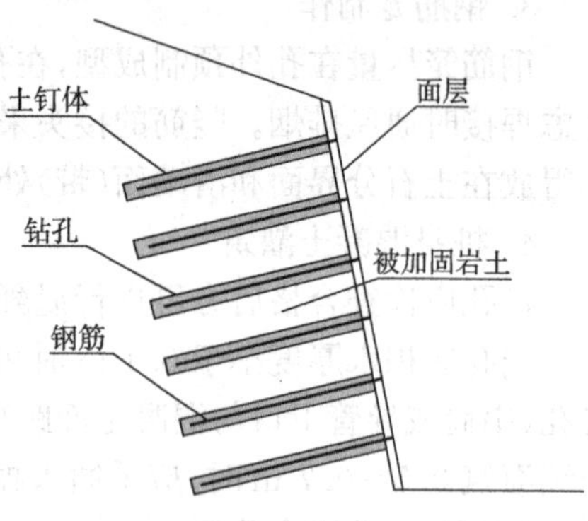

图 9.25　土钉墙示意

与其他挡土墙相比,土钉墙的优点有:能合理利用土体的自身能力,将土体作为墙体不可分割的一部分;施工设备轻便、操作方法简单;结构轻巧,柔性大、有非常好的抗震性能和延性;施工不需单独占用场地;材料用量和工程数量少,工程造价低;施工速度快,基本不占用施工工期;防腐性能好。

虽然土钉技术具有许多优点,但也有缺点和局限性:变形稍微大于预应力锚杆的变形;在软土、松散砂土中施工难度较大;土钉在软土中的抗拔力低,需设置得很长很密或事先对软土加固,变形量较大,造价较高。

9.5.1　土钉墙的基本原理

天然土体通过土钉就地实施加固并与喷射混凝土护面板相结合,形成一个类似重力式的挡土墙,以此抵抗墙后传来的土压力和其他作用力,从而使得挖方坡面稳定。土钉依靠与土体接触界面上的黏结力、摩擦力和周围土体形成复合土体,土钉在土体发生变形的条件下被动受力,通过其受拉作用对土体进行加固,土钉间土体的变形则由护面板予以约束。

土钉与土共同作用,弥补土体自身强度不足,增强土体自身稳定性,是主动制约机制的支挡结构。复合土体,不仅有效提高了土体整体刚度,又弥补了土体抗拉、抗剪强度低的弱点。通过相互作用,土体自身结构强度的潜力得到了充分发挥,改变了边坡变形和破坏形态,显著提高了整体稳定性。

直立土钉墙比素土边坡的承载力高(试验表明可提高一倍以上),更为重要的是,土钉墙在荷载作用下不会发生素土边坡那样突发的整体性滑裂和塌落。它不仅延迟了塑性变形发展阶段,而且具有明显的渐进性变形和开裂破坏,在丧失承受更大荷载的能力时,仍可维持较长时间不会发生整体性塌滑。

土钉在复合土体内的作用可概括为四个方面:①箍束骨架作用;②分担作用;③应力传递与扩散作用;④坡面变形的约束作用。

9.5.2　土钉墙的构造

土质边坡土钉墙总高度不应大于 10 m,岩质边坡土钉墙总高度不应大于 18 m,土钉墙墙面胸坡宜为 1∶0.1～1∶0.4。根据地形地质条件,边坡较高时宜设多级土钉墙,单级土钉墙高度宜控制在 10 m 以内,多级墙上、下两级之间应设置平台,平台宽度不宜小于 2 m,每级墙高不宜大于 10 m。

土钉的长度应为墙高的 0.5～1.0 倍，间距宜为 0.75～2 m，与水平面夹角宜为 5°～20°。土钉墙采取自上而下分层修建的方式，分层开挖的最大高度取决于土体可以直立而不破坏的能力，土层宜为 0.5～2.0 m，岩层宜为 1.0～4.0 m。分层开挖的纵向长度，取决于土体维持稳定的最长时间和施工流程的相互衔接，多为 10 m 左右。

1. 土钉（图 9.26）

土钉类型有钻孔注浆钉、击入钉、注浆击入钉、高压喷射注浆击入钉、气动射击钉等。钻孔注浆钉是通过钻孔、置入钢筋、注浆、补浆来设置的；击入钉是把作为土钉的角钢、圆钢（常为螺纹钢筋）或钢管用振动冲击钻或液压锤直接击入土中，不需注浆，土钉长度一般不超过 6.0 m；注浆击入钉，用端部密封、周面带孔的钢管作为土钉，击入后从管内注浆并透过壁孔将浆体渗透到周围土体；高压喷射注浆击入钉，利用高频冲击锤将具有中孔的土钉击入土中，同时以一定的压力将水泥浆从土钉端部的喷嘴射出，起润滑作用并渗入周围土体，提高土钉与土体的黏结力；气动射击钉，以高压气体为动力，作用于土钉的外部扩大端，直接将土钉射入土中。可以采用圆钢或钢管。

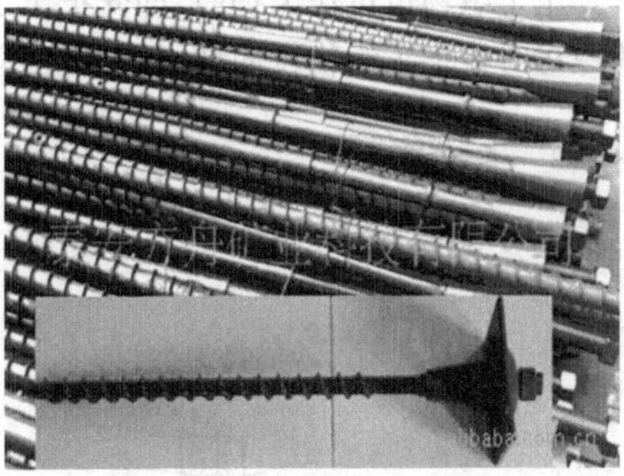

图 9.26　制作好的土钉

钻孔注浆钉是最常用的一种类型，为增强土钉与砂浆（或细石混凝土）的握裹力，土钉钉材宜采用 HRB335、HRB400 钢筋，钢筋直径宜为 16～32 mm，土钉孔直径是根据土钉直径和成孔方法选定的，一般取 70～130 mm。选定行、列距的原则是以每个土钉注浆对其周围土的影响区与相邻孔的影响区相重叠为准。按防腐要求，土钉孔直径应大于土钉直径加 60 mm。腐蚀环境下钢筋表面可采用环氧涂层等处理措施。

另外，也可采用多根钢绞线组成的钢绞索作为土钉。由于多根钢绞索的组装、施工设置与定位以及端头锚固装置较复杂，目前国内应用尚不广泛。

钻孔注浆材料宜采用水泥浆或水泥砂浆，其强度宜为 M30，不应低于 20 MPa。边坡渗水较严重时，宜添加膨胀剂、注浆应采用孔底注浆法，注浆压力宜为 0.2 MPa。

已建工程的土钉实际长度 L 均不超过土坡的垂直高度 H。拉拔试验表明，对高度 H 小于 12 m 的土坡采用相同的施工工艺，在同类土质条件下，当土钉长度达到土坡垂直高度时，再增加其长度对承载力提高无显著作用。另外，土钉越长，施工难度越大，单位长度费用越高，所以选择土钉长度要综合考虑技术、经济和施工难易度。

2. 护面板

土钉墙的护面板虽不是结构的主要受力构件，但它是传力体系的一个重要部分，也起保证各土钉间土体的局部稳定性、防止土体被侵蚀风化的作用。应在每一阶段开挖后立即设置护面板以限制原位土体的减压，并阻止原位土体的力学性质发生改变，特别是抗剪强度的降低。

护面板通常用 120～200 mm 厚的钢筋网喷射混凝土做成，不应小于 80 mm，钢筋直径为 6～10 mm，间距为 150～300 mm，钢筋网搭接宜采用焊接。喷射混凝土强度等级不应低于 C20，与土钉连接处的混凝土层内应加设局部钢筋网以增加混凝土的局部承压能力。此外，为了分散土钉与喷射混凝土护面板处的应力，在螺帽下垫以承压钢板，土钉外端与钢垫板或加强钢筋应通过螺丝端杆锚具或焊接进行连接,也可用预制混凝土板作为护面板。

对于永久工程,为了改善建筑外观,也可在第一次喷射混凝土的基础上现浇一层混凝土或铺上一层预制混凝土板。

护面板的构造及土钉与护面板的连接形式如图 9.27 所示。

土工织物也可作为护面,即先把土工织物覆盖在边坡上,然后设置土钉。当拧紧土钉端部的螺母时将土工织物拉向坡面形成拉膜,同时使坡面受到压力作用。

9.5.3　土钉墙施工

土钉墙施工流程图如图 9.28 所示。

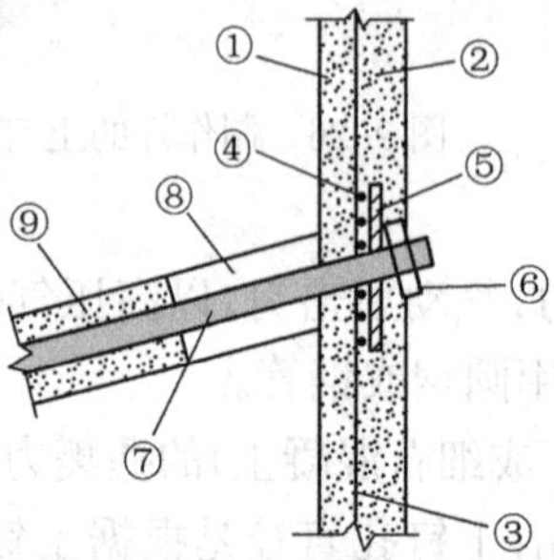

①第一道喷射混凝土;②第二道喷射混凝土;
③钢筋网;④局部加强钢筋;⑤钢垫板;
⑥螺母;⑦土钉;⑧填塞段;⑨注浆段。

图 9.27　土钉墙护面板构造

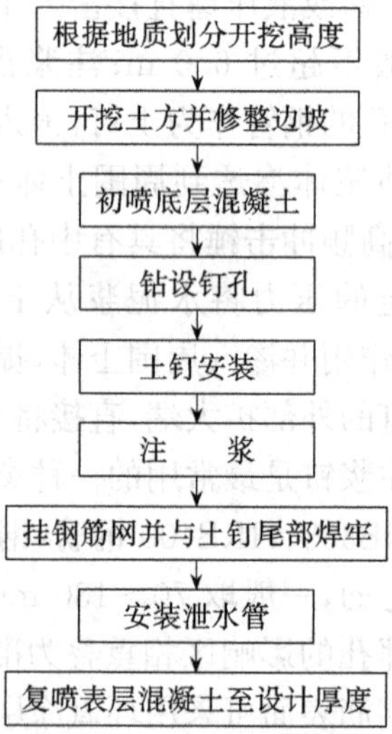

图 9.28　土钉墙施工流程

1. 准备工作

(1)认真学习规范,熟悉设计图纸,以书面形式让甲方提供地下障碍物、管线位置图,了解工程的质量要求以及施工中的监控内容,编写施工方案。

(2)施工前应确定基坑开挖线、轴线定位点、水准基点、变形观测点等,并在设置后加以妥善保护。

(3)组织项目管理小组及专业施工队伍,对施工人员进行班前技术、安全交底,并完成上报审批程序。

(4)按照施工方案选择施工机具与工艺,并检查设备运转情况,安排现场水、电、照明及施工工作面,材料进场后做好原材料的检验与混凝土、水泥的试配。

2. 开挖

(1)土钉支护应按施工方案规定的分层开挖深度按作业顺序施工,在完成上层作业面的土钉与喷射混凝土之前,不得进行下一层深度的开挖。

(2)当用机械进行土方作业时,严禁边壁出现超挖或造成边壁土体松动,当基坑边线较长,可分段开挖,开挖长度 10~20 m。

(3)支护分层开挖深度和施工的作业顺序应保证修整后的裸露边坡能在规定的时间内保

持自立并在限定的时间内完成支护。应尽量缩短边壁土体的裸露时间，对于自稳能力差的土体如高含水率的黏性土和无天然黏结力的砂土必须立即进行支护。

(4)为防止基坑边坡的裸露土体发生塌陷，对于易坍塌的土体因地制宜采用相应措施。

(5)开挖过程中如遇到土质与原设计有异常情况时应及时进行反馈。

3. 清理边坡

基坑开挖后，基坑的边壁宜采用小型机具或铲锹进行切削清坡，以达到设计规定的坡度。

4. 孔位布点

土钉成孔前，应按设计要求定出孔位并作出标记编号，孔位的允许偏差不大于150 mm。

5. 成孔

根据经验及现场试验，一般采用人工洛阳铲成孔、孔径、孔深、孔距、倾角必须满足设计标准，其误差符合《基坑土钉支护技术规程》(CECS96:97)的要求。如出现边坡土体含水率较大，杂填土较厚，松散砂层等情况不宜进行人工成孔时，可采用钢管代替钢筋，利用机械打入土层，钢管上可每隔300 mm钻直径9～10 mm的出浆孔，梅花形布置，并以∠30角钢呈倒刺状焊于孔边，以防打管时散落土粒堵塞出浆孔，同时增加其抗拔力，钢管前端宜作成锥形，以减少打入时的摩擦阻力。成孔过程中如遇障碍物需调整孔位时，不得影响支护安全，成孔后要进行清孔检查，对塌孔处应及时处理。

6. 置钉及注浆

(1)置钉。在直径18～32 mm的Ⅱ级或Ⅲ级钢筋上设置定位架，保证钢筋处于孔中心部位，支架沿钉长的间距为2～3 m，支架的构造应不妨碍注浆时浆液的自由流动。

(2)注浆。成孔后应及时将土钉钢筋置入孔中，可采用重力、低压(0.4～0.6 MPa)或高压(1～2 MPa)方法按配比将水泥浆或砂浆注入孔内。重力注浆以满孔为止，但需1～2次补浆；压力注浆采用二次注浆法，并在钻孔口设置止浆塞和排气孔；注浆导管应先插入孔底，以低压注浆，同时将导管以匀速缓慢撤出，导管的出浆口应始终处在孔中浆体的表面以下，保证孔中气体能全部逸出。导管离孔口0.5～1 m时高压注满，并保持高压3～5 min；采用钢管时应使用高压注浆，注满后及时封堵，让压力缓慢扩放；注浆时需加入早强剂和膨胀剂以提高注浆体早期强度和增大其与孔壁土体的摩擦力。

7. 铺设钢筋网片

钢筋网片可用直径6～8 mm盘条钢筋焊接或绑扎而成，网格尺寸150～300 mm。在喷射混凝土之前，面层内的钢筋网片应牢固固定在边壁上并符合规定要求的保护层厚度。钢筋网片可用插入土中的钢筋固定，在混凝土喷射下应不出现振动。

8. 喷射混凝土面层

(1)喷射混凝土时喷射顺序应自下而上，喷头与受喷面距离宜控制在0.9～1.5 m范围内，射流方向垂直指向喷射面，在钢筋部位应先喷钢筋后方，然后再喷填钢筋前方，防止在钢筋背面出现空隙。也可在铺设筋网片之前初喷一次，铺设网片之后再进行复喷，一次喷射厚度不宜小于40 mm，喷射混凝土前应先向边壁土层喷水湿润，喷射时应加入速凝剂以提高混凝土的凝结速度，防止混凝土塌落。

(2)为保证喷射混凝土的厚度，可用插入土内的用以固定筋网片的钢筋作为标志加以控制，当面层厚度超过100 m时应分二次喷射，每次喷射厚度为50～70 mm。继续下一步喷射混凝土作业时，应仔细清除预留施工缝接合面上的浮浆层和松散碎屑，并喷水使之潮湿，为使施工搭接方便，每层下部300 mm可喷成45°的斜面形状。

(3)喷射混凝土终凝后 2 h,应根据当地条件,采取连续喷水养护 5～7 d。

(4)土钉墙支护最下一步的喷混凝土面层宜插入基抗底部以下深度不小于 0.2 m,在基坑顶部也宜设置宽度为 1～2 m 的喷混凝土护顶。

9. 排水系统

(1)土钉墙支护宜在排除地下水的条件下施工,应采取的排水措施包括地表排水,支护内部排水,以及基坑排水,以避免土体处于饱和状态并减轻作用于面层上的静水压力。

(2)基坑顶部四周可做散水和排水沟,坑内应设置排水沟和集水坑,并与边壁保留 0.5～1.0 m 的距离,集水坑内积水应及时抽出。

(3)如基坑侧壁水压较大时可在支护面层背部插入长度为 400～600 mm,直径不小于 10 mm的水平导水管,外端伸出支护面层,间距 1.5～2.0 m,以便将混凝土面层后的积水排出。

项目小结

路基支挡及加固设备主要是保证路基本体和路基边坡的稳定。本项目系统介绍了路基支挡及加固设备的概念、分类及施工方法,重点介绍了重力式挡土墙、预应力锚索、抗滑桩及土钉墙的构造、应用特点及施工工艺等。因此,针对不同地区气候条件、工程地质与水文地质条件、材料供应情况、施工条件等合理选择路基支挡及加固设备类型是保证路基本体和路基边坡的稳定的关键。

项目训练

1. 能够进行重力式挡土墙的施工与维修
2. 能够根据具体情况,正确选择预应力锚索、抗滑桩及土钉墙等支挡及加固设备,并进行施工。

复习思考题

1. 挡土墙按其在路基的位置、结构形式及墙背形式各分为哪几类?
2. 重力式挡土墙由哪几部分组成?
3. 墙的排水措施包括哪些?
4. 预应力锚索由哪几部分组成?简述预应力锚索中锚索的作用。
5. 简述预应力锚索的施工顺序。
6. 作用在抗滑桩上的力主要有哪些?
7. 简述抗滑桩施工工艺流程。
8. 简述土钉墙的组成及适用条件。
9. 与其他形式的挡土墙比较,土钉墙有哪些优点和缺点?

项目 10　路基养护与维修

项目描述

由于轨道交通及市域铁路线路所处地区的差异，受列车荷载作用及水文、气候等自然条件影响产生的路基病害日渐增多，路基病害会严重影响线路正常运营。对线路的正确养护和管理是消除病害的关键手段，但彻底控制路基病害的产生也是不现实的，因此，在线路维护过程中找出路基病害产生的原因并做好路基病害防治，采取一系列切实可行的措施，将其产生的可能性降到最低是养护和管理的主要目的。

通过对本项目的学习，可以了解路基病害产生的原因，掌握整治措施，掌握路基维修与大修的内容和方法。

教学目标

1. 能力目标

(1)具备针对路基病害类型，找出形成原因并提出处理方案的能力。

(2)具备阅读路基大修文件、理解并实施施工方案的能力，掌握路基养护。

2. 知识目标

(1)了解城市轨道交通路基病害成因。

(2)掌握城市轨道交通路基基床与边坡病害的成因。

(3)掌握路基基床及边坡病害防治与整治的措施。

(4)了解路基维修与大修的作业流程。

3. 素质目标

(1)具备路基养护工的基本素质及安全意识。

(2)具有团队协作的精神。

(3)具备一定的组织协调能力。

相关案例——某客运专线路基病害

(1)路基病害概况

2009 年 7 月 7 日至 8 日，高速铁路某客运专线发生了路基下沉事故，由于连日普降暴雨，事故发生时，列车晃车严重，其中 K178＋910、K158＋300、K106＋300 三处路基下沉严重，最大下沉分别达到 64.2 cm、16 cm、9.7 cm。

上级管理部门认定 K178＋910 质量事故为铁路建设工程质量大事故，K158＋300、K106＋300 质量事故为铁路建设工程质量一般事故 。

7 月 15 日，D2603 次司机反映该线某区段下行线 K158＋300 处晃车。经检查发现下行K158＋330 处左侧路肩下沉约 60～70 mm，线路高低不良，高低最大 8 mm，线路限速 45 km/h 运行。该地段已累计下沉 178 mm，上、下行限速 160 km/h。

K106＋300，7 月 17 日 7:50 检查发现右侧水沟塌陷，雨水灌入路基，造成路基下沉，此处路基累计下沉量达 130 mm。7 月 21 日加固时，发现在填方与原状土结合处有贯通路基的横洞，洞高约 0.4 m，宽约 0.2 m，距路基面约 1.4 m。

K178＋905 右侧路基塌陷，如图 10.1 所示，K108＋400 上行路堑护墙坍塌等面积路基病害。

图 10.1　路基塌陷

(2)病害原因分析

造成病害的主要原因是多方面的，其中主要有：①站场纵向排水沟设置过长，水沟长度分别达到 1 200 m；②路基施工时，上行一侧设计侧沟长度不足，终点无出口，施工时做成终端封闭，造成侧沟末端积水浸泡路基，致使路基松软、下沉，线路限速运行；③未充分利用横向排水设施，造成设置在虚土上的排水沟排水不畅，沟底破坏，浸泡路基，路基下沉。而且在沟壑纵横、路基填挖方连续地段，线路两侧侧沟设计未充分考虑路堑路堤过渡段不均匀沉降易造成排水沟断裂、破损、渗漏等情况；④黄土地区土质不良；⑤施工质量差，排水沟局部破损、渗漏，形成空洞造成路基下沉。

(3)处理措施

针对这一情况，当时铁道部组织并责令相关部门对线路进行紧急抢修，采取了基床面封闭、基床表层换填、碎石挤密桩加固、增设排水盲沟及排水沟、加固挡墙、加固护坡等措施。同时对设计、施工、监理等部门给予相应处分。据此，铁道部还出台了一系列工程管理及相关技术补充规定等。

由此案例可以看出，工程地质及水文地质条件、设计和施工质量等是形成路基病害的主要原因，不合理的路基养护维修方法也会引发路基病害的产生。因此，除了合理的设计和高质量的施工，预防病害的发生与发展，对轨道交通线路路基病害采取正确的整治措施是路基设备处于良好状态的根本保证。

任务 10.1　路基病害认知

为了更好地对各种路基病害采取积极的防治措施，首先需要了解病害类型并较客观地认识的病害产生原因及发展规律。按照目前城市轨道交通运营维护部门对病害的分类统计，轨道交通线路路基常见的主要病害大致可分为如下几种，但此分类并不涵盖所有病害。

1. 基床病害

基床是指路基上部承受列车动力作用和水文气候变化影响较大的土层，其状态直接影响列车运行的平稳和速度的提高。基床分表层与底层两部分。基床在各种因素影响下所产生的各种类型的永久变形，称为基床病害。

根据基床病害的发生机理和性质，按其典型的表现特征，结合病害发生的部位，可将基床病害分为如下几种类型。基面翻浆冒泥和基床下沉外挤两大基本类型。

(1)翻浆冒泥

翻浆冒泥是历年来中国既有铁路线最常见的路基病害之一，也是数量最多的路基病害，在多雨季节，土质不良地段基床病害频繁发生。

图 10.2　翻浆冒泥

在列车的振动作用下，基床土层中自由水产生较高的压力，加之土质不良，排水不畅，是基床土在水的作用下随着泵吸作用的加剧，细颗粒不断流失，最终导致基床土层翻浆冒泥，如图 10.2 所示。

(2)基床下沉

基床下沉病害是指基床土被水侵蚀软化后，呈稀泥浆状态，在列车荷载的频繁作用下，道砟被压入松软基床面后形成砟囊并越陷越深，或者由于软弱层发生剪切滑动，最终导致基床发生剪切破坏，致使道床下沉，这些都直接影响线路上部结构的稳定。

(3)基床外挤

一般发生在路堑地段仍然是土质不良及水和列车荷载作用造成的，其表现形式有：路肩隆起、侧沟被挤、路肩外挤和边缘外膨。

2. 边坡病害

铁路路基修筑以后，裸露的路基边坡，除受地质构造、地质、土质、地形的影响外，还受到降雨、融雪、地下水及河川的侵蚀、地震、人类活动等的影响，往往形成各种类型的路基坡面病害。

路基坡面病害是指受自然营力作用而发生在路基坡体表面范围内的变形和破坏，其变形和破坏是由坡体表层局部逐步扩大到整个坡面。路基坡面病害类型主要有以下几种类型。

(1)边坡溜坍

路堑边坡易产生溜坍，在排水系统不完善，平台截水沟未接通吊沟或引出路基外的地段，当遇到长期阴雨或暴雨时，雨水顺裂隙下渗，使路堑边坡表层饱和，或水直接冲刷路堑边坡，导致边坡失去稳定造成溜坍，如图 10.3 所示。

路堤的边坡坡度设计不合理、路基压实质量不满足要求、水侵入路堤或承载力不足等，使边坡上的一部分土体相对于另一部分发生剪切破坏即可造成路堤边坡溜坍，如图 10.4 所示。

(2)坡面剥落

坡面剥落主要形式为风化剥落病害(图 10.5)。剥落发生在易受风化的岩质边坡(主要是软岩，如绿泥石片岩、页岩)或软硬相间的松软岩层。虽岩质边坡整体基本稳定，但由于岩性与结构构造的特性，其表层受长期强烈风化作用后易发生呈松散薄片状或小颗粒状顺坡面剥离滚落的现象。边坡的向阳面因昼夜温差大往往剥落现象较严重。

图 10.3　路堑坡面溜坍

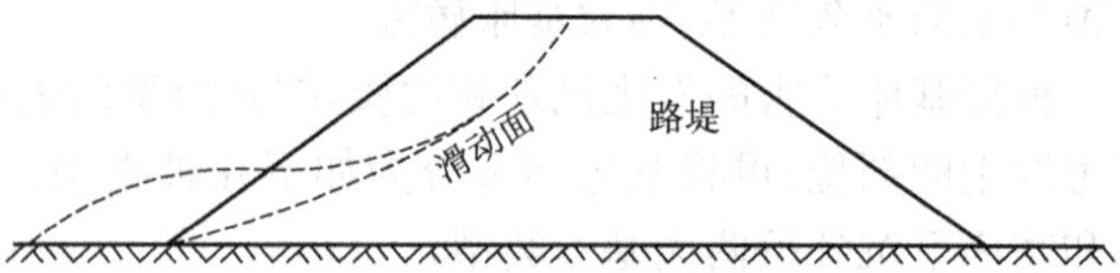

图 10.4　路堤坡面溜坍

黄土路堑边坡亦常发生剥落病害，病害按其形态分为片状、层状和鱼鳞状。片状剥落多发生在新黄土中，层状剥落多发生在有粉质黏土和粉土互层的冲积黄土中，鱼鳞状剥落多发生在含易溶盐较多的黄土坡面。

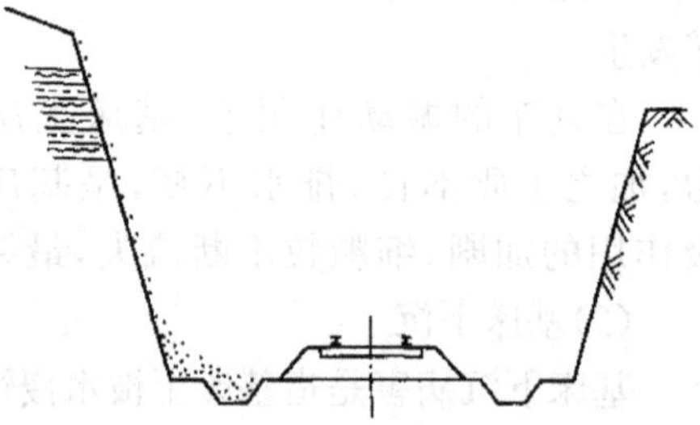

图 10.5　路基边坡风化剥落病害示意

风化剥落病害轻则增加路基养护维修工作量，重则影响边坡稳定并可能造成严重地质灾害。

(3) 路基边坡坡脚病害

①河岸冲刷

河岸冲刷病害一般系指修建在河滩、岸边的铁路路基干扰了原有水流性质，导致河流流向的天然演变，使其不可避免，或多或少地遭受到水流、波浪以及严寒(寒冷)地区冰的影响和破坏的现象。同时也应包括邻近铁路的河、海、湖、库、塘等自然岸坡所受到的来自流速或波浪的侵害，因自然岸坡受冲刷程度连续发展时会危及到岸边或台地的铁路路基。上述河岸冲刷病害严重时可能造成既有路基丧失稳定。

②水浸路基

水浸路基病害一般系指在滨河、河滩、海滩和水库、湖泊、水塘或洼地路段修建的铁路路堤一侧或两侧浸水后(称浸水路堤)遭受到水位(包括浮力、渗透动水压力)变化和水流、波浪的冲击以及管涌、软弱基底的破坏，威胁到路堤稳定性的现象。个别情况下路堑段遇山洪暴发、侧沟排水不畅时亦会发生水淹线路及堑坡脚的情况。水浸路基病害极易造成严重的冲毁断道事故。

③人工侵挖

将人工侵挖单列为一种病害，旨在区分自然营力与人为破坏两种不同性质的病因。由于铁路的修建带动了社会的经济开发与发展，在邻近既有铁路沿线许多路段的周边相继出现了新建的工厂企业、城镇乡村，因而也带来了更多生产与生活方面的人为活动。其中不当的人为活动，如侵入铁路用地限界，在铁路路基边坡坡脚开辟道路、埋设管道、修建水渠、挖地种植、搭建房屋等，均在路基边坡下部形成一定高度的陡坎使边坡坡脚出现临空面而失去前部的支撑，若此时边坡坡脚遇浸水软化则更加快了边坡的失稳坍滑。人工侵挖造成的破坏作用往往会诱发和加速路基边坡、自然山坡病害的发生，如边坡溜坍、山体滑坡等。

3. 路基边坡地质病害

地质灾害是指以地质动力活动或地质环境异常变化为主要成因的自然灾害。一般认为，常见的路基边坡地质病害包括滑坡、崩塌、岩堆、泥石流、地面沉降、地面塌陷等。

(1)山体滑坡

滑坡是人工边坡或天然斜坡上的岩土体在重力作用下，沿软弱面或软弱带均有向下滑动的趋势，一旦下滑力大于抗滑力时，岩土体就产生向下的滑移的现象，如图10.6所示。

图10.6　滑坡实景

一般滑坡在滑动后水平移动分量大于垂直移动分量。滑坡的速度有快有慢，有的滑坡时滑时停，速度缓慢，每月仅几厘米；有的速度很快，每秒几十米。滑体的体积有大有小，小的只有几百立方米，大的可达百万、千万立方米，甚至高达数亿立方米

山体滑坡属于严重的不良地质现象。在既有山区铁路，当路堑上方山体发生滑坡时对路堑边坡的稳定性造成极大的威胁和危害，同时滑坡体有可能摧毁支挡建筑物，推动或掩埋线路，甚至颠覆列车，造成严重的灾害事故。

(2)崩塌落石

崩塌是指陡峻斜坡上的岩土体在重力作用下突然脱离坡体，迅速向下崩落滚动，而后堆积于坡脚或沟谷的现象。一般认为，陡峻斜坡上少量的岩块脱离坡体向下坠落，称为落石；而大量的岩土体脱离母岩顺坡滚动而崩落，称为崩塌。

崩塌是不稳定岩体向下倾倒、崩落、翻滚、跳跃以及因此而引起脆性破坏的斜坡变形现象。崩塌的特点是垂直位移明显大于水平位移且运动速度较快。

(3)泥 石 流

泥石流是由于降水(融雪等)而发生的一种突然暴发的含有大量泥砂、石块的特殊洪流。

典型的泥石流流域，从上游到下游可分为三个区段：形成区、流通区(通过区)和堆积区。泥石流暴发时，能在短时间内从沟中冲出数万至数百万方的泥砂、石块等固体物质。泥石流具有强大的破坏力，能淹没路基，冲毁桥梁，中断运输。

4. 冻害

冻害发生于寒冷地区。如路基土为透水性较差的细粒土，当含水率较高或路基面积水，在冻结过程中，土中水重新分布和聚集形成冰块，引起不均匀的冻胀现象。冰块融化又引起不均匀下沉。在地下水较高地段，地下水通过毛细管作用而不断向上转移补给，使冻胀量增大，持续时间延长。路基冻害多发育于基床部位，但在边坡上也会出现，所以作为单独一类在这里说明。

路基除了以上病害外，还有沙害、雪害、陷穴等。对于城市轨道交通及市域铁路，应根据其所处环境，发现、认识可能出现的病害并及早防治、整治，以免影响正常的运输。

任务10.2　路基基床病害防治

基床是路基上部承受轨道、列车动力作用，并受水文气候变化影响最大的一层。基床有表层与底层之分。基床在各种因素影响下，产生各种类型的永久性变形，称为基床病害。据国内既有铁路调查资料，基床病害最大深度已达路肩下2.0 m。

10.2.1 基床病害的类型

基床病害按其不同的发展阶段及不同的表现形式主要有翻浆冒泥、下沉、外挤等三种。

1. 翻浆冒泥

在列车动压力作用下,道床孔隙内挤压出泥浆的一种现象称为翻浆冒泥。翻浆冒泥将引起一系列线路病害,如道砟陷坑扩大,产生轨枕吊板、暗坑;污染道床,弹性降低;加速木枕腐蚀,严重损伤混凝土枕;钢轨出现波浪形永久变形,鱼尾板折断数量增多等。在严重翻浆地段,线路质量不良,影响列车正常运行。

翻浆冒泥有土质基面翻浆冒泥、风化石质基面翻浆冒泥及裂隙泉眼翻浆冒泥三种类型。

1)土质基面翻浆冒泥

发生这种翻浆冒泥的基床表层土质一般是粉质黏性土,土中小于0.05 mm的颗粒达 60%以上,液限大于 32%,塑性指数大于 12。由于地表排水不良或地下水发育,使路基面土质软化或振动液化成泥浆,在列车动力作用下,泥浆被挤入道床,并在轨枕端部及中部呈柱状或片状连续喷出。

这种翻浆冒泥的主要特征是:在雨季翻浆,雨季后逐渐减轻。在翻浆期间,整个道床成为泥石混合体,陷坑中的水分更多,土质呈流塑状态,但软层较薄,其下层土质仍较坚实。初期道砟陷坑不大,一般小于50 cm。

2)风化石质基面翻浆冒泥

这种翻浆冒泥一般在路堑内发生。如果基床为泥质页岩、页岩、板岩、片岩、千枚岩、凝灰岩等易风化的岩石,其风化物为泥质,其中小于0.5 mm的颗粒达 60%以上,当路基面有不深的道砟陷坑,且有地表水渗入时,这些风化物被浸泡软化或振动液化而成泥浆,在列车动力作用下将其挤入道床,形成翻浆冒泥。

这种翻浆冒泥的特征与土质翻浆冒泥相似,路基面的风化软化层较薄,其下部岩层仍较坚硬。

3)裂隙泉眼翻浆冒泥

如路堑由较坚硬的岩层组成,岩石裂隙发育,裂隙中含有颗粒细小泥质风化物,当裂隙水及泉水沿裂隙渗流至路基面时,这些泥质风化物与水混合成泥浆,在列车动力作用下,从道床挤出,形成翻浆冒泥。

这种翻浆冒泥的特征是:终年都有翻浆冒泥,雨季更为严重,一般都出现在山区和丘陵地区线路上。

2. 下　沉

当基床土质为中塑性黏土、淤泥、泥炭、风化残积土、粉质黏土时,由于翻浆冒泥不断发展,路基面上的土逐渐侵蚀流失;再加地表水流入,道砟囊大量积水不断加深致使基床土体饱和软化,强度显著降低(无侧限抗压强度小于0.1 MPa)。在列车动力作用下,道床石砟陷入基床,并使道床下的土体局部压密,因而使路基下沉。雨季下沉的速度较大,旱季较小。下沉时,轨道的水平、高程、方向均有较大变化,这时,基面泥浆向下渗透,一般不再发生翻浆冒泥。在路堑中,有时可见泥浆从轨道一侧的沟边或沟底冒出。

3. 外　　挤

这种病害一般发生在路堑地段。基床土质和"下沉"中所述相同,其厚度约为 0.4～1.5 m,其下有刚卧层。与发生下沉病害一样,由于翻浆冒泥的发展,地表水渗入,道砟囊大量积水,且地下水位较高,使基床土质饱和软化,承载力显著降低。在列车动力作用下,基床产生塑性流动。但由于其下有刚卧层存在,在刚卧层上形成滑动面。当刚卧层倾斜时,软卧层向一侧侧沟挤动,路肩向上隆起,如图 10.7 所示。如果刚卧层接近水平,则向两侧挤出。

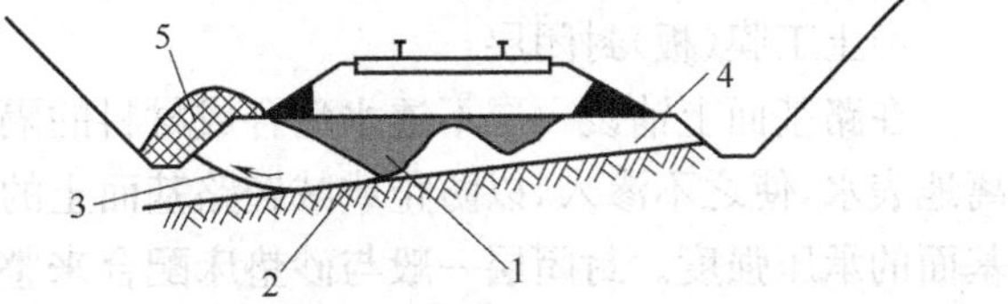

1—道砟囊;2—倾斜刚卧层;3—滑动面;4—软卧层;5—挤动土。

图 10.7 外挤

当发生挤出时,轨面发生持续较大的下沉,甚至急剧下沉。这时基面泥浆随软卧层向侧面挤出,所以,一般不再发生翻浆冒泥,但可见有泥浆从轨道一侧的沟边或沟底冒出。

10.2.2 基床病害的防治

1. 基床病害的预防

(1)新线路基采取改善基床土和达到压实标准,做好基床排水等,是预防基床病害最有效最节省的办法。

(2)认真做好线路的养护维修工作,经常保持轨道的良好状态,使列车动力正常地传递到路基基床。

(3)保持道床饱满整洁,及时清筛道床,挖除不深的道砟陷坑,整平路基面,做好排水坡度,必要时视陷坑深度落低路肩,排除陷坑积水。

(4)保证各种排水设施处于良好状态,达到不淤塞,不积水,排水畅通。

(5)在基床病害发生初期,应及早采取措施整治,防止继续扩大。

(6)对于整治基床病害所修建的各项设备,应经常检查。如发现轻微损坏或状态不良,应及时整修,使其发挥正常作用。

2. 基床病害的整治

整治基床病害的主要措施有砂垫床、土工膜(板)封闭层、换土、土工格室等措施。

1)砂 垫 床

在碎石道床下面铺设一定厚度的砂层,称为砂垫床,如图 10.8 所示。砂垫床的作用是将碎石道砟与路基面隔离,使路基面受力均匀,避免碎石与路基面直接接触破坏路基面的平整,从而避免路基面因坑洼不平积水而造成翻浆冒泥。砂垫床适用于整治无地下水影响的土质基面及风化石质基面翻浆冒泥,但不适于整治裂隙泉眼翻浆冒泥。

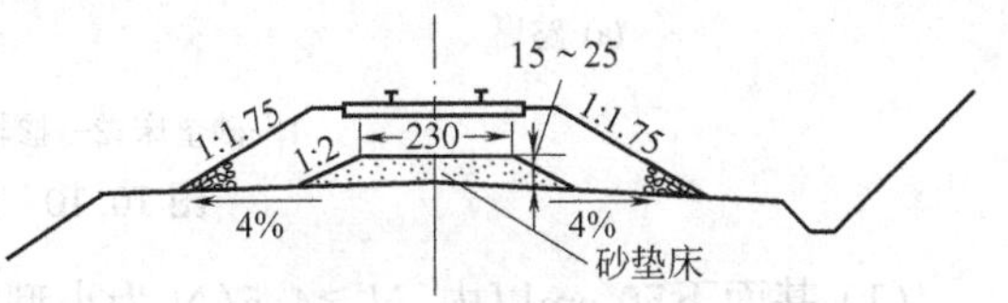

图 10.8 砂垫床(单位:cm)

砂垫床的顶宽不宜超过轨枕长度,一般采用230 cm,边坡 1 ∶ 2,厚度为 15～25 cm。铺设砂垫床地段的长度,除翻浆地段的长度外,应向两端各延长至少5 m。砂垫床以采用中砂及级配良好的粗砂为宜,砾砂、细砂、粉砂等均不能使用。砂的材质以石英砂最好,含铁、镁矿物较多的砂易风化成泥,不应使用。砂中含泥量不得超过 5%。

施工时，在翻浆冒泥地段铲去路基面上的泥浆层，切削道砟陷坑，按 4% 的坡度做好路基面横坡，再铺砂垫床。切削路基面的深度视道砟槽深度而定，一般为陷坑底面下 10～15 cm，至少应与陷坑深度相等。在个别陷坑过深地段，为避免切削路基过多，可将坑内泥渣挖除，然后用透水性小的土层夯填，达到与原路基一样的密实程度。

2)土工膜(板)封闭层

在路基面上铺设一层不透水型合成材料的隔层，即为土工膜(板)封闭层。它的作用是隔离地表水，使之不渗入，以防止或减轻路基面土的软化或风化；阻隔泥浆上冒污染道床，提高路基面的承压强度。封闭层一般与砂垫床配合来整治翻浆冒泥，其断面形式如图 10.9 所示，适用于整治水源主要是大气降水的基面翻浆。当水源主要为地下水基面翻浆时，在降低地下水位后，可采用透水型土工合成材料整治。整治裂隙泉眼翻浆冒泥时，一般在泉眼处加设横盲沟，然后采用透水型土工合成材料整治。土工膜(板)是不透水排水型土工合成材料，如氯丁胶板、聚氯乙烯板、塑料油膏布等。

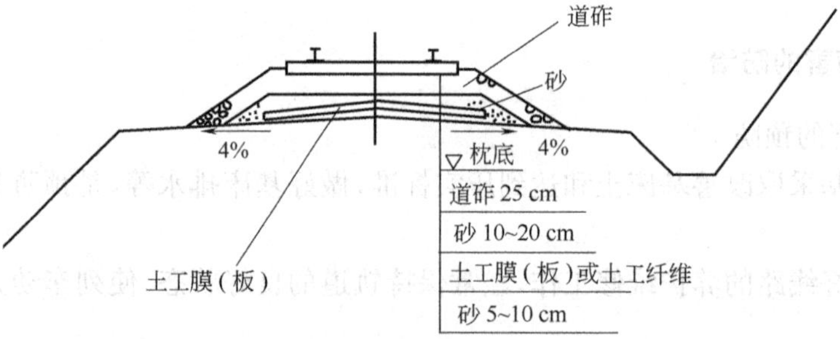

图 10.9　土工膜(板)封闭层

3)换　土

换土就是挖除基床不良土，换以掺料土或砂，以改良基床土质，提高基床的承载力。这种措施用于整治下沉、挤出及翻浆冒泥等基床病害。换填掺料土的断面形式如图 10.10 所示。换土地段的范围为从基床病害地段向两端各延长 2～5 m。在换土地段两端各 10 m 范围内应彻底清筛道床，并做好路拱，铺设砂垫床。换土时，一般要求将基床病害深度内的土(包括道砟囊)全部挖除，同时下卧层的强度须符合下列要求：

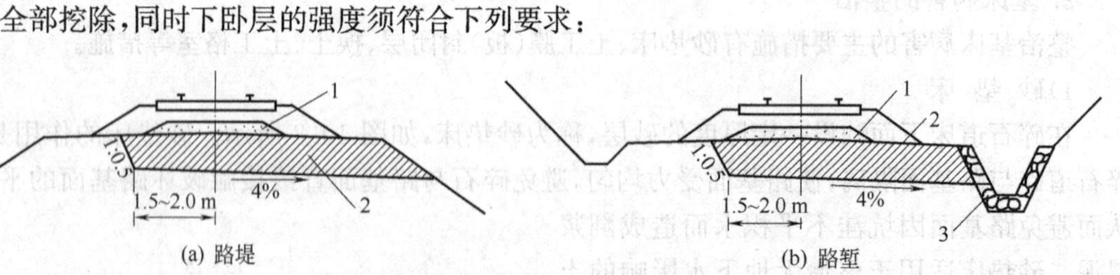

1—砂垫床；2—掺料土；3—砌石侧沟。

图 10.10　换填掺料土

(1) 基面下50 cm以内，$N \geqslant 4.5$(N 为小型贯入仪击数)；

(2) 基面下 50～150 cm，$N \geqslant 3$；

(3) 基面下 150～300 cm，$N \geqslant 2.5$。

换入掺料土施工的压实标准 $K_h = 0.91$，初期强度 $N \geqslant 4.5$，后期强度 $N \geqslant 15$。

掺料土有石灰、黏土掺料土(石灰：黏土＝1：10)，石灰、砂、黏土掺料土(石灰：砂：黏土＝1∶1.5∶10)，石灰、水泥、黏土掺料土(石灰∶水泥∶黏土＝1∶1.2∶10)等。

制作时，先将掺料土按配合比拌和均匀，然后洒水，加水量以该掺料土的最佳含水量为宜。

4)土工格室

土工格室是合成材料制成的三维结构，可用于处理软弱地基，防护边坡和建筑支挡结构。如图10.11所示。土工格室用于整治基床下沉、外挤病害效果良好。将格室置于基床上部，如图10.12所示，基床软土层只需挖去相当于格室深度的部分，置换厚度仅0.2 m左右。格室内充填碎石或中粗砂，构成大刚度结构体。格室下部铺土工布，土工布下再垫砂5 cm。

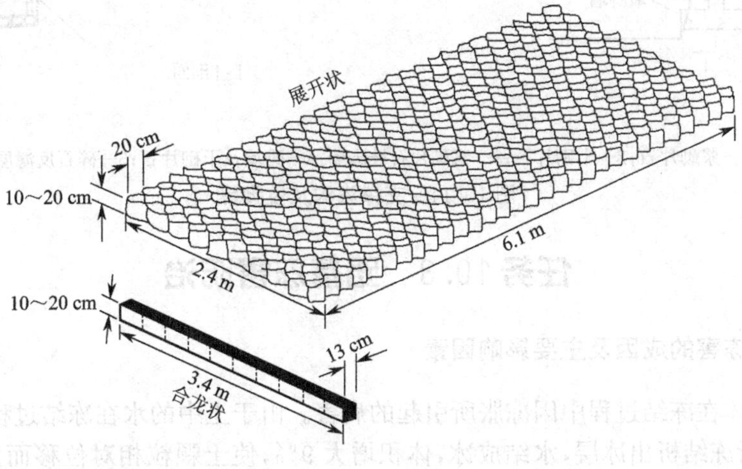

图10.11　土工格室

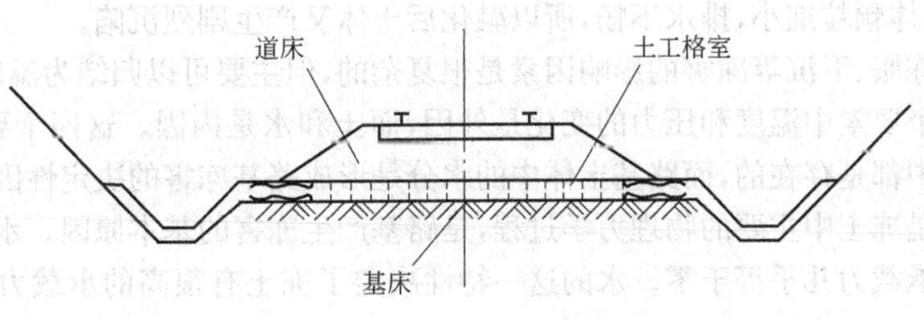

图10.12　土工格室横断面

5)路肩换片石及道心横盲沟

如图10.13所示，这种措施适用于整治路堑内的下沉、外挤等病害。

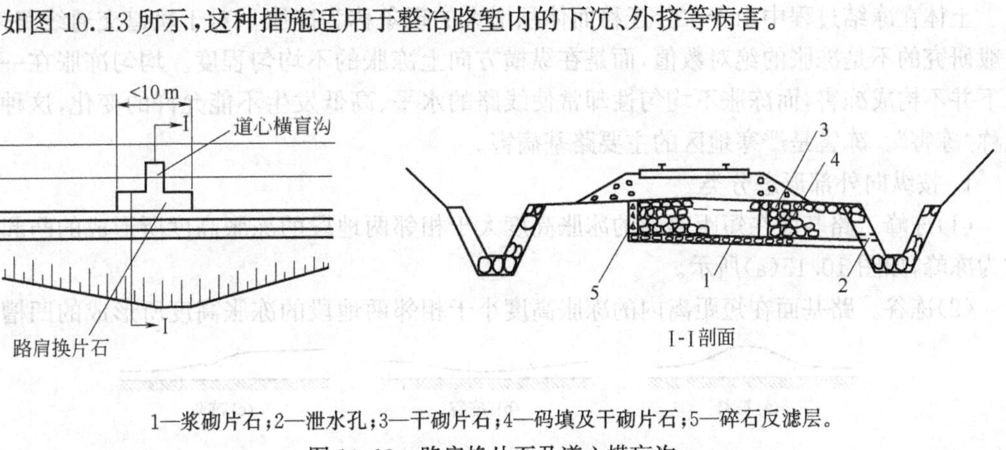

1—浆砌片石；2—泄水孔；3—干砌片石；4—码填及干砌片石；5—碎石反滤层。

图10.13　路肩换片石及道心横盲沟

6)支撑渗沟及坡脚墙

如图 10.14 所示,这种措施适用于整治路堤处的下沉病害。

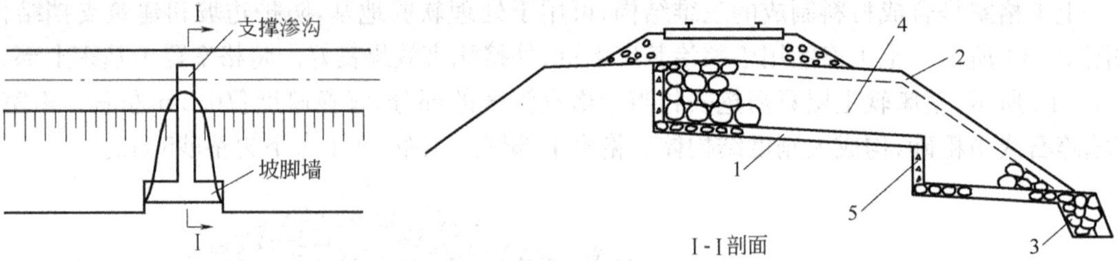

1—浆砌片石;2—干砌片石;3—浆砌片石坡脚墙;4—码填及干砌片石;5—碎石反滤层。

图 10.14　支撑渗沟及坡脚墙

任务 10.3　路基冻害防治

10.3.1　路基冻害的成因及主要影响因素

冻害是土体在冻结过程中因冻胀所引起的病害。由于土中的水在冻结过程中能向冷冻峰面迁移、并不断冻结析出冰层,水结成冰,体积增大 9%,使土颗粒相对位移而发生冻胀,路基被抬起,即造成土体的冻胀。土冻结时,由于毛细水的作用,水分向冻结面转移,更使土的冻胀量增大,又因土体颗粒细小,排水不畅,所以融化后土体又产生剧烈沉陷。

路基产生冻胀、下沉等冻害的影响因素是很复杂的,但主要可以归结为温度、土、水和压力四个要素。四个要素中温度和压力的变化是外因,而土和水是内因。这四个要素在路基的冻害产生的过程中都是存在的,而路基土体中的水分是形成路基冻害的决定性因素。

水分迁移是冻土中主要的物理力学过程,是路基产生冻害的基本原因。水结成冰,强度剧增;冰融成水,承载力几乎等于零。水的这一特性决定了冻土有很高的承载力,而融土的承载力则大为降低。

10.3.2　路基冻害分类

土体在冻结过程中由于水分迁移而体积增大的现象称为冻胀。对于轨道交通线路来说,一般研究的不是冻胀的绝对数值,而是在纵横方向上冻胀的不均匀程度。均匀冻胀在一般情况下并不构成冻害,而冻胀不均匀性却常使线路的水平、高低发生不能允许的变化,这种现象统称“冻害”。冻害是严寒地区的主要路基病害。

1. 按纵向外部形态分类

(1)冻峰。路基面在短距离内的冰胀高度大于相邻两地段的冻胀高度所形成的凸起部分称为冻峰,如图 10.15(a)所示。

(2)冻谷。路基面在短距离内的冻胀高度小于相邻两地段的冻胀高度所形成的凹槽部分

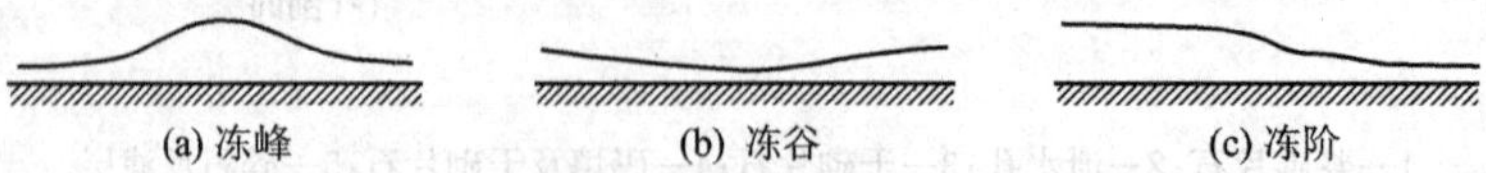

图 10.15　路基冻害在线路纵断面上的形式

称为冻谷，如图10.15(b)所示。

(3)冻阶。路基面两相邻地段的冻胀高度不同而在连接处所形成的错台部分，称为冻阶，如10.15(c)所示。

我国东北地区及西北高山、高原地区，大部分为季节性冻土地区。通过上述地区的轨道交通线路路基，在土、水、温度、荷载的共同影响下，路基面均有不同程度的冻胀。冻害严重影响线路质量、危及行车安全。

2. 按横向外部形态分类

(1)单侧冻害：沿路基横断面两侧冻胀高度不等。

(2)双侧冻害：沿路基横断面整个冻胀高度大体一致。

(3)交错冻害：在相邻地段的冻胀高度均不相同，形成高低交错的现象。

3. 按冻害产生部位分类

(1)道床冻害：因道床不洁，部分道砟孔隙被充填，冻结时，道床由侧沟或陷槽中吸取水分，使道床不均匀冻结。道床冻害虽不属于路基冻害的范围，但其性质对线路的影响与路基冻害相同。

(2)表层冻害：受地表水影响产生的冻胀，多发生在路基土体临界冻结深度内的上半部分，一般冻胀高度较小，表现为"早起早落"型。

(3)深层冻害：受地下水影响产生的冻胀，多发生在路基土体临界冻结深度内的下半部分，一般冻胀高度较大，表现为"晚起晚落"型。

4. 按冻害的类型分类

(1)冻胀：由于土体中的水结冰引起土体的体积膨胀，从而对土体上的建筑物及排水措施产生的变形破坏。

(2)冻拔：埋入土体中的建筑物在土体的反复冻融过程中不断被拔起或倾倒。

(3)冻裂：在道床或路肩上形成的纵向开放性裂缝。

(4)基底融沉：路基基底发生缓慢、持续、大幅度的下沉，基底内部形成纵向融化槽形态。

(5)路堑边坡滑塌：富冰的边坡土体，在冻融界面上发生缓慢蠕动或快速滑动变形。

(6)路堤边坡滑塌：在路堤边坡和坡脚处发生的滑坍变形。

(7)冰锥、冰丘：在土体的冻结过程中，地下水受到挤压作用，于薄弱处突破地表，形成漫流并冻结而形成的丘状隆起的冰体。

10.3.3 路基冻害的整治

1. 路基冻害的整治原则

在路基冻害的整治中，应遵循如下基本原则。

(1)深入调查、认真分析冻害形成的原因和规律是正确采取整治措施的基础。

在整治冻害时，缺乏调查研究或调查不充分，不确切，有时不仅不能根治冻害，甚至采取的不当措施会引起新的或更严重的病害。只有在充分调查的基础上，针对其成因，措施得当，整治冻害才可能收到预期的效果。

(2)整治冻害必须是以消除局部病害地段的冻害高度为目的，整治冻害是消除路基上冻害地段两相邻区段冻胀值的差值(即冻峰、冻谷、冻阶)或使差值在一定范围内缓慢变化，使线路具有合乎要求的纵坡。采取的措施不能只是为了消除冻害处的所有冻胀值(冻害高度与均匀冻胀高度)而不考虑该值与相邻区段冻胀值的差别。

(3)采取整治冻害措施时，必须首先考虑排水，而后再考虑其他措施与之配合。因为水不仅能引起冻害,还能降低路基强度而引起其他路基病害。所以,在采取整治病害措施前必须首先考虑如何流干路基中的水。

(4)在采取整治冻害措施时,要因材、因地制宜,尽量做到就地取材。在整治冻害工程设计中,要"对症下药",持久有效,经济合理。

2. 路基冻害的整治措施

路基冻害的整治措施分为以下几大类:①排水及隔水。其目的在于排除地表水或降低地下水及隔断下层水以消除或减少路基土体的冻胀。②换土和改土。其目的是挖除换填路基土体中的不均匀土质,或改良土的性质,以消除和减少路基土的冻胀。③保温隔热。其目的是使冻胀性土脱离冻结层或部分脱离冻结层,从而减少和消除路基土体的冻胀。

(1)换土

换土是普遍采用的一种整治冻害的措施。通过换土主要可达到三个目的:一是将冻胀性土换以部分不冻胀土,以便减小冻胀值;二是将冻胀性较弱的土(或不冻胀土)换以冻胀性较强的土,以便消灭冻谷或单侧冻起等;三是改换土中的冻胀土层,改善冻胀土质的不均匀条件,消除冻害条件。换土在基床冻害的整治中是有条件的,经调查分析认定基床冻害产生的原因是基床土体中土质条件时(土质不均匀或土层厚薄层次不等)才可采取更换土质的措施。

如果基床冻害是水的原因(即地表水或地下水的不均匀渗入或浸湿)而不是土的原因,则应采用排水措施,而不应当采用换土措施。

更换土质措施有两种:一是更换冻胀土,另一种是更换不冻胀土。

①换填冻胀土

此方法一般不常用。因为只有在冻胀土的长距离地段内由于局部非冻胀土所形成的冻害,而将局部非冻胀土换以同样的冻胀土(图 10.16)以解决病害地段的冻谷。

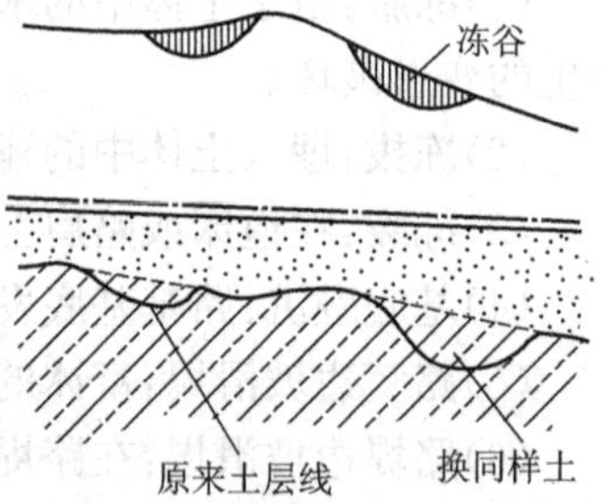

图 10.16　整治冻谷

此外,由不均匀浸湿而造成的冻害中,在凹陷的一侧换以冻胀土,使凹陷处多冻胀一些,这也是防止基床冻害的一种方法。

例如:白阿线某地段,由于修筑路堤时填土不均匀,在一股钢轨下填入了 30 cm 厚冻胀性大的黑色黏土,造成两股钢轨下的土质不同,冻结后产生了单股冻起(单侧冻害),一股比另一股高 30 mm 的现象,经处理,不均匀冻胀消失。

换填冻土适用于土质不均而发生的局部冻害(冻)或局部土层薄厚不同,或因水的局部不均匀浸湿而发生的冻害。

②换填不冻胀土

一般所说的"换土措施"基本上是指换以不冻胀土而言。

第①种情况是对在不冻胀或弱冻胀土的长距离地段内有局部的强冻胀土而产生的冻害,应换除局部的强冻胀土而求得其冻胀高度均匀相等。

第②种情况是加设砂垫层。加设砂垫层又分为两种情况:一是将砂垫层设到临界冻结深度,可以消除全部冻胀。二是将砂垫层的厚度控制在有部分冻胀的土层中,保留有部分冻胀,以使平衡冻害地段与相邻地段的均匀冻胀。

加设砂垫层,在地下水充分补给条件下,能减少毛细水上升高度;另外砂中可积蓄水分,能避免翻浆。加设砂垫层的换土方法是在道床下将道床挖成 2.8～3.5 m 宽的凹槽,按筑路标准回填以不冻胀土，形成垫层。垫层必须配合排水管或横向盲沟使用，以免积水。换土的材料主要是砂，有时也用卵石、碎石等。采用填石垫层时，其下部也必须铺一层砂作为反滤层，以避免石块压入土中或春季翻浆时泥土带入垫层中，堵塞了孔隙。

垫层填料的规格是决定垫层效果的根本因素，填料选择得当，不仅可以消除冻害、使垫层的使用年限长久，而且还可以消除翻浆冒泥现象。否则，就很可能达不到换土的预期效果。填料的标准是其冻胀性的强弱，但同时还必须考虑填料的强度及其反滤性能。

例如：某地段冻高 35 mm，延长 5 m，冻层深为 0.9 m，冻害处为黏土，在冻害处的两侧高出最大冻害深度线 0.2 m，其上为砂土，如图 10.17(a)所示。将冻害地段换为砂土，换土深度为 0.9 m，如图 10.17(b)所示。换土地段的砂土比冻害地段相邻的两侧新土层深 0.2 m，由于冻害地段相邻的两侧仍有 0.2 m 厚的黏土还存在冻胀，在换土地段便形成冻凹致使整治措施失败。与这次同时施工的附近地段的地质条件等相同，在冻害处所仅换 0.7 m 厚的砂土，整治后消除除了冻害。

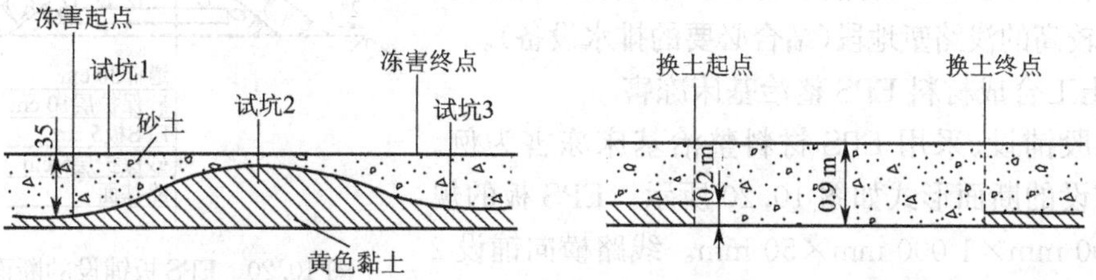

图 10.17 冻害整治实例(单位：m)

(2)铺设炉渣保温层

炉渣的导热系数很小，有良好的保温性能。设炉渣保温层可以防止路基冻胀或减小冻起高度。用作保温层的炉渣，应作过筛处理，粒径为 3～40 mm。铺设炉渣保温层的方法有两种，一种是设炉渣垫层，另一种是炉渣抬道。

①炉渣垫层

将基床上部的土挖去，换以炉渣，分层夯实，每层厚 200～300 mm，如图 10.18 和图 10.19 所示。

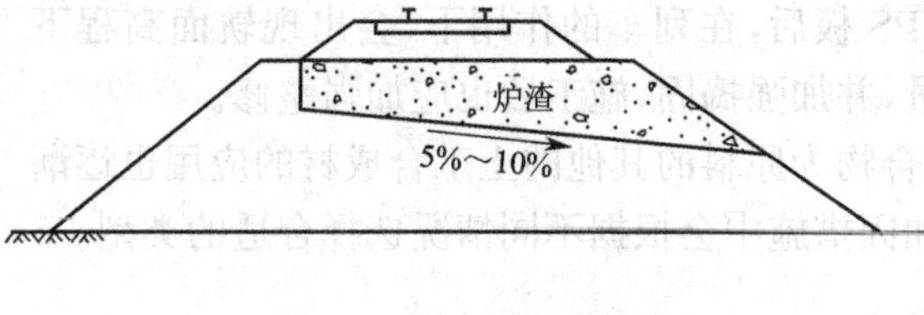

图 10.18 路堤炉渣垫层

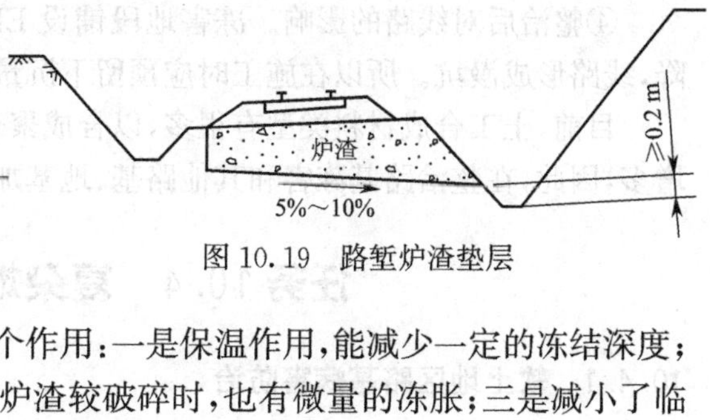

图 10.19 路堑炉渣垫层

炉渣垫层在基床冻害整治的过程中，有三个作用：一是保温作用，能减少一定的冻结深度；二是可做不冻胀土，但当含水率为 50%以上或炉渣较破碎时，也有微量的冻胀；三是减小了临界冻结温度，降低了冻胀量。

炉渣垫层适用于表层及深层冻害，对翻浆冒泥也同样适用。

炉渣垫层的厚度按土的冻结深度确定，可参照表 10.1 选用。炉渣垫层的长度等于冻害地段的长度，其两端应设置顺坡，顺坡长度按表 10.1 选用；炉渣垫层的宽度一般为 5 m。

表 10.1 炉渣垫层厚度及质坡长度

土的冻结深度(mm)	炉渣垫层厚度(mm)	顺坡长度(m)	土的冻结深度(m)	炉渣垫层厚度(mm)	顺坡厚度(m)
1.00～1.15	400～500	13.5	1.76～2.00	600～700	20
1.16～1.50	500～600	16.5	2.00 以上	800	20
1.51～1.75	550～650	18.5			

因炉渣浸水后的保温作用显著降低,所以要保证炉渣垫层的底面高于地下水位。如地下位较高,应设置单侧或双侧地下排水设备,使地下水位降低后再设置保温层。也可在保温层每隔 5～10 m 设一横向渗水盲沟,流水坡度采用 5%～10%。

②炉渣抬道

炉渣抬道是指采用炉渣通过多次抬道分层垫入枕底,将路基面抬高至需要的高度,使抬道范围内的冻害地段有一层保温层。炉渣抬道适用于沼泽地区路基和常年积水的低路堤地段,以及地表水较丰富,地下水位较高的浅路堑地段(结合必要的排水设备)。

(3)土工合成材料 EPS 整治基床冻害

以双股铺设、采用 EPS 材料整治基床冻害为例。EPS 板铺设的断面形式如图 10.20 所示。EPS 板的规格为 1 500 mm×1 000 mm×50 mm。线路横向铺设 2 块,宽度为 3.0 m。路基面形状不变,向外侧设 2%排水坡,多余路肩土应挖除,设计及施工时线路原轨顶高程不变。

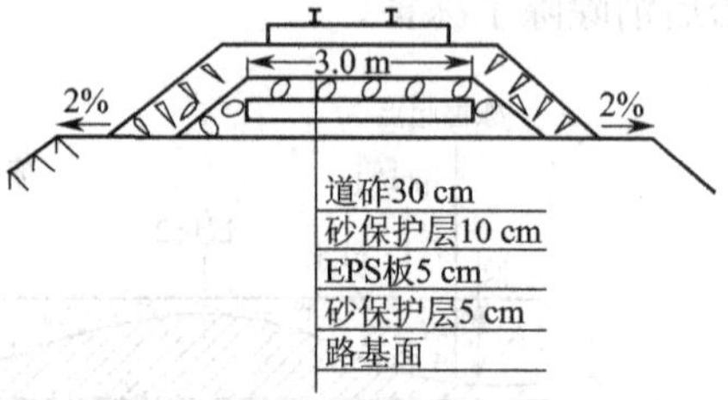

图 10.20 EPS 板铺设的断面形式

用 EPS 材料整治基床冻害应注意的问题:

①EPS 板铺设深度对整治效果的影响。铺设后的 EPS 板距轨枕底面的距离过大或过小都起不到良好的效果。过大则形成水槽,使板上积水,水从板缝浸入板下基床;过小则使板铺放于石砟上,起不到保温作用。所以必按现场实际情况及各种因素进行设计与施工。

②对接板缝对整治效果的影响。对接板缝必须严密,离缝过大保温效果不明显,所以对接板缝不宜大于 3 mm,施工中也应免接缝竖错。

③排水不畅对整治效果的影响。路堑地段应加强整治排水措施,经常清理积物,使路基土体中的水分充分排出,避免排水不畅、水浸路基。

④整治后对线路的影响。冻害地段铺设 EPS 板后,在列车的作用下,会出现轨面高程下降,线路形成漫坑。所以在施工时应预留下沉量,并加强捣固,施工后也应加强整修。

目前,土工合成材料类型有很多,以合成聚合物为原料的其他的土工合成材的应用也逐渐增多,因此,在整治路基冻害和其他路基、地基加固措施中会根据不同情况选择合适的类型。

任务 10.4 复杂地区路基病害防治

10.4.1 软土地区路基病害防治

1. 软土特性

软土一般指外观以灰色为主,天然孔隙比大于或等于 1.0,且天然含水率大于液限的细粒土,包括淤泥、淤泥质土(淤泥质黏性土粉土)、泥炭、泥炭质土等。滨海、湖沼、谷地、河滩沉积的天然含水率高、孔隙比大、压缩性高、抗剪强度低、固结系数小、固结时间长、变形大、灵敏度高、扰动性大、透水性差、土层层状分布复杂、各层之间物理力学性质相差较大等特点。

在软土和泥沼地区修建轨道交通线路，施工、运营条件均较差，软土地区还要占用较多农田，故线路通过时必须有经济和技术方面的比较依据。在软土及泥沼地区修筑路基，宜避免修筑路堑；在软土及泥沼地区修筑路堤，应根据地基与填土的物理力学性质或工地试验以确定临界高度。临界高度是指在软土天然地基上，快速填土使地基不产生固结，并且不考虑列车荷载影响的路堤所能填筑的最大高度。

在软土及泥沼地区修建轨道交通线路易造成路基下沉、挤出、排水不良等病害，应采取措施加以处理。

2. 路基病害的防治措施

软土地区路堤的地基加固措施，有换土、抛石挤淤、反压护道、排水砂垫层、砂井、袋装砂井、塑料排水板、爆破排淤、侧向约束、石灰砂桩、柴排、土工织物、电化学加固等。其中换土、抛石挤淤，反压护道、爆破排淤、侧向约束为泥沼路堤所常采用。有时为了增大加固效果，节约用地和建筑材料，可将两种或两种以上的措施综合使用。

1）换　土

换土系利用人工或机械挖除软土，换填以强度较高的黏性土或砂砾、竹石、卵石等。这种方法适用于软土层位于地表，土层较薄和易于排水施工等情况。换土深度一般不宜超过3 m。换土以渗水材料为佳，如图 10.21 所示。

2）抛石挤淤

指在液性指数较大的软土中，通过抛石将软土挤出的一种强迫换土形式。这种方法适用于积水洼地，水不易抽干，表层无硬壳，片石能沉达底部者。一般用于软土层厚度小于3 m的地段。

抛投片石的大小视软土液性指数而定，一般直径不宜小于 0.3 m。抛投时，应自路堤中部开始，抛出水面后，用重型夯滚或载重汽车反复碾压，然后铺设反滤层及填土。

下卧岩层面有明显的横向坡度时，抛填片石应从高的一侧向低的一侧扩展，并且在低的一侧适当多抛填一些，以求稳定，如图 10.22 所示。

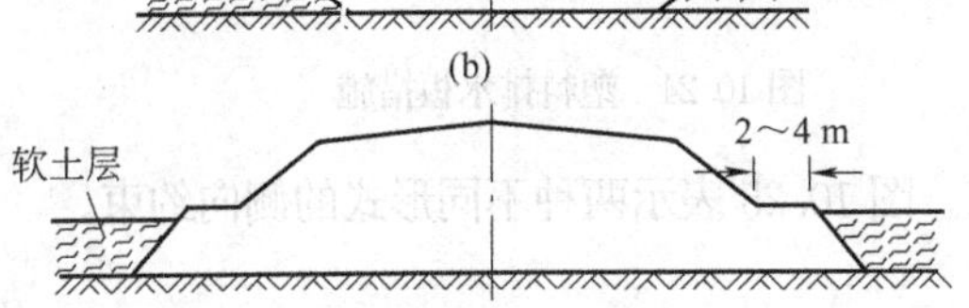

图 10.21　换土

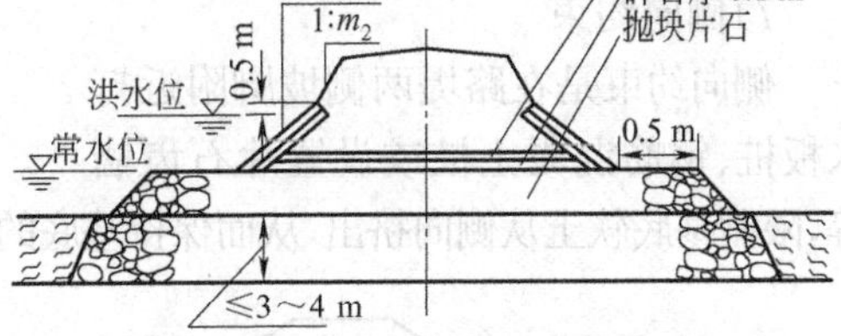

图 10.22　抛石挤淤

3）反压护道

反压护道是在路堤两侧填筑一定宽度和高度的护道，使路堤下地基土不被挤出和隆起，以保证路堤的稳定。这种方法施工简便，不需要控制填土速率，但反压护道本身的高度和边坡必须处于稳定状态，因此，它的高度不能超过天然地基的填筑临界高度。反压护道的高度以采用路堤高度的

1/3～1/2 较为经济合理,所以这种方法适用于路堤高度不大于填筑临界高度的 1.7～2 倍的情况。

反压护道的宽度,一般采用圆弧法检算决定,当软土层较薄且其下卧岩层面具有明显的横向坡度时,路堤两侧应采用不同宽度的反压护道,横坡下方的护道应较横坡上方的护道宽些。

4)排水砂垫层

排水砂垫层系在路堤底部的原地面上铺设一较薄的砂垫层,使软土在路堤逐渐增加的荷重作用下,加速排水固结,提高其强度。这种砂垫层较薄,对于基底应力的分布及沉降量无显著的影响,但可加速沉降的发展,缩短固结的过程。这种方法施工简易,占地面积小,但施工时需严格控制加荷速率。故适用于施工期限不甚紧迫,路堤高度在设计临界高度的两倍以内,附近有丰富的砂子来源,软土表面无渗透性很低的硬壳等情况。

5)砂井及袋装砂井

砂井系指在软土地基中做成的按一定规格排列的圆形砂柱。它能使地基在附加荷重作用下,加速排水固结,提高强度,增大地基承载力,从而保证路堤的稳定,如图 10.23 所示。

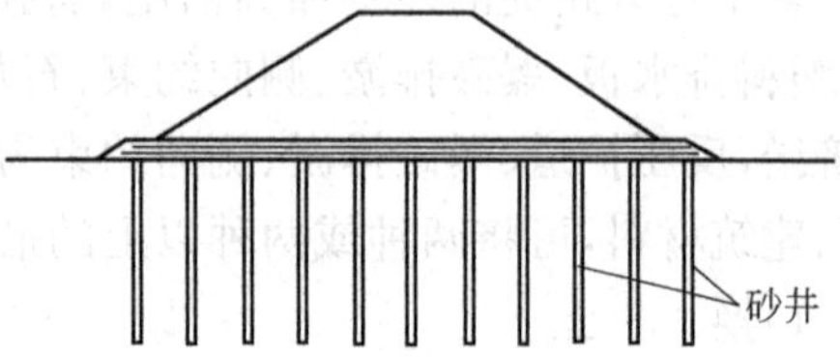

图 10.23　砂井及袋装砂井

6)塑料排水板预压加固法

塑料排水板预压加固法,是将塑料排水板用插板机具插入软土地基中,地表铺砂垫层组成垂直和水平排水体系,然后在地基表面堆载预压,从而加速软土地基的沉降过程,加快固结,提高路基强度。塑料排水板是使软土地基排水固结的一种新材料。塑料排水板预压加固法的几种结构形式如图 10.24 所示。

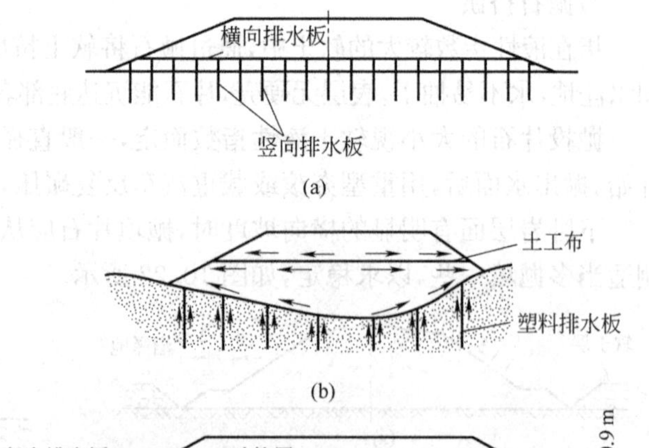

图 10.24　塑料排水板措施

塑料排水板预压加固法的特点是:

(1) 板单孔过水面积大,排水畅通。

(2) 质量轻,强度高,耐久性好,其排水沟槽截面不易因受压力作用而压缩变形。

(3)埋设效率高,管理简单,适合机械化施工,插放时地基扰动小,施工方便。

适用范围与砂井、袋装砂井预压加固法相同,尤其适宜于缺砂石的地区。

7)侧向约束

侧向约束是在路堤两侧坡脚附近打入板桩、钢筋混凝土桩或设置片石齿墙等,限制基底软土从侧向挤出,从而保持基底的稳定。图 10.25 表示两种不同形式的侧向约束。

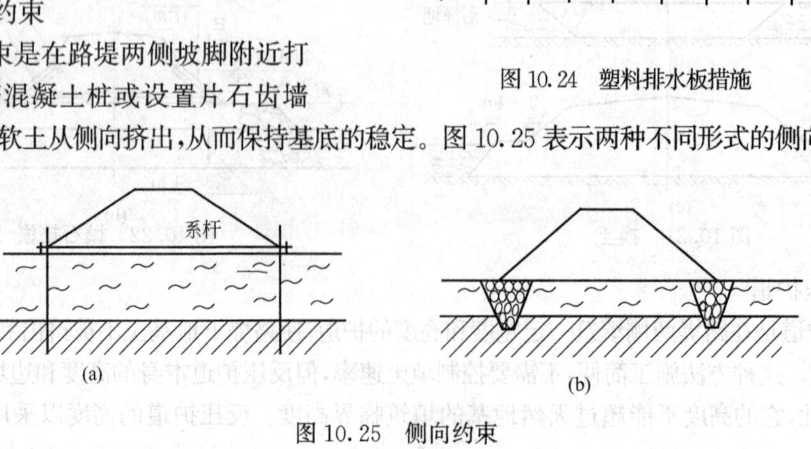

图 10.25　侧向约束

地基在施设侧向约束之后，路堤的填筑速率可不受控制，较之反压护道可节约土方且占地较少，但耗费钢材和水泥，成本较高。适用于软土层较薄、底部有坚硬土层及施工紧迫的情况下，或下卧岩层面具有横向坡度的情况。

8)石灰砂桩

石灰砂桩系在软土地基中打入钢管，拔出后随即在已形成的洞孔内灌入一定比例的粗砂和生石灰碎块混合料。生石灰吸水膨胀，把土中的自由水吸干和挤实，而掺入的粗砂填充石灰膨胀后的孔隙形成稳定结构，因而加固了地基。

9)土工织物

土工织物可作为补强材料加固地基，由它承受拉力，增加路堤稳定力矩。从几次原型试验证明，土工织物能提高填筑高度。这一加固方法，施工极其简单，且造价低，如图10.26所示。

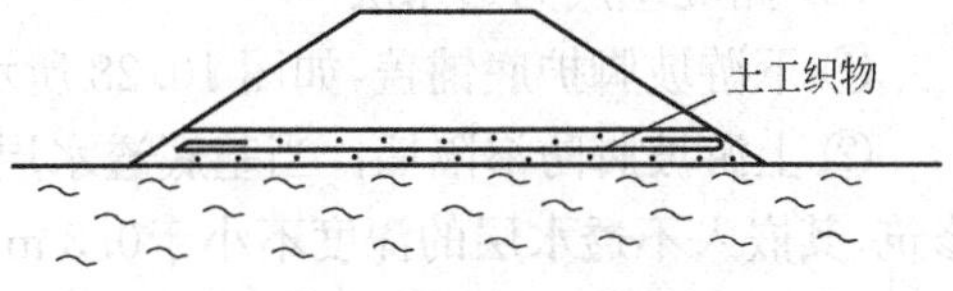

图10.26　土工织物加固

10)电化学加固法

电化学加固法系在软土地基中插入两个金属电极，阳极为铁质或铝质的金属棒，阴极为一个带有孔眼的金属管子，通以直流电，土中的水便由阳极流向阴极，不断地通电和不断地在阴极抽水，就可使软土得到固结，提高地基强度，增强路堤的稳定性。

电化学方法多用于海港工程或其他基坑的加固，国内外有不少成功实例。在铁路工程中可用于小范围的路堤基底或既有建筑物地基的加固。经过电化学处理后的路堤，在填筑期间应控制填土速率。

10.4.2　滨河地区路基病害防治

沿河岸修筑且只有一侧浸水并经受水流作用的路堤称为滨河路堤，跨越河滩(与桥梁衔接)两侧边坡都浸水并经受水流作用的路堤称为河滩路堤。

滨河路堤及河滩路堤边坡浸水时，水向堤身内部浸透。经过一定时间后，水位以下堤身土体为水所饱和。滨河路堤及河滩路堤除具有与一般路堤的荷载及气候等相同的影响外，还要受到水位变化和水流及波浪的冲击作用，有时还会遇到管涌和软弱基底等问题。

滨河路堤及河滩路堤极易发生严重的冲毁断道事故，对运输和安全的影响较大。因此要认真做好养护，及早采取预防措施，确保行车安全和运输畅通。

滨河路堤及河滩路堤的病害有：边坡坍滑、冲刷、淘刷、风浪侵袭、基床软化、下沉、流土、管涌等。滨河地区路基病害防治措施如下：

(1)边坡坍滑：如因边坡过陡，应通过检算放缓坡率；如为季节性浸水时，边坡坡度应较不浸水路堤的坡度放缓一级。在路堤邻水一侧或两侧设置1～2 m的护道，其高度应为设计洪水位加壅水高度加波浪侵袭高度再加0.5 m。

(2)风浪侵袭：浸水部分边坡坡面应采取抵抗侵袭的防护措施，采用干砌片石或浆砌片石、抛混凝土块护坡，并做好反滤层。

(3)冲刷、淘刷：水的冲刷、淘刷作用，严重破坏路堤的稳定性，可根据具体情况采用挡土墙、浆砌片石垛、石笼、抛石防护。

(4)基床软化：路堤浸水部分宜选用粗粒土和岩块作填料。

(5)流土、管涌：在渗水土流出口，若单位体积土体重量小于渗透压力，则土体将被水流冲起如沸腾现象而发生移动，此现象即为流土。在一定的渗透速度下，土体内最小的土颗粒将被冲走，土的孔隙增大，渗透流速也相应增大，又会冲走较大的土颗粒，如此逐步扩展，形成一条穿过路堤或下游基底的管状渗透流束，即为管涌。流土、管涌会使路堤发生严重变形，可采用下列措施处理：

(1) 路堤基底为不透水层

① 采用下游边坡排水，如图 10.27(a)所示。

② 采用滤水趾排水，如图 10.27(b)所示。

③ 采用水平排水，如图 10.27(c)所示。

(2) 路堤基底为透水层

① 下游坡脚护底铺盖，如图 10.28 所示。

② 上游坡脚防渗隔墙。当基底透水层较薄时，这种防渗隔墙可用浆砌片石、片石混凝土修筑，其嵌入不透水层的深度不小于0.3 m，如图 10.29(a)所示。当基底透水层较厚时，可用钢筋混凝土板桩防渗隔墙，如图 10.29(b)所示。

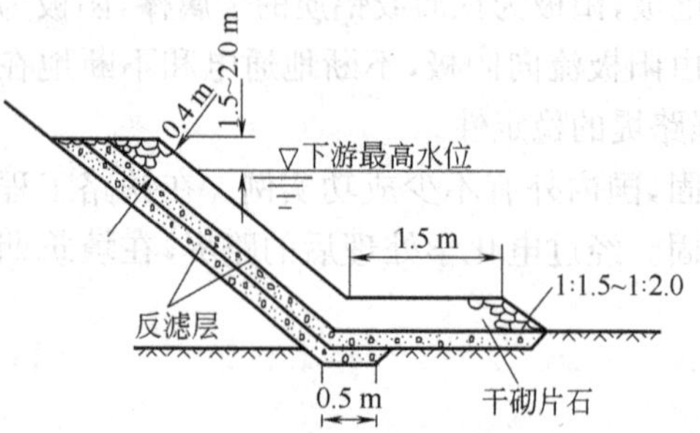

(a) 下游边坡排水设备

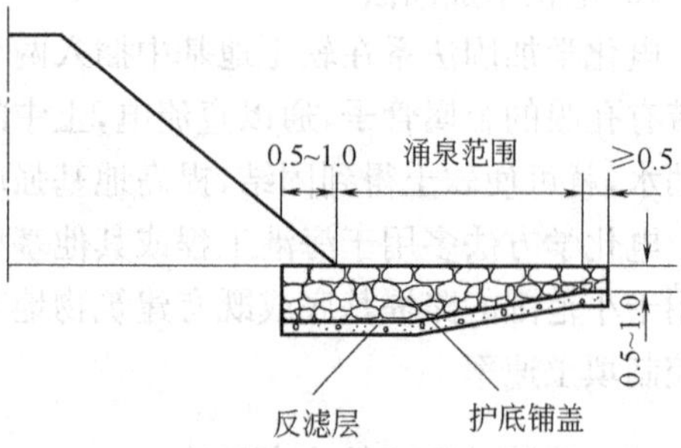

图 10.28　下游坡脚护底铺盖(单位：m)

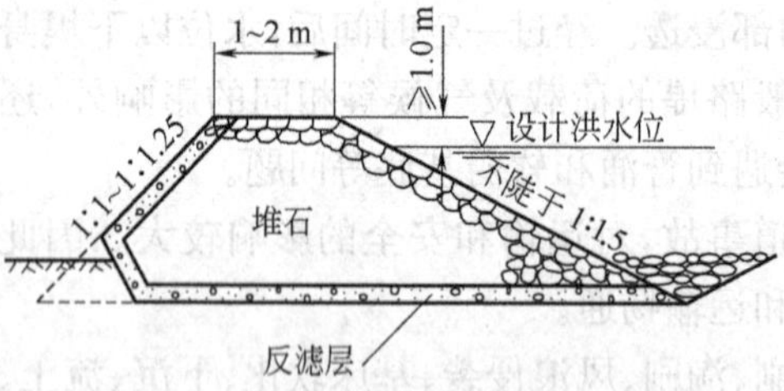

(b) 滤水趾排水设备

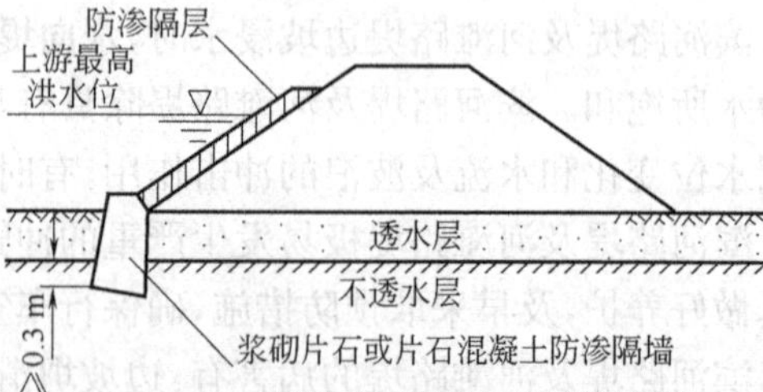

(a) 浆砌片石或片石混凝土防渗隔墙

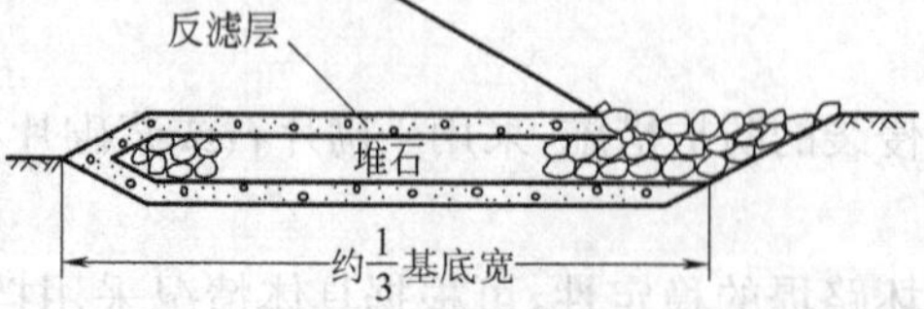

(c) 水平排水设备

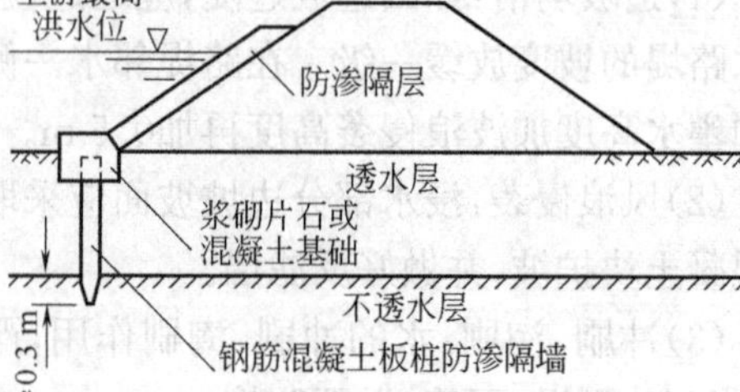

(b) 钢筋混凝土板桩防渗隔墙

图 10.27　浸水路堤下游坡脚附近的排水设备

图 10.29　上游坡脚防渗隔墙

10.4.3　岩溶地区路基病害防治

岩溶是水对可溶性岩石长期进行的以溶蚀为主的各种地质作用及所产生的各种地质现象的总称。

形成岩溶的主要条件是：岩石具有可溶性，如石灰岩、白云岩等碳酸岩类岩石，含有 CO_2 的流动着的水。岩溶一般发生在我国南部的湿热地区。

1. 岩溶对路基的危害

1)岩溶洞穴的危害

岩溶洞穴使路基或轨道以及其他建筑物悬空。

2)岩溶水的危害

岩溶水的汇积或涌水，使基底被水浸泡，路基松软下沉、坍滑乃至淹没或冲毁路基。

3)岩溶地面塌陷的危害

岩溶地面坍陷，导致基底坍塌成坑，路基下沉、坍塌。

2. 岩溶地区路基的稳定措施

1)岩溶顶板的安全厚度

路基在溶洞顶部通过时，必须有足够的厚度，这个厚度称为安全厚度。安全厚度目前只能估算。如路基下溶洞的顶板实际厚度大于安全厚度时，不必处理，否则应采取处理措施。

2)做好路基排水

(1) 堵塞：若路基基底及其附近有出露的或埋藏较浅的干涸溶洞时，宜采用堵塞加固的措施，如图 10.30 所示。

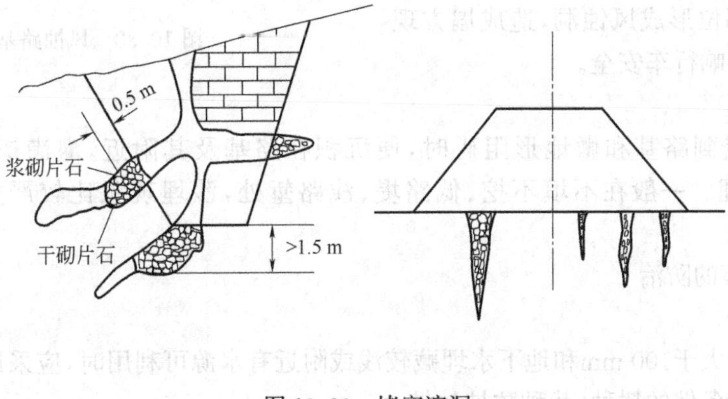

图 10.30　堵塞溶洞

(2) 疏导：路基基底及其附近有岩溶水时，应将其引出路基以外，以免软化基底和冲刷路基，如图 10.31 所示。

(3) 截围：对流向线路的水流，在路基范围以外加以截围，使其不对路基产生危害。

3)爆破清除

对路基基底下面的溶洞，如顶板较薄(约3 m)且溶洞孔径狭窄不便在洞内施工时，可将顶板全部爆破，清除洞内松散物，用堵塞或加固方法整治。

4)压　浆

对岩溶地区地面塌陷的处理，近年来多采用压浆。压浆充填了土中的空隙，提高了强度，减少了地下水的浸蚀和地下水位下降引起的真空吸蚀作用而造成的地面塌陷。

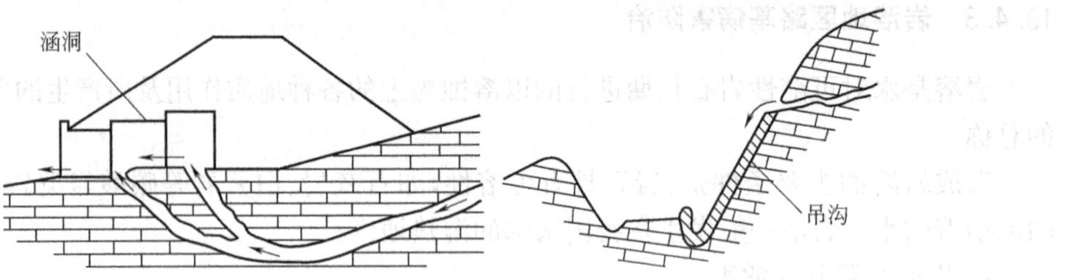

(a) 涵洞　　(b)吊沟

图 10.31　疏水涵洞及吊沟

10.4.4　风沙地区路基病害防治

风沙地区路基是沙漠、大风和风沙流地区路基的总称。

1. 风沙对路基的危害

1)风　　蚀

风沙地区的铁路路基,因沙粒疏松,结持力差,若无适当防护,在风沙的撞击和磨蚀作用下,势必造成风蚀。其轻重程度随路基的形状和部位不同而异。

在路堤上,以路肩部分风蚀最为严重,坡面次之,坡脚一般不被风蚀,反而有积沙现象,如图 10.32 所示。

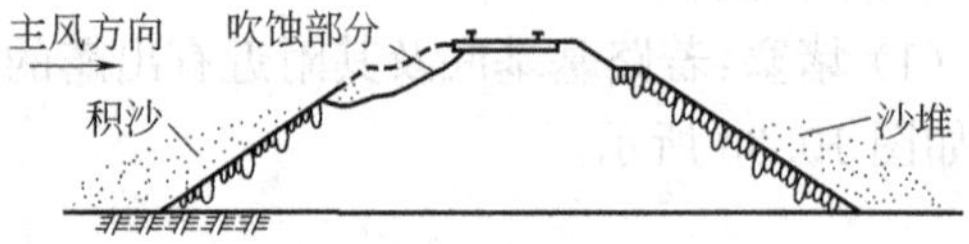

图 10.32　风蚀路基

在路堑地段,作用于堑顶及两端的风力较大,风力刷蚀的结果,常使堑顶成浑圆状,或在路堑薄弱部位形成风蚀洞,造成塌方现象,堵塞线路,影响行车安全。

2)沙　　埋

当风沙流受到路基和微地形阻碍时,便沉积在路基及其附近,灌满道床、掩埋钢轨,这种现象叫沙埋。一般在不填不挖、低路堤、浅路堑处,沙埋现象比较严重,甚至造成行车事故。

2. 路基沙害的防治

1)植物固沙

在年降雨量大于100 mm和地下水埋藏较浅或附近有水源可利用时,应采用植物固沙。选择适合当地自然条件的树种,栽种防护林带。

对于不可能生长植物的沙漠地区及防护林带长成以前,均须采用其他措施防护。

2)路基本体的防护

粉细沙路基的路肩和边坡部分,应根据当地情况,选用卵石、砾石、黏性土(塑性指数 $I_P>10$)或其他不易被风吹蚀的材料作保护层,如图 10.33 所示。

3)路基两侧防护

(1) 阻沙措施

包括防沙栅、防沙土墙等,设置在距路基30～50 m 处,在短期内有效,积沙后需经常拔起,积满时需清理,养护用工较多,如图 10.34 所示。

(2) 固沙措施

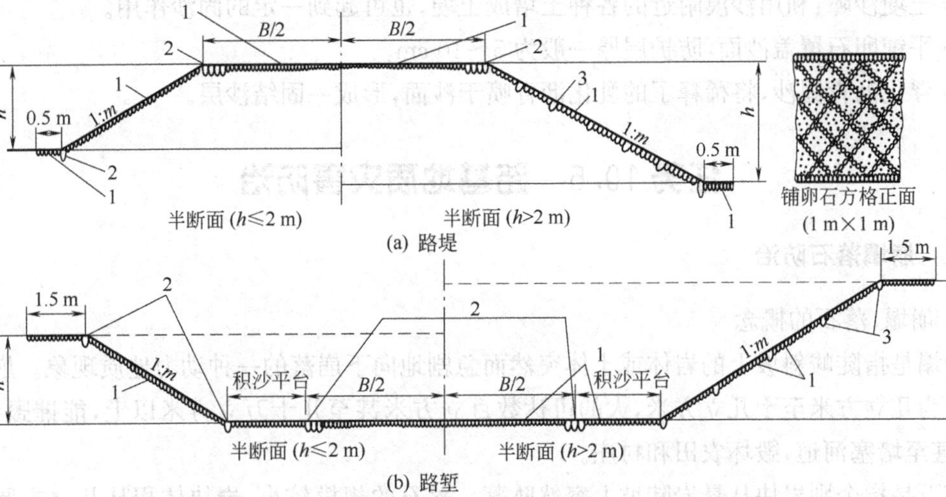

1—平铺卵石；2—栽砌卵石(ϕ>10 cm)；3—栽砌卵石(ϕ>10 cm)方格。

图10.33　沙漠路基断面及防护形式

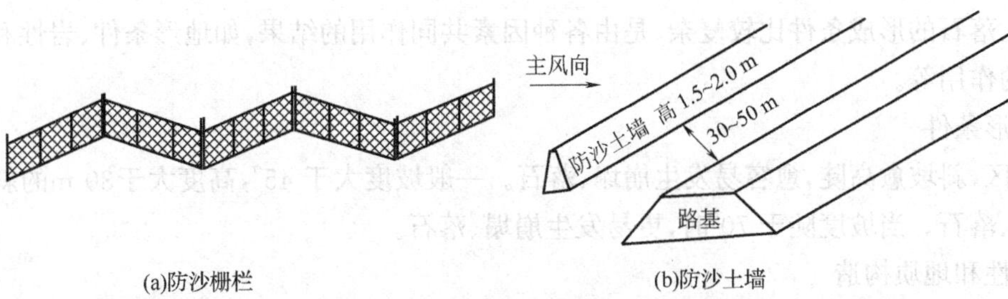

图10.34　防沙栅栏和防沙墙

① 麦草沙障:分为格状沙障和条状沙障两种。

麦草沙障是在流动沙丘或沙地上扎设的方格状低立式沙障,其优点是就地取材,施工方便,成本较低,固沙效果显著,如图10.35所示。

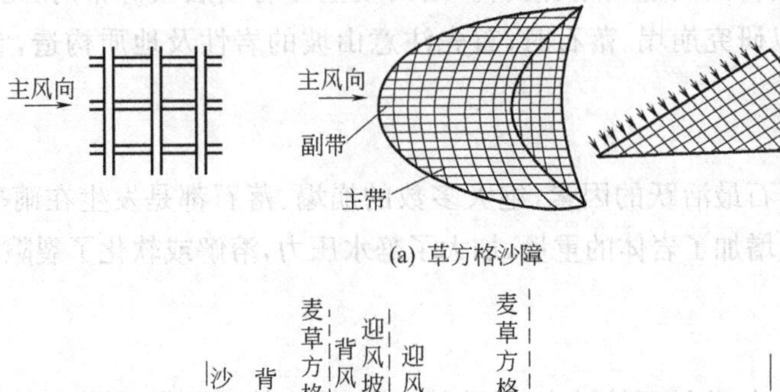

图10.35　麦草沙障

② 土埂沙障:利用沙漠附近的各种土培成土埂,也可起到一定的固沙作用。

③ 平铺卵石覆盖沙面,防护层厚一般为 5～10 cm。

④ 浮化沥青固沙,将稀释了的乳化沥青喷于沙面,形成一固结沙层。

任务 10.5 路基地质灾害防治

10.5.1 崩塌落石防治

1. 崩塌、落石的概念

崩塌是指陡峻斜坡上的岩体或土体突然而急剧地向下崩落的一种动力地质现象。崩塌规模小的为几立方米至十几立方米,大的可达数百立方米甚至几十万立方米以上,能摧毁线路、桥梁,甚至堵塞河道,毁坏农田和村庄。

落石是指个别岩块从悬岩陡坡上突然坠落。落石的规模较小,岩块体积从几立方厘米至几立方米。落石常造成钢轨砸伤,列车砸损及列车脱线、颠覆事故,危害极大。

2. 崩塌、落石的形成条件

崩塌、落石的形成条件比较复杂,是由各种因素共同作用的结果,如地形条件、岩性和地质构造,水的作用等。

1)地形条件

在山区,斜坡愈高陡,愈容易发生崩塌、落石。一般坡度大于 45°,高度大于30 m的斜坡易发生崩塌、落石。当坡度陡于 70°时,更易发生崩塌、落石。

2)岩性和地质构造

高陡斜坡的岩层节理发育,岩体破碎易发生崩塌、落石。在高陡斜坡上软硬相间的岩层,往往形成凹凸不平的坡面,如砂页岩互层,页岩易形成凹槽,砂岩形成凸出的悬岩,如果凸出的岩体有结构面存在,在重力作用下,易沿坡面向下滚落而形成崩塌、落石。崩塌、落石岩体中的结构面的形成与地质构造有关,如岩体节理发育,且结构面的组合位置处于不利情况时,易沿这些结构面发生崩塌、落石。当山坡上方有断层破碎带时,易沿断层破碎带发生崩塌、落石。所以研究崩塌、落石时,首先注意山坡的岩性及地质构造,它是发生崩塌、落石的内在因素。

3)水的作用

水是引起崩塌、落石最活跃的因素,绝大多数的崩塌、落石都是发生在雨季或暴雨之后。这是由于水渗入岩体,增加了岩体的重量,加大了静水压力,溶解或软化了裂隙填充物,因而容易引起崩塌、落石。

4)其他因素

强烈的地震、大爆破、边坡开挖过高、过陡等,破坏了山体的平衡,易发生崩塌、落石。

3. 崩塌、落石的预防与整治措施

我国山区铁路在防治崩塌、落石方面,根据具体条件,因地制宜地采取了各种措施,如支补、拦截、遮挡等。

1)支　　补

对于斜坡上突出的危岩和不够稳定的岩石,应结合具体情况,采用支补、插别、托梁加固的方法加固。若节理裂隙较多,还应采用压浆、勾缝和加强排水等措施。

(1)支　补

若山坡陡峻,无法用浆砌片石支顶,又不宜采用刷方清除,而围岩坚硬、节理较少时,可采用钢轨或钢筋混凝土柱支撑,如图10.36(a)所示。

对于上部探头下部悬空的危岩,有条件设置基础时,可在其下设置浆砌片石或混凝土支顶墙,如图10.36(b)所示。

(2)插　别

坡面陡峻,危岩分散而坚硬,无法采用支撑等工程进行加固,又不宜清除时,可采用插别的方法进行稳固,如图10.37所示,圆钢或钢轨外露长度约为(0.5～0.6)L。

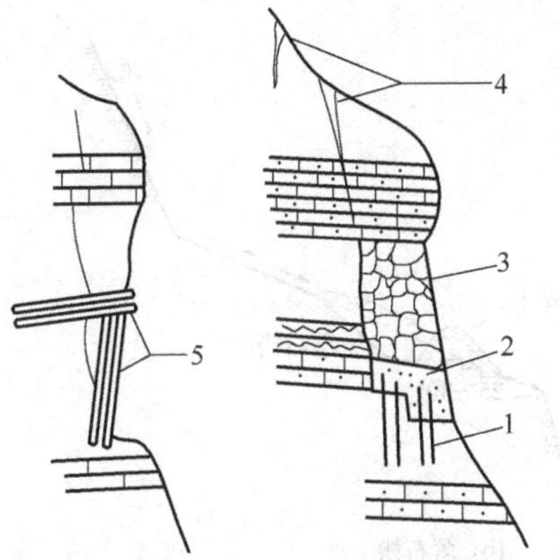

(a) 支撑　(b) 嵌补

1—钢筋;2—混凝土;3—浆砌片石;4—灌浆;5—支柱。

图10.36　支撑嵌补凹坑

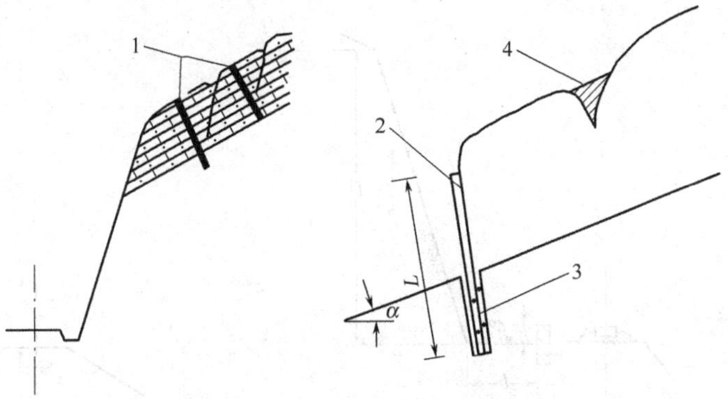

(a) 锚杆串联　(b) 插别加固

1—锚杆;2—圆钢或钢轨;3—砂浆填实;4—灌浆勾缝。

图10.37　锚杆串联和插别加固

(3)托梁加固

危岩下部的基岩高陡,无法设置支撑且不易清除时,可在危岩下面设置托梁,将危岩承托住,如图10.38所示。

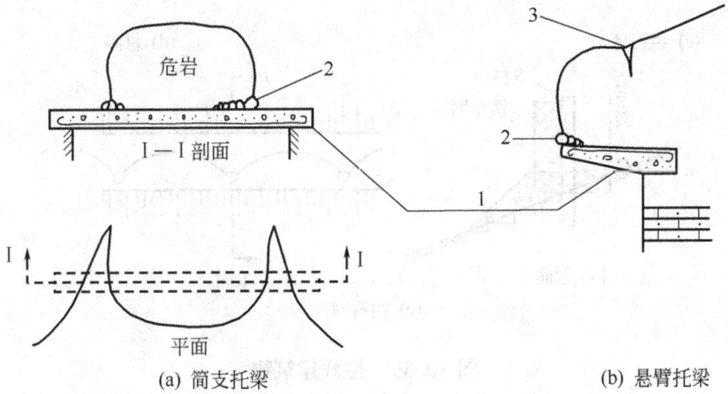

(a) 简支托梁　(b) 悬臂托梁

1—托架;2—浆砌片石;3—砂浆勾缝。

图10.38　托梁加固

(4)压　　浆

对节理或裂隙发育的斜坡,可采用压浆方法处理,即用高压泵将水泥浆液或其他化学浆液压入岩石裂隙中去,使岩块联结大致成为整体。

2)拦　　截

当山坡上的岩体风化破碎严重,崩塌、落石的规模虽不大,但可能频繁发生时,应根据具体情况,采用落石平台、落石槽、拦石墙、桩障、拦石网等建筑物。

(1)落石平台

当被防护的路基距有崩塌的山坡坡脚有适当的距离,且路基高程与山坡坡脚的缓坡地带的高程相差不大时(不超过 2～2.5 m),宜修筑落石平台,如图 10.39(a)所示。

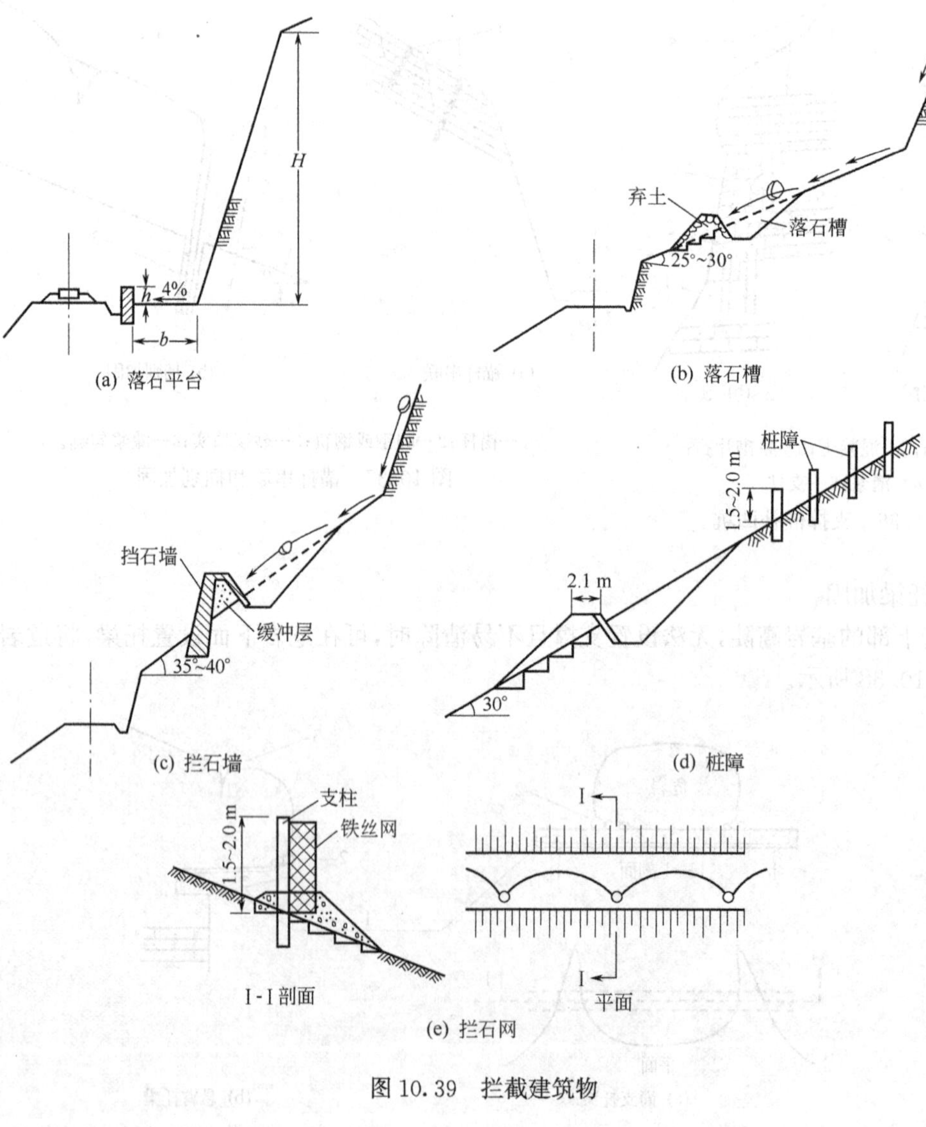

图 10.39　拦截建筑物

(2)落 石 槽

当落石地点和路基之间有适当的距离,并有覆盖层时,可在缓坡地带开挖大致平行于线路的沟槽,使崩落的石块落入槽中,如图 10.39(b)所示。

(3)拦 石 墙

当山坡的坡度大于 30°,石块可能从 60～70 m 高度坠落时,宜设带有落石槽的拦石墙。拦石墙用浆砌片石或混凝土砌筑。墙背用渗水土或片石筑成缓冲层,以防墙被撞坏,如图 10.39(c)所示。

(4)桩　　障

在崩落石块的路径上,设置若干排交错排列的分散立桩,其间距以能阻拦石块的前进或减小其运动速度为宜。桩露出地面的高度一般为 1.5～2.0 m,可用木桩或钢筋混凝土桩。桩障适用于无植物的缓山坡(坡度不陡于 30°)上。桩障下须筑简单的落石平台,以拦截越过桩障的石块,如图 10.39(d)所示。

(5)柔性防护

在较缓山坡上或路基坡脚旁侧设拦石网,拦截坠落数量较多的小石块。拦石网的垂直支柱可用木料、角钢或混凝土材料制成,支柱露出地面的高度一般不小于 1.5～2.0 m,柱间张拉的铁丝网不宜拉紧,应放松略呈弧形,铁丝网网孔规格根据所拦石块大小而定,如图 10.39(e)所示。

3)遮　　挡

山坡岩层风化严重,崩塌量较大,或虽每次崩塌的规模不大,但发生的次数频繁,当采用拦截建筑物有困难时,可采用明洞、棚洞等建筑物,既可遮挡边坡上部崩塌落石,又可对边坡下部起稳定和支撑作用。

10.5.2　滑坡防治

1. 滑坡的概念

斜坡上不稳定的岩体或土体在重力作用下,沿内部一定的软弱面(或带)整体向下滑移的现象称为滑坡。

一个发育完整的滑坡,一般具有下列构造特征:环状的滑坡壁,与滑坡形状相适应的封闭洼地,微向后倾的滑坡台阶,垄状前缘和鼓起的隆丘,分布于滑坡周界及滑体上部的张拉裂缝,分布于滑体中部两侧的剪切裂缝和伴随的羽状裂缝,分布于滑体下部的挤压鼓胀裂缝及前缘舌部的扇形放射性裂缝,以及滑体两侧为新生沟谷所环绕等外貌,如图 10.40 所示。在滑体上有时还可看到醉林和马刀树。

对于某一个具体的滑坡,因其所处的发育期不同,往往不一定能观察到其全部外貌,但根据已出现的现象,进行细致的观察和分析及辅以勘探,是可以认出滑坡的存在的。

2. 滑坡的形成条件

1)地层岩性

地层岩性是产生滑坡的物质基础。实践证明,滑坡的产生与亲水软化的土层和一些软质岩层有密切关系。这些地层的岩性软弱,在构造作用及外营力作用下,容易形成土状及泥状软弱层,成为潜在的滑动面(带),具备了产生滑坡的基本条件。

2)地质构造

地质构造给滑坡提供了物质条件,如断裂和断层构造使岩石破碎,造成断裂构造带。另外,各种结构面和层理面为滑坡创造了据以滑动的软弱面(带),为地下水提供了活动通道。软弱面(带)容易聚水,当山坡上方和旁侧有丰富的地下水补给时,水使软弱面(带)的土质软化、抗剪强度降低,则更能促进滑坡的形成和发展。

3)气候条件

降雨量较多,雨季持续较长地区,山坡土体潮湿软化,土体重度增大,强度减弱,容易促进滑坡活动。

4)水的作用

地表水的渗入,地下水的活动,使覆盖土体重量增加,滑动带被浸润,使结构破坏,强度降低,再加上静水压力和动水压力的作用形成滑坡。

5)人为活动

在滑体上中部主滑部分增加荷载,或在滑体的下部抗滑部分切坡、地震或大爆破,以及机械震动影响等,都能促进滑坡活动。

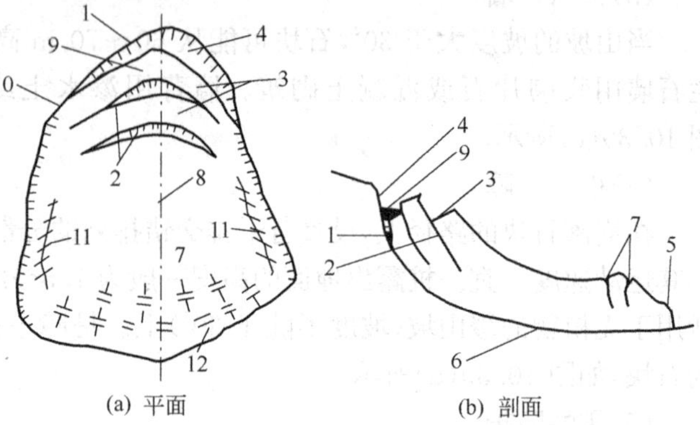

1—主裂缝;2—张拉裂缝;3—滑坡台阶;4—滑坡壁;
5—滑坡舌;6—滑动面;7—鼓胀裂缝;8—主滑线;9—滑坡洼地;
10—滑坡周界;11—剪切裂缝;12—扇形裂缝。

图 10.40　滑坡平剖面

3. 滑坡的防治

1)滑坡的防治原则

(1)预防为主,防、治、养结合,做到早防、根治、勤养。力争在滑坡的早期阶段,及时采取截排地面水及地下水,整平坡面,夯实裂缝等小型措施,使其逐步稳定,或减缓其移动速度,从根本上防止滑坡的发生和发展。

(2)进行滑坡处理时,原则上应一次根治,不留后患。

(3)对变形缓慢,不会立即对铁路造成灾害性事故的滑坡,应做出全面的整治规划,进行分期整治,并注意观测每期工程的效果,据以确定下一步的措施。

(4)加强检查,发现微小迹象,立即进行分析,逐步掌握滑坡发生的规律,并积极采取各种预防措施,防止滑坡的继续发展。

(5)一般情况下,对滑坡的整治时间宜放在旱季为好。施工方法和程序应避免滑坡产生新的移动。而且,原则上应首先做好一些临时性的地面排水系统。

2)滑坡的防治措施

防治滑坡的工程措施有截排地表水与地下水、力学平衡或改变滑带土的性质三类。

(1)截排地表水与地下水

① 排除地表水(图 10.41)

a. 在滑坡体周围修一条或几条截水沟,使地表水不进入滑坡范围以内。

b. 在滑坡体范围内修筑树枝状排水沟,使地表水排出滑坡范围以外。

c. 整平地表,填实裂缝,夯实地面,筑隔渗层,减少地表水下渗,并使其尽快汇入排水

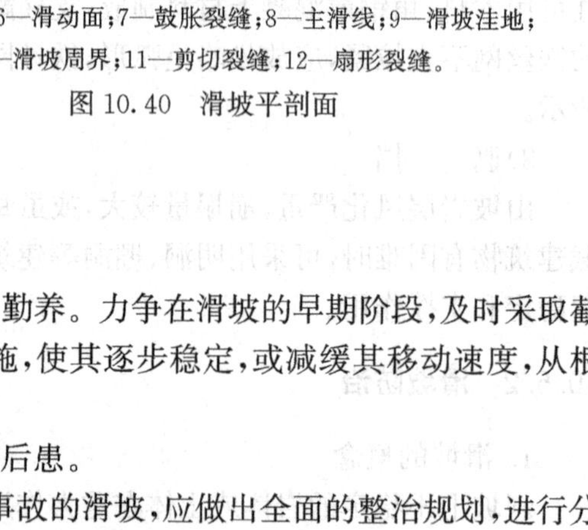

1—自然沟的清理和铺砌;
2—泉水与湿地;3—截水沟;
4—排水明沟;5—引水渗沟;6—线路。

图 10.41　滑坡地区排水布置

沟内。

②截排地下水

地下水的存在往往是形成滑坡的主要条件，所以疏干滑坡体及截断和引出滑坡面附近的地下水，降低地下水位，减小下滑力，常成为防治滑坡的根本措施。截排地下水的措施一般有拦截、疏干、排引地下水和降低地下水位等。

a. 拦截地下水

根据地下水的埋置深度、部位和土的密实程度，可以使用截水沟、截水渗沟、隧洞等不同的建筑物，以拦截地下水使之不流入滑坡范围以内。

截水渗沟的布置与结构，如图 10.42 所示。

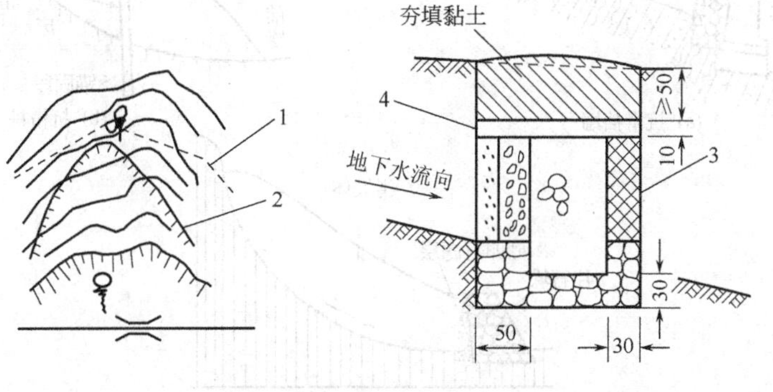

1—截水渗沟；2—滑坡周界；3—隔水层；4—草垫；5—夯填黏土。

图 10.42　截水渗沟(单位：cm)

隧洞(也称泄水隧道)只在地下水埋深于地表下 10～15 m或更深时，方可考虑应用。

b. 疏干、排引地下水

一般在滑坡前缘作边坡渗沟、支撑渗沟，在其他部位作隧洞或平孔等以疏干、排引地下水。

c. 降低地下水位

可使用隧洞、平孔或将补给水源向下流走的垂直排水孔等措施，使地下水降低到滑动面以下。

(2)力学平衡

①减重和反压

可采取在滑坡上部减重或下部反压的办法，以达到滑体的力学平衡。这种措施一般用于滑坡床具有上陡下缓的形状，及滑坡的后壁和两侧有稳定的岩体(或土体)，若将减重挖出的土体填于下部阻滑部分起反压作用，二者结合起来效果更好。

②增加支撑

设置支撑建筑物可以增加滑坡土体的抗滑力。支撑建筑物有混凝土或浆砌片石抗滑挡墙、钢筋混凝土或钢轨混凝土抗滑桩、钢筋混凝土抗滑明洞和片石垛等。支撑建筑物的基础必须筑在滑动面以下的稳固地层中。

a. 抗滑挡墙

抗滑挡墙是目前整治中小型滑坡中经常采用的有效措施之一，可单独使用，也常与支撑渗沟结合使用。其特点是破坏山体平衡少，收效快；就地取材施工方便。

抗滑挡墙一般设置在滑坡前缘，其结构形式多采用重力式，现也有用锚杆式的。挡墙基础必须埋于滑动面(带)以下，以免随滑体移动而失去抗滑作用。基础的埋置深度，在完整的岩层面下不小于0.5 m,在稳定的土层下不小于2 m,如图 11.43(a)所示。抗滑挡墙对于深层滑坡和正在滑动的滑坡不宜采用。

b. 抗滑桩

抗滑桩是穿过滑坡体锚入滑床中一定深度,以阻止滑体下滑的一种大截面的侧向受力桩。近年来在国内外已广泛被采用,并取得了良好的效果。抗滑桩的埋置情况如图 10.43(b)所示。

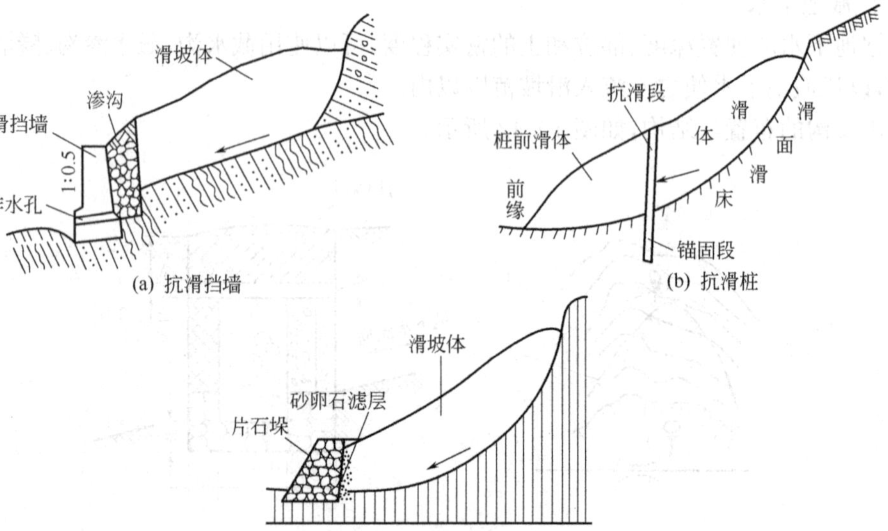

(a) 抗滑挡墙　(b) 抗滑桩

(c) 抗滑片石垛

图 10.43　支撑建筑物

c. 抗滑明洞

当滑坡的滑动面在路堑顶部较高部位时,采用明洞治理滑坡较为有利,洞顶回填土可以起支撑抗滑作用,非常潮湿的塑性滑坡,可以从洞顶滑过。但由于滑坡推力作用于明洞的部位不同,明洞整体和各部分,尤其是拱脚连接部分的稳定性很难保证,加上明洞造价昂贵,故采用这一措施稳定滑坡时应当慎重。

对于小型和浅层滑坡,可用片石垛支撑,这种方法造价低廉,可就地取材,施工简单迅速,可作为过渡或临时性措施,如图 10.43(c)所示。

(3)改变滑带土的性质

这是直接稳定滑坡的方法,如钻孔爆破、焙烧、电渗、压浆等,但施工复杂,成本较高,目前我国很少采用。

10.5.3　泥石流防治

泥石流是一种突然暴发的含有大量泥砂、石块的特殊洪流。泥石流暴发时,能在短时间内从沟中冲出数万至数百万方的泥砂、石块等固体物质。泥石流具有强大的破坏力,能淹没路基,冲毁桥梁,中断运输。

1. 泥石流的特征

(1)典型的泥石流流域,从上游到下游可分为三个区段,如图 10.44 所示。

形成区:在沟谷的上游,包括汇水动力区及物质供给区,这一段河床下切,纵坡较陡,有较大的汇水面积,有崩塌落石、岩堆等不良地质现象,山坡不稳,山坡和坡脚有丰富的松散物质。

流通区(通过区):一般处于沟谷的中下游,沟壁陡峻,河床狭窄,纵坡大,多陡坎或跌水,故该区一般均较顺直而有明显的沟槽。

堆积区:一般都在沟口以外平缓地带,此处泥石流流速减弱,并呈扇形扩散,泥石大量堆积,常形成垅岗起伏的洪积扇或冲积扇。

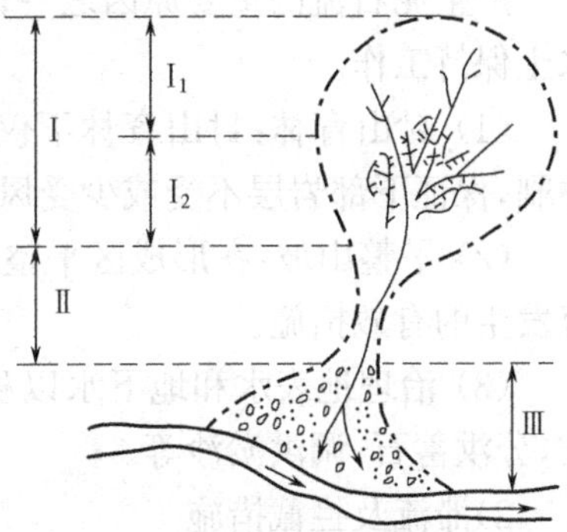

图 10.44 泥石流三区段
I—形成区;I_1—汇水动力区;
I_2—物质供给区;II—流通区;
III—堆积区

(2)泥石流具有重度高、流速大及阵发性特征。泥石流含有大量泥砂、石块等松散固体物质,黏稠的泥石流固体物质含量高达80%以上,重度高。泥石流流速大,具有强大的动能,能产生很大的破坏力。高黏稠的泥石流往往发生多次阵流现象,有的泥石流还在一次运动过程中表现出数十次甚至上百次的阵流现象。

(3)泥石流在流动过程中具有直线性特征。泥石流具有很大的惯性力,遇到阻碍,仍具有强烈的沿直线运动的特点。当遇到阻碍挡住去路时,则有部分固体物质堆积下来,其余高于沟床和障碍物的固体物质仍以直线运动前进。

(4)泥石流的周期性。泥石流的发育具有一定间歇性,那些具有严重破坏力的泥石流,往往需几年、几十年甚至更长时间才发生一次。掌握泥石流的活动规律有利于改造和治理。

2. 泥石流的形成条件

泥石流是在一定的地质、地形、气候条件下形成的。地质、地形因素是泥石流发生的内因,水的活动是其发生的外因。

(1)地质条件

泥石流的形成是由于地质新构造活跃,构造复杂,断裂、褶皱较多,地震频繁。在基岩裸露的秃山风化作用强烈,特别是软硬岩层相间及古老地层出露较多的地区,更易遭受构造作用的破坏和风化破碎,常有崩塌落石、滑坡等,为泥石流提供了大量的松散固体物质。

(2)地形地貌条件

形成泥石流的地形地貌条件是山高谷深,地势陡峻;沟床纵坡很大,山坡坡度多为30°~60°;在沟床两岸及沟顶有较大的汇水面积,植物生长不良,山坡光秃,有利于水流的汇集和固体物质的搬运。

(3)气候条件

暴雨集中,暴雨量和暴雨强度都很大的山区,易形成强大的洪流。此外有些高山地带,春夏气温急剧上升,使高山冰雪迅速融化,形成急流,也是造成泥石流的原因。

(4)人为因素

人类的活动也对泥石流的形成带来一定的影响。由于不合理的开挖和弃土,在松散土质的山坡上修筑引水渠道,以及盲目开荒等,致使地基原有结构破坏,造成山坡水土流失,为泥石流的形成提供了大量的固体物质,或促使已稳定的泥石流复活。

3. 泥石流的防治

线路最好在流通区以隧道、明洞通过,或在洪积扇的尾部以桥梁通过。若上述两种方法都不能做到,则必须采取防治措施。

防治泥石流的原则,一般是在上游(形成区)采取水土保持措施,中游(通过区)采取拦截措施,下游(堆积区)采取排泄措施,即“一保”“二截”“三排”。

1)水土保持措施

产生泥石流的重要原因之一,就是天然植物的破坏,所以防治工作的根本措施应该是做好水土保持工作。

(1) 封山育林:封山育林不仅保护了树木,也促使草皮生长,树根和草皮可使坡面土不受冲刷,保证下部岩层不受或少受风化营力的作用。

(2) 平整山坡:在形成区平整山坡,修建地埂(沿水平方向)并使坡地梯田化,是防止泥石流发生的有效措施。

(3) 治理地表水和地下水以稳定山坡:其措施有疏干土壤,沟头防护,护岸稳坡,封面固坡,分洪蓄石,调洪淤沙等。

2)滞流及拦截措施

就是在主沟和支沟的适当地点,一般多在中游流通区设置一级或多级拦挡工程,如拦石坝、溢流坝等,以阻挡泥石流中挟带的物质,使固体物质停积下来。

3)泥石流的排导措施

在泥石流下游设置排导措施,使泥石流顺利排除,不使泥石流中途停顿造成淤积,危害铁路安全。例如修导流坝、丁坝及急流槽等,用固定的沟槽约束水流,引导泥石流避开建筑物。

项目小结

本项目主要介绍了轨道交通运营线路中路基病害常见的类型,并介绍了基床病害、特殊地区路基病害及路基地质灾害的成因及整治方法。路基病害的整治方法及措施以当前新技术、新材料及新工艺应用为主。例如:土工合成材料(土工格栅、土工格室、土工布、土工膜、土工网、保温材料等)作为一种新型岩土工程材料在路基整治病害方面的成功应用等。

项目训练

1. 结合本区域铁路路基病害整治情况调查,分析已采取措施的有效性,并提出更合理的整治方法。

2. 调查本区域轨道交通路基病害发育类型,并找出原因,提出整治措施。

复习思考题

1. 路基病害一共分为多少类? 哪些属于基床病害?
2. 如何确定基床病害处理的合理范围?
3. 翻浆冒泥有几种形式? 整治原则是什么? 如何整治?
4. 基床下沉、外挤包括哪些病害现象? 分析其成因并简述整治方法。
5. 基床冻害分为几类? 整治基床冻害有哪些措施?
6. 软土地区路基病害的整治措施有哪些?
7. 简述崩塌、落石的成因及整治措施。
8. 简述滑坡的野外鉴别方法及整治措施。
9. 岩溶对路基的危害有哪几方面? 如何整治?
10. 简述泥石流形成的条件及整治措施。

项目 11　路基防洪与抢修

项目描述

防洪是为了防止和减轻洪水灾害所采取的措施。中国地域辽阔，各地气候气象变化较大，地貌、地质和人文活动差异尤甚，且大部分国土处于地球北纬水害经常发生的范围，水灾发生频率高，持续时间长，经济损失重，社会影响大。本项目意在针对铁路基础设施，在汛期到来之前或汛期中进行必要的维护，以保证铁路正常运营。

教学目标

1. 能力目标

(1)能够确定水害威胁地段。

(2)能根据水害程度，制定预防或抢修处理方案。

2. 知识目标

(1)掌握路基水害的抢修方法。

(2)了解洪水对路基的破坏形式。

3. 素质目标

(1)培养学生良好的职业道德。

(2)培养学生应急处理问题的能力。

(3)培养学生团结协作、组织协调的能力。

相关案例——相关路基水害事故

2009 年 7 月 8 日～7 月 18 日，石太客运专线连续出现 3 次降雨过程，累计降雨量 50～80 mm。降雨造成石太客专路基下沉、塌陷，路堑、隧道边坡护砌开裂、破损，天沟、吊沟、侧沟等排水设施堵塞、开裂、下沉、塌陷等大小水害共计 12 大类。其中 K178、K158、K106～K109 等 3 处因路下沉基病害严重，最大下沉分别达到 64.2 cm、16 cm、9.7 cm，严重影响铁路正常运输秩序、危及行车安全。铁道部安监司综合认定石太客专 K178＋910 质量事故为铁路建设工程质量 大事故，K158＋300、K106＋300 质量事故为铁路建设工程质量一般事故。

2010 年 6 月 19 日武广高铁 K1512＋947 雨观测点连续雨量及日雨量 212.2 mm，1 h 雨强 53.4 mm，达到列车限速警戒值，18:23 限速 160 km/h，后限速 80 km/h。2010 年 6 月 22 日 8:38，长沙南路桥车间长沙南路桥工区武广高铁防洪巡查小组雨后巡查发现武广高铁下行

K1497+530～560 堑坡溜坍。另 2010 年 8 月 19 日 15 时 20 分左右，宝成线一列由西安开往昆明的客运列车在广汉境内经过石亭江大桥时，司机明显感到车厢在向下沉，随后列车脱轨，因洪水冲垮桥墩，致使两节车厢掉入河中，宝成线中断。

由本案例可知：铁路防洪工作面临严峻的形势。水害发生与设备质量、周边环境、局地雨情、风险识别水平、检查监控等多种因素有关，存在许多不确定性因素。发生这些事故，说明汛期防洪风险很大，对汛期防洪安全的走向我们还没有完全掌控，必须高度重视防洪安全工作，稍有不慎，就会车毁人亡，就可能出大问题，因此，做好预防是铁路职工长期而重要的工作。

任务11.1 防 洪 准 备

铁路防汛抗洪工作是保证铁路运输安全必不可少的工作。防洪工作以“全员防洪”为指导思想，实行“预防为主、安全第一、全力抢修、当年复旧”的方针。

在防洪准备工作中，除了做好思想上和组织上的准备，储备必要的材料、机具、车辆外，从技术上应做好如下几项工作。

11.1.1 防洪检查

防洪检查包括汛前防洪大检查和降暴雨时的冒雨检查两项内容。

1. 汛前防洪大检查

汛前防洪大检查的目的是及时发现路基设备的病害和不良状态，以便采取加固或防护措施，确保汛期行车安全。

汛前防洪大检查主要检查下列内容：

(1)各种排水设备有无断裂、渗漏、堵塞、淤积等现象。水沟数量、长度、断面尺寸是否满足泄洪的要求。

(2)靠近江河、水库、水塘的路基边坡、河岸及其防护建筑物有无被冲刷、淘蚀或溜坍的现象，堤坝是否安全可靠。

(3)路基边坡及对路基有影响的山坡有无溜坍、开裂、错动、鼓出或位移。

(4)滑坡地段山坡有无裂纹，水沟有无断裂，各种建筑物有无开裂、倾斜，地下水出露有无变化等。

(5)岩石裸露的山坡和有危岩的边坡有无裂纹以及裂纹变化情况。

(6)堑顶以上山坡及斜坡路堤上侧有无积水坑洼，农用灌渠有无断裂、渗漏、堵塞和缺口等。

(7)沿线有无人为活动破坏路基的现象。

(8)可能发生陷穴和泥石流的地段有无异常。

(9)铁路沿线有无危树。

(10)看守点的设备、遮断信号机及坍方落石报警装置是否正常。

防洪大检查既要全面又要有重点。重点地段一般为高堤深堑、高陡边坡、岩石破碎或有孤石裸露的山坡、水库、沿河路堤，不良地质构造和特殊土地段，以及严重路基病害地段。

下述情况，防洪检查时应特别注意：

(1)岩层倾向线路的堑坡及自然山坡，层间有软弱夹层和地下水渗出时，这种现象极有可能发生顺层滑坡和表土顺层溜坍。

(2)天沟损坏、漏水或山坡洼地积水，灌渠渗漏等，这些现象极易引发边坡或山坡溜坍。

(3)陡坡岩壁出现裂纹或裂纹不断扩大，这种现象在汛期极易出现崩塌、落石现象。

(4)高路堤边坡松软或坡脚陡立,这种情况容易发生边坡溜坍。

(5)基床陷槽较深而路肩外挤的路堤,容易发生边坡溜坍。

(6)支挡建筑出现裂纹、倾斜。

2. 冒雨检查

由于路基水害一般发生在降暴雨时,所以当降雨强度或长时间连续降雨的降雨量较大时应冒雨出巡,及时发现水害并采取有效防护措施,保证列车安全。

检查方式一般为在线路上来回巡查,以便及时发现影响行车的水害。一旦水害发生,应立即进行防护、限速行车或封锁线路,并向上级报告。

11.1.2 提高设备的抗洪能力

在养护维修、大修、改建等各项工作中,均应有计划地提高设备的抗洪能力。在路基方面,应着重做好以下工作:

(1) 清理整修和完善排水系统。

(2) 对可能危及路基的河沟,进行改移或增设冲刷防护工程。

(3) 整修坡面,夯填裂纹、洼地、冲沟,清除危岩。

(4) 对在雨季易被冲刷或可能坍塌的土质边坡和风化剥落,裂隙发育的石质边坡进行加固防护。

(5) 对明显有可能被洪水淹没或漫堤的区段,应考虑加高路堤。

(6) 加强水库路堤和临江、河路堤的冲刷防护。

任务11.2 临险抢护

11.2.1 防止风浪侵袭

雨季时由于内涝、滞洪等各种原因,路基被水浸泡,表土松软,如再受到风浪的冲击淘刷,就有坍塌的危险。这种现象在无防护或防护不良的坡面上最易发生。因此,必须采取一些防止风浪侵袭的措施。防止风浪的措施有永久性的和临时性的两种。永久性的有加固坡面、营造防浪林等。临时性的主要有以下几种。

1. 草袋(编织袋)装石渣(砂)护坡

如图 11.1 所示,将装有石渣或砂的草袋(编织袋)叠砌在边坡浸水和受波浪侵袭的部位。石渣不宜装得太满,草袋(编织袋)应放置稳固,消除空隙。

2. 抛片石护坡

由于片石孔隙较大,因此片石下的土会被淘空。为防止淘空,在靠上层的片石下面铺钉苇席、草把,如图 11.2 所示。

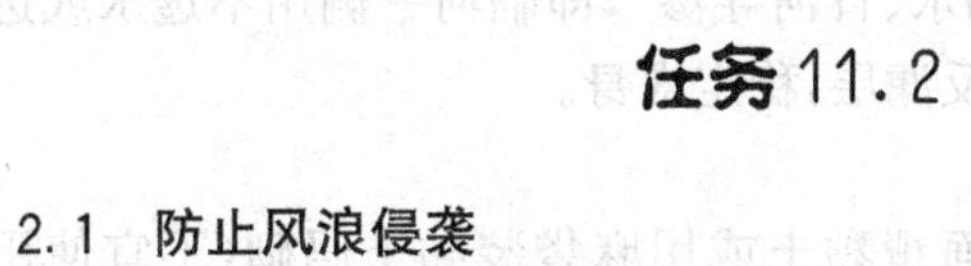

图 11.1 草袋装石渣护坡

图 11.2 抛片石护坡

当洪水已涨高时,可下部抛片石,上部靠水面铺装石渣草袋。

3. 防 浪 排

防浪排可用原木、毛竹或枕木等可漂浮的材料制成,下坠重物,如钢轨桩、横卧钢轨、石笼等,浮置在距路基一定距离的水面上,如图 11.3 所示。

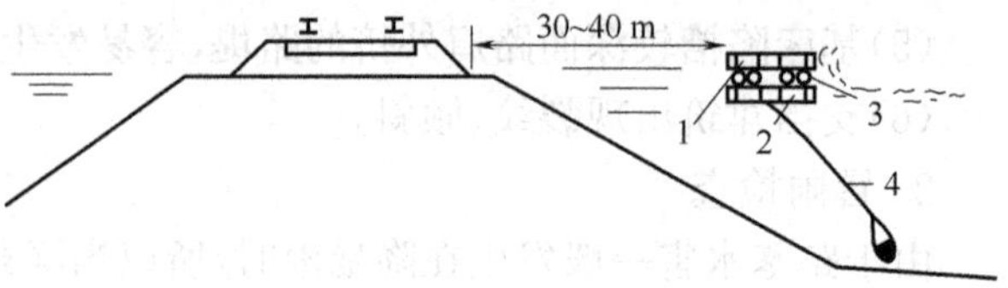

1—上横木;2—下横木;3—ϕ180～240 mm 原木;4—ϕ1.0 mm 双股铁线。

图 11.3　防浪排

4. 系绳投石固定柴草

涨水时冲来的大量柴草,对缓和风浪的侵袭作用较大。为防止柴草又被冲走,可用绳系石投在柴草外边,绳一端固定在钢轨、轨枕上,将柴草截留在路基边。

5. 苇席防浪

风浪不大且当地缺乏柴草、柳枝等材料时,可用苇席代替柴草,依照系绳投石固定柴草的方法,用绳石将苇席固定于水面。也可将苇席用竹签铺钉在路基边坡上以防止风浪冲刷边坡。

6. 挂草把或柳枝

在风浪较小的地方,可用柴草或柳枝捆成直径 10～15 cm 的草把,顺路基边坡挂下。

11.2.2　路堤渗漏的抢护

路堤一侧浸水、堤身土质不良、在水压力作用下背水坡下部发生渗漏,会产生脱坡、堤身沉陷甚至溃决,应进行抢护。抢护的原则是“临河隔水、背河导渗”,即临河一侧用不透水或透水性差的材料封堵,背河一侧用透水性好的材料作反滤层,稳定堤身。

1. 迎水面帮土

在水不深、流速小的地方,未浸水时在迎水面帮黏土或用麻袋装黏土码砌(不宜使用草袋),长度应超出渗水地段两端各 5 m,并高出水面 0.5 m。

2. 铺砌反滤层护道

在背水坡脚用草袋或麻袋装砂或炉渣作垫层,上压片石或碎石做成反压护道,滤出清水,保持堤身稳定,如图 11.4 所示。

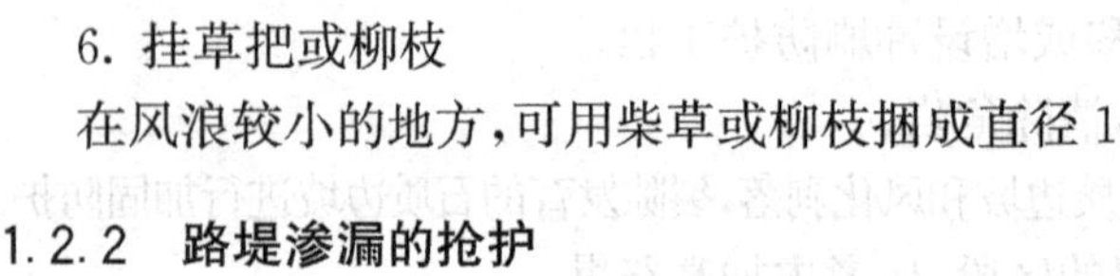

1—两层草袋装砂;2—渗水线;3—片石;h—护道高度,其值视渗水线而定。

图 11.4　反滤层护道

3. 抢堵漏洞

堤身出现漏洞时,应设法抢堵,方法如下:

(1)派熟悉水性的人潜水寻找漏洞口,用麻袋或棉被堵塞,然后抛填装土的麻袋或草袋压住。下水人员为防止被吸入漏洞,要使用安全绳和备好的梯子绳索,便于扶持和返回。

(2)如上下游水位相差较大,可用装土麻袋在上游入水处筑围堰,然后抽水降低水位,再用装土麻袋堵漏。如为大漏洞时,须将路基挖开,分层回填夯实,恢复原状后再封填围堰。

(3)在临水面找不到漏洞进水口,或因水深流急难以封堵时,可在背水面出水口的周围用麻袋(或草袋)装土或黏土筑成不漏水的围堰,堰顶高出临水面水位约 0.25 m,称为反压井,使漏出的水在围堰内蓄养升高,至路基两侧水位平衡,使漏水不再发展,采用此方法时,应注意围堰以外是否出现新的渗漏。

11.2.3　水漫路基的抢护

水漫路基有两种类型:一是山洪暴发或附近水库溃决时,洪水来势汹涌,水位上涨迅猛,破坏性强,持续时间短;二是水涨缓慢,持续时间长。

在来水迅猛的情况下,如确认最高水位只略高于路肩,可以设法防止洪水漫过路基时,可先加高上游路肩。否则应先行防护下游一侧路基坡面,使漫水时路堤不致冲决。在水位上涨缓慢时,应先加高上游路肩,延迟过水,抢时间做好下游防护,并进行抬道抬桥,做到水涨路高,维持行车。

1. 加高上游路肩,防止水漫路基

(1)若洪水持续时间长,加高较多且风浪侵袭严重时,可在上游路肩用片石筑成临时防水墙,顶面高出预计洪水位 20～30 cm。为防止渗水,在临时防水墙内侧用草袋或麻袋装土纵横交错铺砌做成副墙,如图 11.5 所示。

(2)如有风浪,加高 0.5 m 左右且路肩较窄时,可用草袋或麻袋装黏土纵横交错码砌,内坡约 1∶1,外坡可陡于 1∶0.3,袋与袋间压密踩紧,防止渗水。

(3)在风平浪静,加高在 0.3 m 左右时,可直接用黏土夯填,土埝顶宽 0.3 m,内外坡均为1∶1.5。

(4)如洪水来势很急,持续时间短时,可做柳把埝、单层或双层木板埝,如图 11.6 所示。

2. 用苇席草袋防护道床及下游边坡,将水引过路基

在洪水漫过轨道以前,用草袋压护上游道床,在下游铺上苇席或草袋,上端用扒钉钉于枕木头,下端用草袋装土压住或用木橛钉牢,把水从苇席上引过路堤,防止道床冲失和边坡冲刷,如图 11.7 所示。

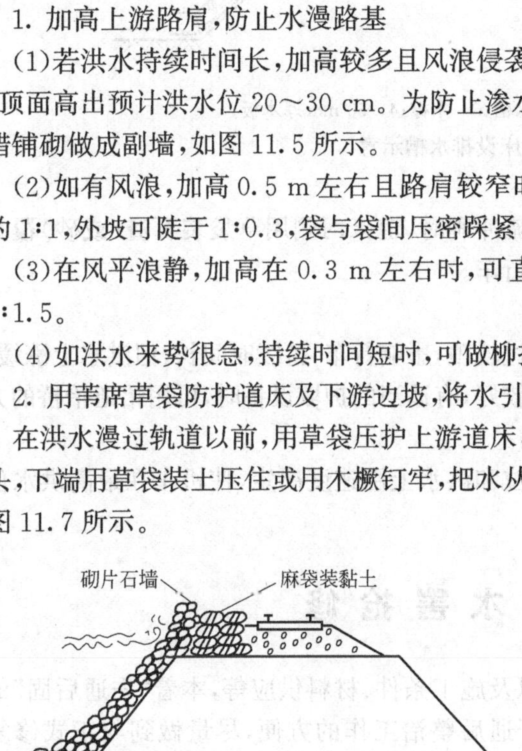

图 11.5　砌石墙与黏土袋加高路肩示意

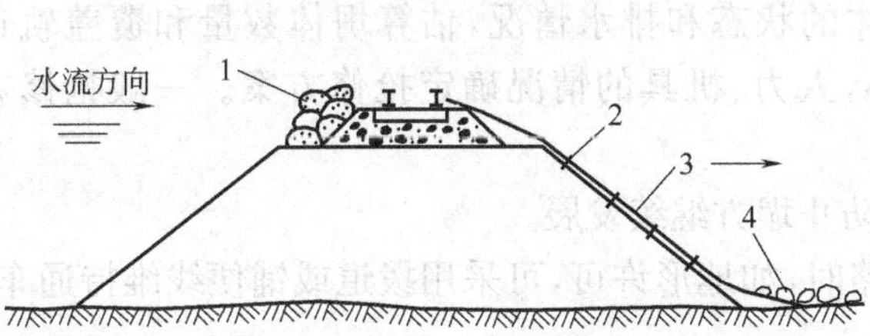

1—草袋;2—木橛;3—苇席或草袋;4—草袋。

图 11.7　苇席草袋防护路基过水示意

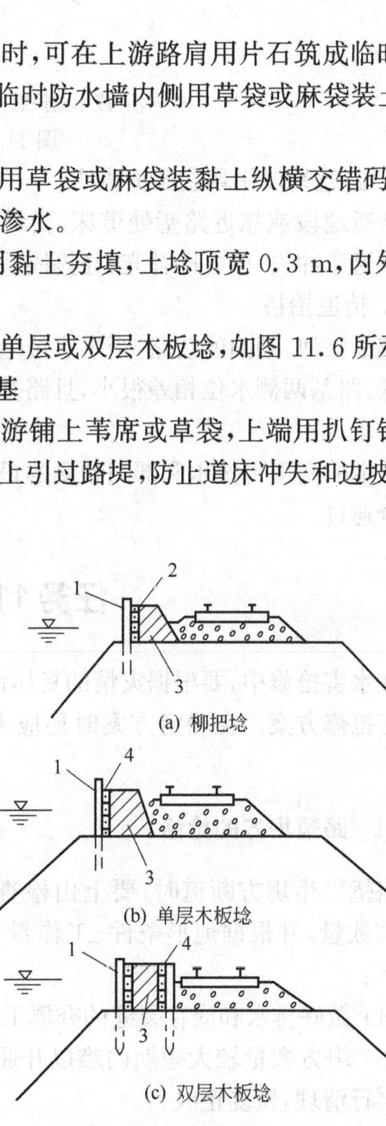

1—木桩;2—柳把;

3—夯填黏土;4—木板。

图 11.6　简易埝示意

3. 道床设排水槽引水过路基

当线路一侧涨水将漫过线路时,可在道床枕木盒设置排水槽,将水引过路基。设置时应由

下游向上游逐渐进行，并须防护好入口和下游坡面，防止水从道床中串流冲刷下游路基。如设置数量较多或将枕木间隔扩大，应限速行车。如水来很急，退得快，临时应急时，也可用草袋或苇席代替木板做成排水槽，如图 11.8 所示。

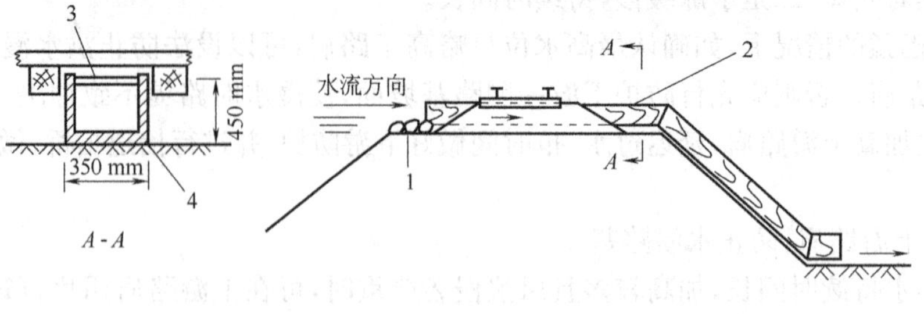

1—片石或木板护底；2—排水槽；3—木撑；4—50 mm 厚木板。

图 11.8 道床设排水槽示意

4. 路堑地段用草袋压护道床

路堑地段或靠近路堑处道床，受纵向水流冲刷时，道床两侧用草袋装石渣(或砂)覆盖防护。如道床冲失，应立即补充，经捣固后限速行车。

5. 抬道抬桥

滨临江河、湖泊的线路，当洪水位上涨超过轨顶，影响行车，持续时间长，但洪水上涨缓慢、流速低、路基两侧水位相差很小，且路基土质较好，有适当的护坡设备时，可用抬道抬桥的方法保持行车。

抬道的高度可按水利部门预测的最高水位和洪水上涨速度决定，使机车在最高洪水位时可安全通过。

任务 11.3 水害抢修

在水害抢修中，要根据灾情的具体情况以及施工条件、材料供应等，本着“先通后固”的原则确定抢修方案。在确定方案时还应考虑开通后整治工作的方便，尽量做到与正式修复相结合。

11.3.1 路堑坍方的抢修

路堑发生坍方断道时，要上山检查山体的状态和排水情况，估算坍体数量和覆盖轨道的土体数量，并根据地形条件、工作量大小，人力、机具的情况确定抢修方案。一般抢修方法如下：

(1) 做好排水和尚存裂缝的夯填工作，防止塌方继续发展。

(2) 坍方数量较大短期内难以开通线路时，如地形许可，可采用拨道或铺便线维持通车，然后再行清理，恢复正线。

(3) 为了提前开通，可先按机车车辆限界清理，开通后再行扩大。

(4) 长大路堑应尽量设法增加工作面和出土口，缩短运距，减少抢修时间。

(5) 有条件时宜尽量采用机械化施工，以加快清方速度。

(6) 对坍体中的大石块，可放明炮破碎，也可用吊机吊出线路限界，通车后再清理。

(7) 已坍动但尚未坍落到轨道的部分，可清刷或用木桩、钢轨桩等进行临时加固。

11.3.2　路堤边坡坍方的抢修

路堤边坡发生溜坍或滑坡时，要调查坍体上下缘及坍方长度，估算坍体厚度和体积并结合实际情况决定抢修方案。

1. 路堤水害的抢修

先用片石反压滑体下部，再在上部卸炉渣帮坡。片石反压平台的宽度和高度应经计算确定。来不及计算时，可简单定为平台宽度约等于路堤高度，平台高度为路堤高度的 1/3～1/2。若路堤下部浸水，反压平台应适当加大。片石来源困难时，可填土作反压平台。炉渣来源困难时可用装土草袋帮坡，如图 11.9 所示。

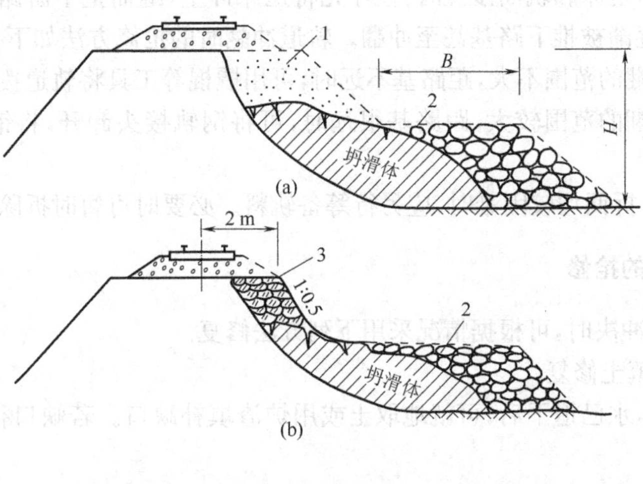

1—上部填炉渣帮坡；2—片石反压平台；3—上部叠砌草袋帮坡；

B—平台宽度；H—路基高度。

图 11.9　路堤半边滑坡抢修示意

运来的片石不能在坍塌范围内卸车，以防片石压在坍体上部而加速下滑。片石宜卸在坍口两端，用单轨车或台车运送，用钢轨或木材搭溜槽，将片石沿溜槽滑到反压平台上。

若上述抢修工作量较大，需较长时间，而滑坍后的路堤宽度尚够用时，为缩短断道时间，可临时拨道限速通车。

2. 路堤边坡表层溜坍的抢修

坍体厚度为 0.8～1.5 m，坍口在路基面处距线路中心大于 2 m 时，可抛码片石覆压边坡，片石厚度不少于 1 m，下厚上薄；顶部用装土（或碎石）的草袋保护道床，如图 11.10 所示。

如果路堤较高，采用上述方法需要的片石数量较多时，可在路肩上打木桩，内砌装土的草袋保护道床，以加速抢修，确保通车，如图 11.11 所示。

图 11.10　路堤边坡表层溜坍抢修示意(一)

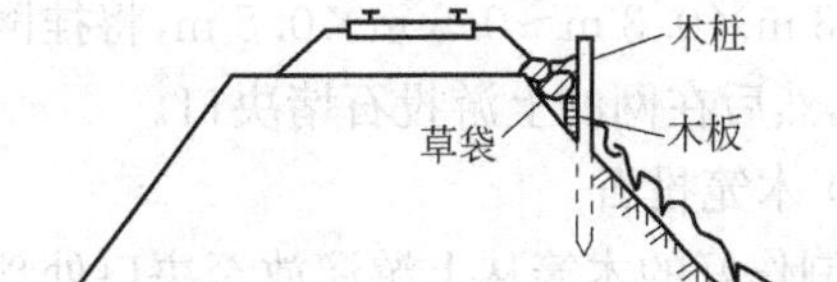

图 11.11　路堤边坡表层溜坍抢修示意(二)

表层溜坍只发生在边坡上部时覆压片石要从坡脚往上抛码。若路堤较高,也可打木桩稳住坍体。

3. 路堤渗漏脱坡的抢修

路堤一侧受水,背水侧边坡因渗漏造成脱坡时,应先挖除已滑动的松湿泥土并填反滤层,再抛码片石覆压并恢复边坡,如图 11.12 所示。

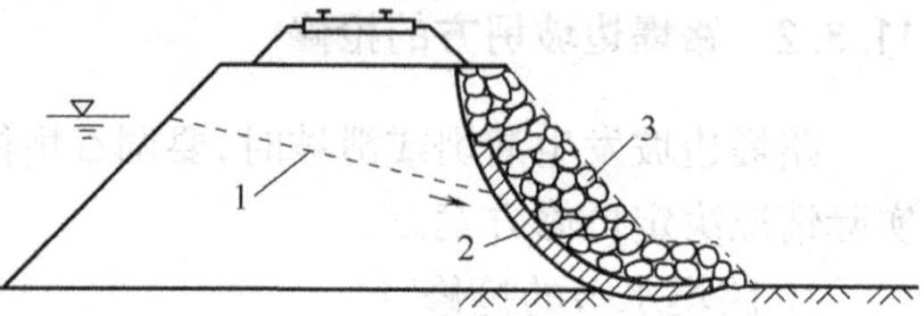

1—浸润线;2—炉渣草袋垫层;3—抛码片石。

图 11.12 路堤渗漏脱坡抢修示意

11.3.3 轨道冲翻的抢修

当洪水暴涨,从道床和轨面漫溢时,往往先将道床冲空,继而把下游路基冲塌,以致冲决。轨道受水流浮托,逐渐被推下路基甚至冲翻。轨道冲翻时的抢修方法如下:

(1) 轨道被冲翻的范围不大,距路基不远时,可用撬棍等工具将轨道拨回原位。

(2) 轨道被冲翻的范围较大,距路基很远时,可将钢轨接头卸开,将钢轨、轨枕抬回重新铺设。

(3) 轨道拉回、拆回均较困难时,应另行筹备轨料。必要时可暂时拆除站线轨料使用。

11.3.4 路基冲决的抢修

当路基被洪水冲决时,可根据情况采用下列方法修复。

1. 就地取土,填土修复

路基冲决较浅,水已退干后,可就地取土或用炉渣填补缺口。若缺口很小,还可利用附近道砟填充。

2. 片石修复

修复数量不大,有积水,又有石料供应时,宜从缺口两端开始抛填片石,逐渐缩小缺口断面,最后集中力量用大片石或石笼堵住决口。片石抛出水面后,应在上层填土夯实。

3. 顺坡临时修复

长距离的河滩路堤冲决时,如工程量大,其他方法不能迅速抢通时,可采用顺坡的方法,就地填平坑穴,铺道先行通车,以后再用道砟抬道恢复高程。此法对高 1～2 m 的低路堤最为适用。

4. 急流决口的抢堵

如决口处的水流很急,投入决口的片石很快就被冲走时,可采用下列方法抢堵急流决口:

(1) 吊轨挂网

根据决口大小,选用适当长度的钢轨为底,在其上编织铁丝网,孔眼大小由片石大小定,一般约 0.3 m×0.3 m～0.5 m×0.5 m,将挂网后的吊轨移至决口处,上端固定在线路上部,构成铁丝网,然后在网的上游投石堵决口。

(2) 木笼投石

将制作好的木笼从上游溜放至决口处预定位置,用绳索固定在两端线路上,再向木笼内投石,使笼下沉直到石块露出水面,然后四周加固。

5. 长大缺口的抢修

(1) 搭简易枕木垛推车卸料填补决口

当路基决口深达 3～4 m 时，可在决口处抛石或码草袋作为基础，上搭简易枕木垛支承悬空的钢轨。枕木垛应每 10 m 至少搭一个，其间以吊轨加固；底层满铺（垂直于线路方向），中间各层可只铺 3～4 根。加固好后，即可用手推车或机车上道卸料，迅速填补决口，如图 11.13所示。

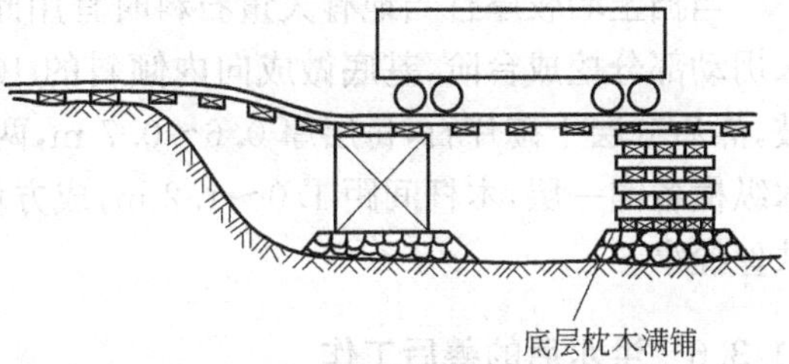

图 11.13　简易枕木垛推车卸料示意

(2) 木筏投石

当缺口较长、水流流速在 0.5 m/s 以下时，可用船、筏往返运料投石，或用船、筏搭成浮桥运料投石。

(3) 利用枕木或脚手架支撑悬空轨道推车卸料投石

路基冲成断续小坑，坑深 1～2 m，长 2～3 m，坑内无流水时，可用枕木或脚手架支撑悬空钢轨，将材料用车推到坑顶卸料。

11.3.5　挡土墙局部破坏的抢修

1. 木笼填石法

挡土墙被破坏的缺口不太大也不太高时，可用木笼填石抢修，如图 11.14 所示。

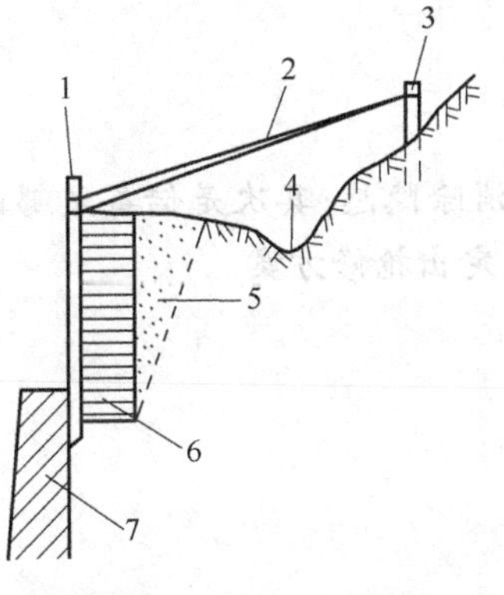

1—插木桩；2—ϕ6 mm 钢线绳；3—拉桩；4—天沟；5—填土夯实；6—木笼装石；7—原挡墙。

图 11.14　木笼填石法示意

木笼长 3 m，宽 1～1.5 m，高 1 m。抢修时先清理和整平挡土墙内侧，然后放上木笼，填充石块，填到一定高度后在木笼内侧用土分层夯填。上下层木笼应错缝排列，并用铁丝连牢。

木笼一般设于原挡土墙内侧，以便修复。只有在挡土墙内侧清挖会引起坍方时，才将木笼置于原挡土墙墙身之上。

木笼高度超过 3 m 时，应在木笼前面打桩，用铁丝或铁线拉住，系在打在山坡上的拉桩上，以保持木笼的稳定。

2. 圆木桩、钢轨栅法

在原挡土墙背面，每间隔 2 m 竖直打入圆木桩，桩后顺线路方向水平横置钢轨，钢轨端头伸入未坏挡墙墙背 0.5～1.0 m，上下钢轨间距 1.5 m。木桩与钢轨交叉处用铁丝绑牢。钢轨后面用小圆木或方木插满，背后分层填土夯实，并打锚桩系住圆木，以保持稳定，如图 11.15 所示。

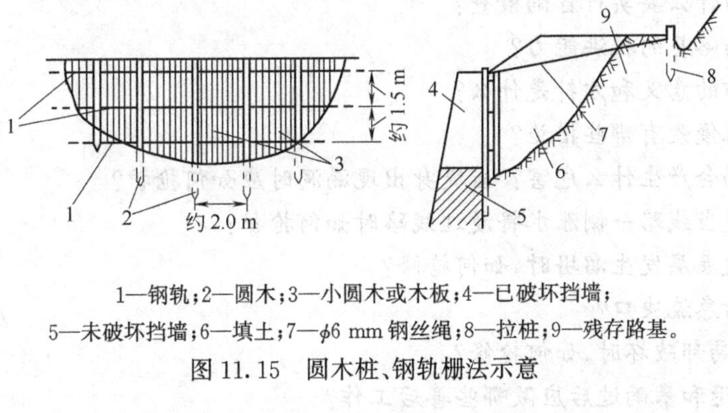

1—钢轨；2—圆木；3—小圆木或木板；4—已破坏挡墙；5—未破坏挡墙；6—填土；7—ϕ6 mm 钢丝绳；8—拉桩；9—残存路基。

图 11.15　圆木桩、钢轨栅法示意

3. 圆木框排码石块法

当挡土墙较厚且当地有大量石料时宜用此法。如图 11.16 所示,先将坍塌部分清理整平,未坍动部分挖成台阶,基底做成向内倾斜的 10∶1或 5∶1的斜坡,然后分层干砌片石,每层厚 0.6～0.7 m,两层之间用小圆木纵横各铺一层,木杆间距 1.0～1.2 m,成方块状,交叉处用铁丝拴牢。

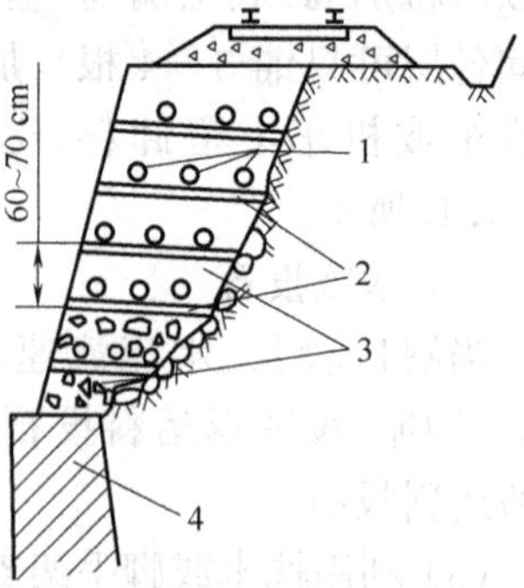

1—纵向圆木;2—横向圆木;
3—填石块;4—原有挡墙。

图 11.16　圆木框排码石块法示意

11.3.6　洪水后的善后工作

洪水减退后,应立即组织人力对设备进行全面检查,加固修理,逐步提高行车速度,采取有效措施提高抗洪能力,预防下次洪水的袭击。具体工作如下:

(1) 清除边坡零小坍方及排水建筑物和桥涵淤积物。

(2) 全面细致检查路基状态,如有损坏要及时修补。

(3) 对抢修时使用的临时性建筑物如枕木垛、抛填的片石或石笼、堆码的草袋等进行加固,并经常养护,建立必要的观测制度。永久修复时,要把埋在路堤内的枕木垛、木排架等易腐蚀材料清除,不留隐患。

项目小结

铁路防洪的首要工作是做好汛前检查,及时发现安全隐患,消除隐患;其次是储备足够的防洪物资,以备不测;再次是针对水害的影响程度进行预判,并制定出抢修方案。

项目训练

进行路基防洪调查,写出调查报告。

复习思考题

1. 汛前防洪大检查的主要内容是什么? 应注意哪些问题?
2. 暴雨时为什么要实行冒雨检查?
3. 如何提高路基的抗洪能力?
4. 防洪工作的意义和方针是什么?
5. 防止风浪侵袭有哪些措施?
6. 路堤渗漏会产生什么危害? 当堤身出现漏洞时应如何抢护?
7. 对于路堤当线路一侧涨水将漫过线路时如何抢护?
8. 路堤边坡表层发生溜坍时,如何抢修?
9. 如何抢堵急流决口?
10. 挡土墙局部破坏时,如何抢修?
11. 洪水减退和暴雨过后应做哪些善后工作?

项目12 路基施工

项目描述

在铁路与公路施工中，路基土石方工程量大，且分布不均匀，路基工程各部分施工(如路基排水、防护与加固等)相互制约，而且与桥涵、隧道及附属设施相互交错。路基工程的项目较多，如土方、石方及圬工砌体等，在施工方法与技术操作方面各具有特点，同时，地质、水文和气象条件直接影响露天施工，不稳定因素较多，如不按规章严格监理，则往往造成施工质量差，线路初期行车速度低，日后养护维修工作量大或者在劳力、费用、材料、机具方面造成巨大浪费，甚至不能按期交付运营。因此，为确保路基质量，实现高效率安全施工，必须重视路基施工技术与管理。

教学目标

1. 能力目标

(1)能够按施工方案进行路基施工准备工作。

(2)能够参与并协助完成路堤填筑、路堑开挖、过渡段施工及路基施工质量监测的技术工作。

(3)具备一定的施工组织管理能力。

2. 知识目标

(1)掌握路基施工准备的相关内容和知识。

(2)掌握一般路堤填料类型及使用条件，掌握路堤填筑及压实方法。

(3)掌握土方路堑、石方路堑开挖方法及深挖路堑施工方法。

(4)掌握各种过渡段施工方法。

(5)掌握路基施工常用的检测设备及检测方法。路堤施工质量检测方法及适用条件。

3. 素质目标

(1)培养团队精神和协作意识。

(2)培养学生吃苦耐劳、严谨求实的工作作风。

(3)培养学生一定的协调、组织管理能力和质量意识。

相关案例——新建铁路某标段路基工程施工组织方案

1. 工程概况

该标段起讫里程为DK201＋000～DK206＋000，全长6.0正线公里，其中路基工程1.6正线公里,管段路基工程主要项目有路基土石方填筑及软土路基处理。软基处理长度1.571 km,工程量大,种类多,主要处理类型有:粉喷桩、袋装砂井、砂垫层、土工格栅等,是本标段的重点项目。

2. 自然条件

本工程所在地区属北温带海洋性气候区,气候较温和,其中元月份平均气温5 ℃以上,七月份平均气温30 ℃左右。雨量较充沛,平均年降雨量在1 300～1 400 mm之间,洪水季节为5～9月份。地下水主要为孔隙裂隙水,埋深0.5～2 m。

3. 施工条件

(1)现场水、电情况:该标段地下水丰富,地表水水网密布,施工用水可直接吸取河水。生活用水可接当地村庄自来水。

(2)材料供应情况:该地区矿产丰富,施工所需各种材料基本能满足。

(3)交通、通信条件:本标段沿线主要有国道G104线、杭宁高速公路、杭州绕城高速、省道S04线等干线,通往路基施工现场的村镇公路等级较低,不能满足大型施工机械长期通行的要求,需对个别路段进行扩修。

(4)取土场:本段路基土石方填筑均为借土填方。由于投标书所选取土场均被修筑公路先行取完,现已经不存在,故需重新选取取土场。

4. 施工准备

(1)生活办公临建设施:经理部、路基队均设在某特大桥旁。

(2)施工便道、便桥、便涵:根据该工点地理位置特点及地方交通状况,沿路基走向修建一条贯通施工便道,总长1.6 km,路面宽5.0 m,下部用石砟铺垫,厚0.8 m,上部用泥结石路面,厚0.25 m,每300 m设一处会车平台。

(3)施工用电、用水:路基施工用电可接地方电源,自备120 kW、24 kW发电机。

(4)工地试验室:工地试验室设于混凝土搅拌站内,负责路基土工试验。

5. 主要工程

本标段主要工程为:路基土石方工程、基床加固工程、绿色防护工程、护坡、软基处理、路桥过渡工程等。

6. 主要机具、测量、检测设备

(1)主要施工机械配备:土石方机械、运输机械等。

(2)主要质检仪器、测量、试验设备:测量仪器、检测试验仪器设备等。

7. 工期安排

本段路基工程由经理部路基队施工。路基计划安排工期为18个月(含9个月有效固结期),开工时间××年××月××日,竣工时间××年××月××日,共540日历天。

8. 施工方案

(1)技术标准

管段内路基长度共1.571 km,基本为软土区段,需经处理后方能进行土石方填筑。设计施工图技术标准规定:路基基床厚度为2.5 m,表层0.6 m,底层1.9 m;路基基床部分土质不符合规范要求的需进行基床加固处理,其中区间路堤基床表层填筑0.6 m厚A组填料,其下填筑厚度为1.9 m,站线路基基床表层填筑(换填)0.3 m中粗砂。

(2)路基填筑

管段内路基土石方共计25.7万m^3,其中区间路基土石方7.2万m^3,站场土石方18.5万m^3。路基填筑全部为借方,平均运距24.8 km以上,取土场主要是强、弱风化岩石,土质含量很少。

由本案例可知，路基施工前首先应做好相关施工准备，了解路基填筑和开挖方法，了解土石方调配数量，并做好相关施工组织工作，如主要施工机械配备情况、主要质检仪器设备情况、工期安排、施工队伍组织、施工方案选择等。

任务12.1　路基施工准备

12.1.1　施工准备

1. 施工调查与审核设计

施工单位在接到施工设计文件后，应组织有关技术人员进行审核，充分了解设计意图，核对地形及地质资料。如发现误差，应及时与设计人员联系，更正设计错误。审核后的设计文件，应作审核记录，并由审核人签字。需办理变更设计手续的，应立即办理完善。为做好土石方调配和施工组织设计工作，需着重搜集下列资料：

(1) 特殊土地区和特殊条件下路基地质情况、河道情况、地下水位、冻结深度、风沙或泥石流等。

(2) 核对土石方类别及其分布，进行填料初步核查和试验，调查高填、深挖、站场施工环境条件及取、弃土困难地段的填料来源、弃土位置和运土条件(包括运距、道路交通情况)等。

(3) 大量石方爆破地段的地形、地貌、地质、附近居民、建筑物、交通与通信设施情况。

(4) 大型土石方施工机械的运输及组装场地。

(5) 各种临时工程和施工排水所需的资料。

(6) 改建既有线或增建二线并行路基时，搜集既有线的运营情况、路基状况以及为采取安全合理、施工方便的工程措施所需资料。

(7) 新技术、新工艺、新机具、新材料等特殊需要的资料。

(8) 农作物收、种季节及平均产量和办理用地补偿工作所需资料。

(9) 为办理房屋、道路、管路、线路等拆迁补偿工作和清理施工现场所需的资料。

(10) 现场布置、机具配备、工期安排。

(11) 任务划分、队伍部署、驻地选择。

根据沿线调查资料，写出调查报告，提出施工初步安排意见、施工中存在的问题及解决的措施。

2. 测量放线

完成现场交桩并办理书面交接手续之后，必须完成中线、水准的贯通测量，并与相邻地段贯通闭合，之后再施放线路中线桩和路基边桩。中线、水准、边桩的测量误差必须符合现行铁路测量的有关规定。测量工作必须贯彻双检制。

3. 征租土地

铁路用地及界内设施的拆迁、补偿必须遵守现行国家有关规定。

通常的办法是依据设计规定的路基用地范围与取、弃土用地范围划定用地界限，计算征地数量，同时根据施工设备、料场、生产和生活房屋等计算征地数量，向政府土地管理机关报送征、租地计划，经批准后按政府统一定价补偿。

4. 拆迁建筑物

用地范围内的既有房屋、道路、水渠、水闸、磨坊、牲口圈、水井、水窖、通信电力设备、各种管道、坟墓、祠堂庙宇以及文物、永久性测量标桩、地质或地震长期观察设施等建筑或土地附着物，应按设计进行详细核查,会同业主及有关单位依据设计部门提供的协议书确定拆迁、拆除或防护方案和完成期限,并明确负责者,订立合同(或协议),写明补偿依据和标准金额,于开工前办妥拆迁。

5. 修建施工便道(包括渡口码头等)

施工便道宜结合地方交通部门规划的永久性道路计划,参照临时道路修建标准进行修建,并力求避免与铁路、通信电力线路、农田灌渠和各种大型管道平交。如无法避免时,应与所属业主订立协议,按有关安全技术规定设置标志。

6. 设置排水系统

不论是填方还是挖方,开工前均应按设计图纸和规范的有关规定,将急需的永久性排水工程先行施工,并按施工过程的需要设置临时排水设施。

7. 修建临时工程设施

建筑生产与生活用房屋,架设通信、电力线路,解决工程与生活用水设施,修建机械停放场与料库。

8. 施工技术准备

路基工程施工前,应根据设计文件和施工调查资料,按工期要求编写实施性施工组织设计,确定施工方案,提出切实可行的安全、环保措施,合理地组织、调配劳力、材料与机械;组建工地试验室;建立健全安全、质量保证体系。

改建既有线或增建第二线施工,应按现行《铁路技术管理规程》的有关规定进行防护,并采取措施防止既有线的轨道设备受到损伤。改建原有道口时,应妥善安排施工期间的临时通道。路堤开工前,应根据该工点采用的填料种类与压实机械,选择一定长度的路堤做填筑、压实试验,以确定合理的铺填厚度、压实遍数和填筑工艺。

12.1.2　土质调查与鉴定

根据设计要求,结合工程对象及路基结构,选择合格的填料。由主管技术人员与试验人员现场勘察取样(包括取土场、路基基底),并通过试验确定填料类别,选择确定取土场地。完成土工试验后,按规定填写试验报告,经相关部门审核签认后方可使用。

1. 土质调查内容

(1)重点核查取土坑的地质情况。

(2)复查取土场的土质试验资料。

(3)补充变更设计地段的土质调查。

2. 土质调查程序

土质调查程序如图 12.1 所示。

3. 土质调查方法

(1)沿线取土坑

在重点土方工程地段,每间隔 500 m 距离,在线路中心的两侧交替位置用推土机或人工挖掘试验坑,开槽深度通常为 3～5 m,并以 0.5～1.0 m 分层取样,进行物理力学试验。

(2)填料取土场

在取土场土源区挖掘数处试验坑,

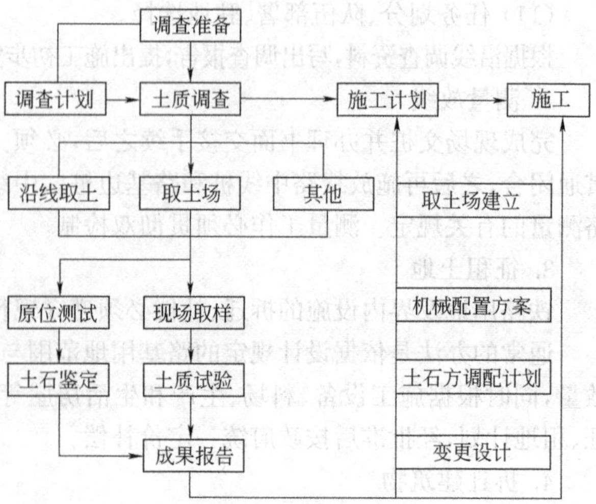

图 12.1　土质调查程序

分层取样，进行物理力学试验。

4. 土工试验成果的应用

路基工程的土工试验项目视需要而定。

1)土的工程分类

(1) 确定土的颗粒分组及砂石类土的名称

通过颗粒分析试验得到颗粒级配曲线，利用颗粒级配曲线进行土的颗粒分组。根据粒径分组，由大到小，以最先符合者确定碎石类和砂类土的名称。

(2) 确定黏性土的名称

由于土的界限含水率能较好地反映出细粒土随含水率变化的工程性质，因此可采用塑性指数确定黏性土的名称。

2)评价土的工程性质

(1) 确定土的潮湿状态

按饱和度的大小，碎石类土及砂类土可划分为稍湿、潮湿、饱和三种状态。饱和度值按下式计算：

$$S_r=\frac{V_w}{V_v}\times 100\% \tag{12.1}$$

式中 S_r——饱和度：

V_w——水所占据的体积；

V_v——孔隙部分的体积。

按液性指数的大小，土可分为坚硬、硬塑、软塑、流塑等状态。液性指数按下式计算：

$$I_L=\frac{w_0-w_p}{I_p} \tag{12.2}$$

式中 w_0——天然含水率；

w_p——塑限含水率；

I_p——塑性指数；

I_L——液性指数。

黏性土的各种状态可以用来判断土壤的稳定性。当天然含水率 w_0 接近于塑限 w_p 时，即 I_L 接近于零时，黏土质硬而强度高，其状态是稳定的；当天然含水率 w_0 接近于液限 w_L 时，即 I_L 接近于1时，黏土质软而强度弱，稍加振动即呈流动状态，是不稳定的。

(2) 判断土的密实程度

碎石类土的密实程度，一般按天然存在的状态和开挖钻探的难易，划分为密实、中密、稍密、松散四种。

砂类土的密实程度，用相对密度指标的大小和标准贯入试验的锤击数衡量。

黏性土的密实程度，间接地用其可压缩性表示，即按压缩系数指标划分成高、中、低三级。

(3) 确定岩石的强度等级

确定天然地基容许承载力时，对于软质岩石，采用天然湿度下的单轴极限抗压强度分类、对于硬质岩石，采用饱和状态下的单轴极限抗压强度分类。

3)土石分级分类鉴定及机械施工土石归类

(1) 土方通常按开挖时的特征鉴别。

对于软土(软黏性土、淤泥质土、淤泥、泥炭质土、泥炭)，因开挖时黏附工具，卸土时需连续敲击或推刮方能卸落者,故按土的工程分级类别鉴定标准提高一级归类;对于多年冻土,按施工时的具体情况和采取开挖的方法定级归类;爆破开挖的按石方归类。

(2) 石方工程分级分类鉴定,按钻爆难易和爆破参数鉴别。

(3) 采用机械施工的土石方,按液性指数 I_L 和相对密度 D_r 值归类。

4)填料分类和分组

填料选择是决定路堤能否坚固和稳定的重要因素。因此,填料的分类体现了填筑路堤的压实性、水稳性、渗透性和冻胀性等工程性质。

5)确定土的变化率

天然土体或岩石在施工过程中的变化,一般可以概括为三种状态,即开挖前的自然状态,挖掘、装运后的松散状态,压实后的密实状态。当处理相同质量的土石方时,其体积变化可用土石变化率的三个系数来表示。

(1) 土方松方系数

松方系数又称可松性系数或胀余率,用 K_1 表示:

$$K_1=\frac{\text{松方量}}{\text{原地面土方量}}=\frac{V_2}{V_1}=\frac{\gamma_d}{\gamma_d'} \tag{12.3}$$

式中　V_1——原地面土石方量(天然状态,m^3);

V_2——开挖同质量地面土石方变松后的土方量(m^3);

γ_d——原状土石的干重度(kN/m^3);

γ_d'——松散状态土石的干重度(kN/m^3)。

(2) 土的效率系数

土的效率系数又称压缩系数,用 K_2 表示:

$$K_2=\frac{\text{压实后的土方量}}{\text{原地面土方量}}=\frac{V_d}{V_1}=\frac{\gamma_d}{\gamma_n} \tag{12.4}$$

式中　K_2——压缩系数(效率系数);

V_1——原地面土方量(m^3);

V_d——同质量土碾压后的土方量(m^3);

γ_d——原状土的干重度(kN/m^3);

γ_n——压实土的干重度(kN/m^3)。

土的压缩特性可用压缩率 α 表示:

$$\alpha=\frac{\gamma_n-\gamma_d}{\gamma_d}\times 100\%=\frac{K_2\gamma_{nmax}-\gamma_d}{\gamma_d}\times 100\% \tag{12.5}$$

α 值一般在 10%~20%间变化。当以小数表示其值时,不难推出 K_2 与 α 之间的关系,即

$$K_2=\frac{1}{\alpha+1}=\frac{1-\alpha}{1-\alpha^2} \tag{12.6}$$

$$K_2\approx 1-\alpha$$

(3) 土的沉陷系数

土的沉陷系数是指挖出的松散土与正常摊铺压实后的土之间的单位体积比,以 K_3 表示:

$$K_3=\frac{\text{压实后的土方量}}{\text{取土时的土方量}}=\frac{V_d}{V_2}=\frac{\gamma_d'}{\gamma_d} \tag{12.7}$$

式中 V_2——开挖同质量地面土石方变松后的土方量(m^3)；

V_d——同质量土碾压后的土方量(m^3)。

(4) 地面压陷系数

在天然地基或经填筑压实后的路基面上，由于运输车辆或大型施工机械往返多次的运行，致使其地基或路基而可能产生的压陷量以压陷系数 C_1 表示，亦可经计算而得，即

$$C_1=\frac{P}{h} \tag{12.8}$$

式中 C_1——地面压陷系数(MPa/m)；

P——有效作用压力(MPa)；

h——压陷量(m)。

任务12.2 路基土石方调配

为了有效地组织路基施工，首先要解决的是土石方的调配问题，所谓土石方调配就是解决从路堑地段挖出来的土应该运到哪里去，路堤地段需要的土应该从哪里运来的问题。

12.2.1 路基横断面面积的计算

计算路基土石方数量必须先求路基横断面的面积、对于地面比较平坦规则的断面，可将其分成矩形、梯形、三角形分别计算。对于不规则地面的断面，通常采用两脚规量算法，可以较快地求出面积。如图 12.2 为按一定比例尺(1∶200)绘制的路基横断面，从横断面的中心向两侧每隔2 m(图中1 cm)画一竖线，如图中 $a,b,c\cdots a_1$ 等(如用方格纸绘制横断面图，则可利用印好的格线)，用两脚规逐次量其纵距并累计起来(可以逐渐张开两脚规的两脚求其总和)即可得横断面图的面积。

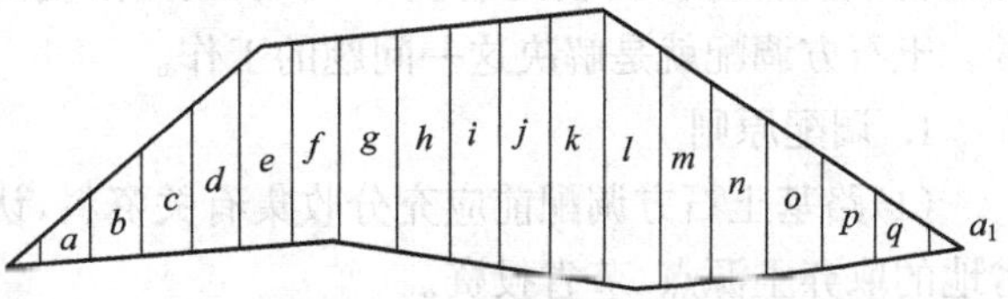

图 12.2 路基横断面分条法计算

由图 12.2 可知纵距 a 及a_1为左右两侧三角形的底边，同时 $a,b,c\cdots a_1$ 等为中间各梯形的底边，由于这些纵距的间隔为 2 m，即各梯形的高均认为是 2 m(这样取近似值会产生较大的误差，但对于算土石方数量来说精度已足够)，则路基横断面的面积为

$$F=\frac{a}{2}+\frac{a+b}{2}+\frac{b+c}{2}+\cdots+\frac{a_1}{2}=a+b+c+\cdots+a_1 \tag{12.9}$$

可见，路基横断面的面积等于间隔 2 m 的纵距之和。

利用两脚规量算路基横断面面积时，一般每个断面应该量测两次，取其平均值，并且两次数的差不得超过断面面积的 2%，否则应重新量算。

12.2.2 土石方工程量计算

计算线路土石方工程量的方法通常有两种：平均断面法和平均距离法。

(1)平均断面法

按照线路测量桩号分段计算。每段土石方的体积等于该段前后两个断面面积的平均数乘

该段的长度。如图 12.3 所示的土石方体积为

$$V=\frac{F_1+F_2}{2}\times l \tag{12.10}$$

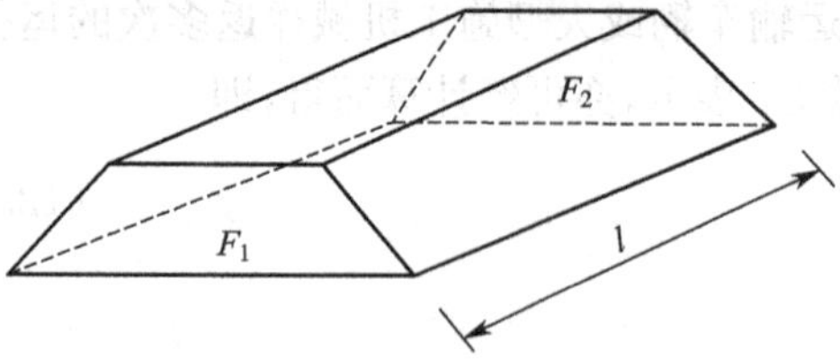

图 12.3　平均断面法计算

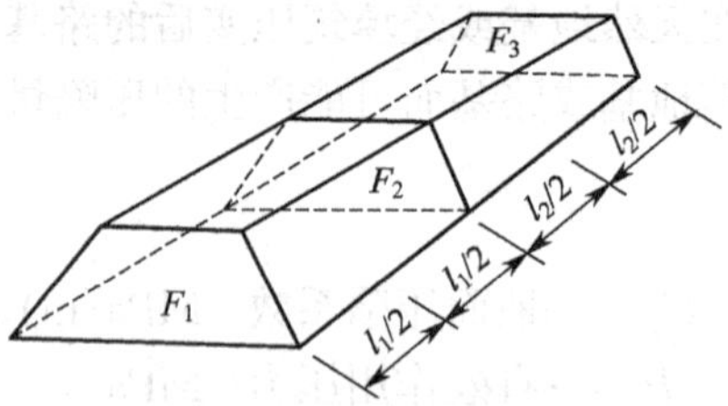

图 12.4　平均距离法计算

(2)平均距离法

如图 12.4 所示,该段土石方体积为

$$V=F_1\times\frac{l_1}{2}+F_2\times\frac{l_1+l_2}{2}+F_3\times\frac{l_2}{2} \tag{12.11}$$

实际工作中经常采用平均距离法计算土石方数量。

12.2.3　土石方调配的原则

从路堑挖出的土石,一般应尽量利用其填筑路堤,这称为移挖作填,这是路基工程的一个重要特点。在经济比较的前提下,争取最大限度的移挖作填,就能最大限度地降低施工工程量。土石方调配就是解决这一问题的工作。

1. 调配原则

(1)路基土石方调配前应充分收集有关资料,认真分析有关的取弃土源点,尽量利用荒地、劣地的取弃土源点,节省投资。

(2)取土、弃土及纵向利用,一般可根据经济运距确定,有条件时也可考虑扩宽断面取土,减少远运和少占农田。在特别工点或土方工程较集中地段,还应结合当地的农田建设、河渠的改移、隧道、站场、桥梁、施工程序、施工方法及干扰等具体情况,综合分析确定,尽可能减少施工方数。

(3)在取土场取土后应注意环境保护,尽量进行绿化(种草、种树)处理。

(4)弃土场弃土可选在低洼处,在不影响排水的情况下将弃土推平,有条件生长草木的应种草或小树。

(5)路基土石方调配采用的施工方法、施工程序及运输方法等应根据地形条件、施工方法,合理采用相应的机械施工或人力施工。

(6)合理使用土方。尽可能减少施工方数,充分利用弃方,但要避免不切实际的长距离隔山、隔沟、隔河调配。

(7)路基土石方调配段落的划分,以概算编制的施工段落为单元,中桥、隧道和车站的起讫点划分为小段落,必要的应结合标段进行划分。

2. 相关概念

(1)断面方:设计单位根据断面测量结果算出来的填、挖方数量称为断面方。

例如,某段线路的路堑挖方是 56 000 m^3,路堤填方是 30 000 m^3,则工程量是 86 000 m^3 断面方。

(2)施工方:施工时所做的挖运方数称为施工方。

例如,这段线路如果采用横向运土,即路堑里的 56 000m^3 是挖出来弃掉的,而路堤上需要的 30 000 m^3 是从取土坑运来的,则断面方需做 86 000 m^3 施工方;如果移挖作填,做 1 m^3 施工方就可完成 2m^3 断面方,所以,如果采用纵向运土移挖作填可以利用 27 000 m^3,其余3 000 m^3 填方取土填筑,那么施工方就只有 29 000(弃土)+27 000(利用)+3 000(取土)=59 000(m^3)。

因此,路基土石方工程的施工工程数量并不决定于路基建筑几何体积的计算,而是决定于路基土石方调配方案,所以在正式开工前做好最优的土石方调配工作,可以大大减少工程造价。

在设计中,路基土方计算与调配是将站场与区间正线分开列算的。在调配时应注意两专业之间的相互配合,合理的利用区间和站场之间的弃方量、以减少施工方。通常对区间路基土石方调配采用线法调配,而对大型站场的路基土石方调配采用面法调配。

(3)土积图:土积图是指在线路纵断面图下方,按照各桩号处的累计土石方数量(挖方为正、填方为负)所绘制的该段线路的土石方量累计曲线。

3. 土石方调配方法

1)线法调配

线法调配主要借助线路纵断面图和土积图来实现。

通过线路纵断面图和土积图,可以确定区间路基土石方调配的最大经济运距,从而得出最合理的移挖作填方案。

采用线法调配通常有两个运土方向:纵向运土和横向运土。纵向运土是指从路堑运土到两端的路堤;横向运土是指从路堑运土到弃土堆或从取土坑运土到路堤。当从路堑挖 1m^3 土纵向运到路堤的费用,比在该路堑挖 1m^3 土横向运到弃土堆,再从取土坑挖 1m^3 土横向运土到路堤的总费用低时,纵向运土是较为经济的。但随着纵向运土的距离增大,利用方的单价也随之增大。当纵向运土增加到一定的距离,使得从路堑挖运 1m^3 土到路堤的费用,比将该 1m^3 土运到齐土堆,再从取土坑挖 1m^3 十运到路堤的总费用大时,则纵向运土应改为横向运土,这一运距称为最大经济运距,可以由下式算出:

$$L_c \leqslant \frac{a+b(L_c+L_f)+d}{b} \tag{12.12}$$

式中　a——挖装 1 m^3 土石方的费用,其值随施工方法和土的等级不同而不同;

b——1 m^3 土石方运送 1 m 距离的费用,其值随运输方法的不同而不同;

d——1 m^3 弃土和 1 m 取土所占用土地的地亩费用;

L_c——1 m^3 土石方路堑运送到弃土地点的运送距离;

L_f——1 m^3 土石方从取土坑运送到路堤的运送距离。

路基土石方的线法调配,是在较熟练地掌握调配原理和符合经济条件的前提下,在每百米的土石方数量图上进行的。

应当指出,移挖作填的合理运距不能单纯从经济上考虑。在线路穿经城镇、工矿、森林田、果园等地区时,必须尽可能压缩取、弃土用地宽度,适当加大移挖作填距离,这不仅在宏观上是合理的,而且随着运土机械的发展,也是可能的。而对于不可避免地必须占地的场合需要尽可能地不占好地,或通过施工改地造田,造地还田。

2)面法调配

站场(区段站、编组站或较大站坪等)土石方调配与区间路基不同,其特点是施工范围广且施工场地宽;工程量大而集中,山区铁路尤为显著;站内建筑物多且施工顺序先后不一,有的要考虑分期施工并需满足扩建要求;取土、弃土受城市建设的限制(不能在站场范围或距站场较近地点挖坑取土或堆置弃土堆)。因此,站场土石方调配一般采用面法调配。

面法调配主要用于大型站场和重点高填深挖的大面积土石方调配。其运土方向无规律性,只要能做到在站场范围内将土石方合理分配即可。

采用面法调配时,必须同时考虑站场附近其他设施的施工对土石方调配的影响。如果对这些情况不了解,或者对其给土石方调配带来的影响程度估计不足,将使调配工作复杂化,造成不必要的浪费,增大工程成本。在考虑填挖方数时,要把同一站场内施工的建筑物基坑、地道及其他可以利用做填方的挖土数量计算进去;在大量修建作为疏干场地用的排水沟及渗沟时,须计算其土方数量,因为这些土方有时数量很大,能影响土方调配;大型编组站施工进度计划中所规定的线群铺设及开通次序对土方工程施工方法的选择及土方调配具有决定性影响;对于附近是否有可以利用的设备、可利用的程度等均要全盘考虑。

(1)面法调配的调配程序

①在站场地形平面图上画出方格,方格的大小应根据地形条件和要求的精度确定,一般边长 10～100 m,并将方格编上号,如图 12.5 所示。

②根据设计高程和地形断面(地面实测高程)确定填挖零线。

③计算每一方格填挖数量。

④进行土石方调配,选择施工方法,确定运土线路。在进行土石方调配时,必须遵守运距最短和运输互不干扰的原则。

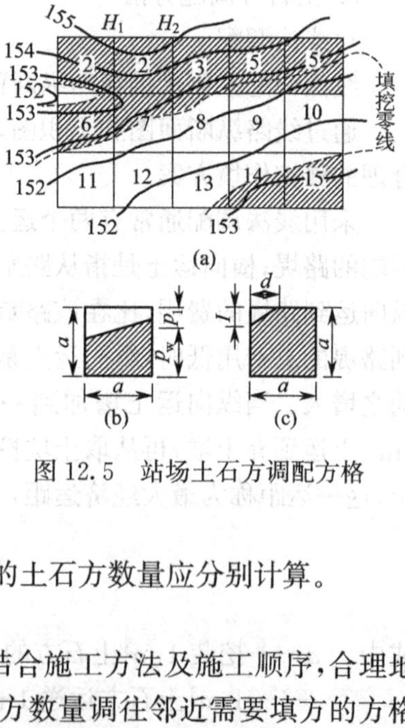

图 12.5　站场土石方调配方格

(2)站场土石方的计算

站场土石方可采用四方棱柱体公式计算每个方格内的土石方填挖数量。对于填方:填高＝设计高程－地面高程。当一个方格中有部分填方和部分挖方时,其填方和挖方的土石方数量应分别计算。

(3)土石方调配

根据计算出的土石方数量,按全站场的填挖分布情况,结合施工方法及施工顺序,合理地确定调配方案。一般先求方格本身的填挖平衡,将剩余的挖方数量调往邻近需要填方的方格内;待每一方格的填挖方平衡后,如填方不足或挖方有余,则从站场范围外某处取弃土,或结合农业建设,在指定地点取弃土。

站场土石方调配,应在施工组织设计说明书中说明选定调配方案的主要理由以及所采取的有关施工方法和重要措施的基本内容。

12.2.4　土石方调配的注意事项

(1)各种运输方法的运距:人力施工的运距为 10 m 的整倍数,铲运机为 100 m 的整倍数,汽车为 1 km 的整倍数。

(2)填筑路堤时,需按机械施工填土、人力施工填土和填石分别提出数量,以便据此计列填土压实、边坡整修费用。

(3)在不良地质地段,如需挖除基底及取土坑铲除表土时,应单独计列数量及运距

(4)移挖作填土或取土填方,均不计算涨余率,根据挖方数量断面方计算。利用石方填筑

路堤时，考虑岩石爆破有扬弃方数，在填方利用时不再考虑石方涨余率。隧道弃渣作为填料，也不再考虑涨余率。

(5)新建铁路路基土石方工程概(预)算的定额中，已包括了一般地区的砍树、铲草皮、原地面挖台阶、原地面压实等工作内容。因此，一般地区的路基土石方工程，不需另提上列内容的工程数量。但下述情况要单独提出工程数量：既有路基帮宽时，挖台阶的数量应单独按面积(m^2)计列。

(6)石方爆破防护数量：对于既有电气化铁路增建二线控制爆破方开挖工程，应按施工条件不同分为 A、B、C 三类分别提出。

A 类：线间距≤5 m，开挖高度>8 m，开挖厚度≤4 m，既有边坡坡度>1∶0.5，岩石硬度为次坚石及以上。

B 类：线间距≤10 m，开挖高度≤10 m，既有边坡坡度≤1∶0.5。

C 类：不满足 A、B 类条件，但距既有线路路堑边坡顶 50 m 之内无天然屏障的石方爆破。

开挖高度为路肩至路堑边坡顶最高点的高度，开挖厚度为爆破体平均开挖厚度。当一个工点石方控制爆破量≤1 000 m^3时，可以乘以系数 1.10 计算。定额中已考虑了要点封闭线路引起的工效降低因素，使用时不再计列行车干扰施工增加费。

(7)以石代土作为填堤时不需洒水，只计列压实数量。

(8)下列情况应计列行车干扰数量：

①在行车线及其轨道中心平距 5 m 范围。

②在行车线路内全部范围。

③平面跨越行李线运弃土石方。

(9)调配后的检查：

断面方＝施工方＋利用方

路填方(夯实)＝利用方＋购土＋隧道弃渣＋其他工程弃土

挖方数量＝利用方＋弃土方＋调往其他工程方数

任务 12.3　路堤填筑

路堤是用土、石填筑的建筑物。为了保证路堤的坚实稳固，使其在温度、湿度等季节性变化的各种自然条件下具有足够的稳定性，必须采取适当的施工方法，切实做好基底处理，正确选择填料，确保夯压质量，并做好各种防护加固措施。

12.3.1　路堤填料的分组及选择

1. 路堤填料分组

普通填料按工程性能及级配特征可分为 A、B、C、D 组填料，普通填料组别分类见《铁路路基设计规范》(TB 10001—2016)附录 A。母岩饱和单轴抗压强度小于 20 MPa 的粗粒和巨粒土填料组别划分应结合试验和地区经验确定；有机土(有机质含量大于 5%)严禁作为路基填料使用；膨胀土、盐渍土作为路基填料使用应符合《铁路特殊路基设计规范》(TB 10035—2018)相关规定。

普通填料的分类应符合下列规定：

(1)A 组填料为良好级配、细粒含量小于 15%的碎石土和砾石土，分为 A1、A2 组，并符合表 12.1 的规定。

表 12.1　A 组填料细分表

分类		名称	级配	细粒含量
A1 组		角砾土	良好	<15%
A2 组	1	圆砾土	良好	<15%
	2	碎石土	良好	<15%
	3	卵石土	良好	<15%

(2)B 组填料为 B1、B2、B3,并符合表 12.2 的规定。

表 12.2　B 组填料细分表

分类		名称	级配	细粒含量	小于 5 mm 颗粒含量	0.075 mm~5 mm 颗粒含量
B1 组	1	角砾土、碎石土、圆砾土、卵石土	间断	<15%	>35%	—
	2	砾砂、粗砂、中砂	良好	<15%	—	—
B2 组	1	角砾土、碎石土、圆砾土、卵石土	间断	<15%	≤35%	—
	2	角砾土、碎石土、圆砾土、卵石土	均匀	<15%	—	—
	3	角砾土、碎石土、圆砾土、卵石	—	15%~30%粉土	—	≥15%
	4	砾砂、粗砂、中砂	间断	<15%	—	—
	5	砾砂、粗砂、中砂	—	15%~30%粉土	—	—
B3 组	1	角砾土、碎石土、圆砾土、卵石土	—	15%~30%粉土	—	<15%
	2	角砾土、碎石土、圆砾土、卵石土	—	15%~30%黏土	—	≥15%
	3	砾砂、粗砂、中砂	均匀	<15%	—	—
	4	砾砂、粗砂、中砂	—	15%~30%黏土	—	—

(3)C 组填料为 C1、C2、C3,并符合表 12.3 的规定。

表 12.3　C 组填料细分表

分类		颗粒名称	级配	细粒含量	0.075mm~5mm 颗粒含量
C1 组	1	块石土	—	<30%	—
	2	块石土	—	30%~50%粉土	—
	3	碎石土、砾石土	—	15%~30%黏土	<15%
	4	碎石土、砾石土	—	30%~50%粉土	—
	5	砾砂、粗砂、中砂	—	30%~50%粉土	—
C2 组	1	块石土	—	30%~50%黏土	—
	2	碎石土、砾石土	—	30%~50%黏土	—
	3	砾砂、粗砂、中砂	—	30%~50%黏土	—
	4	细砂	良好	<15%	—
C3 组	1	细砂	间断或均匀	<15%	—
	2	粉砂	—	—	—
	3	低液限粉土	—	—	—
	4	低液限黏土	—	—	—
	5	低液限软岩	—	—	—

(4)D 组填料可分为 D1、D2,并符合表 12.4 的规定。

表 12.4　D 组填料细分表

分　类		颗粒名称	粗粒含量
D1 组	1	高液限粉土	30%～50%
	2	高液限黏土	30%～50%
	3	高液限软岩土	30%～50%
D2 组	1	高液限粉土	<30%
	2	高液限黏土	<30%
	3	高液限软岩土	<30%

2. 填料的鉴别

路基填料在使用以前必须经过严格的试验,得到符合规范要求的指标以后方可使用,因此,在填料试验室分别进行筛分法试验、液限及塑限试验和对特殊土辅以专门的鉴别试验,并计算 C_u(不均匀系数)和 C_c(曲率系数)值,据此判别填料级别的好坏。

3. 相关规定

(1)基床底层及以下路堤普通填料和物理改良土填料的种类、规格、性能应符合下列规定:

①基床以下路堤填料的粒径应小于 75 mm,基床底层填料的粒径应小于 60 mm;

②填料的粒径级配、细粒含量及定名分组应符合《铁路路基设计规范》(TB 10001—2016)的相关规定;

③寒冷地区路基冻结影响范围内的填料,砾石类土的细粒含量不应大于 15%,砂类土的细粒含量不应大于 5%;

④浸水路堤填料细粒含量应小于 10%;

⑤路基填料除应满足室内试验指标要求外,还应对填料的压实性能进行填筑工艺试验验证,压实性能不满足要求时应对填料进行物理改良,以达到压实质量标准。

(2)基床底层及以下路堤化学改良土填料的种类、规格、性能应符合下列规定:

①用石灰改良的原土料,有机质含量不大于 5%,硫酸盐含量不应大于 0.8%;

②用水泥改良的原土料,有机质含量不宜大于 2%,硫酸盐含量不应大于 0.25%;

③外掺料为水泥时,宜采用普通硅酸盐水泥、矿渣硅酸盐水泥或复合硅酸盐水泥,初凝时间不宜小于 3.0 h,终凝时间不宜小于 6.0 h,安定性和强度指标应符合《通用酸盐水泥》的要求,不应使用快硬水泥、早强水泥;

④外掺料为石灰时,宜采用钙质生石灰,石灰的氧化钙+氧化镁($CaO+MgO$)含量不应小于 80%,二氧化碳(CO_2)含量不应大于 9%,生石灰粉 0.9 mm 筛的筛余不应大于 0.5%,建筑钙质生石灰未消化残渣含量(5 mm 圆孔筛余)不应大于 15%;

⑤外掺料为粉煤灰时,矿物成分($SiO_2+Al_2O_3+Fe_2O_3$)含量不宜小于 70%,0.045 mm(方孔筛筛余)不应大于 20%,三氧化硫(SO_3)含量不应大于 3%,烧失量不应大于 8%;

⑥经改良后的填料无侧限抗压强度应符合表 12.5 的规定。

(3)路基基床表层级配碎石分为Ⅰ型级配碎石和Ⅱ型级配碎石,应符合下列规定:

Ⅰ型级配碎石的粒径级配应符合表 12.6 的规定,0.02 mm 以下粒径质量百分率不应大于 3%;在压实系数为 0.97 情况下,其透系数应小于 1×10^{-6} m/s。

表 12.5　改良土无侧限抗压强度(饱和)(kPa)

铁路等级		路基部位		
		基床表层	基床底层	基床以下路基
客货共线铁路	Ⅱ	≥500(≥700)	≥300(≥450)	≥200
	Ⅰ	—	≥300(≥450)	≥200

注:1. 表中的强度值为 7 d 龄期的饱和无侧限抗压强度。
2. 表中括号内数值为改良土考虑冻融循环作用时所需的强度值。

表 12.6　基床表层Ⅰ型级配碎石粒径级配

方孔筛孔边长/mm	0.075	0.5	1.7	7.1	22.4	31.5	45
过筛质量百分率	0~7%	19%~32%	33%~46%	53%~75%	79%~91%	89%~100%	100%

Ⅱ型级配碎石的粒径级配应符合表 12.7 的规定,0.075 mm 以下粒径质量百分率不得大于 3%,压实后 0.075 mm 粒径含量不得大于 5%,细颗粒含量需采用洗筛的方法测试;持水率不大于 5%,渗透系数应大于 5×10^{-5} m/s。

表 12.7　基床表层Ⅱ型级配碎石粒径级配

方孔筛边长/mm	0.075	0.5	1.7	7.1	22.4	31.5	45	60
过筛质量百分率	0~3%(5%)	8%~20%	16%~33%	37%~53%	63%~79%	73%~89%	85%~100%	100%

注:表中括号内数值为压实后的颗粒含量。

①级配碎石级配特性应满足不均匀系数 C_u 不小于 15、曲率系数 C_c 为 1~3;

②粒径大于 1.7 mm 集料的洛杉矶磨耗率不应大于 30%,硫酸钠溶液浸泡损失率不应大于 6%,粒径小于 0.5m 细粒料的液限不应大于 25%,塑性指数不应大于 6;

③级配曲线应接近圆滑,某种尺寸的颗粒不应过多或过少;

④颗粒中细长及扁平颗粒含量不应超过 20%、压碎指标应小于 16;

⑤黏土团及有机物含量不应超过 2%。

4. 填料选择

(1)基床表层填料应符合表 7.11 的要求,基床表层级配碎石技术要求应符合《铁路路基设计规范》(TB 10001—2016)的规定。

(2)基床底层填料应符合表 7.12 要求。

12.3.2　路堤地基表面处理

为了保证路堤的整体稳定,路堤基底本身必须稳固、干燥、粗糙,并具有足够的承载力,防止路堤产生显著的沉落变形,路堤下部不致受水浸而降低其强度,填料与原地面紧密结合,防止路堤沿基底面滑动。

1. 处于稳定斜坡上的地基表层处理,应符合下列要求:

(1) 地面横坡缓于 1∶5 时,应清除草皮。

(2) 地面横坡为 1∶5~1∶2.5 时,原地面应挖台阶,台阶宽度应不小于 2 m。当基岩面上的覆盖层较薄时,宜先清除覆盖层再挖台阶。当覆盖层较厚且稳定时,可予保留,即在原地面挖台阶后填筑路堤。

2. 地面横坡陡于1∶2.5的陡坡路堤,必须检算路堤整体沿基底及基底下软弱层滑动的稳定性,抗滑稳定安全系数不得小于1.25。当符合要求时,应在原地面设计台阶;否则应采取改善基底条件或设置支挡结构物等防滑措施。

陡坡路堤靠山侧应设排水设备,并采取防渗加固措施。

3. 基底有地下水影响路堤稳定时,应采取拦截引排至基底范围以外或在路堤底部填筑渗水填料等措施,但不应恶化基底条件。

4. 地基表层为松散土层时,应将松土翻挖,分层回填压实或采取其他地基加固措施。

5. 地基表层为软弱土层,应根据软弱土层的性质、厚度、含水率、地表积水深度等,采取排水疏干、挖除换填或填砂砾石等地基加固措施。

6. 软土及其他类型厚层松软地基上的路基须进行路基稳定性、沉降检算,当工后沉降不满足要求时,应进行地基处理。

地基处理方法　石灰桩施工

12.3.3 路堤填筑方法

为了保证路堤的施工质量,必须根据不同情况采用适当的填筑方法。

(1)用细粒土、粗粒土及卵石、碎石类土填筑路堤时,应按路堤横断面全宽,水平分层填筑,每层厚度约0.3 m。填筑时由基底地面最低处起,自下而上分层填筑,逐层夯压密实。

(2)用不易风化的石块填筑路堤时,基床部分应分层填筑,基床表层石块的最大直径不得大于150 mm;基床以下部分可以倾填。边坡一般以较大石块码砌,常见码砌形式有台阶式和栽砌式两种,如图12.6所示。

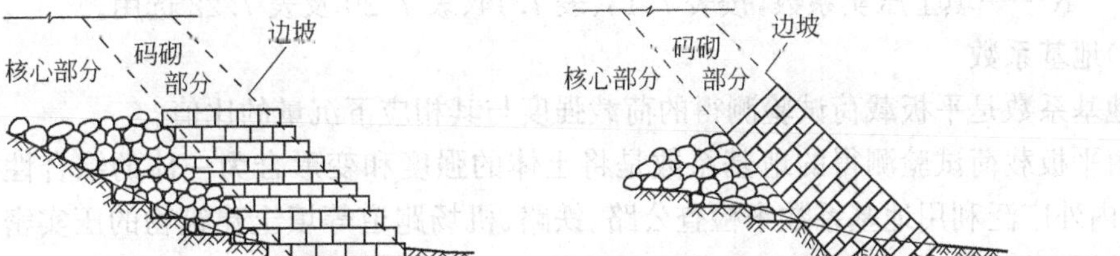

(a) 台阶式　(b) 栽砌式

图12.6 边坡码砌形式

(3)用易于风化的石块填筑路堤时,应分层填筑,每层厚度约0.5 m,石块摆平放稳,石块间的空隙用小石块、石屑填塞。对于可压碎的风化石块,应尽量分层压实。

(4)用不同填料填筑路堤时,应将不同填料分层填筑。渗水土置于非渗水土之上时,非渗水土表面应有向两侧不小于4%的横坡;非渗水土置于渗水土之上时,接触面可做成平面,当渗水土为较大的卵石、砾石或石块时,应在接触面设置垫层;当分层填筑困难时,一般将渗水性弱的土填在堤心部分,两侧填筑渗水性强的土,如图12.7所示。

(5)桥台背后填土时,在桥台背后下方不小于2 m,上方不小于2 m加桥台高的范围内,应以渗水土填筑,如图12.8所示。确有困难时,除严寒地区外,可用一般黏性土填筑。

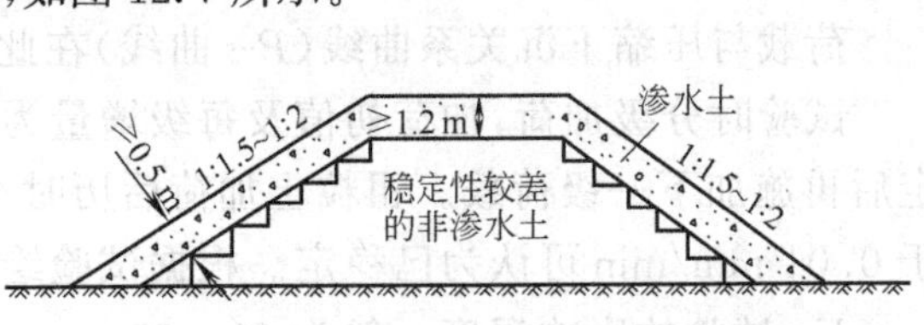

图12.7 "包心路堤"横断面

(6)填筑涵管缺口路堤时,应先在其两

侧及顶部铺设 20 cm 厚黏性土作保护层，再从涵管两侧不少于涵管孔径两倍的宽度内，自下而上分层对称填筑，如图 12.9 所示。

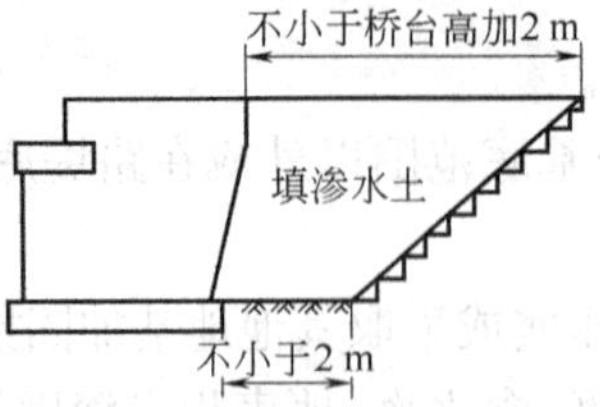

图 12.8　桥台背后填土

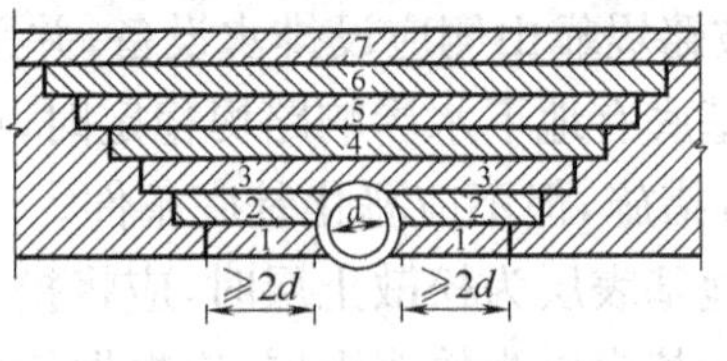

图 12.9　涵管缺口路堤填筑顺序

(7)陡坡地段的半填半挖路基，在路基面下 1.2 m 范围内，挖方部分宜挖除换填与填方部分相同的填料。

(8)为保证路堤全断面的压实一致，边坡两侧各超填 0.4～0.5 m，竣工时刷坡整平。

12.3.4　填土夯压质量控制及检验

1. 填土夯压质量控制

1)压实系数

压实系数是填土压实后的干密度与击实试验得出的最大干密度的比值。

填筑细粒土和粉土、粉砂时，施工控制所要求达到的干密度 ρ_{dc} 按下式计算：

$$\rho_{dc}=K\rho_{max} \tag{12.13}$$

式中　ρ_{max}——细粒土及粉土、粉砂的最大干密度；

K——填土压实系数，按表 7.13、表 7.14、表 7.20 及表 7.22 选用。

2)地基系数

地基系数是平板载荷试验测得的荷载强度与其相应下沉量的比值。

由平板载荷试验测得的地基系数是将土体的强度和变形合为一体的综合性指标。近年来，国内外广泛利用地基系数来检查公路、铁路、机场跑道等填土建筑物的压实密度。日本铁路路基压实用平板载荷试验所得的地基系数 K_{30} 来控制压实密度。我国大秦铁路首次引用 K_{30} 评价铁路路基的压实质量，继后又在其他铁路上得到应用。

K_{30} 荷载板测试车，是一种小直径(30 cm)平板载荷测试设备，试验车安装了荷载和位移量测系统、液压加载系统，压力和变形均直接由传感器获得。

根据地基系数的定义，K_{30} 值为

$$K_{30}=P/s \tag{12.14}$$

式中　P——荷载值(MPa)，试验时取对应产生压缩下沉 $s=1.25\times10^{-3}$ m 时的荷载值计算；

s——荷载作用下的压缩下沉值，取 $s=1.25\times10^{-3}$ m。

荷载与压缩下沉关系曲线(P-s 曲线)在此段近似直线，P/s 表示曲线斜率。

试验时分级加荷，加荷初值及每级增量为 40 kPa。待上一级荷载作用下土的变形稳定后再施加下一级荷载。粗粒土加荷后历时 3 min 可认为变形已稳定。细粒土当变形小于 0.01 mm/min 可认为已稳定。根据试验绘制 P-s 曲线计算地基系数 K_{30} 值。

K_{30} 试验的影响深度一般为 60～90 cm。对于路基填土铺土厚度来说，这个深度是足够的。

2. 填土夯压质量的检验

1)灌 水 法

在检查处铲平地面,然后挖一圆柱形试坑,称出挖出土的质量 m,取代表性试样测含水率 w。试坑挖好后,将略大于试坑容积的塑料袋置于坑内,往坑内注水,直至水面与坑口齐平,测出注入坑中水的体积 V,水的体积也为试坑体积,土的密度 $\rho=m/V$。干密度 $\rho_d=\rho/(1+w)$。

2)灌 砂 法

原理与灌水法相近。具体步骤详见《铁路工程土工试验规程》。灌水法、灌砂法适用于夹有5 mm以上颗粒的土石。

3)核子密度湿度仪

核子密度湿度仪是利用原子核的放射性,测量土的密度和湿度的一种仪器。土的密度是依靠辐射源铯-137测量的。辐射源装在放射杆上可上下移动,它发射出的 γ 射线进入被测填土时,如填土密度较低,大量射线就会穿过填土,在单位时间里,仪器内部的计数管接收到的计数就大,反之,填土密度高,计数就小。湿度测量是利用仪器中密封的辐射源铯发出的中子射线检测的。当中子射线进入填土中时,填土水分中的氢离子与中子相碰后,中子射线减速,减速后的慢中子由检测接收管接收计数。如果土中含水率高,单位时间内的慢中子计数就高,反之则少。用此仪器可直接得到填土的湿密度、干密度、含水率。如将最大干密度输入微机可得到压实系数 K。此仪器特别适宜在砂土、黏性土中使用,不适宜在碎石类土、块石土中使用。

4)承压板 K_{30} 试验

不论填料是细粒土、粗粒土、碎石类土和块石类混合料,均可采用地基系数作为控制指标,试验得出的地基系数不得小于表7.13、表7.14、表7.20、表7.22的规定值。

填土夯压质量的检查按下列步骤进行:

(1) 按工地土工试验或野外鉴别法确定土的种类。

(2) 做土工试验测定土的最大干密度、最优含水率及土粒相对密度。计算施工控制所要求达到的干密度。

(3) 测出土在夯压后的干密度及含水率。

(4) 如果实测干密度等于或稍大于施工控制干密度,且含水率也接近最优含水率,则表示夯压正常。如果实测的干密度与施工控制干密度相差较大,则应根据下列不同情况进行调整:

①实测干密度较大,含水率接近最优含水率,应适当减少夯压次数。

②实测干密度小于施工控制干密度,含水率接近最优含水率时,说明夯实不够,应增加夯压次数。实测干密度小于施工控制干密度,含水率大于最优含水率时,说明土中含水过多,应采取排水疏干、松土晾干或渗水土夹层等措施,以降低含水率。

③实测干密度小于施工控制干密度,含水率小于最优含水率且相差较大时,说明土中含水过少,应增加水分。

12.3.5 预留沉降量及观测

填筑路堤时,应根据路堤高度、填料种类、压实条件、地基情况、施工季节及延续时间等因素,估计填筑后路堤和地基的总沉降,预先加筑沉降量,并考虑与桥台及两端线路纵坡顺接,适当调整预留量;待路堤竣工(铺轨)时,再根据路基面沉降观测推算的剩余沉降量修正预留量。

路堤预留沉降量可按下列范围取值:

(1)路堤高度小于或等于 5 m 时,可按平均堤高的 0.5%~2%预留沉降量;路堤高度大于 5 m 时,5 m 范围内仍按平均堤高的 0.5%~2%预留沉降量,超过 5 m 部分按平均堤高的 0%~1%预留沉降量。

(2)用级配良好的不易风化块石填筑,并用重型机械压实的路堤,预留沉降量可按堤高的 0%~0.5%取值。

(3)路堤高度差在 4 m 以内的地段可按该段堤高的平均值计算预留沉降量。预留沉降量后,路堤坡脚位置仍按设计路肩高程及边坡坡度测定,路基面设计宽度不变。

(4)对边坡高度大于 12 m 的路堤,应在填筑完成后选有代表性的断面进行路基面沉降观测。观测点宜设在边坡较高一侧的路肩附近,定期进行观测,用拟合沉降曲线法推算最终沉降量和剩余沉降量,并据以修正预留沉降量。对边坡高度等于和小于 12 m 及停放期较短的路堤,可按上述影响因素比照同类路堤的观测推算结果取值,修正预留沉降量。

(5)预留沉降提高路基面地段的两端,应向相邻的填挖交界或桥台以及预留沉降量较小的地段顺坡递减;顺坡后的坡度不应大于线路限制坡度加 2‰。

12.3.6 改良土施工

改良土是指在土中加入掺合料以改良土的工程性质。物理改良的掺料可采用砂、砾石、碎石等;化学改良的掺合料可采用水泥、石灰、粉煤灰等。填料改良应通过试验提出最佳掺合料、最佳配合比及改良后的强度等指标。

1. 对外掺料的要求

外掺料的种类和品质应符合设计要求;包装、运输和储存应保证不受潮变质。掺料中不应含有草根、杂物。

2. 改良土的施工

施工前应根据设计配方现场取样做室内试验,确定改良土的最大干密度和最优含水率;并按设计要求做强度试验,不满足要求时应调整配方。施工前应按相关规定进行试验段施工,以确定施工工艺和参数。

施工时应严格按照室内试验配方配料,拌和至色泽均匀。拌和方法宜采用集中拌和法、路拌法或采用土壤稳定处理机拌和。改良土的压实密度应满足设计要求。压实含水率应严格控制在最佳含水率-1%~+2%范围内。两段路堤接头处每层端头应预留 2~3 m 的搭接台阶。

3. 石灰改良土施工应符合的规定

土料中硫酸盐含量应小于 0.8%,有机质含量应小于 10%,土块粒径应耙碎至设计要求。石灰撒入土中后,宜不洒水进行初拌,拌匀后应闷料 8~10 h,再进行洒水复拌,拌匀后即可整平压实。

压实后各项性能指标的检测应按设计要求进行。

4. 水泥改良土施工应符合的规定

土料中硫酸盐含量应小于 0.25%,有机质含量应小于 2.0%,土块粒径击碎至粒径不大于 15 mm。水泥撒入土中后应立即进行干拌,拌匀后再边洒水边拌和,拌和匀后立即整平、压实;从拌和开始至压实完成不应超过 5 h。压实时应采取措施减小震动,避免扰动下层。

压实后各项性能指标的检测应按设计要求进行。

改良土压实后应按规定进行养护。

改良土不得在雨天和寒冷的冬季施工，并应在冰冻前留足养护期。

12.3.7 冬期、雨期施工

1. 冬期施工

昼夜平均气温在0 ℃以下且连续15 d时，应按低温施工办理。

冬期施工的路堤地基应在冻结前处理，处理后还应清除冰雪，疏干积水，坑洼处用与地基同类的未冻土填平压实。处理好的地基应随即覆盖不使冻结。低温施工宜选用级配良好的渗水土作填料，当需要使用非渗水土时，其含水率宜低于塑限。季节性冻土地区不得使用冻土填筑路堤。

冬期施工应采取的防冻措施：

(1) 施工地段的积雪，施工前必须清除。

(2) 填筑路堤应随挖、随填、随运、随压实，已铺土层未压实前，不得中断施工。应保证挖、运、填、压的周转时间小于土的冻结时间。

(3) 对于取土场、路堑和路堤的外露土层应用松土或草袋覆盖。

(4) 分层填筑铺土厚度应减薄20%～25%。

(5) 施工中遇到大雪或其他原因中途停工时，应整平填层及边坡并加覆盖；继续施工前，应清除表面冰雪。

冬期施工的路基面及边坡的修整工作宜在解冻后进行。

2. 雨期施工

雨期施工地段，应在雨期前做好涵洞，并做好防水、防洪及排水工作。

雨期填筑路堤，应集中力量，组织快速施工，不宜全面铺开。填层表面横向排水坡度不应小于2%。

严禁在雨天进行填筑非渗水土的作业。

雨后必须待填层面晾干或采取其他措施，并确认填料含水率合格后才能继续施工。

任务12.4 路堑开挖

12.4.1 土方路堑的开挖

1. 土方开挖要求

(1)对适用于种植草皮和其他用途的表土，应储存于指定地点。

(2)对开挖出的各种土方，应尽可能用于路堤填筑。不同种类的土方不应混杂。不适宜填筑的土方应按规定办理。

在开挖路堑前，应提出弃土的施工方案，报有关单位批准后实施(该方案包括弃土的方式、调运方案、弃土的位置、弃土形式、坡角加固处理方案、排水系统的布置及计划安排等)。方案改变时，应报批准单位复查。

弃土堆的位置与高度应保证路堑边坡、山体和自身的稳定，并不得影响附近建筑物、农田、水利、河道、交通和环境等。

① 在平缓地面设置堑顶弃土堆应符合下列规定：弃土堆内侧边坡高度不应大于2.5 m，坡度不应陡于弃土的天然坡度；弃土堆的内侧坡脚至堑顶的距离宜为 2～5 m；堑坡较高，土质较差时不宜小于 5 m；对于分期修建的复线或站场，弃土堆应预留远期工程的位置：弃土堆置于山坡上侧时，应连续堆填；置于山坡下侧时，应间断堆填，并应使堑顶地面水能顺利排出。

② 在地面横坡陡于 1∶5 的地段，不应在路堑上方设置弃土堆。

③ 土质松软的路堑和岩层倾向线路且倾角对边坡不利的地段，不应在堑顶设置弃土堆。

④ 弃土应符合下列规定：在不影响路堤稳定时，弃土可紧贴路堤坡脚填成护道，并按填筑路堤的要求分层压实；严禁在岩溶漏斗、暗河口、泥石流沟上游及贴近桥墩台弃土（渣）；沿河岸或傍山路堑的弃土，不得弃入河道挤压桥孔或涵洞口，不得改变水流方向和加剧对河岸的冲刷；不得向江、河、湖泊、水库、沟渠弃土（渣）；不宜沿江、河、海的岸滩堆置弃土（渣）。

⑤ 对弃土（渣）场应按照设计及时完成防护工程。

(3)不论开挖工程量和开挖深度大小，土方开挖均应自上而下进行，不得乱挖超挖，严禁掏洞取土。在不影响边坡稳定的情况下采用爆破施工时，应经过设计单位批准。

(4)路堑开挖中，如遇土质变化需要修改施工方案及边坡坡度时，应及时报批。

2. 土方路堑开挖

路堑开挖可按地形情况、岩层产状、断面形状、路堑长度及施工季节，并结合土石方调配选用下列方式进行。

1)全断面开挖法

指在路堑整个横断面的宽度和深度，从一端或两端逐渐向前的开挖方式，如图 12.10(a)所示。宜用于平缓地面上短而浅的土石路堑，用挖装、车运机具施工。

2)横向台阶开挖法

横向台阶开挖宜用于平缓横坡上一般土石路堑，用挖装、车运机具施工；较深路堑宜分层开挖，如图 12.10(b)所示。

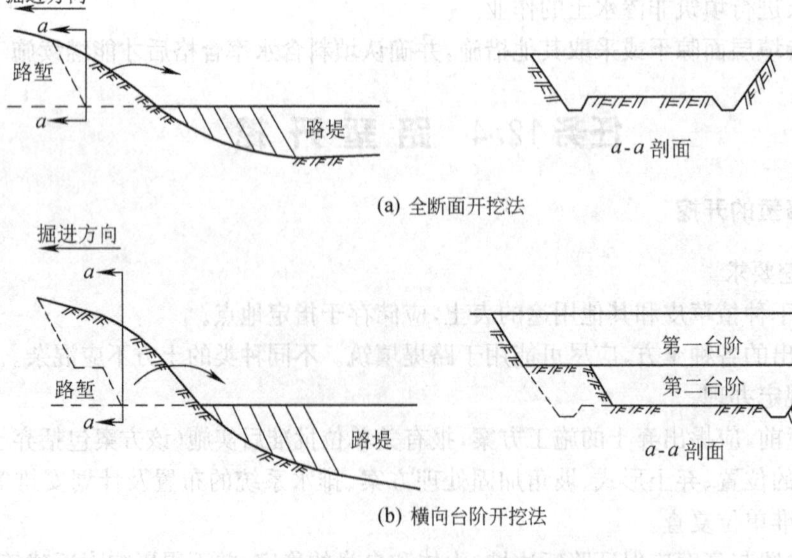

图 12.10　全断面及横向台阶开挖法

(1) 用人力按横向台阶开挖法开挖路堑时，可在不同高度处分几层台阶开挖。台阶高度宜为 1.5～2.0 m。无论是从两端一次横挖到路基高程还是分台阶横挖，均应设单独的运土通道及临时排水沟。

(2) 用机械按横向台阶开挖法开挖路堑且弃土(或以挖作填)运距较远时，宜用挖掘机配合自卸汽车进行。每层台阶高度可增加到 3～4 m。其余要求与人力开挖路堑相同。

(3) 路堑横向台阶开挖法开挖路堑也可用推土机进行。若弃土或以挖作填运距超过推土机的经济运距时，可用推土机推土堆积，再用装载机配合自卸汽车运土。

(4) 机械开挖路堑时，边坡应配以平地机或人工分层修刮平整。

3)逐层顺坡开挖法

逐层顺坡开挖宜用于土质路堑，用铲运、推土机械施工，如图 12.11 所示。

沿路堑全宽以深度不大的纵向分层挖掘的方法称为逐层纵挖法，如图 12.11(a)所示。分层纵挖法适用于较长的路堑开挖。

先沿路堑纵向挖掘一通道，然后将通道向两侧拓宽，上层通道拓宽至路堑边坡后，再开挖下层通道，如此向纵深开挖至路基高程的方法称为通道纵挖法，如图 12.11(b)所示。通道纵挖法适用于路堑较长、较深，两端地面纵坡较小的路堑开挖。

沿路堑纵向选择一个或几个适宜处，将较薄一侧堑壁横向挖穿，使路堑分为两段或数段，各段再沿纵向开挖的方法称为分段纵挖法，如图 12.11(c)所示。分段纵挖法适用于路堑较长，弃土运距过远的傍山路堑，且其一侧路堑不厚的路堑开挖。

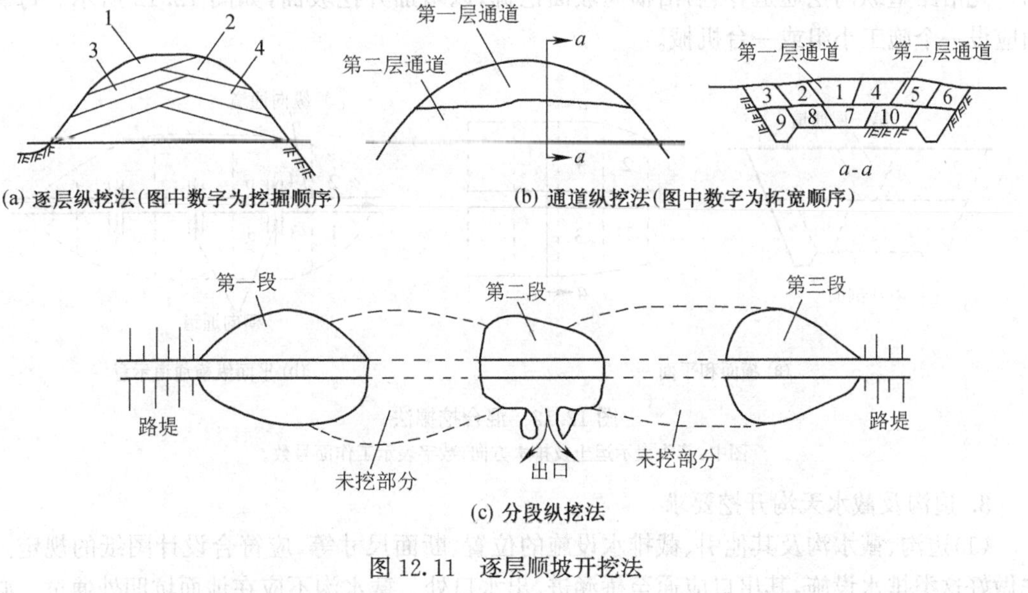

(a) 逐层纵挖法(图中数字为挖掘顺序)　(b) 通道纵挖法(图中数字为拓宽顺序)

(c) 分段纵挖法

图 12.11　逐层顺坡开挖法

(1) 当采用逐层纵挖法挖掘的路堑长度较短(不超过 100 m)，开挖深度不大于 3 m，地面坡度较陡时，宜采用推土机作业。

(2) 采用推土机作业时，每一铲挖地段的长度应能满足一次铲切达到满载的要求，一般为 5～10 m，铲挖宜在下坡时进行：对于普通土，下坡坡度宜为 10%～18%，不得大于 30%；对于松土，下坡坡度不宜小于 10%，亦不得大于 15%；傍山卸土的运行道应设有向内稍低的横坡，但应同时留有向外排水的通道。

(3) 当采用逐层纵挖法挖掘的路堑长度较长(超过 100 m)时，宜使用铲运机作业。

(4) 对于拖式铲运机和铲运推土机，铲斗容积为 4～8 m^3 的适宜运距为 100～400 m，容积为 9～12 m^3 的适宜运距为 100～700 m。自行式铲运机的适宜运距可照上述运距加倍。铲运机在路基上的作业距离不宜小于 100 m。

有条件时，宜配备一台推土机(或使用铲运推土机)配合铲运机作业。

(5) 铲运机运土道的单道宽度不应少于 4 m，双道宽度不应少于 8 m；重载上坡坡度不宜大于 8%，空驶上坡坡度不得大于 50%；弯道应尽可能平缓，避免急弯；路面表层应在回驶时刮平，重载弯道处路面应保持平整。

(6) 铲运机作业面的长度和宽度应能使铲斗易于达到满载。在地形起伏的工地上，应充分利用下坡铲装；取土应沿其工作面有计划地均匀进行，不得局部过度取土而造成坑洼积水。

(7) 铲运机卸土场的大小应满足分层铺卸的需要，并留有回转余地。填方卸土应边走边卸，防止成堆；行走路线外侧边缘至填方边缘的距离不宜小于 20 cm。

4)纵向台阶开挖法

纵向台阶开挖法宜用于土、石傍山路堑，应按土石方调配要求，采用适当的机具施工；可利用土石自重或扬弃爆破排出土石。边坡较高时，宜分级开挖；路堑较长时，可适当开设马口。边坡高度大于 20 m 的软弱、松散岩质路堑，宜采取分级开挖、分级支挡、分级防护和坡脚预加固措施。

5)混合挖掘法

当路堑纵向长度和挖深都很大时，宜采用混合挖掘法，即将横挖法与通道纵挖法混合使用。先沿路堑纵向挖通道，然后沿横向坡面挖掘，以增加开挖坡面，如图 12.12 所示。每一坡面应设一个施工小组或一台机械。

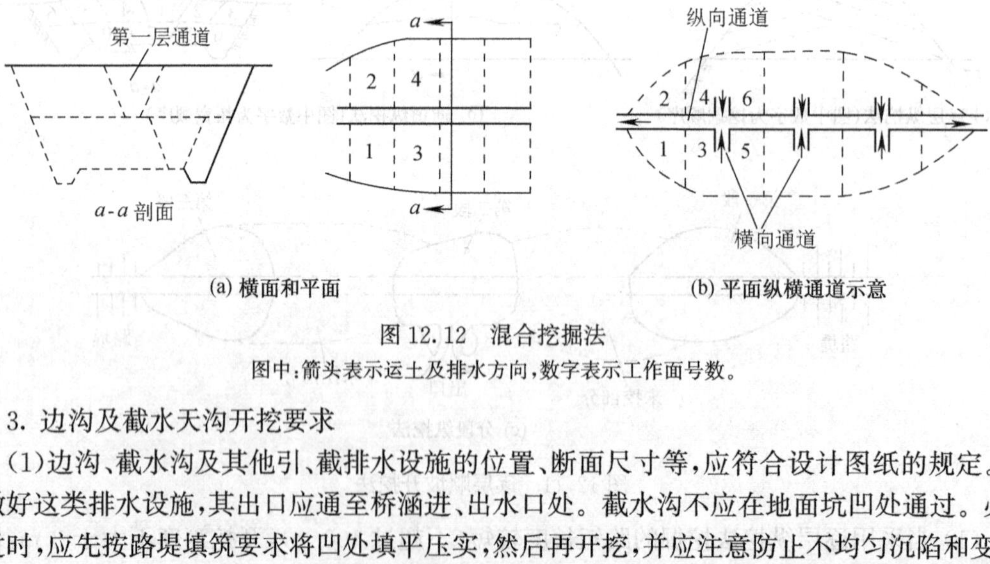

图 12.12　混合挖掘法

图中：箭头表示运土及排水方向，数字表示工作面号数。

3. 边沟及截水天沟开挖要求

(1)边沟、截水沟及其他引、截排水设施的位置、断面尺寸等，应符合设计图纸的规定。应先做好这类排水设施，其出口应通至桥涵进、出水口处。截水沟不应在地面坑凹处通过。必须通过时，应先按路堤填筑要求将凹处填平压实，然后再开挖，并应注意防止不均匀沉陷和变形。

(2)平曲线外边沟沟底纵坡应与曲线前后的沟底相衔接。曲线内侧不得有积水或外溢现象发生。

(3)路堑和路堤交接处的边沟应徐缓引向路堤两侧的天然沟或排水沟，不得冲刷路堤。路基坡脚附近不得积水。

(4)所有排水沟渠应从下游出口向上游开挖。

(5)所有排截水设施应满足下列要求：

① 沟基稳固，严禁将排水沟挖筑在未加处理的弃土上。

② 沟形整齐，沟坡、沟底平顺，沟内无浮土及杂物。

③ 沟水排泄不得对路基产生危害。

④ 天沟、吊沟应挖在原地面以下，不应在地面坑凹处通过；当需要通过时，应按照路堤填筑压实的要求将坑凹填平，然后挖沟，并应防止填土沉降变形。

12.4.2　石方路堑的开挖

石方应根据岩石的类别、风化程度和节理发育程度等确定其开挖方式。对于软石和强风化石，能用机械直接开挖的均应采用机械开挖。凡不能采用机械或人工直接开挖的石方，应采用爆破方法开挖。

石方需用爆破法开挖的路段，如空中有缆线，应查明其平面位置和高度，还应调查地下有无管线，若有则应查明其平面位置和埋设深度，同时应调查开挖边界线外的建筑物结构类型、完好程度、距开挖界距离，然后制定爆破方案。任何爆破方案的制定，都必须确保空中缆线、地下管线和施工区边界外的建筑物的安全。爆破法开挖石方应按以下程序进行：施爆区管线调查→炮位设计与设计审批→配备专业施爆人员→用机械或人工清除爆破区覆盖层和强风化岩石→钻孔→爆破器材检查与试验→炮孔（或坑道、药室）检查与废渣清除→装药与安装引爆器材→布置安全岗和施爆区安全员→炮孔堵塞→撤离施爆区和飞石、强地震波影响区内的人、畜→起爆→清除瞎炮→解除警戒→测定爆破效果（包括飞石、地震波对施爆区内外构造物造成的损伤及造成的损失）。

石方开挖应充分重视挖方边坡的稳定，宜选用中小炮爆破；开挖风化较严重、节理发育或岩层产状对边坡稳定不利的石方时，宜用小型排炮微差爆破，小型排炮药室距设计坡线的水平距离不应小于炮孔间距的1/2。当岩层走向与路线走向基本一致，倾角大于15°，且倾向铁路侧或者开挖边界线外有建筑物，施爆可能对建筑物地基造成影响时，应在开挖层边界沿设计坡面打预裂孔，孔深同炮孔深度，孔内不装炸药和其他爆破材料，孔的距离不宜大于炮孔纵向间距的1/2。开挖层靠边坡的两列炮孔，特别是靠顺层边坡的一列炮孔，宜采用减弱松动爆破。开挖边坡外有必须保证安全的建筑物，即使采用减弱松动爆破都无法保证建筑物安全时，可采用人工开凿、化学爆破或控制爆破。

炮眼位置选择应注意以下几点：

(1) 炮位设计应充分考虑岩石的产状、类别、节理发育程度、溶蚀情况等，炮孔药室宜避开溶洞和大的裂隙。

(2) 避免在两种岩石硬度相差很大的交界面处设置炮孔药室。

(3) 非群炮的单炮或数炮爆破，炮孔宜选在抵抗线最小、临空面较多，且与各临空面大致距离相等的位置，同时应为下次布设炮孔创造更多的临空面。

(4) 群炮炮眼间距宜根据地形、岩石类别、炮型等确定，并根据炮眼间距、岩石类别、地形、炮眼深度计算确定每个炮眼的装药量和炸药种类。对于群炮，宜分排或分段采用微差爆破。

(5) 非群炮的单炮或数炮爆破，炮眼方向宜与岩石临空面大致平行，一般按岩石外形、节理、裂隙等情况，分别选择正炮眼、斜炮眼、平炮眼或吊眼等。

1. 中小型爆破

中小型爆破方法有裸露药包法、炮眼法、药壶法和猫洞法，其中裸露药包法是将药包置于被炸物体表面或经清理的石缝中，药包表面用草皮或稀泥覆盖，然后进行爆破。这种方法只限用于破碎孤石或大块岩石的二次爆破。

1)炮眼法

(1) 炮眼深度。炮眼深度取决于岩石的坚硬程度,可按下式计算:

$$L=C\cdot H \tag{12.15}$$

式中 L——炮眼深度(m);

H——爆破岩石的厚度或阶梯高度(m);

C——岩石坚硬程度系数,坚石为1.0～1.5,次坚石为0.85～0.95,软石为0.7～0.9。

(2) 炮眼间距。用排炮爆破时,同排炮眼的间距视岩石的类别、节理发育程度,参照下式确定:

$$a=b\cdot W \tag{12.16}$$

式中 a——炮眼间距(m);

W——最小抵抗线(m);

b——系数,采用火雷管起爆为1.2～2.0,采用电雷管起爆为0.8～2.3。

当使用多排排炮爆破时,炮眼应按梅花形布置,炮排距约为同排炮孔距的0.86倍。

(3) 装药量。炮眼的装药深度一般为炮孔深度的1/3～1/2,特殊情况下也不得超过2/3。对于松动爆破或减弱松动爆破,装药深度可降到炮孔深度的1/3～1/4。

(4) 提高爆破效果的措施。为提高爆破效果,可选用空心炮(炮眼底部设一段不装药的空心炮孔)、石子炮(底部或中部装一部分石子)或木棍炮(用直径为炮孔直径的1/3,长6～10 cm的木棍装在底部或中部)进行爆破。

2)药壶法(葫芦炮)

药壶炮是将炮眼底部扩大成葫芦形,将炸药装在炮眼底部的扩大部分,以提高爆破效果的一种炮型。药壶法炮眼较深,适用于软岩和中等坚硬岩层爆破。对于炮眼深度小于2.5 m,节理发育的软石,地下水较发育或雨季施工时,不宜采用药壶法。

(1) 葫芦炮炮眼深度一般为3～8 m,不宜靠近设计边坡布设,药室距设计坡线的水平距离不宜小于最小抵抗线。

(2) 葫芦炮的用药量按下式计算:

$$Q=K\cdot W^3 \tag{12.17}$$

式中 Q——炸药质量(kg);

W——最小抵抗线(m),一般为阶梯高度的0.5～0.8倍;

K——单位岩石的硝铵炸药消耗量(kg/m^3),软石为0.26～0.28,次坚石为0.28～0.34,坚石为0.34～0.35。

(3) 单排群炮用电雷管起爆,药包炮眼间距为

$$a=(0.8\sim1.0)W \tag{12.18}$$

式中 a——炮眼间距(m);

W——相邻两炮之间最小抵抗线的平均值(m)。

(4) 多排群炮各排之间的药包间距为

$$b=1.5W \tag{12.19}$$

当炮眼布置成三角形时,上、下层药包间距为

$$a=2W_{下} \tag{12.20}$$

式中 $W_{下}$——下层最小抵抗线(m)。

3)猫洞炮

猫洞炮是将集中药包放入直径为0.2～0.5 m、炮眼深2～6 m的水平或略有倾斜的炮洞中的一种炮型。它适用于硬土、胶结良好的古河床、冰渍层、软石或节理发育的次坚石爆破。对于坚石可利用其裂隙修成导洞或药室。这种炮型对大孤石、独岩包等爆破效果更佳。

(1) 炮眼深度应与阶梯高度及自然地面横坡相配合，遇到高阶梯时要布置多层药包。烘膛应根据岩石类别，可分别采用浅眼烘膛、深眼烘膛和内部扩眼等方法进行。

(2) 用药量计算：

当被炸松的岩体能坍塌出路基时，用药量为

$$Q=KW^3\cdot f(a)\cdot d \tag{12.21}$$

式中　Q——用药量(kg)；

W——最小抵抗线(m)；

K——形成标准抛掷漏斗的单位耗药量(kg)，一般不宜用抛掷爆破，而是采用松动爆破或减弱松动爆破，用药量为抛掷爆破的1/3～1/2；

$f(a)$——抛掷系数，$f(a)=26/a$，其中a为地面横坡度数；

d——堵塞系数，可近似用$d=3/h$计算，其中h为眼深。

当被炸松的岩体不能坍塌出路基时，用药量为

$$Q=0.35kW^3d$$

式中符号意义同前，其中0.35相当于式中$a=70°\sim75°$时的情况。

(3) 炮孔间距：

$$a=(1.0\sim1.3)W'$$

式中　W'——相邻两药包计算抵抗线的平均值(m)；

1.0～1.3——系数，可根据岩石硬度、节理发育程度及地面坡度α的大小而定，宜采用1.0～1.2；当$a>70°$时，可采用1.2～1.3，但须注意，间距过大会使爆破物块度过大，增加二次爆破数量。

2. 大 爆 破

大爆破是指采用导洞和药室装药，用药量在1 000 kg以上的爆破。铁路石方开挖中一般不宜采用大爆破。只在控制工期和石方集中地段采用。当用于路堑时，应结合预裂爆破进行，并应保持边坡稳定。采用大爆破时，必须做好技术设计，进行详细的技术经济论证和边坡稳定性分析，并报主管部门批准。

1)大爆破的技术设计文件

(1) 工程名称、工程概况、爆破地点(桩号)、工程数量、地形特征、预计爆破范围、要求或预测爆破效果、工期。

(2) 自然条件及工程地质、水文地质资料。

(3) 爆破方案及类型说明。

(4) 药室位置的布置图，包括平面图和导洞药室的剖面图、用药量和爆破网路的主要计算资料。

(5) 施工方案和施工步骤。

(6) 爆破危险区预计。

(7) 安全措施。

(8) 劳力、机械、材料费用与经济指标。

(9) 大爆破施工的总平面布置图、纵横剖面图、药室位置图。平面图比例为1∶200～

1∶500。在平面及纵横剖面上应标示出爆破范围、药室位置、用于爆破工程的电缆和电线网路位置以及安全警戒位置等。

2)施工前的准备工作

根据批准的设计方案进行现场核对,编制导洞、药室施工组织设计,进行导洞、药室的实地放样。根据施工组织设计,组织人力、机械和材料。在导洞、药室施工前,应先修好进场道路。

3)竖井、导洞和药室开挖

(1) 遇松软岩石或强风化破碎岩石时,平洞和深度大于 3.0 m 的竖井应设临时支撑。在回填堵塞时,这些临时支撑材料可由里至外或由下至上逐步拆除回收。

(2) 药室按设计断面开挖,宜挖成近似立方体形状。室底高程与设计高程之差不应大于 10 cm,导洞与药室用横洞连接,横洞与导洞垂直,药室中心距导洞中心不宜小于 2.5 m。

(3) 导洞分竖井和平洞两种。竖井洞深不宜大于 16 m。如超过 16 m 或有地下水时,最好用平洞。平洞长度以 30 m 左右为宜。竖井或平洞的选用,应考虑施工进度和爆破效果。平洞采用梯形断面,断面最小尺寸不应小于 1.4 m×0.8 m。竖井断面尺寸与竖井深度有关,当深度 $H>15$ m 时,断面最小尺寸不应小于 1.4 m×1.2 m。土质竖井可采用直径不小于 1.0 m 的圆形断面或边长不小于 1 m 的长方形断面。竖井开挖深度大于 6 m 时,应采取通风措施。

(4) 导洞和药室可用风钻或掏槽眼方式开挖。炮眼深度不应大于工作面最小边长的 0.6~0.8 倍。如岩石节理发育,导洞和药室应考虑采用临时支撑。

4)洞室药包爆破保护层的设置

(1) 边坡保护层

药包中心至边坡的最小距离 B_d 可按下式计算:

$$B_d = A_1 \cdot \sqrt[3]{f(n)} \cdot W \tag{12.22}$$

式中 W——最小抵抗线(m);

$f(n)$——爆破作用指数函数,$f(n)=0.4+0.6n^3$;

A_1——边坡保护系数,软石为 0.33,次坚石为 0.27,坚石为 0.26;可在±10%范围内调整。

(2)堑底保护层

药包中心高出路基面不应小于最小抵抗线的 10%(堑底为未风化或微风化的次坚石时)或 15%(堑底为软石或弱风化的次坚石时);堑底为坚石时,药包可接近路基面。洞室药包爆破应敷设两套起爆网络;起爆网络中,不能使用火花起爆。

洞室药包爆破应使用起爆体起爆。正起爆体装入雷管或导爆索,副起爆体不装雷管,用导爆索与正起爆体联结起爆。

5)炸药量的计算

开挖路堑的洞室爆破宜布置条形药包。条形药包松动爆破的药量可按下式计算:

$$Q_l = (0.45 \sim 0.64) \cdot e \cdot k \cdot W^2 \cdot L \tag{12.23}$$

式中 Q_l——条形药包装药量(kg);

L——条形药包长度(m);

k——单位用药量,可查相应规范;当 $W \geqslant 15$ m 时,$k_{修正}=k(1+0.005W)$;

e——炸药爆力换算系数。

3. 光面爆破和预裂爆破

1)适用条件

光面爆破和预裂爆破应在要求岩面平整和边坡稳定，减少震动及超、欠挖时采用。

光面爆破和预裂爆破应选用低威力、低爆速、低密度、传爆性能好的炸药。

2)主要参数的确定

炮孔间距应根据工程特点、岩石特征、炮孔直径等决定。预裂爆破的炮孔间距可选用炮孔直径的 8～12 倍，光面爆破的炮孔间距可选用炮孔直径的 10～16 倍，并满足 $a=W/m$(m 为炮孔密集系数，$m>1$)。

光面爆破和预裂爆破的装药结构应采用小直径药卷不偶合连续装药或空隙间隔装药。装药不耦合系数(炮孔直径与药卷直径的比值)对于深孔可采用 2～4，浅孔可采用 1.5～2.0，间隔装药的间隙不宜大于 20 cm，药卷宜固定在炮孔中央或靠近开挖一侧，孔口应堵塞严密，堵塞长度可采用 12 倍炮孔直径。

3)应注意的问题

(1) 靠近预裂孔的主炮孔直径距预裂面不应小于 1.5～2.0 倍预裂孔间距，且应较其他主炮孔适当减少装药量。

(2) 光面爆破和预裂爆破，均应适当增加炮孔底部装药量并减少上部装药量。

(3) 预裂缝的超深和超长，应分别大于主炮孔的垂直破坏半径和水平破坏半径。

(4) 预裂和光面炮孔的倾斜度应与设计边坡坡度一致，每层炮孔底应设在同一平面上。

(5) 预裂炮孔和主炮孔在同一网络中起爆时，预裂炮孔超前主炮孔起爆时间不应小于：坚硬岩石 50～80 ms；中等坚硬岩石 80～150 ms；松软岩石 150～200 ms。

(6) 光面爆破可采用预留光爆层的办法实施。光面炮孔与主炮孔在同一网络中起爆时，主炮孔应在光面炮孔之先起爆，且各光面炮孔均宜使用同一段雷管起爆。

光面爆破和预裂爆破的质量应满足：坡面上应均匀留下 50%以上的炮孔痕迹率；预裂缝宽度不宜小于 5～20 mm，缝深不得小于孔深；边坡坡面平整，凹凸差小于 150～200 mm；坡面不应有明显爆震裂纹。

4. 爆破前的准备工作

(1)导洞和药室验收

导洞和药室的几何尺寸应符合设计要求，清除危石和残存石渣，引流裂隙水。

(2)装　　药

装药时间应尽可能短，以避免炸药受潮。装药自下而上，自里向外逐层码砌平稳、密实。起爆体应平稳安放在设计位置。药包要坚固牢靠，下部药包要能承受上部药包的压力。装药不得在雨雪、大风、雷电、浓雾天气和黑夜进行。起爆体装入药室后，应拆除洞内及洞口一切电源电线，改用绝缘电筒或其他安全照明。

(3)导洞和竖井堵塞

堵塞前，应对装药质量进行检查，并用木槽、竹筒或其他材料保护电爆缆线。在药室外侧砌一道石墙，石墙外 2～3 m 一段或洞深至药室拐弯一段用黏土填塞夯实，其余部分用土石分层填塞紧密。堵塞长度应符合设计要求。洞口部分除设计另有规定外，应再砌一道石墙，并用黏土封紧。

竖井和平洞的堵塞材料可就地取材，分层回填至原地面，平洞堵塞长度不应小于最小抵抗线。

堵塞过程中，对电爆线路应注意保护，并派专人经常检查、维护，不得损坏。

(4)起爆线路的敷设

敷设线路前，非接线人员和设备应撤至安全地点，并在爆破影响区外设警戒，禁止人、畜进入影响区，截断场内一切设备的电源。然后从药室开始，逐渐向主线和电源方向连接，禁止先接电源和供电设备,并禁止在雷雨天或黑夜进行。接线前,应仔细检查每一个导洞的线路电阻。发现误差超过10%或不能通电时,应查明原因,排除故障。对可疑线路和起爆体应更换。为保证能安全起爆,可设置必要的复线作起爆线路。接线时,所有接头要求清洁、接触良好,并用绝缘胶布包好扎牢,以保证电阻稳定,电流正常。

5. 爆　破

施爆前,应规定醒目、清晰的爆破信号,并发布通告,及时疏散危险区内的人员、牲畜、设备及车辆等。对不能撤离的建筑物应采取保护、加固措施,并在危险区周围设警戒。起爆前15 min,由总指挥发布起爆准备命令,爆破站作最后一次验收检查和安全检查。如无新情况发生,在接到指挥长命令后立即合闸施爆。起爆后应立即拉闸断电。起爆后15 min,由指定爆破专业人员进入爆破区内进行安全检查,确认无拒爆现象和其他问题后,方能解除警戒。

6. 瞎炮处理

爆破后如有瞎炮,应由原施工人员参加处理,采取安全措施排除。对于大爆破,应找出线头接上电源重新起爆,或者沿导洞小心掏出堵塞物,取出起爆体,用水灌浸药室使炸药失效,然后清除。对于中小型爆破,可在距瞎炮最近距离不小于0.6m处另行打眼爆破。当炮眼不深时,也可用裸露药包爆破。

7. 石质路堑边坡清刷及基床检验要求

(1)石质挖方边坡应顺直、圆滑、大面平整。边坡上下不得有松石、危石。凸出于设计边坡线的石块,其凸出尺寸不应大于20 cm,超爆凹进尺寸也不应大于20 cm。对于软质岩石,凸出及凹进尺寸均不应大于10 cm,否则应进行处理。

(2)挖方边坡应从开挖面向下分级清刷边坡。下挖2～3 m时,应对新开挖边坡进行清刷。对于软质岩石边坡可用人工或机械清刷;对于坚石或次坚石边坡,可使用炮眼法、裸露药包法爆破清刷,同时清除危石、松石。清刷后的石质路堑边坡不应陡于设计规定。

(3)石质路堑边坡如因过量超挖而影响上部岩体稳定时,应用浆砌片石补砌超挖的坑槽。

(4)石质路堑基床底高应符合设计要求,开挖后的基床基岩面高程与设计高程之差应符合规定要求。如过高,应凿平;过低,则应用开挖的石屑或灰土碎石填平并碾压密实。

(5)石质路堑基床顶面宜使用密集小型排炮施工,炮眼底高程宜低于设计高程10～15 cm。装药时,宜在孔底留5～10 cm空眼,装药量按松动爆破计算。

(6)石质基床超挖大于10 cm的坑洼,当有裂隙水时,应采用渗沟连通。渗沟宽不宜小于10 cm,渗沟底略低于坑洼底,坡度不宜小于6‰,使可能出现的裂隙水或地表渗水由浅坑洼渗入深坑洼,并与边沟连接。如渗沟底低于边沟底,则应在路肩下设纵向渗沟,沟底应低于深坑洼底至少10 cm,宽不宜小于60 cm;纵向渗沟由填方路段引出。渗沟中应填碎石,并与基床同时碾压到规定的要求。

8. 开挖石方的清运与二次爆破

(1)开挖石方如横向调运或小于100 m的纵向调运用作填方时,可用推土机推运,但调运的石块必须符合填料粒径的要求。对于大块石料,可集中于挖方区进行二次爆破。

(2)开挖石方为废弃方时,如装运受装载运输机械的限制,可对个别大石块进行二次爆破。

(3)石方开挖区可分幅或分段进行爆破。

12.4.3 深挖路堑的施工

路堑边坡的高度等于或大于20 m时称为深挖路堑。施工前,应详细复查设计文件所确定的深挖路堑地段的工程地质资料及路堑边坡，了解土石界限、工程等级、岩层风化厚度及破碎程度、岩层工程特征等。路堑为砂类土时应了解其颗粒级配、密实程度和稳定角；路堑为细粒土时应了解其含水率和物理力学性质指标，以及不良地质情况，地下水及其存在形式等。

应根据详细了解的工程地质情况、工程量的大小和工期编制施工组织设计，并据以配备适当的机械设备数量和劳动力。

深挖路堑的边坡应严格按照设计坡度施工。若边坡实际土质与设计勘探的地质资料不符，特别是土质较设计松散时，应向有关方面提出修改设计的意见，批准后实施。施工土质边坡时，宜每隔 10 m 高度设置平台。平台宽度对于人工施工的不宜小于 2 m，对于机械施工的不小于 3 m。平台表面横向坡度应向内倾斜，坡度约为 0.5%～1%，纵向坡度宜与路线纵坡平行。平台上的排水设施应与排水系统相通。施工过程中，如修建平台后边坡仍然不能够稳定或大雨后立即坍塌时，应考虑修建石砌护坡，在边坡上植草皮或设挡土墙。

土质单边坡深挖路堑的施工可采用多层横向全宽挖掘法。土质双边坡深挖路堑的施工宜采用分层纵挖法和通道纵挖法。若路堑纵向长度较大，一侧边坡的土壁厚度和高度不大时，可采用分段纵挖法。施工机械可采用推土机或推土机配合铲运机。当弃土运距较远，超过铲运机的经济运距时，可采用挖掘机配合自卸汽车作业或采用推土机、装载机配合自卸汽车作业。土质深挖路堑无论是单边坡或是双边坡，靠近边坡 3 m 以内都禁止采用爆破法炸土施工。在距边坡 3 m 以外准备使用爆破法施工时，应先进行缜密设计，以防止炸药量过多，并报请批准。

既有线改建和增建第二线路基施工

任务 12.5 路基过渡段施工

12.5.1 路基过渡段设置的原因及方法

1. 过渡段的必要性

轨道交通的发展必须以安全、可靠、舒适等为前提，线路的稳定性与平顺性是构成高品质和高可靠性轨道交通系统的必备条件之一。轨道交通线路轨下基础是由不同特点、性质迥异的桥涵、隧道、路基构筑物构成的异质结构体。由于组成线路基础的结构物在强度、刚度、变形、材料等方面的差异巨大，势必会引起轨道的不平顺。另外，路基与桥梁和隧道及横向结构物连接处、地形变化较大和不同地基处理措施连接位置，均易产生不均匀沉降，导致轨面发生弯折。因此，在路基与桥涵、隧道等构筑物连接之间设置一定长度的过渡段，并从结构设计、施工等方面采取措施，使轨道的刚度逐渐变化，减少路基与桥涵等构筑物之间的不均匀沉降，满足轨道平顺性的要求，保证列车安全、平稳、舒适运行。

轨道交通工程要求线路结构少维修或免维修，不能在过渡段位置有影响高速运营的线路病害出现。为了满足列车平稳舒适且不间断地运行，必须将其不平顺控制在一定范围之内。轨道的不平顺有静态不平顺和动态不平顺之分。静态不平顺是指轮轨接触面不平顺，如钢轨轨面不平顺，不连续（接头、道岔）、车轮不圆顺；动态不平顺是指轨下基础弹性不均匀，如扣件失效、枕下支撑失效、路基不均匀以及桥台与路基、路堤与路堑、路基与隧道过渡段的弹性不均匀等。设置过渡段可使轨道的刚度逐渐变化，并最大限度地减少沉降，达到降低列车与线路的振动，减缓路基结构的变化、保证列车的安全、平稳、舒适运行的目的。

2. 过渡段设置的原因

路桥、路涵和堤堑过渡段受到高速运行车辆动荷载的作用时,往往会出现较大的跳车现象,产生这种现象的主要原因有以下几个方面。

(1)路基与桥涵的结构差异

桥涵结构的建筑材料一般是刚性材料,而路基则是柔性材料填筑的。由于这两种结构刚度的差异,在路基与桥(涵)之间必然存在着变形差异。路桥(涵)过渡段由于刚性、自重、强度的不同,在列车荷载作用下又是应力集中区域,必然出现变形的不一致。

(2)路基填料原因

普通铁路的路堤填料一般是填土,压实标准相对较低。同时,过渡段往往作业面对狭窄,压实质量不易控制,其压实度达不到设计要求。

(3)地基原因

地基土的性质及结构不同,所产生的沉降和沉降达到稳定所需要的时间不同。桥头路基一般是填筑较高,地基土承受的附加应力较大,地基的沉降变形较其他地段要大,尤其是软弱地基地段沉降大和达到沉降稳定所需要的时间很长。

(4)施工原因

施工时,对工期或工序安排不当,以致使过渡段的填土碾压工作安排在施工工期尾部,被迫赶工,不能很好地控制填土压实质量,使得过渡段路基产生较大的压实下沉变形。

(5)重桥轻路意识的原因

设计和施工中重桥轻路的意识是影响路桥过渡段施工质量的又一因素。目前在城轨建设施工中,往往是路桥分家、重隧重桥轻路,桥梁施工集中了大量精干的工程技术人员,而路基施工却未能投入必要的技术人员。在设计中没有把路桥过渡区段作为一种结构物来考虑,没有较合理的设计,在施工过程中路桥过渡区段又是质量控制的薄弱环节。

3. 轨道交通线路路基过渡段处理方法

(1)路基与桥台之间的过渡段

路基与桥台过渡段宜采用沿线路纵向倒梯形过渡形式,见项目 7 中图 7.12 和 7.13 所示;过渡段施工先于邻近路基时,可采用沿线路纵向正梯形过渡形式,如图 7.13 所示。

同时,路桥过渡段设置还应符合如下要求:

①过渡段长度按式(7.1)确定,且长度不应小于 20 m;

②过渡段路基基床表层填料铺设无轨道时宜采用级配碎石,铺设有砟轨道时宜采用 A 组填料(砂类土除外)。正线无砟轨道路基基床表层压实标准应符合压实系数 $K \geqslant 0.97$、地基系数 $K_{30} \geqslant 190$ MP/m,并掺入 5%水泥。基床表层以下倒梯形部分分层填筑掺入 3%水泥的级配碎石,压实标准应满足压实系数 $K \geqslant 0.95$、地基系数 $K_{30} \geqslant 150$ MPa/m;有砟轨道基床表层填料压实标准应符合压实系数 $K \geqslant 0.95$、地基系数 $K_{30} \geqslant 150$ MPa/m,基床表层以下压实标准应满足压实系数 $K \geqslant 0.93$、地基系数 $K_{30} \geqslant 130$ MPa/m。

③过渡段桥台基坑应以混凝土回填或以碎石分层填筑并用小型机具压密实,混凝土应满足设计强度要求,碎石填筑应满足地基系数 $K_{30} \geqslant 130$ MPa/m。

(2)路堤与横向结构物(立交框构、箱涵)过渡段

路基与横向结构物(立交框构、箱涵等)连接处,根据地形、地质条件设置过渡段,宜采用沿线路纵向倒梯形过渡形式,如图 12.13(a)所示;过渡段施工先于邻近路基时,可采用沿线路纵向正梯形过渡形式,如图 12.13(b)所示。过渡段填料及基坑回填按照规范标准施作,横向结

构物顶面填土厚度不大于 1.0 m 时，横向结构物及两侧 20 m 范围基床表层级配碎石应掺加5%水泥，如图 12.14 所示。有砟轨道线路横向结构物顶面填土高度大于 3 m 且大于路堤高度的 2/3 时可不设置过渡段。

当横向构筑物轴线与线路中线斜交时，应使过渡段的设置与线路中心垂直，避免横向的刚度差异。当涵洞门有翼墙时，基底混凝土回填层应做成向涵洞外侧倾的排水坡，将水引到翼墙边缘，经横向透水管将水排出路基。

(3)路堤与路堑过渡段

路堤与路堑过渡段，通过采取合理的措施使纵横向的刚度均匀过渡和减小差异沉降，同时注意排水系统的衔接。

路堤与弱/微风化硬质岩石路堑连接时应设置堤堑过渡段，过渡段自路堑一侧沿原硬质岩面纵向开挖台阶，台阶高度 0.6 m 左右。过渡段基床表层 20 m 范围内填掺入 5%水泥的级配石，表层以下自路堤一侧分层填筑级配碎石。级配碎石与路堤填料之间的分界线应与线路走向保持垂直，使轨道板下基础保持均质。

当路堤与强风化硬质岩、软质岩石或土质路堑连接时，路堑一侧沿坡面按 1:2 的坡率挖台阶，台阶高度 0.6 m 左右。

土质、软质岩及强风化的硬质岩路堑与隧道连接处，在路堑基床范围内设置过渡段，采用混凝土与级配碎石厚度渐变过渡。

(4)半挖半填路基

区间正线陡坡地段的半挖半填路基，为保证路基横向刚度与变形均匀一致，基床表层以下挖除换填均质材料，换填厚度及范围由以下条件确定：基床底层 2.3 m 范围内（挖方侧外轨以下 2.3 m）的填料一致，或底层换填厚度小于 2.3 m 时换填底轨道主要受力范围内的地基条件一致，且满足基床的要求。挖除换填地基土的底部应设向外倾斜 4%的横向排水坡。

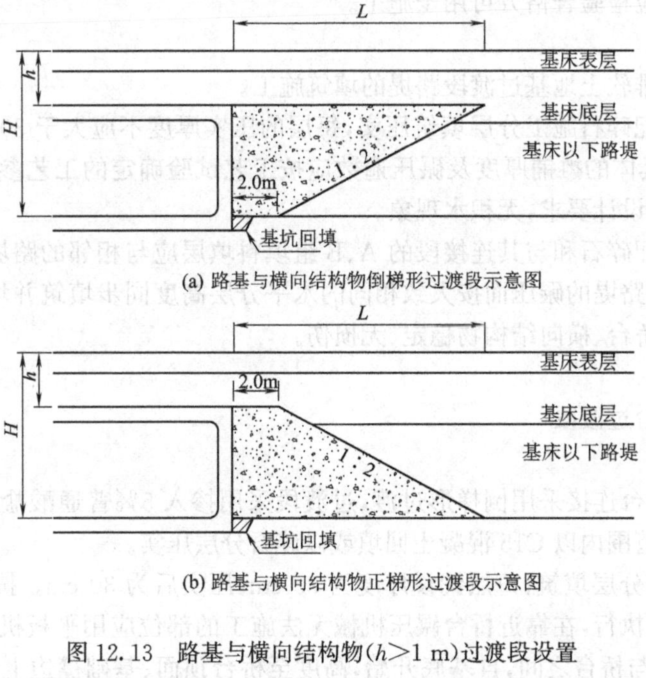

图 12.13 路基与横向结构物(h>1 m)过渡段设置

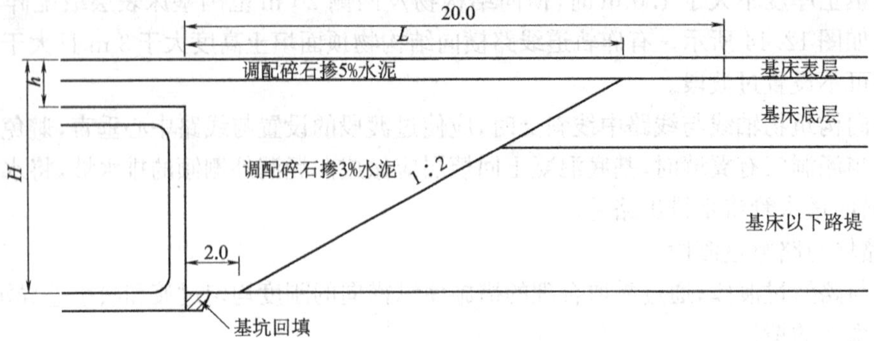

图 12.14　路基与横向结构物($h\leqslant 1$ m)过渡段设置(单位:m)

12.5.2　过渡段施工方法

1. 施工准备

(1)工艺试验

过渡段施工前,应选择试验段做摊铺压实试验,确定主要的施工工艺参数。

(2)做好防排水

过渡段施工前,应根据场地情况,采取相应的防排水措施。过渡段桥台背与回填料之间应按设计要求设置防排水层。

(3)结构物强度检测

过渡段施工前,要确认过渡段填筑涉及的桥、涵、隧结构物混凝土或砌体砂浆强度达到设计强度并经验收合格。

(4)填料准备

过渡段所用级配碎石、级配砂砾石、水泥、砂、土工合成材料等材料的品种、规格、质量符合设计要求,进场时应检验合格方可用于施工。

2. 施工要求

(1)应优先安排软土地基过渡段路堤的填筑施工。

(2)过渡段级配碎石施工分层填筑压实,每层的压实厚度不应大于 30 cm,最小压实厚度不宜小于 15 cm,具体的摊铺厚度及碾压遍数应按工艺试验确定的工艺参数进行控制。每压层路拱坡面应符合设计要求,无积水现象。

(3)过波段级配碎石和与其连接段的 A、B 组填料填层应与相邻的路堤及锥体同时施工,并将过渡段与连接路堤的碾压面按大致相同的水平分层高度同步填筑并均匀压实,在填筑压实过程中,应保证桥台、横向结构物稳定、无损伤。

3. 施工方法

(1)路堤与桥台过渡段

①施工方法

路堤与填方桥台连接采用倒梯形过渡,过渡段采用掺入 5% 普通酸盐水泥的级配碎石分层填筑,桥台基坑范围内以 C15 混凝土回填或以碎石分层压实。

级配碎石采用分层填筑,每层铺设厚度为 35 cm,压实后为 30 cm。按静压 2 遍和碾压 2 遍的施工规范严格执行,在靠近桥台碾压机械无法施工的部位应用平板机进行夯实。以夯实 6 遍为宜。在锥体与桥台之间,自基底开始,高度至桥台顶面、基础襟边上面及四面台身与锥体、路基基础部分均设置厚度 10 cm 的空心砖隔离层，和锥体填筑应同步进行。

②设计图内容

路基与桥台过渡段如图 12.15 所示。路桥过渡段长度按公式(7.1)计算。

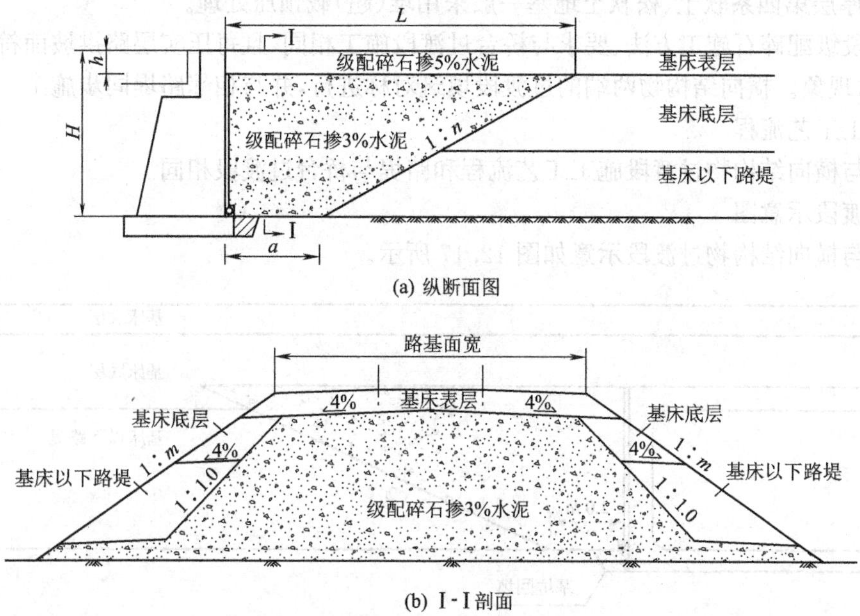

图 12.15 路堤与桥台过渡段施工设计

③施工工艺流程

路堤与桥台过渡段施工工艺流程如图 12.16 所示。

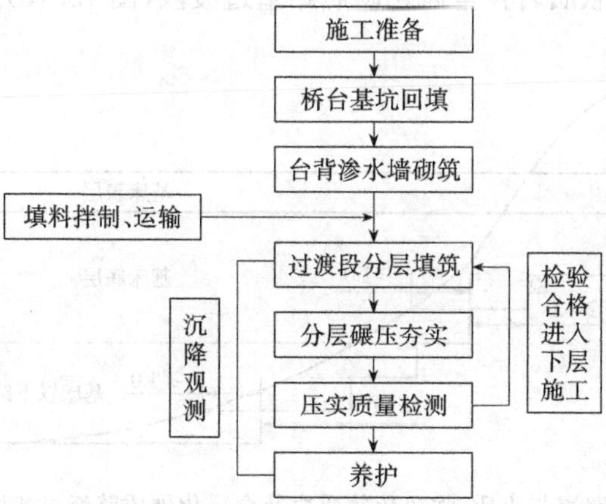

图 12.16 路堤与桥台过渡段施工工艺流程

(2)路堤与横向结构物过渡段

①施工方法

过渡段级配碎石掺入 5%水泥分层填筑的倒梯形过渡，涵顶距轨底高度小于 2.0 m(有砟轨道为 1.5 m)时，结构物以上部分采用级配碎石掺入 5%水泥填筑。当构筑物轴线与线路中线斜交时，首先采用级配碎石填筑斜交部分，然后再设置过渡段，以减小路基与涵洞横向刚度差异。

过渡段基床表层满足路基基床表层的有关要求,并在过渡段各延长 5 m 范围(含构筑物以上部分)且单侧长度不小于 20 m 的长度范围内掺入 5%水泥。过渡段不良地基处理采用强于正线路基的处理方案,由过渡段至正线路基逐渐过渡,其长度不小于过渡段长度且不小于 30 m。深厚层第四系软土、松软土地基一般采用堆(超)载预压处理。

过渡段级配碎石施工方法、要求与桥台过渡段施工相同,且每压实层路拱坡面符合设计要求,无积水现象。横向结构物两端的过渡段填筑对称进行,并与相邻路堤同步施工。

②施工工艺流程

路堤与横向结构物过渡段施工工艺流程和路堤与桥台过渡段相同。

③过渡段示意图

路堤与横向结构物过渡段示意如图 12.17 所示。

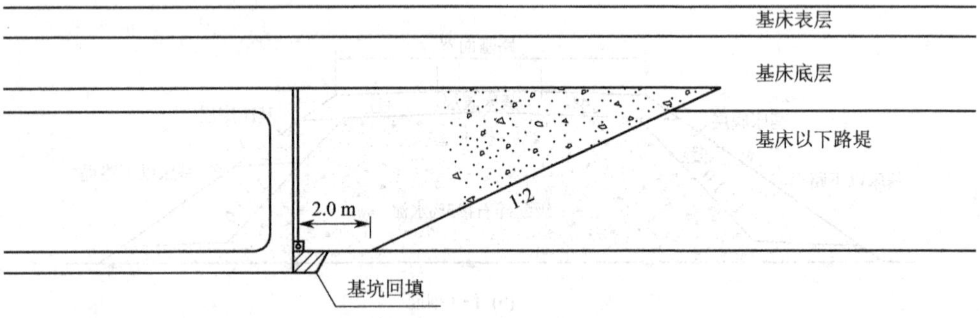

图 12.17 路基与横向结构物倒梯形过渡段示意

(3)路堤与路堑过渡段

①施工方法

路堤与土质、强风化软质岩及全风化硬质路堑过渡段(图 12.18)施工要求如下:

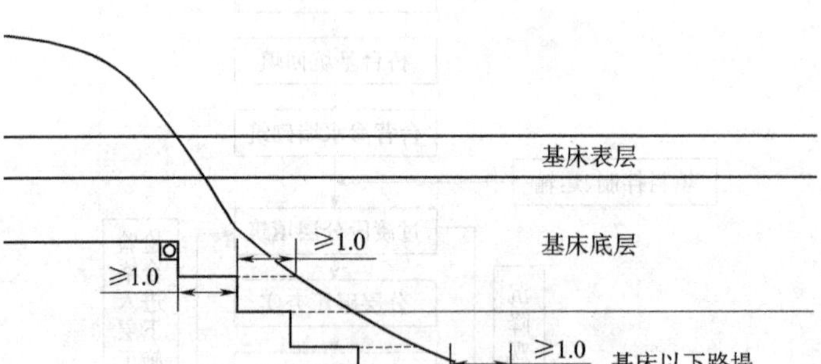

12.18 路堤与土质、强风化软质岩及全风化硬质路堑过渡段(单位:m)

过渡段填筑前,应平整地基表面,碾压密实;并应挖除路堑交界坡面的表层松土。基床以下部分顺原地面纵向挖成 1∶2～1∶5 的坡面,坡面上开挖台阶,台阶高度 0.6 m。其开挖部分填筑要求同路提,并在路堤与路堑过渡分界处路堑侧基床表层以下横向排水砂沟内设置直径 100 mm 软式排水管。

路堤基床表层满足基床表层的有关要求,并在衔接处两端各不小于 10 m 的范围内掺入 5%水泥。基床厚度由路堤一侧向路堑一侧采用渐变式过渡形式。

对不良地基采用挖除换填、复合地基形式实现过渡,并与正线路基地基加固措施合理衔接;良好地基时加强表层换填处理。

强风化软质岩、全风化硬质岩、土质路堑过渡段台阶开挖按设计尺寸采用机械开挖,预留 20 cm 土层人工清除,确保台阶几何尺寸满足设计要求。

路堤与硬质岩路堑过渡段、横向半堤半堑地段的过渡段示意图如图 12.19 和图 12.20 所示。施工方法与以上两种情况大同小异,按照相关规范即可,在这里不再赘述。

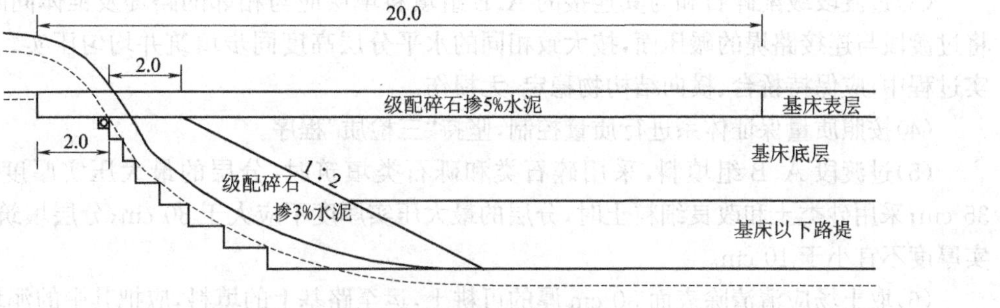

图 12.19 路堤与硬质路堑过渡段(单位:m)

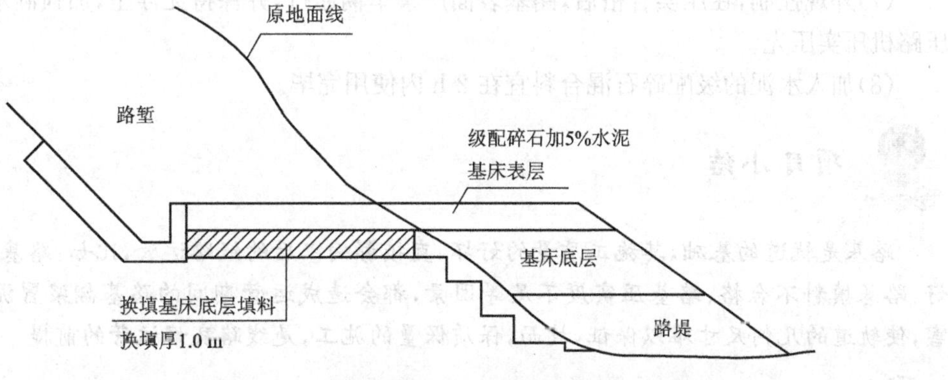

图 12.20 横向半堤半堑地段的过渡段

②施工工艺流程

路堤与土质、强风化软质岩及全风化硬质路堑过渡段施工工艺流程如图 12.21 所示。

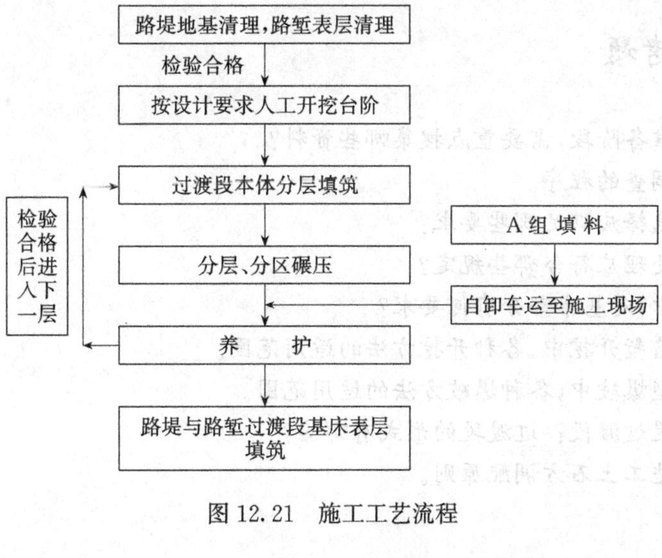

图 12.21 施工工艺流程

12.5.3 过渡段施工注意事项

(1)过渡段施工前,应根据现场情况,采取相应的防排水措施。

(2)过渡段地基处理应在桥台施工前进行,路堤两侧防护砌体的施工应在地基和路堤变形后进行。

(3)过渡段级配碎石和与其连接的A、B组填料填层应与相邻的路堤及锥体同时施工,并将过渡段与连接路堤的碾压面,按大致相同的水平分层高度同步填筑并均匀压实。在填筑压实过程中,应保持桥台、横向结构物稳定、无损伤。

(4)按照质量保证体系进行质量控制,坚持"三检质"程序。

(5)过渡段A、B组填料,采用碎石类和砾石类填筑时,分层的最大压实厚度不应大于35 cm;采用砂类土和改良细粒土时,分层的最大压实厚度不应大于30 cm;分层填筑的最小压实厚度不宜小于10 cm。

(6)取土场应清清除表面30 cm厚的可耕土,运至路基上的填料,应把其中的泥块清除,保证填土的土质符合要求。

(7)外观控制,在压实合格后,路基表面严禁车辆通行,并保持无浮土,加强洒水,采用光轮压路机压实压光。

(8)加入水泥的级配碎石混合料宜在2 h内使用完毕。

项目小结

路基是轨道的基础,其施工质量的好坏,直接影响以后的线路运营,比如:路基基底处理不好、路基填料不合格、路基压实度不足等因素,都会造成运营期间的路基翻浆冒泥、塌陷等病害,使轨道的几何尺寸难以保证,故而,保质保量的施工,是线路良好运营的前提。

项目训练

采用K_{30}法或其他方法现场检测路堤或路堑压实度(长度20 m),写出检测报告。

复习思考题

1. 路基施工准备阶段,需要重点搜集哪些资料?
2. 简述土质调查的程序。
3. 路堤填料选择应满足哪些要求?
4. 路堤地基处理应符合哪些规定?
5. 填土压实中,对基床部分有何要求?
6. 简述土方路堑开挖中,各种开挖方法的适用范围。
7. 简述中小型爆破中,各种爆破方法的适用范围。
8. 为什么设置过渡段?过渡段的形式有哪些?
9. 简述路基施工土石方调配原则。

项目 13　土石方机械化施工

项目描述

在市域(郊)铁路的修建中,路基土石方工程数量占很大的比重,土石方施工必须根据土石方工程面广、量大、劳动繁重、施工条件复杂等施工特点,尽可能地采用机械化与半机械化的施工方法,以减轻劳动强度,提高劳动生产率,加快施工进度。

土石方机械包括推土机、铲运机、挖掘机、装载机、平地机、压路机、凿岩机以及石料破碎、筛分机械等几个重要机种,土石方机械担负着土石方的铲装、填挖、运输、整平等作业,它具有施工速度快、作业质量高、生产效率高等优点,它们是工程机械中用途最广泛的一大类机械,也是铁路建设土石方工程中的主要施工机械。

土石方机械的作业对象是各种土、砂、石等物料。在进行施工作业时,机械承受负荷重,外载变化波动大,工作场地条件差,环境比较恶劣;由于工程的大型化,土石方机械继续向大型化方向发展,以适应巨大工程机械化施工的需要;同时为满足环保、窄小场地和小型土石方工程的要求,小型、多功能、机动性好的机种也得到进一步的发展。因此。要求土石方机械具有良好的低速作业性,足够的牵引力,整机的高可靠性和较高的作业生产能力。

现代计算机、电子和激光等技术的发展以及这些技术在土石方机械上的应用,大大提高了土石方机械的自动控制和智能化程度。同时,方便操纵、安全防护、降低噪声、提高可靠性及驾驶人员的舒适性等,将是土石方机械今后继续发展的方向。

教学目标

1. 能力目标

- 能根据地质条件和现场工况选择合理的土方施工机械;
- 能够编制土方机械化施工方案以指导现场施工。

2. 知识目标

- 掌握推土机推土方法及填筑路堤施工方法;
- 掌握铲运机工作过程、铲土方法及运行路线;
- 掌握挖掘机的开挖方法及与自卸汽车的配合使用方式;
- 掌握平地机、压实机械的作业方式。

3. 素质目标

- 具有吃苦耐劳、踏实肯干的工作作风;
- 具有团队协作精神;
- 具备现场分析、解决实际问题的能力。

任务 13.1 推土机施工

推土机是以工业拖拉机或专用牵引车为主机，前端装有推土铲刀，依靠主机的顶推力对土石方或散状物料进行切削或搬运的铲土运输机械。其行走方式有履带式和轮胎式两种，铲刀的操作方式有机械操纵(索式)和液压操纵两种。索式推土机的铲刀借本身自重切入土中，在硬土中切土深度较浅；液压式推土机由于用液压操纵，能使铲刀强制切入土中，切土深度较大，如图 13.1 所示。

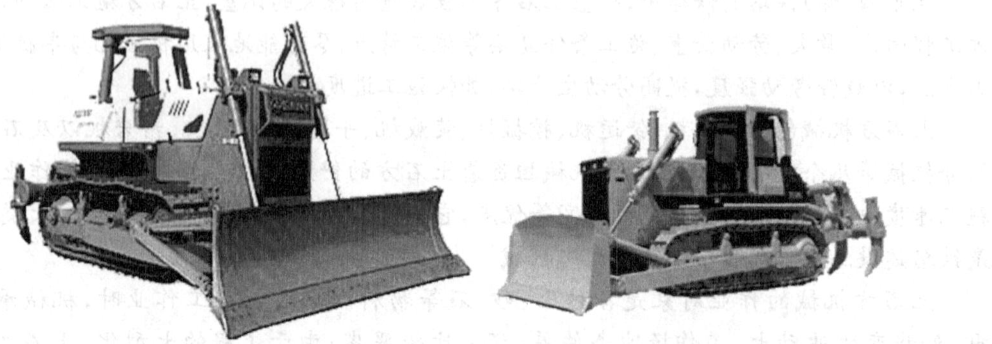

(a) TQ230G全液压高原推土机　　(b) TY320C前铲后犁推土机

图 13.1　液压推土机

推土机在建筑、筑路、采矿、油田、水电、港口、农林及国防等各类工程中，均获得十分广泛的应用。它具有操纵灵活，运转方便，所需工作面较小，行驶速度较快，易于转移等特点。它担负着切削、推运、开挖、填积、回填、平整、疏松、压实等多种繁重的土石方作业，主要用于纵向短距离运土和横向推土，是各类工程施工中必不可少的关键设备。此外，大型推土机加装松土器后还可以进行土石的劈松作业；加装多齿松土器可用于劈开较薄的硬土、冻土等；加装单齿松土器除能疏松硬土、冻土外，还可以劈松具有风化和有裂纹或节理发达的岩石。由于推土机切挖下来的土体只是堆置在推土板前地面上，被推移着运移，因此，推土机的推土量不大，运距也不可能很远。通常适用于运距在 100 m 以内的平土或移挖作填，尤其是当运距在 20～70 m 最为有效。

13.1.1　推土机推土方法

(1)下坡铲土法

借助于自然坡度地势向下坡方向切土，依靠机械本身的重力作用以增加推土能力和缩短推土时间。

(2)并列推土法

平整较大面积场地时，可采用两台或三台推土机并列推土，减小土的损失，提高效率。采用此法时，各推土机铲刀的间距以 15～60 cm 为宜，且平均运距不宜超过 50～75 m，亦不宜小于 20 m，如图 13.2 所示。

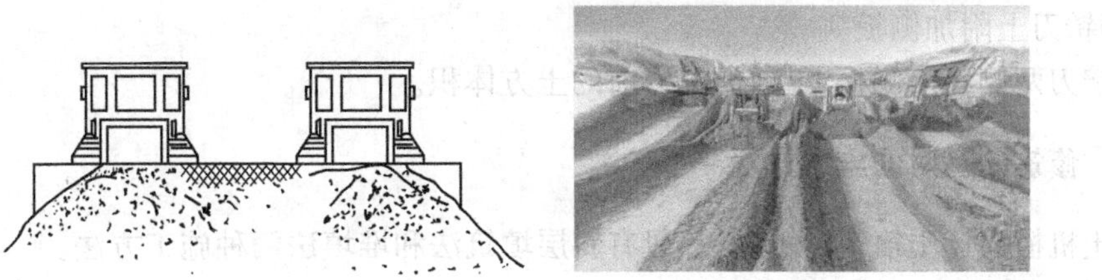

(a) 示意图　　(b) 实物图

图 13.2　并列推土法

(3)波浪推土法

推土机铲土时将铲刀最大限度地切入土中，直到发动机稍有超负荷现象时，将铲刀提起以便发动机恢复正常工作，再降下铲刀切土，再起刀，如此反复多次，直到铲刀前堆满土并将其推至指定地点，如图 13.3 所示。

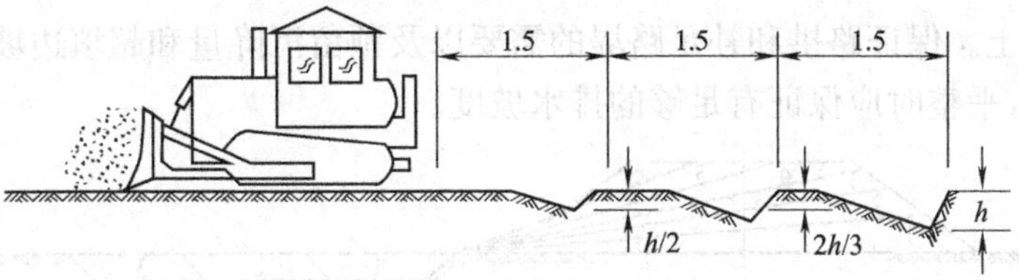

图 13.3　推土机波浪铲土(单位：m)

(4)槽形推土法

沿着同一路线连续推送若干次，使地面形成一条线槽，反复利用前次已推过土的原槽多次推土，可大大减少漏土损失，适用于大面积平整场地，如图 13.4 所示。

(5)多刀推土法

在较硬的土中，推土机的切土深度较小，应采用多次铲土、分批集中、一次推送的方法，以提高施工效率。推土机分段将所切土推运到各切土终点，等作业面上积聚成多个土堆后。然后再由远及近整批推运到卸土区，如图 13.5 所示。各土堆堆积间距不宜大于 30 m，积土高度以 2 m 左右为宜。

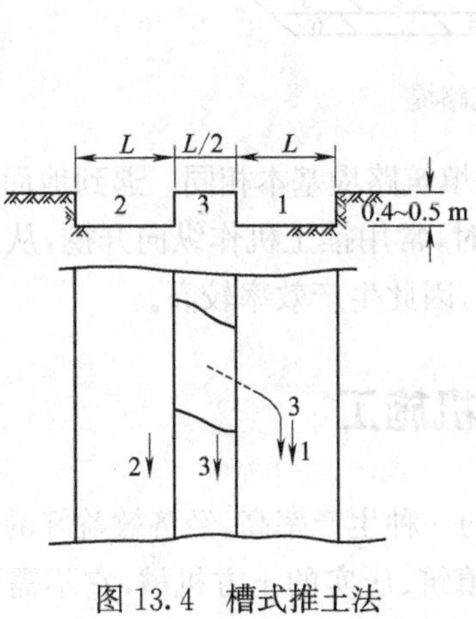

图 13.4　槽式推土法

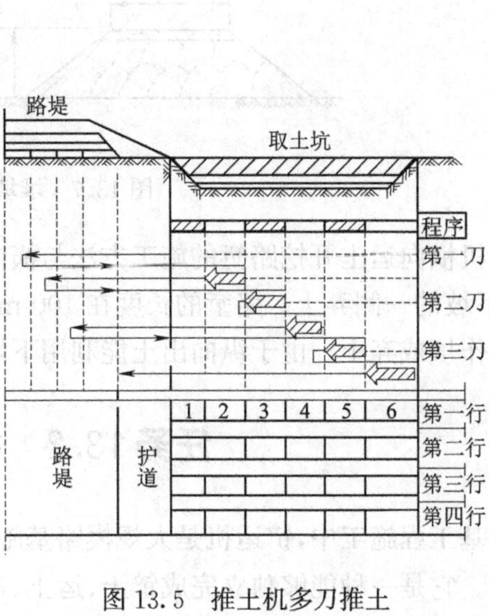

图 13.5　推土机多刀推土

(6)铲刀上附加侧板

在铲刀两侧装上侧板,以增加铲刀前的土方体积。

13.1.2 修筑路基时的施工方法

推土机横向运土填筑路堤时,一般有斜层填筑法和堆填法两种施工方法。

(1)斜层填筑法

对于一般的Ⅰ～Ⅲ级土常采用斜层填筑,其填筑顺序如图 13.6 所示。分层填筑的厚度为 20～30 cm。每次铺填完毕后,推土机应继续前进 1.5～2 m,使新铺土层得到碾压。每铺填 0.5 m 高度后应进行一次纵向碾压(纵向延长至少要有 20 m),碾压前推土机先在填土面上拨土,修补好路堤外侧边坡的缺土,然后纵向行驶碾压 3～5 次。当路堤外侧顶层达到高出施工高程 20～30 cm,并且宽度达到这个高程标准宽度的 70%左右时,即停止从取土坑取土而把护道上的积土(作上坡道用的多余土方)推进路堤,补足内侧路肩的缺土。路堤接近完成时,在路堤面上应多留些土。保证路拱和补足路堤的需要以及预留沉降量和超填边坡的需要。最后平整护道和取土坑,平整时应保证有足够的排水坡度。

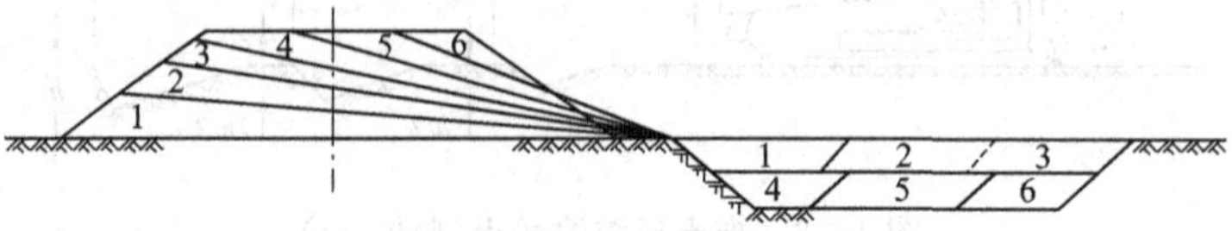

图 13.6 路堤斜层填筑

(2)堆填法

堆填法(图 13.7)的特点是:推土机把土推进路堤后不作散土而是成堆地向前推挤,等到路堤在一定长度内(20 m 以上)布满土堆时,再进行纵向平整与碾压,施工速度较快。土层厚度根据每次推土量和土堆的密集程度而定,一般使平整后的层厚为 0.3～0.5 m 为宜。接近完成时的平整与碾压,与斜层填筑法相同。

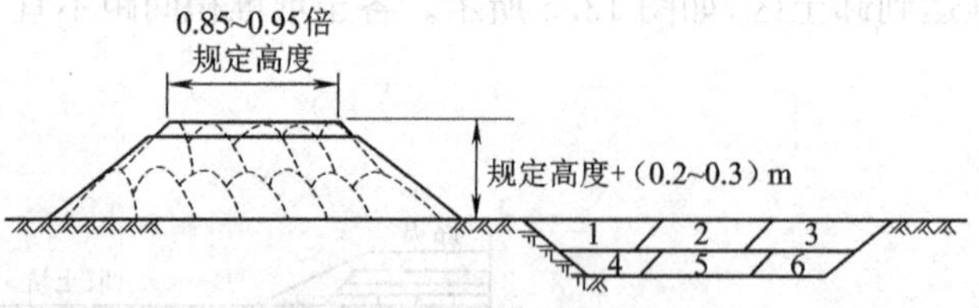

图 13.7 堆填法填筑路堤

推土机横向运土开挖路堑的施工方法与横向运土填筑路堤基本相同。遇到地面横坡较陡时,应向下坡的一侧弃土。路堑的长度在 100 m 以内时,常用推土机作纵向开挖,从路堑两端出土移挖作填或弃土。由于纵向出土能利用下坡推土,因此生产效率较高。

任务 13.2 铲运机施工

在路基工程施工中,铲运机是大规模路基施工中的一种生产率高、经济效益好的理想土方运输机械。它是一种能够独立完成铲土、运土、卸土、填筑、压实的土方机械,它不需要其他机械配合,易于转移,配合劳力少,生产效率高,是一种较为经济的施工机械(图 13.8)。

铲运机可以用来直接完成Ⅱ级以下较软土体的铲挖，对Ⅲ级以上较硬的土，应对其进行预先疏松后再进行铲挖。铲运机还可以对土进行铺卸平整作业，将土逐层填铺到填方地点，并对土进行一定的压实。适用于平整场地，开挖基坑、管沟，填筑路基、堤坝等土方工程。

(a) 实物图

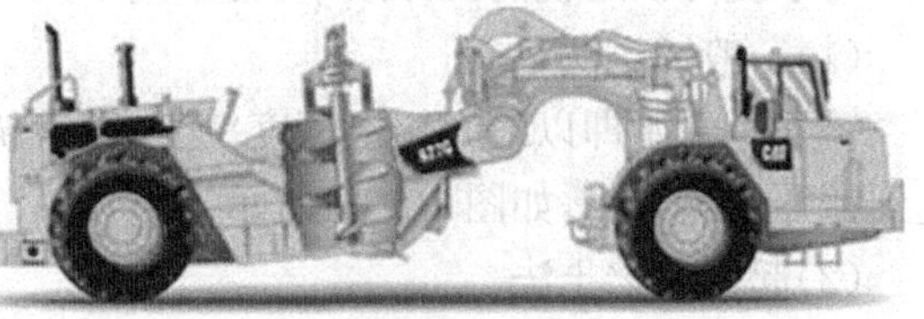

(b) 示意图

图 13.8 自行式铲运机

铲运机有拖式铲运机和自行式铲运机两种。拖式铲运机由拖拉机牵引或推土机牵引，行驶速度较慢，适合于 100～700 m 的运土；自行式铲运机的行驶和工作靠自身的动力设备，行驶速度较快，适合于 700～1 500 m 的远距离运土，自行式铲运机的工作速度可达40 km/h以上，斗容量可超过 30 m^3 。因此，在中长距离作业时，铲运机具有很高的生产率和良好的经济效益。

铲运机的工作装置是铲斗，铲斗前有一个能开启的斗门，铲斗前设有切土刀片。切土时，铲斗门打开，刀片切土；铲运机前进时，被切下的土挤入铲斗；铲斗装满土后，提起土斗，将土运至卸土地点。铲运机的斗容量一般为 6～10 m^3，切土深度 300 mm 左右，卸土厚度 200 mm 左右。

13.2.1 铲运机的工作过程

铲运机的工作过程由铲装、运土、卸土和回驶四个过程组成一个循环(图 13.9)。

(a) 铲装

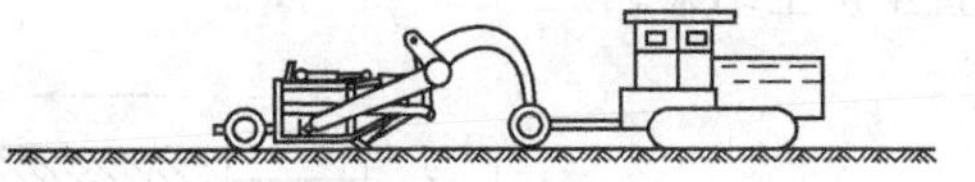

(b) 运土

(c) 卸土

(d) 推土机助铲

图 13.9 铲运机的工作过程

铲装过程[图 13.9(a)]：铲运机被牵引或自行在铲土场地上行进，通过操纵机构升起斗门，放下铲斗，此时斗口凭借刀片切人土中，随着机械的继续行进，铲下的土层被挤入斗中。

运土过程[图 13.9(b)]：铲斗装满土壤后，关闭斗门，将铲斗提升到一定高度，铲运机重载运行到卸土地段。

卸土过程[图 13.9(c)]：到达卸土地段后，放低铲斗，使斗口离地面一定高度，开启斗门并通过操纵机构使卸土板前移，将斗内土壤往外推卸，随着机械前行在地面上铺卸下一层土。

回驶过程：卸土完毕后，使卸土板回位并关闭斗门，将铲斗提升到利于行驶的高度上,铲运机空驶返回原铲土地段进行下一循环作业。

在铲装松土时,为了将铲斗装满至堆尖容量,或者在铲装较硬土壤时,增加足够的牵引力,通常使用助铲机(常用推土机)在铲运机尾部顶推助铲,如图 13.9(d)所示。

13.2.2 铲运机铲土方法

为了提高铲运机的工作效率,常采用下列铲土方法。

(1)一般铲土法

铲刀一开始即以最大切土深度铲土,随着铲运机行驶阻力不断增大而逐渐减小铲土深度,直到铲斗装满为止,如图 13.10 所示。

(2)起伏式铲土法

铲土时将铲斗最大深度地切入,随着铲运机负荷逐渐增加,发动机转速下降,切土深度相应减小,如此反复多次,自到铲斗装满为止,如图 13.11 所示。

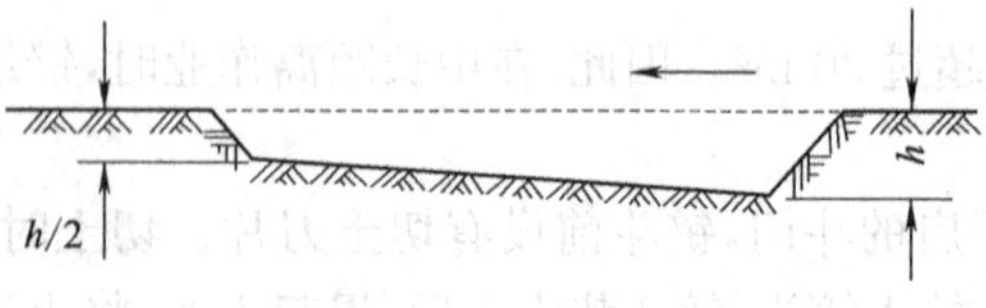

图 13.10　一般铲土法

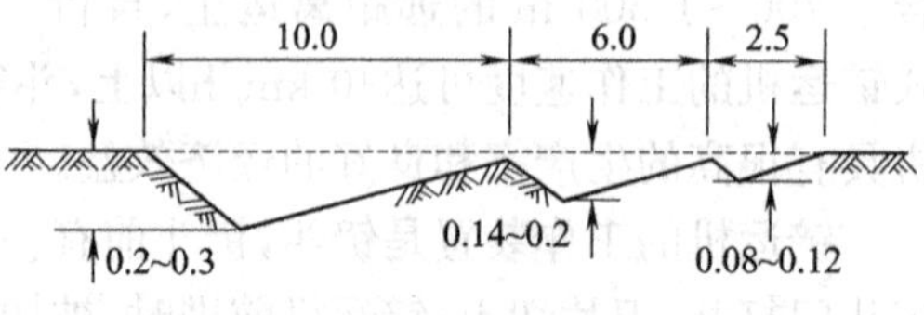

图 13.11　起伏式铲土法(单位:m)

(3)跨铲法

采用预留土埂、间隔铲土的方法,使得铲运机效率提高 10%左右,如图 13.12 所示。其开挖顺序为:先在取土场第一排铲土道铲土(宽度为 d),两铲土道间留土埂(宽度为 $d/2$);第二排铲土道的起点与第一排的起点相距半个铲土长度(中线互错半个宽度);第三、四排依次后移,直至铲土结束。

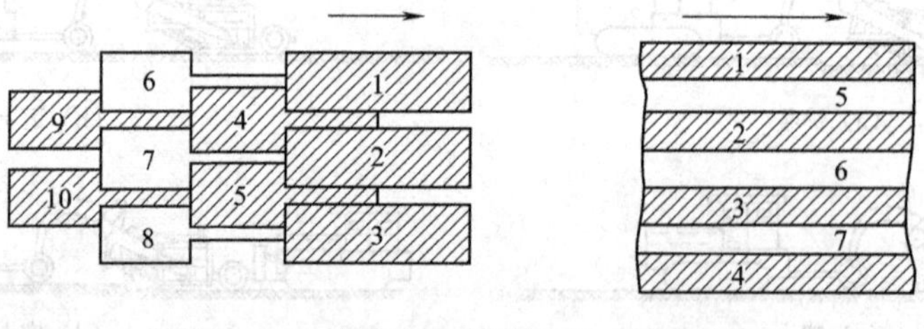

图 13.12　跨铲法(图中数字为开挖顺序)

(4)下坡铲土法

利用铲运机的重力分力所产生的下坡推力增大牵引力。使得铲斗切土加深,从而提高铲土效率,如图 13.13 所示。下坡坡度一般为 3°～9°,效率可提高 25%左右,但最大不宜超过 15°。坡度过大铲运机空回困难,反而增长了作业时间。

(5)助铲法

在地势平坦、土质较坚硬时,切土的阻力很大,造成牵引力不能充分发挥,此时可用推土机在铲土运行中顶推助铲,以提高铲土效率。该法若组织得当,生产率可提高 30%以上。采用助铲法施工要有一定的工作面和工作量,使担负助铲的推土机不致窝工。一般取土场宽度应不小于 20 m,长度不短于 30 m,铲运机半周程运距不短于 250 m。推土机进行助铲的顺序可随工点的具体情况采用图 13.14 中所示的方式之一。

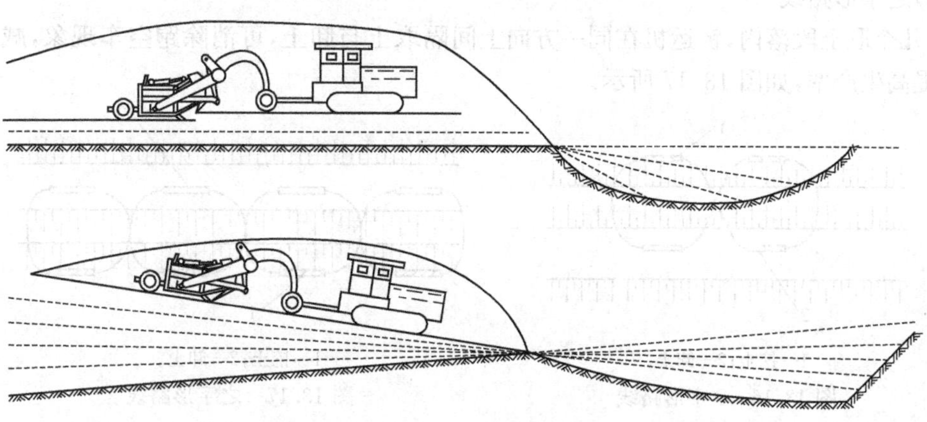

图 13.13　下坡铲土法

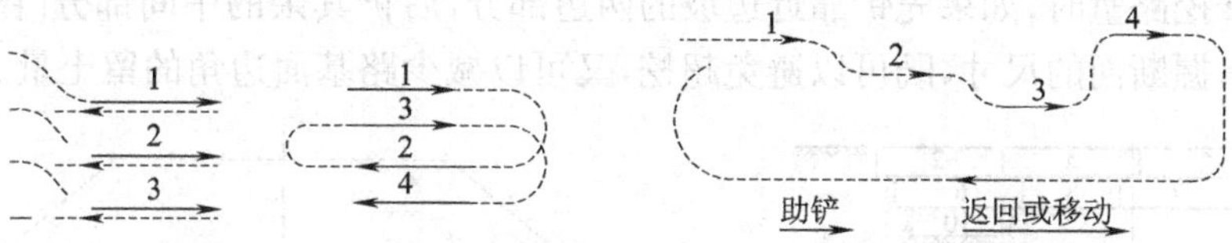

（a）顺序助铲法　（b）交错助铲法　（c）回转助铲法

图 13.14　推土机助铲顺序示例

13.2.3　铲运机的运行路线

铲运机铲土应达到运距短、坡道平缓、工程量小的目的，为此应根据地形条件、工作性质、工程量、运距等具体情况综合考虑后选择合理的运行路线。铲运机运行路线主要有以下几种方式。

(1)椭圆形路线

这是铲运机最简单也最常用的作业路线，每次循环只完成一次铲土和卸土，根据铲土和卸土的相对位置不同，可灵活布置，随时改变顺逆方向，减少运行中的干扰，如图 13.15(a)所示。当挖填交替而挖填之间的距离又较短，则可采用大循环路线，如图 13.15(b)。

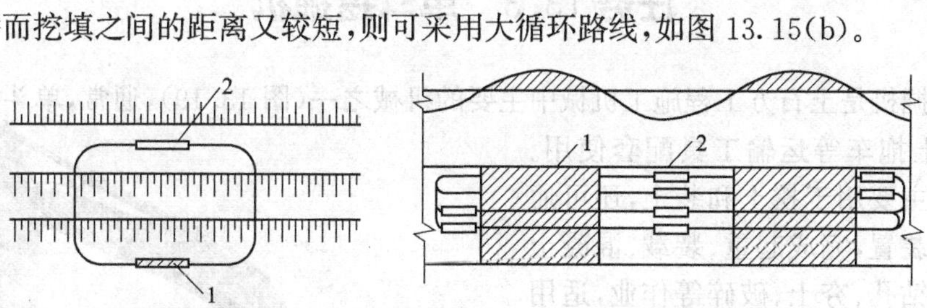

（a）椭圆形路线　（b）大循环路线

1—铲土；2—卸土。

图 13.15　椭圆形路线

(2)8 字形路线

如图 13.16 所示，这种运行路线的铲土和卸土，轮流在两个工作面上进行，每次循环能完成两次铲土和卸土，施工效率高，转弯方向左右交替进行，可减少机械不均匀磨损。特别是可避免重车上坡转弯急的缺陷，节省转向时间。

(3)之字形路线

在几个取土段落内,铲运机在同一方向上间隔取土与卸土,可消除跑空车现象,减少转弯次数,提高生产率,如图 13.17 所示。

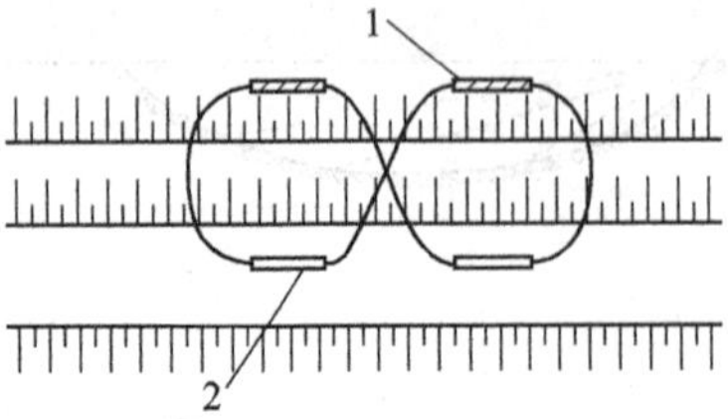

1—挖土;2—卸土。

图 13.16　8 字形路线

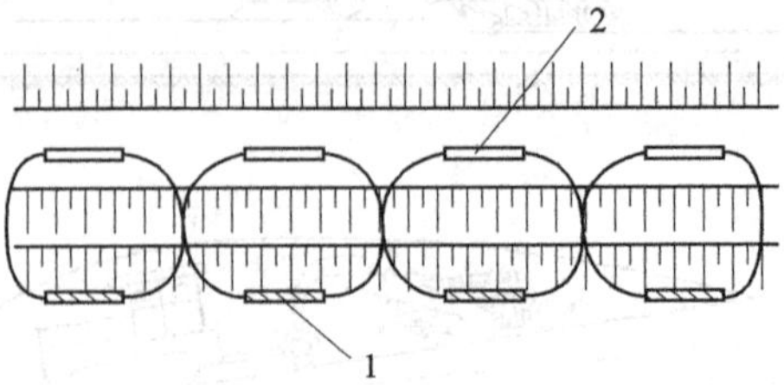

1—挖土;2—卸土。

图 13.17　之字形路线

(4)修筑路基时的施工方法

铲运机开挖路堑时,如果先铲靠近边坡的两边部分,后铲其余的中间部分[图 13.18(a)],就比较容易掌握断面的尺寸,既可以避免超挖,又可以减少路基面边角的留土量。

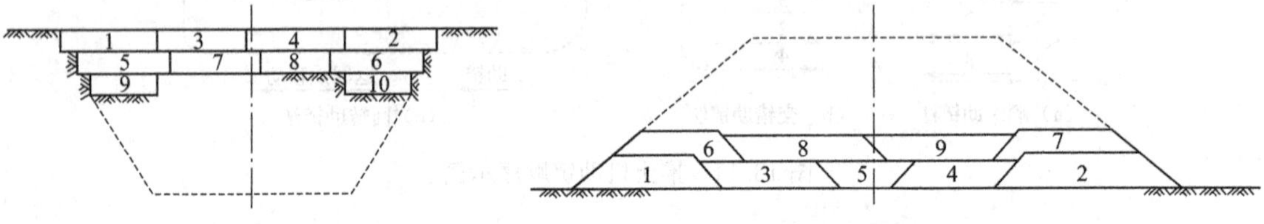

(a) 路堑开挖顺序图　　(b) 路堤填筑顺序图

图 13.18　铲运机开挖路堑与填筑路堤的顺序

路堤必须分层填筑,分层压实。填筑的次序,也要先两边、后中间[图 13.18(b)],这样机械在边上行驶时是向线路中心线倾斜,比较安全而且易于保持准确的边坡,减少整修的工作量,靠近边坡的土也能得到压实。多雨时,则应使路堑的中间部分略低,路堤的中间部分略高,防止雨水冲刷路堑的边坡和路堤表面积水。

任务 13.3　单斗挖掘机

单斗挖掘机是土石方工程施工机械中主要的机械之一(图 13.19),通常,单斗挖掘机与自卸汽车、运土拖车等运输工具配套使用。单斗挖掘机主要用于挖土和装土,还可通过更换工作装置,完成起重、装载、混凝土浇筑、打桩、钻孔、夯土、破碎等作业,适用于工程量大而集中的路基工程施工,路基工程中常用全圆回转履带式挖掘机。

图 13.19　履带式液压挖掘机

13.3.1　单斗挖掘机的分类

单斗挖掘机一般按下列主要特征来分类。

(1)根据铲斗容量分类

①小型:斗容量在 1 m^3 以下。

②中型：斗容量在 1～4 m^3。

③大型：斗容量超过 4 m^3。

(2)根据工作装置分类(图 13.20)

①正铲挖掘机：铲斗向上挖掘停机面以上的工作面。

②反铲挖掘机：铲斗向下挖掘停机面以下的工作面。

③拉铲挖掘机：铲斗由钢索悬吊和操纵，铲斗在拉向机身时进行挖掘，适用于开挖停机面以下的工作面和抛掷卸土。

④抓铲挖掘机：合瓣形的铲斗由钢索悬吊和操纵，适于开挖停机面以上和以下的工作面。

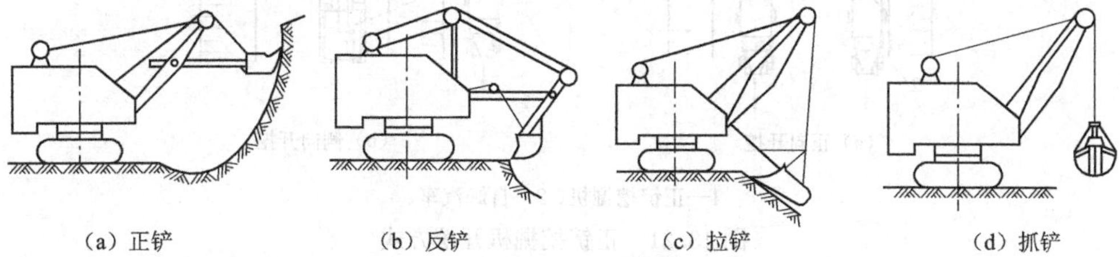

图 13.20　单斗挖掘机工作装置的类型

(3)根据行走方式分类

①轮胎式挖掘机

这种自行式挖掘机的底盘是专门设计制造的轮胎底盘，其最大优点是机动性高，操作灵活。

②履带式挖掘机

大、中型单斗挖掘机普遍采用履带式行走装置。这种履带装置与轮胎式相比，有更宽的履带板，履带刺很短或没有，接地压力小，便于转向而不致破坏地面。最大优点是工作时很稳定，机身不下沉和歪斜。

13.3.2　挖掘机的开挖方式

(1)正铲挖掘机

正铲挖掘机主要用来挖掘高出掘进机停留面的土堆，也可作装载松散材料(碎石等)之用。分为履带式和轮胎式两种，挖装作业灵活，回转速度快，工作效率高，铲斗容积为 0.25～2.0 m^3。

正铲挖掘机的开挖方式可分为正向开挖和侧向开挖。正向开挖时，挖掘机在前，沿前进方向挖土，运输工具停在后面装土，如图 13.21(a)所示。此法挖土面大，但回转角度大，运输工具需倒车进入，生产效率低。侧向开挖时，挖掘机沿前进方向挖土，运输工具停留在侧面装土，如图 13.21(b)所示。此种方式挖掘机卸土时，动臂回转角度小，运输工具行驶方便，生产效率高。

(2)反铲挖掘机

反铲挖掘机的工作面(所谓工作面是指挖掘机在一个停点所能开挖的土方面，其大小与基坑横断面尺寸、机械性能、挖土方式及土壤性质等因素有关)可低于其停留面以下 3～6 m，常用于挖基坑、沟槽等，其生产效率比正铲挖掘机略低，铲斗容积为 0.25～1.0 m^3。

反铲挖掘机的开挖方式可分为沟端开挖和沟侧开挖。沟端开挖时挖掘机停在沟端，向后倒退挖土，汽车停在两旁装土，开挖工作面宽，卸土时动臂只需回转 40°～45°即可[图 13.22(a)]。

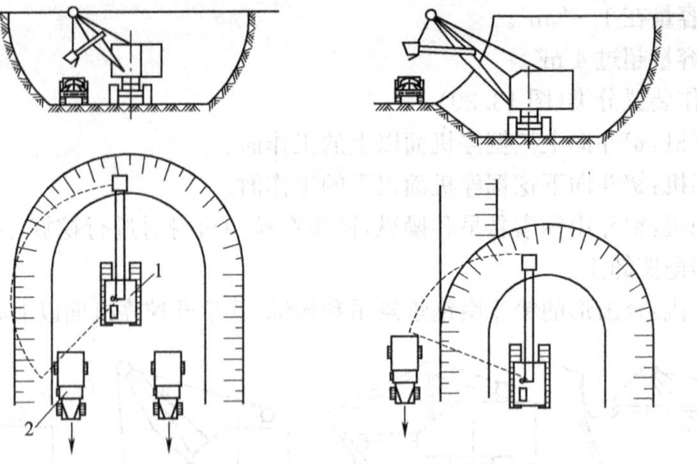

1—正铲挖掘机；2—自卸汽车。

图 13.21 正铲挖掘机开挖方式

沟侧开挖时挖掘机沿沟的一侧直线移动挖土，此法能将土弃于距沟较远处，但挖土深度受限制，卸土时动臂回转小于 90°即可[图 13.22(b)]。

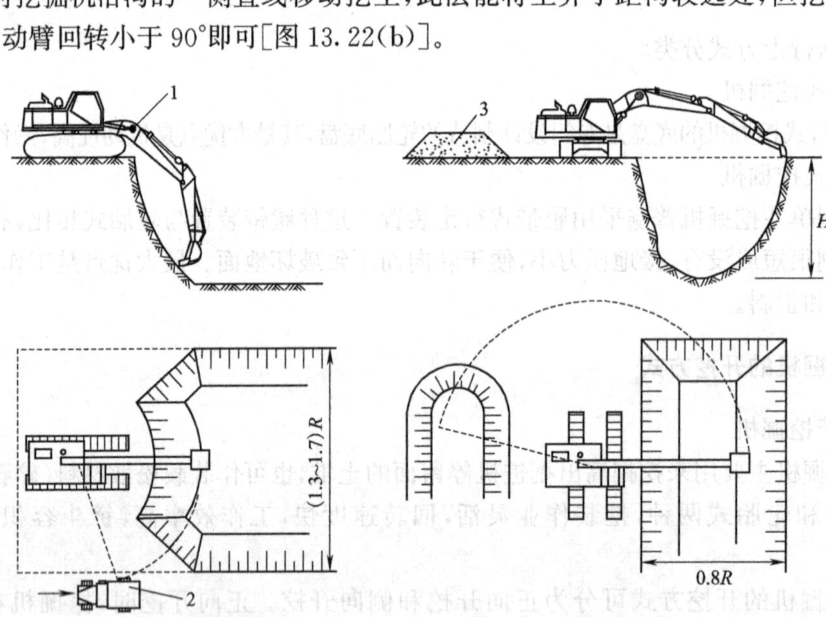

1—反铲挖掘机；2—自卸汽车；3—弃土堆。

图 13.22 反铲挖掘机开挖方式

(3)拉铲挖掘机

拉铲挖掘机用于开挖停机面以下的一类土、二类土。它工作装置简单，可直接由起重机改装，其特点是：铲斗悬挂在钢丝绳下而不需刚性斗柄，土斗借自重使斗齿切入土中，开挖深度和宽度均较大，常用于开挖大型基坑和沟槽。但与反铲挖掘机相比，开挖精确性差，且大多将土弃于土堆，如需卸在运输工具上，则操作技术要求高，效率低。拉铲挖掘机的开挖方式与反铲挖掘机相同，如图 13.23 所示。

(4)抓铲挖掘机

抓铲挖掘机是在挖掘机臂端用钢索装一抓斗而成,也可由履带式起重机改装。抓铲土斗工作示意如图13.24所示,可挖掘Ⅰ、Ⅱ类土。

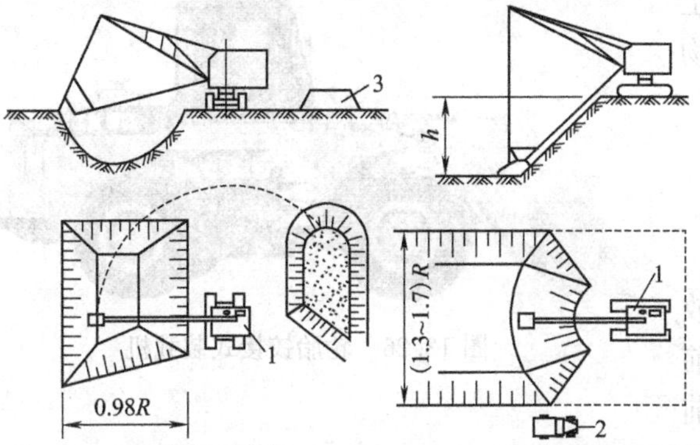

(a) 沟侧开挖　(b) 沟端开挖

1—拉铲挖掘机;2—汽车;3—弃土堆。

图13.23　拉铲挖土方式

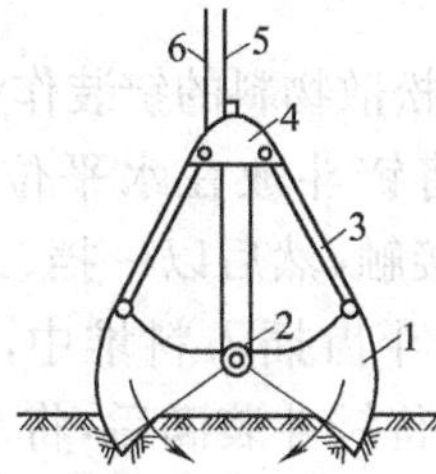

1—斗瓣;2—中心铰;3—拉杆;
4—顶铰;5—升降索;6—取土索。

图13.24　抓铲土斗工作示意

13.3.3　正铲挖掘机配合汽车修筑路基

挖掘机开挖路堑时,如果路堑不深,挖掘机一次行程就能把路堑挖通,工作较为简单。汽车可以像正向开挖那样,在机后装车;或者地形条件许可时,在挖掘机的侧面装车。

如果路堑较深,不能一次挖通时,就要采用分层开挖[图13.25(a)],或者分层分块开挖[图13.25(b)]。分层和分块的原则是:挖掘机的行程次数要少;路基范围内所留的土角要少。分层开挖时,每一层的高度可以取到最大挖土高度,第一个挖掘行程[图13.25(a)中1]相当于正向开挖。分层分块的特点是汽车总可以在挖掘机的侧面装车。分块时停车面与停机面之间的高度 h 应保证铲斗在最大卸土高度时能顺利地装车。

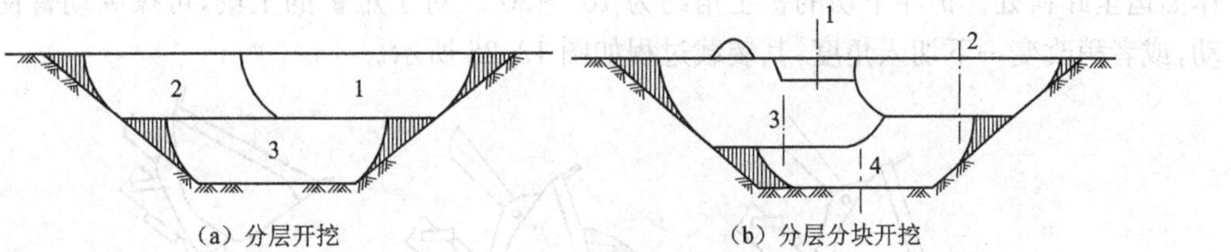

(a) 分层开挖　(b) 分层分块开挖

图13.25　正铲开挖路堑施工顺序

正铲配合汽车填筑路堤时,在卸土处要配备推土机进行分层摊平、压实工作。

任务13.4　单斗装载机

单斗装载机是在专用的拖拉机前面臂架上装有一个能升降和翻转的铲斗,主要用来铲、装、卸、运土与砂石一类散状物料的机械,如图13.26所示。也可对岩石、硬土进行轻度铲掘作业。与挖掘机相比,装载机比较机动,本身既能做清理场地、移运孤石等作业,不进行装载时又可以当推土机使用。如果换不同工作装置,还可以扩大其使用范围,完成推土、起重、装卸其他物料的工作。它主要用于路基工程的填挖、材料的集料和装料等作业,由于它具有作业速度快、效率高、操作轻便等优点,因而装载机在国内外得到迅速发展,成为铁路、城轨轨道、公路建设中土石方施工机械的主要机种之一。

装载机的作业对象主要是:各种土壤、砂石料、灰料及其他筑路用散粒状物料等。

图 13.26 轮胎铰接式装载机

13.4.1 装载机铲装作业方法

(1)对松散物料的铲装作业

首先将铲斗放在水平位置,并下放至与地面接触,然后以一挡、二挡速度前进,使铲斗斗齿插入料堆中,此后,边前进边收斗,待铲斗装满后,将动臂升到运输位置(离地约50 cm),再驶离工作面。如装满有困难时,可操纵铲斗上下颤动或稍举动臂,其装载过程如图 13.27 所示。

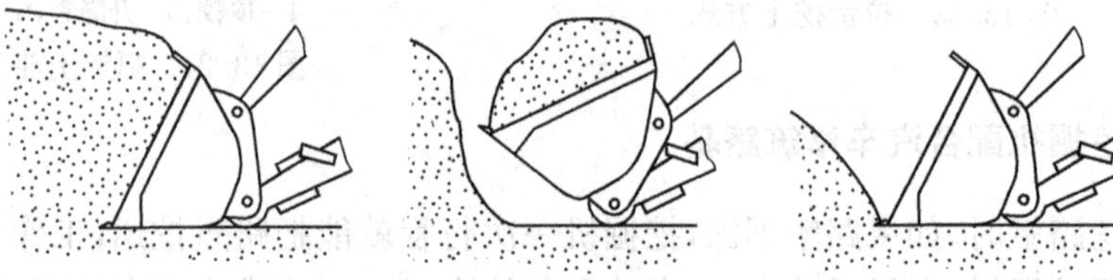

(a) 前进收斗　(b) 举升运输　(c) 铲斗上下颤抖

图 13.27 装载机铲装松散物料

(2)铲装停机面以下物料作业

铲装时应先放下铲斗并转动,使其与地面成一定的铲土角,然后前进,使铲斗切入土中,切土深度一般保持在 150~200 mm 左右,直至铲斗装满,然后将铲斗举升到运输位置,再驶离工作面运至卸料处。铲斗下切的铲土角约为 10°~30°。对于难铲的土壤,可操纵动臂使铲斗颤动,或者稍改变一下切入角度,其装载过程如图 13.28 所示。

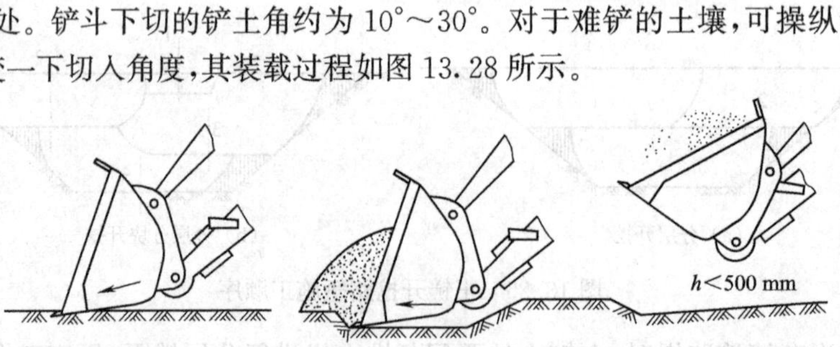

(a) 前进　(b) 切土　(c) 举升

图 13.28 装载机铲装停机面以下土壤

(3)铲装土丘时作业

装载机铲装土丘时,可采用分层铲装法或分段铲装法。分层铲装时,装载机向工作面前进,随着铲斗插入工作面,逐渐提升铲斗,或随后收斗直至装满,或装满后收斗,然后驶离工作面,开始作业前应使铲斗稍稍前倾。这种方法由于插入不深,而且插入后又有提升动作的配合,所以插入阻力小,作业比较平稳;由于铲装面较长,可以得到较高的充满系数,如图 13.29 所示。

如果土壤较硬，也可采取分段铲装法，这种方法的特点是铲斗依次进行插入动作和提升动作。作业过程是铲斗稍稍前倾，从坡角插入，待插入一定深度后，提升铲斗。当发动机转速降低时，切断离合器，使发动机恢复转速。在恢复转速过程中，铲斗将继续上升并装一部分土，转速恢复后，接着进行第二次插入，这样逐段反复，直至装满铲斗或升到高出工作面为止，如图13.30所示。

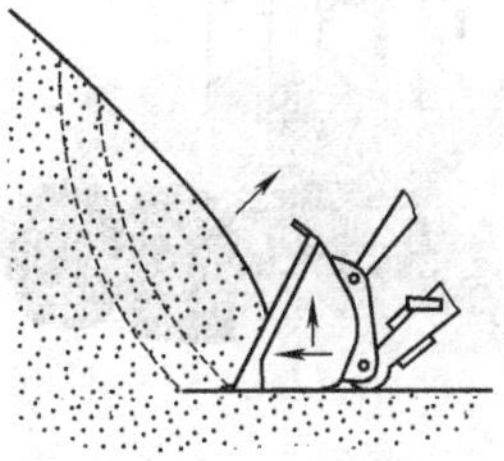
图13.29 装载机分层铲装法

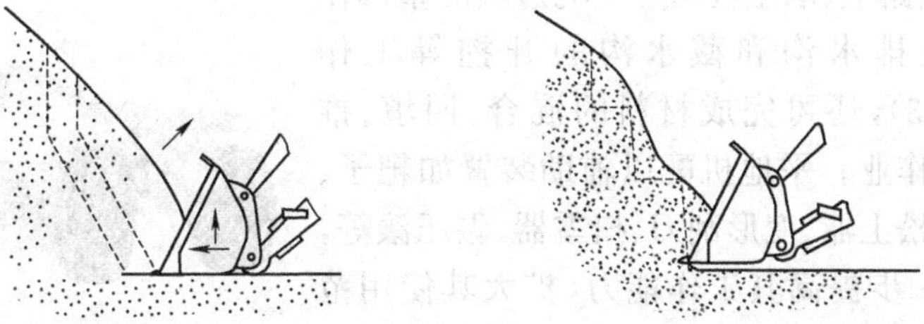
图13.30 装载机分段铲装作业

13.4.2 装卸机配合自卸汽车填筑路基作业方法

装卸机与自卸汽车配合填筑路堤等施工中，装卸机的转移卸料与车辆位置配合的好坏对装卸机生产率影响较大。施工组织原则是根据堆料场的大小和堆料的情况尽可能做到来回行驶距离短，转弯次数少。最常用的施工作业有“V”形和穿梭式(图13.31)。但在运距不大或运距与线路坡度经常变化的情况下，如采用装载机与自卸汽车配合进行装运作业，就会使工效降低、费用提高。在此情况下可单独采用装载机作为自铲运设备使用。据国外经验，整个铲、装运作业循环时间不超过3 min，装载机作为自铲运设备使用，经济上是合算的。

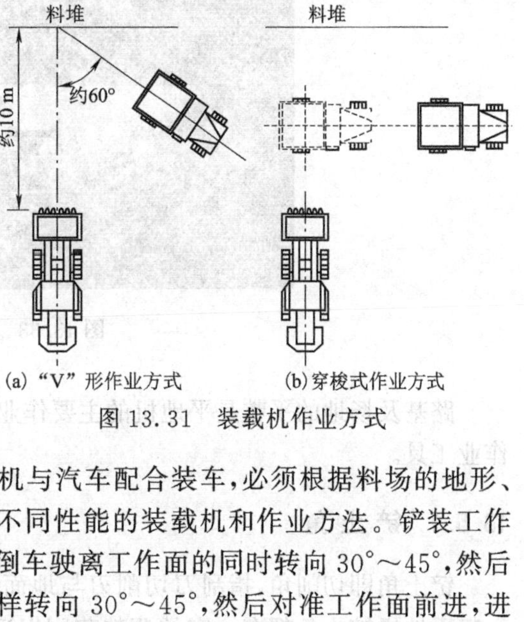

图13.31 装载机作业方式

“V”形是汽车停在一个固定的位置，与装载机与汽车配合装车，必须根据料场的地形、地质以及材料的类别和周围环境的不同来选择不同性能的装载机和作业方法。铲装工作面斜交，如图13.31(a)所示。装载机装满斗后，倒车驶离工作面的同时转向30°～45°，然后向前对准汽车卸料。卸料后在驶离汽车时也同样转向30°～45°，然后对准工作面前进，进行下一次铲装。这种方法对于装载机特别有利，铲斗装满后只需后退3～5 m即可转向汽车卸料。有时为了更好地配合运输车辆，也可采用双“V”形，即两台装载机分别从两侧对一台汽车装料，这样可以进一步缩短装车时间。

穿梭式作业方式是装载机只在垂直工作面的方向前进、后退，而汽车则在装载机与工作面之间像穿梭一样来回接装和驶离，如图13.31(b)所示。汽车待装位置可以平行于工作面，也可以与工作面斜交。装载机驶离工作面的距离一般不超过6～10 m，使汽车能安全通过即可。

任务13.5 自行平地机

自行平地机是一种以铲土刮刀为主、配有其他多种辅助作业装置，进行土的切削、刮送和整平作业的工程机械(图 13.32)。它可进行路基面的整形和维修，表层土、积雪或草皮的剥离，路堤、路堑、取土坑与弃土坑边坡的整修作业，以及排水沟和截水沟的开挖等工作(图 13.33)，还可完成材料的混合、回填、推移、摊平作业。平地机配以辅助装置如耙子、推土铲、松土器、变形刮刀、扫雪器、碾压滚等，可以进一步提高其工作能力，扩大其使用范围。因此，平地机是一种效能高、作业精度好、用途广泛的施工机械。

图 13.32　平地机

图 13.33　平地机路基作业

路基及场地的平整是平地机的主要作业项目。在平地机工作装置中，铲刀是一种多功能作业工具。

13.5.1 铲土角

铲土角即切削角，指刮刀切削刃与地面的夹角。铲刀角的大小一般依作业类型来确定。一般平地机铲土角都有一定的调整范围以适应不同的作业要求。中等切削角(60°左右)适用于通常的平整作业。在切削、剥离土壤时，需要较小的铲土角，以降低切削阻力。当进行物料混合时，应选用较大的铲土角，这样可以避免大粒物料对铲刀的推挤力，大粒料容易从刮刀下滚过去，刮刀载料减少，使物料滚动混合作用增强。

图 13.34　刮刀回转角

13.5.2 刮刀回转角

在狭窄地段和短距离施工时，将刮刀回转 180°，平地机可以在倒退行驶状态下作业，可提高作业效率，刮刀回转角通常用 ω 表示，如

图 13.34所示。

13.5.3　前轮倾斜作业

平地机在作业时,由于刮刀有一定回转角,或由于刮刀在机体外刮侧坡,使机器受到一个侧向力的作用,常会迫使机器前轮发生侧移以致偏离行驶方向,加剧轮胎的磨损,并且前轮的转向销轴产生很大的力矩,使前轮转向(偏摆)的阻力增大。这时,可以采用倾斜前轮的方法来避免。原则是前轮的倾斜总是与外力呈相抵消状态。

前轮倾斜除了用来抵消机器受到的侧向力外,还可用于刮坡作业时刮刀切入深度的微调以提高刮削精度。

13.5.4　斜行作业

利用车架铰接或全轮转向的特点,平地机可以斜行作业。在很多作业场合需要采用斜行作业方法,使车轮避开料堆,保持机器更加稳定。

13.5.5　保持机器稳定

在平地机作业时,应尽可能保证后轮在比较平坦的地面上行驶,必要时可以让前轮在坡道上和土丘上行走,而机身放在平坦的地面以保持机器的稳定,这样机器便于控制,刮刀也易于调节,可以保证具有较好的作业效果。

13.5.6　刮刀侧移

平地机作业时,除了采用前轮或后轮转向操纵机器沿要求的行驶路线作业外,还常需要同时操纵刮刀侧移来辅助实现刮刀的运动轨迹。当在弯道上或作业面边界呈不规则的曲线状地段作业时,可以同时操纵转向和刮刀侧向移动,机动灵活地沿曲折的边界作业。当侧面遇到障碍物时,一般不采用转向的方法躲避,而是将刮刀侧向收回,过了障碍物后再将刮刀伸出。

13.5.7　刮刀移土作业

(1)铲刀刮土直移

此种作业方式适合场地平整和整形作业。采用铲刀直移刮土,将刮刀回转角置为0°,即刮刀轴线垂直于行驶方向,此时切削宽度最大,然后操纵铲刀升降油缸下降,将铲刀平置于地面,并适当控制铲刀切削深度,选用低档向前推移作业。这样,铲刀即可在行进中完成切土、积土、铺散、整平和刮送等连续作业工序。

(2)铲刀刮土侧移

铲刀刮土侧移常用于场地平整、路基整形、回填沟渠等。作业前,应根据土壤的性质选择和确定铲刀的平面角。铲刀平面角(回转角)越小,铲刀切削刃单位有效切削长度上的铲掘力也越大。通过调整铲土角,选用较大铲土角可减少铲刀刮土阻力,选用较小的铲土角则可提高地面平整精度。

铲刀刮土侧移应选用作业挡起步,在行进中将同步降下铲刀。由于铲刀斜置,铲刀刮削的土壤和物料可侧移卸出,形成一道土堤,改变铲刀左右侧的伸出量,即可改变铲刀卸土位置,从而实现铲刀机外卸土,或实现机内轮间卸土。

刮土侧移作业也常用于物料混合,将待混合的物料用刮刀一端切入,从刮刀另一端流出,这时应注意刮刀的回转角大小要适当,并要有较大的铲土角,但如果回转角过大,物料也得不到充分的滚动混合,影响混合质量。

(3)铲刀机外刮土

修整路基、路堑、边坡或开挖边沟,通常采用铲刀机外刮土的方式作业。刮坡作业时,应操纵铲刀摆动油缸偏摆牵引架,并将铲刀倾斜伸出机外,然后回转铲刀,将铲刀上端朝前。此时,平地机应以最低档速度前进,同时落下铲刀开始刮坡。作业时,铲刀刮削的土屑则沿铲刀卸于平地机左右车轮之间,最后再清除轮间土堤。调整铲刀机外伸出量,则可开挖边沟或刮边沟边坡。

(4)铲刀刀角铲土侧移

刀角铲土侧移适用于开挖边沟,铲挖的土方可填筑路堤,也可用于路基面整形。作业前,应根据土质调整好铲刀回转角和铲土角,然后以最低挡速度前进,同时在垂直面内倾斜铲刀。将铲刀朝前的一端降下入土切削,朝后的一端抬起,形成侧倾角开挖边沟。铲挖的土方则沿铲刀方向侧移卸土,或卸于边沟,或卸于左右车轮之间,图 13.35 为平地机基本作业示意图。

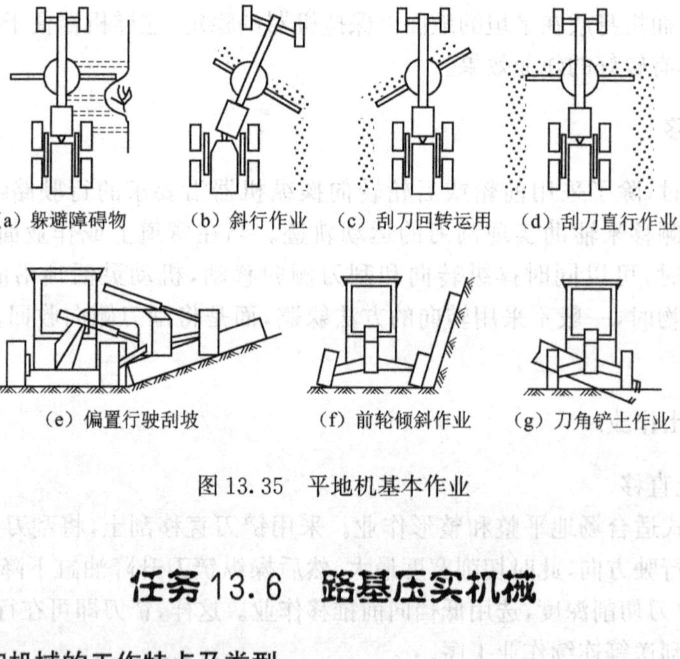

(a) 躲避障碍物　(b) 斜行作业　(c) 刮刀回转运用　(d) 刮刀直行作业

(e) 偏置行驶刮坡　(f) 前轮倾斜作业　(g) 刀角铲土作业

图 13.35　平地机基本作业

任务 13.6　路基压实机械

13.6.1　路基压实机械的工作特点及类型

路基压实机械是一种利用机械自重、振动或冲击的方法,对被压实材料重复加载,排除其内部的空气和水分,使之达到一定密实度和平整度的作业机械。压实机械广泛用于铁路、公路、城市轨道路基、机场跑道、堤坝及建筑物基础等基本建设工程的压实作业。

压实机械主要分为静力光面轮压路机、冲击式压路机、轮胎压路机、羊角碾或凸块碾、振动压路机、快速冲击夯、振荡压路机、振动平板夯、振动振荡压路机、蛙式夯实机等。常见压路机类型如图 13.36 所示。压实机械分类见表 13.1。

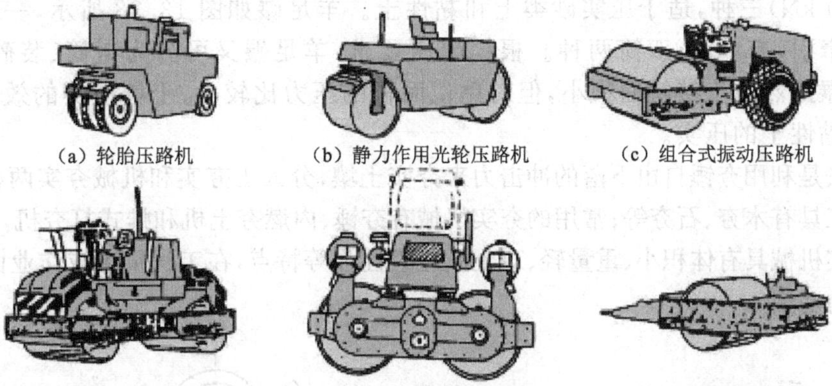
(a) 轮胎压路机 (b) 静力作用光轮压路机 (c) 组合式振动压路机
(d) 两轮串联式振动压路机 (e) 四轮摆振式压路机 (f) 拖式振动压路机

图 13.36 常见压路机示意图

表 13.1 压实机械分类明细表

压路机	类型	夯实机	类型
静作用压路机	1. 拖式静作用压路机 2. 自行式静作用压路机	振动平板夯实机	1. 内燃式振动平板夯实机 2. 电动式振动平板夯实机
振动压路机	1. 光轮式振动压路机 2. 轮胎驱动式振动压路机 3. 光轮轮胎组合式振动压路机 4. 手扶式振动压路机 5. 拖式振动压路机	振动冲击夯实机	1. 内燃式振动平板夯实机 2. 电动式振动平板夯实机
		爆炸式夯实机	1. 内燃式振动冲击夯实机 2. 电动式振动冲击夯实机
轮胎压路机	1. 自行式轮胎压路机 2. 拖式轮胎压路机	蛙式夯实机	蛙式夯实机

13.6.2 路基压实方法

路基填土的压实方法有：碾压、夯实和振动，如图 13.37 所示。平整场地等大面积填土工程多采用碾压法，对较小面积的填土工程则宜采用夯实法和振动压实法。相应的压实机械也可以分为碾压式、夯击式和振动式三大类型。此外，运土工具中的推土机、铲运机以及汽车也可用于路基压实。

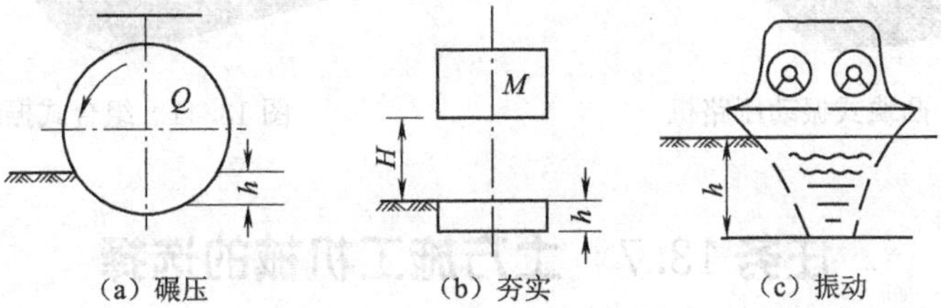

(a) 碾压 (b) 夯实 (c) 振动

图 13.37 填土压实方法

碾压法是利用机械滚轮的压力压实土壤，使之达到所需的密实度。碾压机械有平碾、羊足碾和气胎碾等几种。平碾又称光碾压路机，是一种以内燃机为动力的自行式压路机,如图 13.36所示。按重量等级分为轻型(30～50 kN)、中型(60～90 kN)和重型(100～140 kN)三种,适于压实砂类土和黏性土。羊足碾如图 13.38 所示,一般无动力,靠拖拉机牵引,有单筒、双筒两种。根据碾压要求,羊足碾又可分为空筒、装砂和注水三种。羊足碾虽然与土接触面积小,但对单位面积的压力比较大,土壤压实的效果好,羊足碾适于对黏性土的压实。

夯实法是利用夯锤自由下落的冲击力来夯实土壤,分人工夯实和机械夯实两种。人工夯实所用的工具有木夯、石夯等;常用的夯实机械有夯锤、内燃夯土机和蛙式打夯机,如图 13.39 所示。夯实机械具有体积小、重量轻、对土质适应性强等特点,在工程量小或作业面受限制的条件下尤为适用。

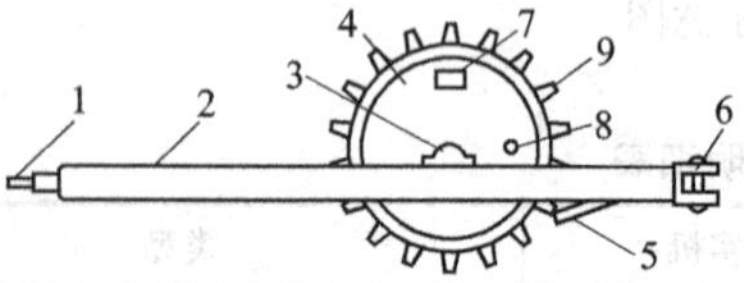

1—前拉头;2—机架;3—轴承座;4—碾筒;5—铲刀
6—后拉头;7—装砂口;8—水口;9—羊足头。

图 13.38　单筒羊足碾构造示意图

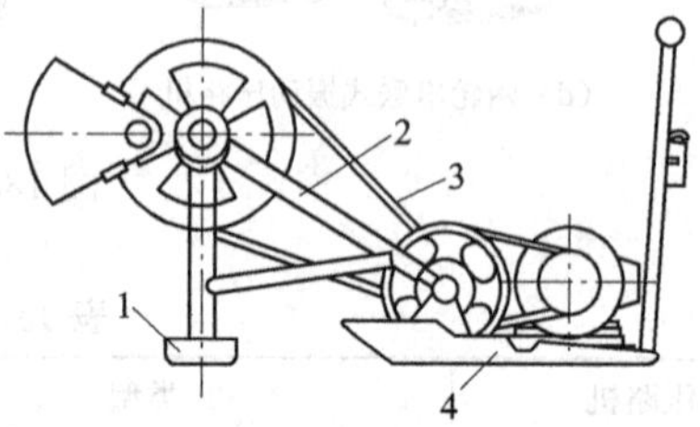

1—夯头;2—夯架;3—三角胶带;4—底盘。

图 13.39　蛙式打夯机

振动压实法是将振动压实机放在土层表面,借助振动机构使压实机振动,土的颗粒发生相对位移而达到紧密状态,用这种方法振实非黏性土效果较好。振动碾是一种振动和碾压同时作用的高效能压实机械,比一般平碾提高工效 1～2 倍,适用于对爆破石渣、碎石类土、杂填土或轻亚黏土的压实,如图 13.40 和图 13.41 所示。

图 13.40　凸块式振动压路机

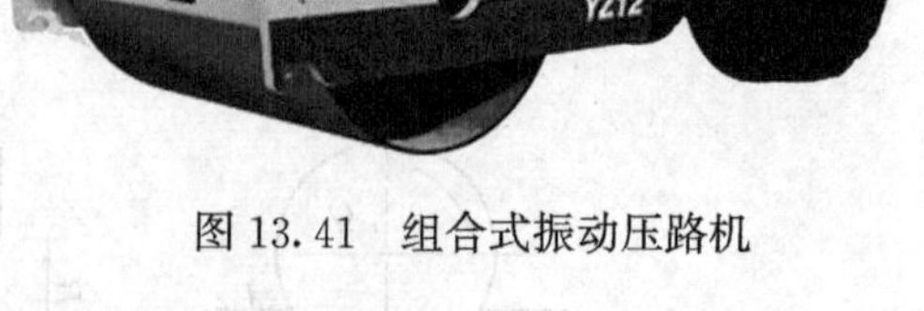

图 13.41　组合式振动压路机

任务 13.7　土方施工机械的选择

在土方工程施工中合理地选择土方机械,充分发挥机械效能,并使各种机械在施工中配合协调,这对于加快施工进度,保证施工质量以及降低工程成本具有十分重要的作用。常用的土方施工机械适用范围见表 13.2。

表 13.2 土石方施工机械适用范围

机械名称	适用的作业项目		
	施工准备工作	基本土方作业	施工辅助作业
推土机	1. 修筑临时道路 2. 推到树木，拔出树根 3. 铲除草皮，消除积雪 4. 清理建筑碎屑 5. 推缓陡坡地形 6. 翻挖回填井、坟、陷穴	1. 高度 3 m 以内的路堤和路堑土石方工程 2. 运距 100 m 以内的土方挖运、铺填和压实 3. 傍山坡的半挖半填路基土方	1. 路堤缺口土方的回填 2. 路面的粗平 3. 弃土坑及弃土堆的平整 4. 土层的压实 5. 配合挖掘机和铲运机松土 6. 斜坡上挖台阶
拖式铲运机	1. 铲除草皮 2. 移运孤石	运距 60～700 m 以内土方挖、运、铺填与压实	1. 路基面及场地粗平 2. 弃土坑及弃土堆的平整
自动平地机	1. 铲除草皮 2. 消除积雪 3. 疏松土层	修筑高度 0.75 m 以内路堤及深 0.6 m 以内路堑、挖填结合路基的挖、运	1. 开挖排水沟、截水沟 2. 平整场地及路面 3. 修刮边坡
拖式松土机	1. 翻松旧道路路面 2. 消除树根、树墩和灌木丛		1. 松散含有砾石的普通土及硬土 2. 破碎 0.5 以内的冻土层
挖掘机		1. 半径 7 m 内的土方挖掘和卸弃 2. 用于配合自卸汽车的装土远运	1. 开挖沟槽和基坑 2. 水下捞土

土方施工机械的选择通常应遵循以下原则。

1. 应根据工程特点选择适宜的施工机械

例如对基坑开挖，当基坑深度在 1～2 m，而长度又不太大时，可采用推土机；对于深度在 2 m以内的线状基坑，宜用铲运机开挖；当其基坑面积较大，工程量又集中时，可选用正铲挖掘机挖土，自卸汽车配合运土；如地下水位较高，亦不采用降水措施，或土质松软，则应采用反铲挖掘机施工。

土方施工机械的选用条件见表 13.3。

表 13.3 土方施工机械的使用条件

路基种类及施工方法	填挖高度/m	土方运距/m	主要施工机械	辅助机械	机械施工运距/m	最小工作段长度/m
1. 路堤						
路侧取土	<0.75	<15	自动平地机	58.9 kW 推土机		300～500
路侧取土	<3.00	<40	58.9 kW 推土机		10～40	—
路侧取土	<3.00	<60	73.6～103 kW 推土机		10～60	—
路侧取土	>6.00	20～100	6 m^3拖式铲运机		80～250	50～80
路侧取土	>6.00	50～200	6 m^3拖式铲运机		250～500	80～100
远运取土	不限	500～700	9～12 m^3拖式铲运机		<1 000	>50～80
远运取土	不限	>500	9 m^3自动铲运机		>500	>50～80
远运取土	不限	>500	自卸汽车		>500	5 000 m^3

续上表

路基种类及施工方法	填挖高度/m	土方运距/m	主要施工机械	辅助机械	机械施工运距/m	最小工作段长度/m
2. 路堑						
路侧弃土	<0.6	<15	自动平地机	58.9 kW 推土机		300～500
路侧弃土	<3.00	<40	58.9 kW 推土机		10～40	—
路侧下坡弃土	<4.00	<70	73.6～103 kW 推土机		10～70	—
路侧弃土	<6.00	30～100	6 m³拖式铲运机		100～300	50～80
路侧弃土	<15.0	50～200	6 m³拖式铲运机		300～600	>100
路侧弃土	<15.0	>100	9～12 m³拖式铲运机		<1 000	>200
纵向利用	不限	20～70	58.9 kW 推土机	推土机	20～70	—
纵向利用	不限	<100	73.6～103 kW 推土机	58.9 kW 推土机	<100	—
纵向利用	不限	40～60	6 m³拖式铲运机		80～70	>100
纵向利用	不限	<80	9～12 m³拖式铲运机		<1 000	>100
纵向利用	不限	>500	9 m³自动铲运机		>500	>100
纵向利用	不限	>500	自卸汽车		>500	5 000 m³
3. 半填半挖路基						
横向利用	不限	<60	73.6～103 kW 斜角推土机		10～60	—

2. 各种辅助机械与直接配套的主要机械的生产能力应一致

为了发挥主要机械的效率,在选择与主要机械直接配套的各种辅助机械和运输工具时,应使其生产能力相互协调一致。例如:土方工程采用单斗挖掘机施工,一般需用运土车辆配合,共同作业,将土随时运走。因此,为使挖掘机充分发挥生产能力,运土车辆的载重应与挖掘机的每斗土重保持一定倍率关系,一般情况下,运土车辆载重量宜为每斗土重的3～5倍,并根据挖掘机产量和运距配足运土车辆以保证挖掘机连续工作。

3. 应使施工机械的种类和型号尽可能少

在同一施工工地,如果拥有大量不同类型或者同类而不同型号的机械,会给机械管理带来困难,同时增加了机械转移的工时消耗。因此,对于工程量大的工程应采用专用机械。在工程量小而且分散的情况下,尽量采用多用途的机械。例如有的挖掘机既可以用于挖土,又可用于装卸、起重和打桩。

4. 应尽量利用自有机械

选用施工单位的自有机械,可以减少施工的投资额,同时又提高了现有机械的利用率,降低工程成本。只有在原有施工机械满足不了工程需要时,才能购置或租赁机械。当需要租赁或购买施工机械时,必须在两者之间进行技术经济比较,选取性能价格比高的施工机械。

5. 保持机械的良好工作状态

对于提供使用的机械,必须了解其运转情况、设备的完好率和利用率,估算机械保养、维修的停歇时间,准备适量的后备机械和替补机械,保证生产的连续性。同时,应配备适应于流动的辅助、维修设备,使大型机械能具备机动灵活、行动迅速、维修及时的条件,满足工程施工的需要。

应特别指出的是：机械化施工不能仅局限于用机械施工替代人的劳动或人工无法完成的施工作业，而是要不断提高机械化施工水平，即不断提高机械化程度和施工管理水平。根据工程实际情况合理选用各种机械，并用先进、科学的管理方法将各种机械有机地组织起来，优化施工组织计划，以便充分发挥各施工机械的生产效能。

项目训练

1. 根据填土情况，正确选择压实机械。
2. 根据场地、土石方及施工作业要求，正确选择推土机方法。
3. 根据土质特点，选择铲运机最佳作业方法和运行路线。
4. 根据工作面尺寸和土质特点，选择合适的挖掘方式。
5. 根据工程情况，编制平地机作业指导书，指导现场施工。

项目小结

本项目主要介绍了土石方机械化施工在线路路基修建中的应用及其优点，并重点介绍了推土机、铲运机、单斗挖掘机、自行平地机、压实机具等机械的优缺点、适用性及使用方法，着重介绍了各类机械设备的不同使用状态、使用环境、使用方法等；根据工程特点、土石方条件选用相应的机械设备，并从成本考虑要求使用自有机械，机械设备的种类和型号尽可能少，同时要加强保养，确保机械设备状态良好。

复习思考题

1. 简述推土机有几种推土方法。
2. 简述铲运机有几种铲土方法。
3. 单斗挖掘机根据工作装置分可以分为几类?
4. 装载机的作业对象主要有哪些?
5. 自行平地机有几种刮刀移土作业?
6. 土石方施工机械的选择原则有哪些?

参考文献

[1] 国家铁路局.铁路路基设计规范:TB 10001—2016[S].北京:中国铁道出版社,2017.

[2] 中铁四局集团有限公司.客货共线铁路路基工程施工技术规程:Q/CR 9651—2017[S].北京:中国铁道出版社,2017.

[3] 国家铁路局.铁路路基支挡结构设计规范:TB 10025—2019[S].北京:中国铁道出版社有限公司,2020.

[4] 国家铁路局.高速铁路设计规范:TB 10621—2014[S].北京:中国铁道出版社,2014.

[5] 国家铁路局.城际铁路设计规范:TB 10623—2014[S].北京:中国铁道出版社,2014.

[6] 中华人民共和国铁道部.铁路工程土工试验规程:TB 10102—2010[S].北京:中国铁道出版社,2010.

[7] 中国铁路总公司.高速铁路路基工程施工技术规程:Q/CR 9602—2015[S].北京:中国铁道出版社,2015.

[8] 中国铁路总公司.铁路路基填筑工程连续压实控制技术规程:Q/CR 9210—2015[S].北京:中国铁道出版社,2015.

[9] 中国铁道学会.市域铁路设计规范:T/CRS C0101—2017[S].北京:中国铁道出版社,2017.

[10] 杨广庆.路基工程[M].3版.北京:中国铁道出版社,2018.

[11] 杨广庆,徐超,张孟喜.土工合成材料加筋土结构应用技术指南[M].北京:人民交通出版社股份有限公司,2016.

[12] 陈凤英.城市轨道交通路基工程.北京:中国铁道出版社有限公司,2019.